高等院校国际经贸专业规划教材

国际商务谈判

（第五版）

International Business Negotiation

主　编　刘　园
副主编　周　扬　林天晨　丁　宁

对外经济贸易大学出版社
中国·北京

图书在版编目（CIP）数据

国际商务谈判 / 刘园主编. —5 版. —北京：对外经济贸易大学出版社，2016.6（2022.10 重印）
高等院校国际经贸专业规划教材
ISBN 978-7-5663-1611-0

Ⅰ.①国… Ⅱ.①刘… Ⅲ.①国际商务-商务谈判-高等学校-教材 Ⅳ.①F740.41

中国版本图书馆 CIP 数据核字（2016）第 127338 号

国际商务谈判（第五版）

International Business Negotiation

刘 园 **主编**

责任编辑： 汪 洋 郭 巍

对外经济贸易大学出版社
北京市朝阳区惠新东街 10 号 邮政编码：100029
邮购电话：010-64492338 发行部电话：010-64492342
网址：http://www.uibep.com E-mail：uibep@126.com

北京时代华都印刷有限公司印装 新华书店经销
成品尺寸：185mm×260mm 19.25 印张 445 千字
2016 年 6 月北京第 5 版 2022 年10月第 8 次印刷

ISBN 978-7-5663-1611-0
印数：28 001-30 000 册 定价：42.00 元

总　　序

奉献在读者面前的这套教材，由对外经济贸易大学国际经济贸易学院教师根据多年的教学科研经验精心编写，从2007年年初开始陆续出版，是一项重要的教材建设工程。它与我国改革开放的新时代同步发展，标志着学院为国家培养创新型高等人才所作出的一份特殊贡献。这套教材自问世以来，得到了国内高校广大师生的一致好评，被广泛采用。五年过去了，教材的编写者们根据学科的发展以及师生的反馈意见进行了较大幅度的修订，呈现出新的风貌。

作为有着60年专业建设历史的国家重点学科点，国际经济贸易学院历来重视教材建设，在国际经济与贸易、国际金融、国际运输与物流、经济学等专业领域先后出版了大量教材，在全国产生了较大的影响。例如，《国际贸易实务》教科书曾相继被评为外经贸行业和高校优秀教材与精品课程，并列入"十一五"国家级规划教材，曾多次获省、部级奖，并获国家级优秀教学成果奖。迄今为止，该书累计发行量超过300万册。《国际贸易》也累计发行超过170万册，成为国家精品教材。本系列教材的出版和再版，是对学院最近十多年来学科建设成果的持续检验。自"九五"以来，以"211工程"建设为契机，学院对本科和研究生教育进行了认真全面的专业梳理和课程体系优化，以面向新世纪、面向全球化、面向提升学生职业生涯竞争力为导向，在课程建设和教材建设方面视野开阔、目标明确、标准严格、工作扎实，老、中、青三代学者共同努力，完成了学院所开设专业课程的教材和教学辅助资料的编写工作。学院"九五"以来的课程体系建设，一以贯之走过了一条清晰的发展之路。首先是课程群的界定和建设，围绕着学院长期积累的在国际经济与贸易、国际金融、国际运输与物流、经济学、财政税务等专业所形成的专业优势，借鉴国际上高水平大学的课程建设经验，设定了培养学生具有国际竞争力所需要的课程群。在此基础上牢牢抓住师资队伍建设这一根本，通过海内外招聘和支持现有教师的国际深造访学，以国际化的高标准打造了一支高水平的师资队伍，凝聚了学科建设的核心力量。然后以国际高水平大学的科研和教学标准评价师资队伍，以提高人才培养水平为根本目标，以高水平科研促进高水平教学。时至今日，国际经济贸易学院的国际学术发表水平已跻身国内经济与管理学院的前列，并具备了较强的国际竞争力，实现了科研与教学的相互促进。随着学科建设的不断进步，学院的专业领域和课程覆盖面均有了很大的突破。

进入21世纪以来，学院以国家级和北京市级重点学科建设为导向，为课程建设提供了巨大的推动力。通过"211工程"的持续建设，学科建设迈向新台阶，涌现了大量的研究成果，对课程建设和教材建设产生了直接的推动作用。本套系列教材的再版，得益于“211 工程”建设所带来的师资队伍水平的提高、科研成果的丰富和国际学术交流的经验分享。这些教材的作者都是学院教学科研第一线的骨干教师，他们积累了丰富的教学经验，对本课程的核心问题都有深入的研究，对教学的疑点和难点问题有着深刻的理解，对本领域的前沿变化有着敏锐的洞察力，并将其体现在教材的体例安排和知识点的表述之中。在这套教材的再版编写过程中，一直坚持建设精品教材、方法与国际接轨、内容面向全球化时代的原则，相信使用这套教材的教师和学生会有切身的体会。

本套教材的出版和再版得到了对外经济贸易大学出版社的大力支持，从社长、总编辑到责任编辑都倾注了大量的心血，共同创造着精品。

这套教材的再版得到了国内各高校教师和学生的支持、鼓励，也吸收了他们的宝贵建议，相信本套教材在作者和读者的互动下会日臻完善，成为经典。

对外经济贸易大学副校长

赵忠秀教授

2012 年 6 月 15 日

第五版前言

从2014年开始，包括中国在内的所有新兴市场国家均开始经历经济下行、本币贬值、资本快速流出的新一轮经济危机的挑战。在美联储即将加息的恐慌下，政府、企业、个人的资金链宛若风中脆弱的芦苇，时刻面临即刻折断的梦魇。

在充满了地缘冲突、国际恐怖事件和环境不断恶化的大背景下，财富的转移、企业的并购、均衡的改变，成为经济体间关系的主旋律。各国和地区之间矛盾的频生、冲突的加剧、分化的深入，使得飞速变革的世界更加需要国家、企业和个人坐到谈判桌前，以实现人类共同的福祉与和谐。

本书在第四版的基础上，重点为读者提供了全新的经典案例并补充了国际商务谈判风格的深度剖析，以期为读者再现国际商务谈判的最新变化，从中体会商务谈判的基本规律。

本版仍由对外经济贸易大学国际经贸学院博士生导师刘园主编，周扬、林天晨、丁宁担任副主编，陈浩宇、李捷嵩、诺朋、张冬平、王琪、宋婷、张嘉茜、许云帆、许晓嫣、郑三悦等均对本书的最后成稿作出了贡献，在此一并感谢。

刘　园

2015年12月于北京

第四版前言

2008年爆发的全球金融危机不仅重创了各国经济，而且在四年后的今天，导致全球大多数国家仍在低谷中艰难徘徊。如何迅速走出危机，重振经济活力，早日实现各国人民就业、增长、福利的新目标，是摆在各国政府，特别是企业界、商务界人士面前的严肃命题。

基于世界形势的全新变化，编者在第四版充分采纳了广大读者提出的建议和希望，在每一章的开头增添了“引导案例”，在每一章的结尾增添了“阅读专栏”，并配之以思考题和参考答案，以便使读者能更加自如地进行学习和思考，更加深入地分析、体会国际商务谈判的基本原则、基本概念、基本方法和基本技巧。所有增添的长短不一、内容不同、角度各异的新案例，最大限度地还原了国际商务谈判的真实图景。

第四版依然由对外经济贸易大学国际经贸学院博士生导师刘园教授担任主编，王倩、王妍、刘桂芝和王健担任副主编。此外，许荻迪、韩斌、袁博、王云升、赵丹婷、姜和、冯敏、杨彬、刘涵瑛、邓社文、钱昊、黄铂、孔旭昶、颜新艳、李沁等均对本书的最后成稿作出了贡献，在此一并表示感谢。

刘　园

2012年3月于北京

第三版前言

与许多学科具有明显不同的是，国际商务谈判既是一门科学，又是一门艺术，在人类的经济生活中几乎无处不在。

国际商务谈判作为国与国之间、企业与企业之间经济交往的重要环节，在很大程度上决定着交易的成败、企业的兴衰和国家的富强。商场如战场，谈判桌上的风云变幻、波澜起伏，不仅会使缺乏谈判经验的谈判者穷于应付，即使老练的谈判工作者，有时也难免束手无策。而谈判本身，特别是国际商务谈判，更成为浩瀚商海甚至是国家利益输赢博弈的“战略制高点”。

在当代，商务谈判理论越来越受到重视。欧美等西方发达国家对谈判理论的研究起步较早，经过不断探讨和实践，已逐步使谈判理论发展成为一门学科。美国早在 20 世纪 60 年代初就成立了全国性的谈判学会，其中哈佛大学谈判中心不仅负责政府部门、公司和企业高级谈判人员的培养，而且常常参与重大的国际谈判活动。而我国在谈判方面的研究起步较晚，在相当长的时间内，对谈判理论的研究在我国几乎都是空白。

中国加入世界贸易组织后，作为 WTO 的一名重要成员，面对与其他成员国之间的利益相争，谈判已经比以往任何时候都更加深入地走进了中国建设社会主义市场经济的进程，走进了人们的日常生活。历史上从未有过任何一个时代像今天的中国这样迫切需要谈判的高手，这样讲究谈判的技巧。

尽管从 2005 年到 2008 年只有短短三年的时间，但在这三年里国际经济环境和中国经济的发展都发生了巨大变化。本书在第一、二版的基础上，根据国内外形势的新变化、新特点和广大读者提出的建议和希望，调整了章节结构设置，补充了国际商务谈判实践中遇到的更深层次的问题，尤其是对谈判者自身修养的礼仪等方面的知识，更新了大量中外驰名的新的成功谈判案例。第三版较之第二版的结构更加合理和更具有实践指导意义。本书可作为高等院校国际贸易、市场营销、公共关系、企业管理等专业的本科和研究生教材，也可作为政府部门和企业培训高级谈判人才的参考用书。

本书由对外经济贸易大学博士生导师刘园教授担任主编，孙美丹任副主编。此外，孙彦亭、李志斌、郭君、范畅、刘晓、李魁、郑毅、冯琳琳都对本书的最后成稿作出了贡献，在此一并致谢。

书中疏漏之处，恳请业内专家和广大读者不吝赐教。

刘　园

2008 年 5 月于北京

目　录

第一章　国际商务谈判概述　1

第一节　国际商务谈判的概念及特点　2
第二节　国际商务谈判的形式　4
第三节　我国国际商务谈判的基本原则　8

第二章　国际商务谈判的主要类型　13

第一节　国际货物贸易谈判　14
第二节　国际技术贸易谈判　19
第三节　国际补偿贸易谈判　24
第四节　国际融资租赁业务谈判　33

第三章　国际商务谈判人员的组织与管理　41

第一节　商务谈判人员的个体素质　42
第二节　商务谈判团队的构成　46
第三节　商务谈判人员的管理　52

第四章　国际商务谈判前的准备　59

第一节　国际商务谈判前的信息准备　60
第二节　谈判目标与对象的确定　74
第三节　谈判方案的制订　79
第四节　模拟谈判　86
第五节　确定谈判中各交易条件的最低可接受限度　88

第五章　国际商务谈判各阶段的策略　95

第一节　国际商务谈判策略　96
第二节　开局阶段的策略　98
第三节　报价阶段的策略　102
第四节　磋商阶段的策略　107
第五节　成交阶段的策略　117
第六节　处理僵局的策略　118

第六章　国际商务谈判中的技巧　137

第一节　国际商务谈判技巧概述　138
第二节　国际商务谈判中“听”的技巧　144
第三节　国际商务谈判中“问”的技巧　150
第四节　国际商务谈判中“答”的技巧　154
第五节　国际商务谈判中“叙”的技巧　158
第六节　国际商务谈判中“看”的技巧　162
第七节　国际商务谈判中“辩”的技巧　167
第八节　国际商务谈判中“说”的技巧　168

第七章　各大洲文化差异对谈判的影响　175

第一节　影响国际商务谈判风格的文化因素　176
第二节　美洲商人的谈判风格、礼仪与禁忌　182
第三节　欧洲商人的谈判风格、礼仪与禁忌　187
第四节　亚洲商人的谈判风格、礼仪与禁忌　201
第五节　大洋洲商人和非洲商人的谈判风格、礼仪与禁忌　214

第八章　国际商务谈判礼仪　219

第一节　国际商务谈判礼仪惯例　220
第二节　日常交往礼仪　225

第九章　国际商务谈判的风格　237

第一节　个人风格　238
第二节　团队风格　245

第十章　国际商务谈判经典案例分析　253

案例一　谈判是这样完成的　254
案例二　世界气候谈判　262
案例三　温商收购中东卫视揭秘　265
案例四　中、日、俄角力石油管道　266
案例五　美日半导体谈判　274
案例六　克莱斯勒公司起死回生记　279
案例七　强强合作　利益至上　281
案例八　将计就计　有勇有谋　287
案例九　三强争“魁”　能者胜出　289
案例十　积极应诉　通力协作　293

参考书目　296

第一章 国际商务谈判概述

✓ 本章摘要

作为国际商务活动的关键环节之一，国际商务谈判对企业的微观利益和国家的宏观利益起着举足轻重的作用。本章主要介绍了国际商务谈判的概念和特点，以及进行谈判的主要方式。由于国际商务谈判既具有一般贸易谈判的共性，又具有国际商务谈判的特殊性，因此本章重点强调了国际商务谈判工作者在谈判过程中，必须遵守国际惯例和我国的外交外贸政策的基本原则。

✓ 本章关键词

国际商务谈判　　国际商务谈判的形式　　国际商务谈判的基本原则

✓ 学习完本章，你需要掌握

- 国际商务谈判的基本概念
- 国际商务谈判的主要形式
- 我国国际商务谈判工作者必须遵循的基本原则

✓ 引导案例

2010 年 4 月 8 日，商务部部长陈德铭与哥斯达黎加外贸部长鲁伊斯在北京分别代表两国政府签署了《中国—哥斯达黎加自由贸易协定》。中哥自贸协定是中国与中美洲国家签署的第一个一揽子自贸协定，是两国关系发展史上新的里程碑。

中哥自贸协定谈判是在 2008 年 11 月胡锦涛主席访哥期间由胡主席和哥总统阿里亚斯共同宣布启动的。中哥双方经过六轮谈判，于 2010 年 2 月圆满结束谈判。在货物贸易方面，中哥双方将对各自 90% 以上的产品分阶段实施零关税，中国的纺织原料及制品、轻工、机械、电器设备、蔬菜、水果、汽车、化工、生毛皮及皮革等产品，和哥方的咖啡、牛肉、猪肉、菠萝汁、冷冻橙汁、果酱、鱼粉、矿产品、生皮等产品将从降税安排中获益。在服务贸易方面，在各自对世贸组织承诺的基础上，哥方有 45 个服务部门进一步对中国开放，中国则在 7 个部门对哥方进一步开放。与此同时，双方还在原产地规则、海关程序、技术性贸易壁垒、卫生和植物卫生措施、贸易救济、知识产权、合作等众多领域达成广泛共识。

近年来，中哥在双边贸易、投资、承包工程、劳务等领域进行了良好的合作，双边经贸往来呈现出高速发展的态势。中哥自贸协定的签署，表明了两国在全球经济危机的背景下坚持对外开放、反对贸易保护的坚定决心。这会进一步促进两国互利双赢，为两国共同应对世界金融危机、调整产业结构、加快发展步伐发挥重要作用，并为两国经贸合作带来更为广阔的发展空间。

中国加入世界贸易组织（WTO）之后，我国企业参与国际分工、开展国际贸易的格局在深度和广度上都迅速扩展。不论是进行国际间的货物买卖、技术引进还是外资引进，都不可避免地需要经过一个中外双方就所拟进行的业务进行磋商，以求达成协议的过程，这就是我们所说的谈判过程。

实践证明，谈判是我们进行对外经济贸易活动的一个极其重要的环节。凡是涉及有关交易的价格和其他交易条件，都要通过谈判予以确定。也就是说，买卖双方在一笔交易中的权利及义务将通过谈判确定下来，双方在这方面所达成的决议具有法律的约束力，不得轻易改变。所以，谈判的结果直接关系着国家的宏观利益和企业的微观利益。

第一节　国际商务谈判的概念及特点

国际商务谈判是指在对外经济贸易活动中，买卖双方为了达成某笔交易而就交易的各项条件进行协商的过程。谈判是对外经济贸易工作程序中不可缺少的一环。在整个对外经济贸易活动中，每一次进出口贸易活动能否通过谈判达到自己的目的，怎样谈判并提高谈判效率，作为一门学问已引起了买卖双方的普遍关注。

一、国际商务谈判的定义

（一）谈判（Negotiation）

所谓谈判是指参与各方基于某种需要，彼此进行信息交流，磋商协议，旨在协调相互关系，赢得或维护各自利益的行为过程。

美国谈判协会会长、著名律师杰德勒·I. 尼尔龙伯格（Gerard I. Nierenberg）在《谈判的艺术》（*The Art of Negotiating*）一书中所阐述的观点非常明确："谈判的定义最为简单，而涉及的范围却最为广泛，每一个要求满足的愿望和每一次要求满足的需要，至少都是诱发人们展开谈判过程的潜因。只要人们为了改变相互关系而交换观点，只要人们为了取得一致而磋商协议，他们就是在进行谈判。"

谈判是一个过程，在这个过程中，利益双方就共同关心或感兴趣的问题进行磋商，协调和调整各自的经济、政治或其他利益，谋求妥协，从而使双方都感到是在有利的条件下达成协议，促成均衡。谈判的目的是协调利害冲突，实现共同利益。

谈判作为协调各方关系的重要手段，广泛应用于政治、经济、军事、外交、科技等各个领域。

（二）商务谈判（Business Negotiation）

商务谈判主要集中在经济领域，指参与各方为了协调、改善彼此的经济关系，满足贸易的需求，围绕标的物的交易条件，彼此通过信息交流、磋商协议达到交易目的的行为过程。这是市场经济条件下流通领域最普遍的活动之一。

具体包括商品买卖、投资、服务贸易、技术贸易、经济合作等。

（三）国际商务谈判（International Business Negotiation）

国际商务谈判是指在国际商务活动中，处于不同国家或不同地区的商务活动当事人为了达成某笔交易，彼此通过信息交流，就交易的各项要件进行协商的行为过程。国际商务谈判是国际商务活动的重要组成部分，是国际商务理论的主要内容，是国内商务谈判的延伸和发展。可以说，国际商务谈判是一种在对外经贸活动中普遍存在的、解决不同国家的商业机构之间不可避免的利害冲突、实现共同利益的一种必不可少的手段。

由于谈判双方的立场不同，所追求的具体目标也各异，因此，谈判过程充满了复杂的利害冲突和矛盾。正是这种冲突，才使谈判成为必要。而如何解决这些冲突和矛盾，正是谈判人员所承担的任务。

二、国际商务谈判的特点

国际商务谈判既具有一般贸易谈判的共性，又具有国际商务谈判的特性。

（一）国际商务谈判具有一般贸易谈判的共性

1. 以经济利益为谈判的目的

人们之所以要进行各种谈判，是因为需要一定的目标和利益得到实现。国际商务谈判的目的集中而鲜明地指向经济上的利益，虽然参与商务谈判的双方要受政治、外交因素的制约，但他们考虑的却是如何在现有政治、外交关系的格局下取得更多的经济利益。

2. 以经济利益作为谈判的主要评价指标

商务谈判本身就是经济活动的组成部分，或其本身就是一项经济活动，而任何经济活动都要讲究经济利益。不仅要核算从谈判中能获得多少经济利益，还要核算谈判的三项成本，即谈判桌上的成本、谈判过程的成本和谈判的机会成本。

3. 以价格作为谈判的核心

虽然商务谈判所涉及的项目和要素不仅仅是价格，价格只是谈判内容的一个部分，谈判者的需要和利益也并不仅仅表现在价格上，但在几乎所有的商务谈判中价格都是谈判的核心内容。这不仅是因为价格的高低最直接、最集中地表明了谈判双方的利益切割，而且还由于谈判双方在其他条件，诸如质量、数量、付款形式、付款时间等利益要素上的得与失，在很多情况下都可以折算为一定的价格，并通过价格的升降而得到体现或予以补偿。

（二）国际商务谈判的特殊性

1. 国际商务谈判既是一笔交易的商洽，也是一项涉外活动，具有较强的政策性

谈判双方之间的商务关系是一国同别国或地区之间的经济关系的一部分，并且常常涉及一国同该国或地区之间的政治关系和外交关系。国际商务谈判必须贯彻执行国家有关的方针政策和外交政策，还应注意国别政策，执行对外经济贸易的一系列法律和规章制度。

2. 应按国际惯例办事

国际商务谈判商讨的是两国或两个地区的企业之间的商务关系，因此在适用的法律方面就不能完全以任何一方所在国家或地区的经济法为依据，而必须以国际经济法为准则，按国际惯例行事。当需要仲裁时，仲裁地点与仲裁所适用的规则直接相关。一般说来，规定在哪一国仲裁，往往就要适用该国的有关仲裁规则和程序。

3. 国际商务谈判涉及面很广

由于受供求关系的影响，加之国际市场价格变化多端，竞争十分激烈，因此必须特别重视调查研究工作。通过调查研究，了解国外的经济情况和市场情况。出口业务要了解市场的需求，进口业务要了解国外的供应。对不同国家和地区，还应根据国别政策，区别对待。

4. 影响谈判的因素复杂多样

由于谈判者来自不同的国家和地区，有着不同的社会文化背景和政治经济体制，人们的价值观念、思维方式、行为方式、语言及风俗习惯各不相同，从而使影响谈判的因素大大增加，导致谈判更为复杂。

5. 谈判的内容广泛复杂

由于谈判结果导致有形或无形资产的跨国转移，因而要涉及国际贸易、国际金融、会计、保险、运输等一系列复杂的问题。这就对从事国际商务谈判的人员在专业知识方面提出了更高的要求。

第二节　国际商务谈判的形式

根据谈判的实际需要，国际商务谈判可以多种方式进行。

一、按参加谈判的人数规模来划分

从参加谈判的人数规模来划分，可以将谈判分为谈判双方各只有一人参加的一对一的个体谈判，以及各方都有多人参加的集体谈判。一般来说，关系重大而又比较复杂的谈判大多是集体谈判。

谈判的人数规模不同，则在谈判人员的选择、谈判的组织与管理上都有很大的不同。例如，在人员的选择上，如果是一对一的个体谈判，那么所选择的谈判人员必须是全能型的。也就是说，他必须具备本次谈判所涉及的各个方面的知识和能力，如国际金融、国际贸易、商品、技术和法律等方面的知识，因为在谈判中只有他一个人独立应付全局，难以得到他人的帮助。虽然在谈判前的准备工作中，他可以得到同事的支持和协助，在谈判过程中也可以得到领导的指示，但整个谈判过程始终是以他一个人为中心来进行的。他必须根据自己的经验和知识作出分析、判断和决策。个体谈判尽管有谈判人员不易得到他人帮助的不足，但也有有利之处，这就是谈判人员可以随时有效地把自己的谈判设想和意图贯彻到谈判中去，不存在集体谈判时内部意见协商困难，以及某种程度上的内耗问题。

二、按参加谈判的利益主体的数量来划分

根据参加谈判的利益主体数量的不同，可以将谈判分为双方谈判（两个利益主体）以及多方谈判（两个以上的利益主体）。

很显然，双方谈判的利益关系比较明确具体，也比较简单，因而容易达成一致意见。相比之下，多方谈判的利益关系则要复杂得多，难以协调一致。例如，在建立中外合资企业的谈判中，如果中方是一家企业，外方也是一家企业，两家企业之间的意见就比较容易协调。如果中方有几家企业，外方也有几家企业，谈判将困难得多。这是因为中方几家企业之间存在着利益上的不一致，需要进行协商谈判；同样，外商几家企业之间也存在利益上的矛盾，需要进行谈判，然后才能在中外企业之间进行协商谈判。这样，矛盾的点和面就大大增加了，关系也就更为复杂。

三、按谈判双方接触的方式来划分

从谈判双方接触的方式，可以将谈判划分为面对面的口头谈判与间接的书面谈判两种。口头谈判是双方的谈判人员在一起，直接地进行口头交谈协商。这种谈判形式的好处是便于双方谈判人员交流思想感情。双方谈判人员随着日常的直接接触，会由“生人”变为“熟人”，产生一种所谓的“互惠要求”。因此，在某些谈判中，有些交易条件的妥协让步完全是出于感情上的原因。一般情况下，在面对面的谈判中，即使实力再强的谈判人员也难以保持整个交易立场的不可动摇性，或者拒绝作出任何让步。面对面的谈判还可以通过观察对方的面部表情、姿态动作，借以判断对方的为人及交易的诚实可靠性。书面谈判是谈判双方不直接见面，而通过传真、电报、互联网、信函等方式进行商谈。这种谈判方式的好处在于：在阐述自己的主观立场时，用书面形式比口头形式显得更为坚定有力；在向对方表示拒绝时，书面谈判要比面对面的谈判方式方便得多，特别是在双方人员已经建立起个人交往的情况下更是如此；这种谈判方式还比较节省费用。缺点是不便于谈判双方的相互了解，信函、电报、传真、电子邮件等通信媒介所能传递的信息量有限。因此，这种谈判方式只适用于交易条件比较规范、明确，内容比较

简单，谈判双方彼此比较了解的情况。对一些内容复杂多变，而双方又缺少必要了解的谈判是不适用的。随着现代通信事业的发展，通过电话进行谈判的形式也逐渐发展起来。不过，在涉外商务谈判中，因国际电话费用太高而很少运用，一般只在特殊情况下使用。

四、按谈判进行的地点来划分

根据谈判进行的地点不同，可以将谈判分为主场谈判、客场谈判、中立地谈判三种。

所谓主场谈判是指对谈判的某一方来讲谈判是在其所在地进行，他就是东道主；相应地，对谈判的另一方来讲就是客场谈判，他是以宾客的身份前往谈判的。所谓中立地谈判是指在谈判双方所在地以外的其他地点进行的谈判。在中立地进行谈判，对谈判双方来讲就无宾主之分了。

不同的谈判地点使得谈判双方具有不同的身份（主人身份和客人身份，或者无宾主之分）。谈判双方在谈判过程中都可以借此身份和条件，选择运用某些谈判策略和战术来影响谈判，争取主动。

五、按谈判中双方所采取的态度与方针来划分

根据谈判中双方所采取的态度，我们可以将谈判划分为三种类型：让步型谈判（或称软式谈判）、立场型谈判（或称硬式谈判）、原则型谈判（或称价值型谈判）。

（一）让步型谈判

让步型谈判者希望避免冲突，随时准备为达成协议而让步，希望通过谈判签订一个皆大欢喜的协议。采取这种谈判方法的人，不是把对方当作敌人，而是当作朋友。他们的目的是要达成协议而不是获取胜利。因此，在一场让步型的谈判中，一般的做法是：提议、让步、信任对方、保持友善，以及为了避免冲突对抗而屈服于对方。

如果谈判双方都能以宽大及让步的心态进行谈判，那么达成协议的可能性、达成协议的速度以及谈判的成本与效率都会比较令人满意，并且双方的关系也会得到进一步的加强。然而，由于利益的驱使，加上价值观及个性方面的不同，并非人人在谈判中都会采用这种谈判的方法。而且，这种方法并不一定是明智、合适的，在遇到强硬的谈判者时，极易受到伤害。因而在实际的商务谈判中，采取让步型谈判的人是极少的，一般只限于双方的合作关系非常友好，并有长期的业务往来的条件下。

（二）立场型谈判

立场型谈判者把任何情况都看作一场意志力的竞争和搏斗，认为在这样的竞赛中，立场越强硬者，最后的收获也就越多。

在立场型谈判中，双方把注意力都投入到如何维护自己的立场、否定对方的立场

上，而忽视双方在谈判中真正需要的是什么，能否找到一个兼顾双方需要的解决方法。

立场型谈判者往往在谈判开始时提出一个极端的立场，进而固执地加以坚持。只有在谈判难以为继、迫不得已的情况下，才会作出极小的松动和让步。在双方都采取这种态度和方针的情况下，必然导致双方的关系紧张，增加谈判的时间和成本，降低谈判的效率。即使某一方屈服于对方的意志而被迫让步，签订协议，其内心的不满也是显然的。因为在这场谈判中，他的需要没能得到应有的满足。这会导致他在以后协议履行过程中的消极行为，甚至是想方设法阻碍和破坏协议的执行。从这个角度来讲，立场型谈判没有真正的胜利者。

总之，立场型的谈判因双方陷入立场性争执的泥潭而难以自拔，不注意尊重对方的需要和寻求双方利益的共同点，所以很难达成协议。

（三）原则型谈判

原则型谈判要求谈判双方首先将对方作为与自己并肩合作的同事对待，而不是作为敌人来对待。也就是说，首先要注意与对方的人际关系。但是，原则型谈判并不是像让步型谈判那样只强调双方的关系而忽视利益的获取，它要求谈判双方尊重对方的基本需要，寻求双方利益上的共同点，设想各种使双方各有所获的方案。当双方的利益发生冲突时，则坚持根据公平的标准来作决定，而不是通过双方意志力的比赛一决胜负。

与立场型谈判相比，原则型谈判注意调和双方的利益而不是双方的立场。这样做常常可以找到既符合自己的利益，又符合对方利益的替代性立场。

原则型谈判法认为，在谈判双方对立立场的背后，存在着某种共同性利益和冲突性利益。我们常常因为对方的立场与我们的立场相对立而认为对方的全部利益与我方的利益都是冲突的。但是，事实上在许多谈判中，深入地分析双方对立立场背后隐含的或代表的利益，就会发现双方共同性的利益要多于冲突性利益。如果双方能认识到并看重共同性利益的话，调解冲突性利益也就比较容易了。

原则型谈判强调通过谈判所取得的价值。这个价值既包括经济上的价值，也包括人际关系的价值，因而是一种既理性又富有人情味的谈判，为世界各国的谈判研究人员和实际谈判人员所推崇。

（四）影响谈判方法的因素

上述三种方法都是比较理论化的谈判方法，现实中的谈判往往与上述三种方法有所差别，或者是三种方法的综合。影响和制约上述方法运用的因素有四个方面：

1. 今后与对方继续保持业务关系的可能性

如果一方想与另一方保持长期的业务关系，并且具有这样的可能性，那么就不能采取立场型谈判法，而要采取比较注意建立和维护双方关系的原则型谈判法与让步型谈判法；反之，如果是一次性的、偶然的业务关系，则可以适当地考虑使用立场型谈判法。

2. 对方的谈判实力与己方的谈判实力的对比

如果双方实力接近，可以采取原则型谈判法；如果己方的谈判实力要比对方强许多，则可以考虑适当采用立场型谈判法。

3. 该笔交易的重要性

如果交易很重要，可以考虑采用原则型谈判法或立场型谈判法。

4. 谈判在人力、物力、财力和时间方面的限制

如果谈判的花费很大，在人力、物力、财力上支出较多，谈判时间过长，必然难以负担，故应考虑采用让步型谈判法或原则型谈判法。

第三节　我国国际商务谈判的基本原则

根据我国对外经济贸易的一贯政策，在谈判中应遵循如下一些基本原则。

一、平等互利的原则

平等互利原则的基本含义是：在商务活动中，双方的实力不分强弱，在相互关系中应处于平等的地位；在商品交换中，自愿让渡商品，等价交换；谈判双方应根据需要与可能，有来有往，互通有无，做到双方互利。

平等互利原则作为我国对外经贸关系中的一项基本准则，必须贯彻于国际商务谈判的各个方面。

（1）在我国与各国的贸易交往中，必须根据双方的需要与可能，在自愿的基础上进行交易，决不能强人所难，强塞给对方不需要的商品或强要对方无力供应的商品。

（2）我国与各国进行贸易时，反对以任何借口，附带任何政治条件去谋求政治上和经济上的特权。同时，我国也决不接受任何不平等的条件和不合理的要求。

（3）在对外贸易作价中，我们应当坚持按照国际市场价格水平，确定商品进出口价格。决不能违反价值规律，脱离实际情况，不顾对方利益凭主观决定。

（4）在外贸交往中，必须“重合同，守信用”。合同是贸易双方共同协商后形成的一种契约，它体现了双方的权利与义务，代表双方的利益。任何一方违反合同，都会给另一方带来损失。因此，在签订合同以前必须慎重对待，合同一经签订，必须严格履行，反对各种形式的违约行为。

二、灵活机动的原则

在国际商务谈判中要灵活运用多种谈判技巧以使谈判获得成功。谈判过程是一个不断组织思考的过程，需用灵活掌握各种谈判技巧，猜测出对方内心的想法与计策，使自己在谈判中始终占据比较有利的位置。总之，在谈判过程中，在不放弃重大原则的前提下，要有实现整个目标的灵活性，特别是要根据不同的谈判对象、不同的市场竞争情况、不同的销售意图，采用灵活的谈判技巧，才能促使谈判成功。

三、友好协商的原则

在国际商务谈判中，双方必然会就协议或合同条款发生这样或那样的争议。不管争议的内容和分歧程度如何，双方都应以友好协商的原则来谋求解决。切忌使用要挟、欺骗或其他强硬手段。如遇到几经协商仍无望获得一致意见的重大分歧，则宁可终止谈判，另择对象，也不能违反友好协商的原则。终止谈判的决定一定要慎重，要全面分析谈判对手的实际情况，看其是否缺乏诚意，或是确实不可能满足我方最低要求的条件，因而不得不放弃谈判。只要尚存一线希望就要本着友好协商的精神，尽最大努力达成协议。谈判不可轻易进行，也切忌草率终止。

四、依法办事的原则

对外谈判最终签署的各种文件都具有法律效力。因此，谈判当事人的发言，特别是书面文字，一定要符合法律的规定和要求。一切语言、文字应具有双方一致承认的明确的合法内涵。必要时应对用语给予具体明确的解释，写入协议文件，以免因解释条款的分歧，导致签约后在执行过程中发生争议。按照这一原则，主谈人的重要发言，特别是协议文件，必须经由熟悉国际经济法、国际惯例和涉外经济法规的律师进行细致的审定。

五、原则和策略相结合的原则

谈判过程是一个调整双方利益，以求得妥协的过程。由于谈判双方的立场不同，利益不同，引起冲突和斗争在所难免，讨价还价在谈判过程中是很自然的，而且是大量存在的。问题是应持什么态度，根据什么原则，采用什么办法来妥善解决这些困难，争取通过谈判，达到最佳效果。在国际商务谈判中，我们既要坚持原则，又要留有余地。凡涉及我国对外经贸活动的政策法令及国家或企业根本利益的原则问题，我们必须寸步不让，据理力争，但又要避免简单粗暴，一定要以不卑不亢的态度，从实际出发，耐心地反复说明立场，争取对方接受。对某些非原则性问题，必要时则可以在不损害根本利益的前提下作某些让步。在合同条款的谈判中，有时也可以在某些条款上作出一些让步，以换取对方在其他条款上接受我方的意见。不论是原则问题还是非原则问题的讨论，我们应该自始至终坚持贯彻“有理、有利、有节”的方针，以理服人。

案例应用

哈默炫耀投标独占两块租地

众所周知，在石油大王哈默的经营史中最成功的一次谈判是在利比亚。无论是对哈默本人，还是西方石油公司的3万名职员及公司的35万名左右的股东来说，一提起这件事，他们都会赞叹不已。

在伊德里斯国王统治的年代，利比亚就像得克萨斯州当年最初发现石油时那样，吸引着世界各国的石油资本家。只要是沙漠的干风没有把黄沙刮得遮天蔽日，那里每天都充满了买进卖出、赢钱和输钱的气氛，的黎波里和班加西这两个互相竞争的大都市看上去像是巨大的集市，到处都在掷骰子赌博。参加赌博的人是各式各样的石油经营者，其中有来自各国政府的，有来自大型石油公司的，有来自独立公司的，也有企图涉足石油业的，带着随从的内阁部长们，妄图通过装模作样地与一个政客握手一次而接近国王的穷流浪汉们，还有冒牌的将军，曾在哥伦比亚大学工作过的科学家等，都纷纷拿着租借地、地质勘探资料以及形形色色的消息秘闻和内幕情况做着交易。

当哈默的西方石油公司来到利比亚时，正值利比亚政府准备进行第二轮出让租借地的谈判。出租的地区大部分都是一些大公司放弃了的租借地。根据利比亚的法律，石油公司应尽快开发它们租得的租借地，如果开采不到石油，就必须把一部分租借地归还给利比亚政府。

第二轮谈判中就包括已经打出若干孔“干井”的土地，但也有若干块与产油区相邻的沙漠地。来自9个国家的40多家公司参加了这次投标，有些参加投标的公司的情况显然比空架子也强不了多少，它们希望拿到租借地之后，再转手给资金实力雄厚的公司，以交换一部分生产出来的石油；另有一些公司，其中包括西方石油公司，虽然财力不足，但至少具有经营石油工业的经验。利比亚政府允许一些规模较小的公司参加投标，因为它们首先要避免的是遭受大石油公司和大财团的控制，其次才会去考虑什么资金有限的问题。

哈默尽管曾于1961年受肯尼迪总统的委托到过利比亚，与伊德里斯国王建立了私人关系，且伊德里斯一世在托布鲁克王宫一次欢迎会上真诚地对哈默说：“真主派您来到了利比亚!”这比别人稍稍有利。但在第二轮租借地的争夺战中，与同一批资金雄厚的大公司相比，哈默无异于小巫见大巫，只不过是一名讨价还价的商人而已。此刻，在炎热的利比亚，同那些一举手就可以把他推翻的石油巨头们进行竞争，同时还要分析估量那些自称可以使国王言听计从的大言不惭的中间商们所说的话到底有多少真实性，对哈默来说的确处境很不利。但哈默就是哈默，绝对不会因此而气馁，善罢甘休不是他的作风。哈默明白，为能在第二轮租借地的谈判中挫败实力雄厚的竞争对手，只能巧取，不能豪夺，而唯一可行的方案就是暗中向利比亚政府申请：如果西方石油公司能得到租借地，将给予政府诸多好处，也请利比亚政府给予西方石油公司比其他竞争对手更优惠的条件。

哈默在随后的投标上，来了个“明修栈道”——采取了与众不同的方式：他的投标书采用羊皮证件的形式，卷成一卷后用代表利比亚国旗颜色的红、绿、黑三色缎带扎束。

在投标书的正文，哈默加上一条，那就是西方石油公司愿从尚未扣除税款的毛利中取出5%供利比亚发展农业之用。此外，投标书还允诺在库夫拉图附近的沙漠绿洲中寻找水源，而库夫拉图恰巧就是国王和王后的诞生地，国王父亲的陵墓也坐落在那里。挂在招标委员会鼻子前面的还有一根“胡萝卜”，那就是西方石油公司将进行一项可行性研究，一旦在利比亚采出石油，该公司将同利比亚政府联合兴建一座制氨厂。

1966年3月，哈默的暗度陈仓果然成功，同时得到两块租借地，其中一块四周都是产油的油井，当时有17个公司投标竞争这块土地，且多是实力雄厚的知名公司，可结果个个名落孙山，唯有西方石油公司得以中标；另一块地也有7个公司投标，但最终还是归在了西方石油公司名下。这第二轮谈判招标的结果使那些显赫的竞争者大为吃惊，不明其所以然，深深为哈默高超的谈判手段、技巧而叹服。夺得这两块租借地后，西方石油公司凭着独特有效的经营管理，使之成为其财富的源泉。

实力弱小的西方石油公司之所以能在强手如林的众多投标者中胜出，一举夺得两块租借地，关键在于哈默在明修栈道、引人注目的大动作下，暗中又来了暗度陈仓的小动作，致使利比亚政府在哈默提供的利益允诺的诱惑下，天平倾向于西方石油公司，哈默取得了招商谈判的巨大成功，招商竞标的结果大大出人意料。

请分析上述案例，并回答以下问题：

哈默在谈判中表现出哪些过人之处？

复习思考题

1. 国际商务谈判的具体形式可分为哪些？
2. 国际商务谈判与普通商务谈判相比具有哪些不同的特点？
3. 我国国际商务谈判工作者在谈判中必须遵循哪些基本原则？

阅读专栏

中海油并购加拿大尼克森

中国海洋石油有限公司于2013年2月26日宣布，完成收购加拿大尼克森公司(Nexen)的交易。收购尼克森的普通股和优先股的总对价约为151亿美元，这是中国企业成功完成的最大一笔海外并购。

中国海洋石油总公司是中国国务院国有资产监督管理委员会直属的特大型国有企业(中央企业)，是中国最大的海上油气生产商，总部设在北京。主要从事油气勘探开发、化工化肥炼化、发电及天然气与新能源开发等业务。2014年度世界500强企业排行榜中排名第79位。

尼克森是加拿大一家独立的全球性能源公司，在多伦多和纽约上市，是加拿大第十四大石油公司。专注于西部油砂、页岩气及北海、西非海域及墨西哥湾深水海域的常规油气勘探。2010年净收入为11.27亿加元，2011年为6.97亿加元。

近年来，中海油频频进行海外并购业务。2011年7月20日收购在加拿大上市的加拿大油砂开发商OPTI全部股份，2012年2月17日完成收购切萨皮克公司丹佛-朱尔斯堡盆地及粉河盆地油气项目共33.3%的权益交易，2012年2月21日完成收购英国图洛石油公司在乌干达1、2和3A勘探区各三分之一的权益。

美国近年来经济不景气，加上页岩气的开发，使得美国对外油气需求不断下降，加拿大需要找到像中国这样可以替代的市场；其次，目前国际原油价格较低，而且相信在未来一段时间内还是会维持现在的低位，这些都提高了中海油收购的成功率。从2005年12月开始，中海油就已经在密切关注尼克森的动向了。

2012年7月23日　中海油出价151亿美元竞购尼克森。

中海油7月23日晚间宣布，将以每股27.50美元的价格以现金收购加拿大尼克森公司所有流通中的普通股，交易总对价约为151亿美元，按当天汇率计算折合963亿人民币，并承担该公司约43亿美元债务。

2012年10月　加拿大首次延长中海油收购尼克森审批期限。

加拿大工业部长帕拉迪斯10月11日发表声明说，加拿大政府决定将审批中海油收购尼克森公司申请的期限延长30天，延期至11月10日。

2012年11月　再遭加拿大政府延期。

加拿大工业部长帕拉迪斯表示，加政府决定将审批中海油收购尼克森公司申请的期限再次延长30天，至12月10日。

2013年1月　第三次延期。

虽然中海油收购尼克森的交易于2012年12月已经获得加拿大政府审批，但是由于美国政府迟迟未审批，双方交易一直不能“定锤”。中海油对外公告表示，由于需要更多时间获得相关监管批准，中海油已与加拿大尼克森公司达成一致，将收购尼克森协议的终止日期从2013年1月31日顺延至3月2日。

2013年1月18日　获中国国家发改委批准。

1月18日，中国国家发改委在官网披露，已于2012年12月批准了中海油整体收购加拿大尼克森公司的项目。不过，中国国家发改委没有透露任何细节。

2013年2月12日　中海油收购尼克森获美国外国投资委员会批准。

中海油12日发布公告称，中海油建议收购加拿大尼克森公司的交易已经获得美国外国投资委员会的批准，这消除了这笔交易面临的最后一个大障碍。

收购尼克森公司将为中海油带来约20%的产量增长、约30%的证实储量增长，并使其储采比（剩余储量按当前生产水平尚可开采的年数）从9.6年增至10.3年。另外，尼克森分布在加拿大西部、英国北海、墨西哥湾和尼日利亚海域等全球最主要产区的资产中包含了常规油气、油砂以及页岩气资源，是对中海油现有资产的良好补充，同时也使中海油全球化布局得以增强。

第二章　国际商务谈判的主要类型

✓ 本章摘要

国际商务谈判根据谈判的内容、目标而分为不同的类型。针对不同类型的谈判，谈判的风格、谈判人员的组成、谈判的方式都会发生明显的变化。因此，根据不同的谈判类型制定不同的谈判方案，是取得谈判成功的关键之一。本章主要介绍了在国际商务谈判过程中逐渐形成的主要类型，包括国际货物买卖谈判、国际技术贸易谈判、国际补偿贸易谈判和国际融资租赁业务谈判。

✓ 本章关键词

国际货物贸易　　国际补偿贸易　　国际技术贸易　　国际融资租赁贸易

✓ 学习完本章，你需要掌握

- 国际货物贸易谈判的主要内容和程序
- 国际技术贸易谈判的主要内容和程序
- 国际补偿贸易谈判的主要内容和程序
- 国际融资租赁业务谈判的主要内容和程序

✓ 引导案例

济南市第一机床厂厂长在美国洛杉矶同美国卡尔曼公司进行推销机床的谈判。双方在价格问题的协商上陷入了僵持的状态。这时我方获得情报：卡尔曼公司原与台商签订的合同不能兑现，因为美国对日本、韩国和我国台湾地区提高了关税，使得台商迟迟不肯发货。而卡尔曼公司又与自己的客户签订了供货合同，交货的最后期限已经临近，卡尔曼公司陷入了十分被动的境地。我方根据掌握的情报，在接下来的谈判中沉着应对，我方告诉对方：我方的货源不多，产品的需求很大，台商不能及时供货。对方立刻意识到我方对这场交易背景非常了解，卡尔曼公司终于沉不住气，最后按照我方的价格，在订货合同上签订了购买150台机床的协议。在谈判中，不仅要重视己方的相关情报，还要重视对手的环境状况。

第一节 国际货物贸易谈判

一、国际货物贸易内涵

国际货物贸易，是指具有实物形态商品的国际间的贸易活动。由于其贸易对象具有实物形态，因此也称有形贸易（Visible Trade）。

国际货物贸易谈判是指两个或两个以上国家的从事经济交往的组织或个人，为了满足各自的利益，就一种或多种货物的买卖交换意见和磋商，以达成贸易买卖协议的协商活动。与其他国际商务谈判活动相比，国际货物贸易谈判的一个明显特征是：以某一种或多种具有实物形态的商品为标的的经济谈判。在国际贸易的实践中，就买卖进行谈判是一项十分重要的工作。谈判进行得好坏、顺利与否直接影响到合同的订立与履行，关系到双方的经济利益。

一般来说，国际贸易谈判及磋商，要经过询盘、发盘、还盘和接受或拒绝几个环节，如果接受了对方发盘则要继续完成国际买卖合同的订立。可以说，国际贸易磋商在整个国际货物贸易中起着举足轻重的作用。

二、国际货物贸易磋商程序

国际货物贸易磋商一般有两种形式。一种是书面方式，这是指买卖双方通过电报、电传、传真、信函、电子邮件等方式进行交易洽商；另一种是口头形式，它主要是指面对面的桌上谈判，还可以通过参加各进出口总公司举办的专业性交易会、中国出口商品交易会、国际博览会以及贸易小组出访、邀请客户来华访问等方式进行。

买卖商品的各项交易条件是双方交易磋商的主要内容。这些内容一般包括：商品的品名、品质、规格、数量、包装、价格、装运、保险、支付、商检、异议索赔、仲裁、不可抗力等各项交易条件。只有双方就各项交易条件取得共识，达成一致意见后，交易才可达成，合同才能签订。

在进出口业务中，交易磋商的程序一般包括询盘、发盘、还盘、接受四个环节。其中，发盘和接受是达成交易不可缺少的两个基本环节或法律步骤。当一项有效的发盘被对方有效地接受，交易即告达成，就可签订书面合同。

（一）询盘（Inquiry）

询盘又称询价，指交易的一方欲购买或出售某种商品，向另一方询问买卖该项商品的各种交易条件。询盘可通过口头或书面两种形式来表示。询盘可以由卖方发出，也可以由买方发出。卖方询盘又称邀请递价（Invitation to Make a Bid），买方询盘又称邀请发盘（Invitation to Make an Offer）。询盘可只询问商品价格，也可询问其他一项或几项交易条件，如商品品质、规格、数量、包装、交货期以及索取样品、商品目录等。询盘是交易磋商的第一步，在法律上对买卖双方均无约束力，而且并非每笔交易都必经此步骤，有时可未经对方询盘而直接向对方发盘。但它往往是合同磋商的起点，不应忽视。有时，一方向另一方询问买卖商品的交易条件时，提出了某些带有保留条件的建议，这不能算作是一项有效发盘，而应属于询盘。

（二）发盘（Offer）

1. 发盘的定义

发盘又称发价，在法律上称为要约，《联合国国际货物销售合同公约》（以下简称《公约》）第 14 条（1）款对它的解释是："向一个或一个以上特定的人提出的订立合同的建议，如果十分确定并且表明发价人在得到接受时承受约束的意旨，即构成发价。一个建议如果写明货物并且明示或暗示地规定数量和价格或规定如何确定数量和价格，即为十分确定。"也就是卖方或买方因想出售或购买某项商品，而买方或卖方提出交易该项商品的各种具体条件，并表示愿意按照这些交易条件订立合同即为发盘。发盘可以在一方询盘后发出或直接发出。

在一般情况下，一个发盘有两个关系人，即发盘人和受盘人。一项有效的发盘一经成立，如果该项发盘按所适用的法律的规定具有约束力，则发盘人就成为义务方，他有义务在对方接受时按发盘中所规定的条件与对方订立合同；而受盘人就成为权利方，他有权利在发盘的有效期内要求对方按发盘中所规定的条件与之签订。

发盘的约束力与发盘是否有效，这两者是不一样的。

2. 发盘必须具备的条件

（1）各项交易条件要确定。《公约》第 14 条规定："如果写明货物，并且明示或默示地规定数量和价格或规定如何确定数量和价格，即为确定。"我国的《合同法》第 14 条规定，要约必须"内容具体确定"。因此，发盘应具备拟订合同的最主要的内容，即发盘中应该包括将签订的合同的主要条件，一旦受盘人表示接受，即达成了对双方当事人均有约束力的合同。在构成有效发盘中，一般应包括商品的品质、价格、数量、包装以及交货和付款条款等，而商品的名称、价格、数量则是最主要的条件，同时还必须明确受盘人对发盘作出接受表示的期限。至于具体交易的其他条款，如包装、支付条件等，可按双方已经确定的惯例或按《公约》第三部分第 55 条的有关规定进行补充。

（2）发盘人应明确表示订约意旨。发盘的目的在于订立合同，这是衡量一个有效发盘的基本标准。因此，当事人必须传达承受约束的意愿，传达的方式可以是明示或默示。如果发盘人不能明确表示愿意按照发盘的内容订立合同，或者对其所发盘中表明的条件最终是否愿意作为所订立合同的条件还没考虑成熟，那么他就不能作出发盘，而只能作出发盘邀请。

（3）向一个或一个以上特定的人提出。所谓特定的人，是指在发盘中指明具体的受盘人的名称。这严格区别于通过媒体广告发送的发盘邀请。但是当广告中交易条款十分具体和肯定，如交易的商品、地点、价格、有效期等，在一定事实情况下，也可以视作一个发盘。因此，在作发盘邀请时，最好写上有关内容仅供参考等文字说明。

（4）发盘到达受盘人时才生效。发盘必须传达到受盘人，换句话说，只有传达到受盘人的发盘才为有效，这是《公约》和各国法律普遍的要求。如果发盘由于种种原因在传达途中灭失或内容产生歧义，则该发盘视为无效，发盘人应重新发盘。

3. 谈判时应注意的问题

如果贸易磋商是以双方谈判的方式进行的，那发盘这一过程就是谈判中的报价过程，在这一阶段报价者需要考虑的问题主要是如何确定和提出开盘价。具体来说有以下几点：

（1）开盘价应报合乎情理的最高价。谈判之初，当事人首先要对各项交易条件确定一个目标，也就是说确定一个磋商范围。一般来说，报价方的开盘价应是合乎情理的最高价。

一方面，开盘价一般是报价方要价的一个最高的限度，开盘价高，能为报价方在以后的磋商中留下充分的余地。因为在议价阶段，双方均可能需作某些让步，如果一方被迫让步时，没有得到对方相应的让步，肯定不会善罢甘休。正因为如此，在实际业务中随处可见：报价方在报价时往往开高价，而还价方还价时则尽可能地压价。出现该种现象，均是缘于谈判双方需为以后谈判留有余地着想。另一方面，开盘价对成交水平具有实质性影响。一般来说，报价方的要求和目标越高，在保持谈判不破裂的情况下，最终得到的好处就可能越多。除此以外，开盘价会影响对方对己方提供的商品或劳务的印象和评价。在当今国际贸易中，往往出现开盘价越高，越能引起客户的注意和增强客户的印象这一奇妙的现象。

当然，这并不是说报价方在谈判中可以漫无边际地要价。实际上报高价也必须合乎情理，也就是说必须是一个“最高可行价”。否则，要价高得出乎对方意料，就有可能吓跑对方或被对方淘汰，从而失去商机；即使不被淘汰，也可能会在议价阶段，面对对方提出质问而无言可答，到那时就有可能不但丧失信誉，而且为了成交还不得不很快地进行大幅度的让步。

（2）根据交易方情况考虑报价。在不同的谈判条件下，对于“最高可行价”的把握和确定也是不同的。要考虑到双方进行交易的方式、对方的谈判方针和态度以及谈判所处的主客观环境。具体来说，如果己方与对方已经建立了诚挚的关系，这时由于己方对对方的谈判作风和双方合作的诚意均较熟悉，因此就可根据常规报价。如果己方与对方是初交或未建立诚挚的关系，那么就必须根据己方对对方的谈判作风以及主客观环境进行直接的或间接的了解而定，即：若对方的谈判作风属于竞争型，就需尽可能报高价，但若属于合作型，就需适当地降低报价；如果对方为了自身利益而向己方施加压力，己方也必须以高价向对方施加压力，以此保护己方的利益；如果己方面临着许多竞争对手，那就必须把要价压低到至少能受到邀请或能维持谈判的程度；如果属于长期交易，且前景良好就需适当地降低开盘价，反之，则应相反；如果属于风险性较大的交易，一般来说应将可能的风险损失考虑进去等。

（3）提出报价的方法。所谓提出报价，就是指当开盘价确定以后，应以什么方式方法向对方报出的问题。

首先，在提出报价时要做到明确果断。这样才有可能给对方造成己方是一个诚实而又认真的谈判伙伴这一印象。其次，报价时不要对所报价格做过多的解释或说明。因为如果你想要使对方相信你的开盘价是符合情理的话，你就没有必要为那些符合情理的事情进行过多地解释或说明。加上在议价阶段，对方肯定会就报价的有关问题提出质疑，如果在对方提问前，己方主动对有关问题过多地解释或说明，就有可能使对方从中找到某些突破口。

(4) 报价是不可撤销的发盘。撤销指发盘人取消已经被受盘人收到的发盘。对于一个已经开始生效的发盘，各国法律的规定有所不同。我国的法律认为发盘只有在特定的条件下对发盘人有约束力，在一般情况下发盘对发盘人没有约束力。《合同法》第18条规定，要约可以撤销。撤销要约的通知应当在受要约人发出承诺通知之前到达受要约人。

但需要注意的是，在正式的贸易谈判中，所有发盘都是不可撤销的。所以，每一次报价都应是有依据的。尤其是在货物贸易中，因为只要将货价一一相对就能找出其合理与不合理之处，所以在谈判中更需要有各项价格制定的详细依据。

(三) 还盘 (Counter Offer)

1. 还盘的定义

还盘是指受盘人收到发盘之后，对其内容不完全同意，为了进一步磋商交易，向发盘人提出修改建议或一定限制性的意见，这种口头或书面的表示就是还盘，又称之为还价。还盘可以是针对价格，也可以是针对品质、数量、交货时间及地点、支付方式等。

还盘是对发盘的拒绝，还盘一经作出，原来的发盘即行失效，原来的发盘人可不再受发盘的约束，受盘人也不得在日后再要求接受原来的发盘。还盘等于是受盘人以发盘人的身份向原来的发盘人所做的一项新的发盘。还盘作出后，还盘的一方与原发盘的发盘人在地位上发生了变化，还盘人由原来的受盘人变成了新发盘的发盘人，而原发盘的发盘人则变成了新发盘的受盘人。新受盘人有权针对还盘的内容进行考虑，决定接受、拒绝或者是再还盘。从法律意义上讲，还盘只不过是针对原来的一项要约发出的新要约，因此，前面所讲的有关发盘的含义、有效成立的条件及应注意的问题，同样适用于还盘。在通常情况下，还盘的内容比较简单，这是因为凡是还盘人同意发盘的内容，一般就不再在还盘中列出。

2. 谈判中应注意的问题

与发盘过程类似，还盘这一过程在谈判中是贸易对方还价的过程，一方在听取了另一方的报价说明之后，为了对对方的报价作出恰当的反应，应当向对方还价——即提出自己的交易条件。对于还价者来说，他需要考虑的问题则是如何确定还盘价以及如何向对方提出还盘价。为此，还盘方原则上应注意以下几点：

(1) 准确地了解对方的报价内容。在还盘前要准确地弄懂弄清对方的报价内容。为此，他可以向对方提出一切必要的问题。确定报价方提出的价格中包含的各项费用以及贸易条件等。

假设在设备进出口的贸易中，就可以向对方提问了解清楚：价格中是否包括佣金，是否包括机器的调试及技术培训费，是否包括一套必要的零配件费用等，以便得到一幅正确无误的价格图像。在提问的过程中，应使对方意识到：这些提问只不过是为了弄清其报价内容，而不是在要求对方解释报价的原因。当提问完毕，应把自己对对方报价的内容进行归纳总结，并加以复述，以检验双方在开盘价的内容的理解上是否一致。

（2）还价应是最低可行价。与报价方报出的是最高的可行价道理类似，还价方一旦报出还价，在谈判过程中再次压低价格的可能性就非常小，所以，在还价时尽量把价格压低有利于实现还价方的利益最大化。

（3）随时对谈判形势作出判断。在谈判中，一般只经过一次的发盘和还盘并不能达成交易，双方可能在报价及成交条件上存在着分歧和差距，此时就要求谈判者不断对谈判形势作出分析和判断，找出双方的分歧点，对对方的真正立场作出判断，之后制定自己的谈判对策。只有做好这些工作，才能使谈判尽快地进入成交阶段。

（四）接受（Acceptance）

1. 接受的定义

接受又称承诺，是受盘人同意发盘的意思表示。受盘人在接到发盘后，如果同意发盘的全部内容，向发盘人发出通知表示同意，即构成接受。

接受与发盘是一组对应的概念，如果两个意思表示一致，合同即告成立。应当注意的是合同成立并不等于合同就具有法律效力。如果双方的合同不具备法律规定的合法有效的条件，合同即使成立了也没有法律效力，可能导致合同无效。无效合同不仅不能产生当事人所期望的权利和义务，还可能引起当事人不愿意发生的法律后果。

2. 接受的必备条件

一项接受是否有效，除了合法性以外，一般还应具备以下条件：

（1）接受必须表示出来。接受一般以通知的方式作出，但根据交易习惯，接受也可以通过行为作出。以通知方式作出的接受，即受盘人以书面或口头方式通知发盘人，表示接受发盘。此外，接受还可以通过行为作出。如受盘人在发盘规定的时间内，开始履行发盘中的内容，并告之发盘人，这种以行为表示的接受也是有效的。但是，以行为表示接受必须在两种情况下才可以适用：

一是根据交易习惯可以行为表示接受。交易习惯主要指行业上的习惯做法或交易双方已存在的惯例。

二是发盘中表明可以行为表示接受。例如在一个具备发盘内容的订单中规定，如果受盘人接受发盘，则将样品寄送发盘人。受盘人寄送样品，表明受盘人已经通过寄送样品的行为对发盘表示接受了。

（2）接受应当在发盘确定的期限内到达发盘人。在一般情况下，发盘中均规定了接受的期限，如接受应在一个月内作出等。在发盘规定的期限内的接受才是有效的接受。尤其在贸易谈判过程中，除非发盘人与受盘人另行约定接受的具体期限，否则，受盘人应立即作出接受与否的意思表示。

第二节　国际技术贸易谈判

国际技术贸易由来已久，随着经济全球化发展进程的加快，世界各国的经济合作呈现出明显的加强趋势。技术作为促进经济发展的不可或缺的因素，其重要性早已被各国所认同。

一、国际技术贸易概述

国际技术贸易是国际技术转让的主要形式之一。国际技术转让是技术供应方将某种内容的技术，通过一定的形式越出国界转让给技术的接受方使用的一种行为。

国际技术转让主要有两种形式：一种是非商业性的国际技术转让，它是不同国家政府机构间以技术援助方式进行的无偿的技术转让；另一种是商业性的国际技术转让，是指政府机构或企业之间按照商业条件签订技术协议或合同进行有偿的技术转让。后一种技术转让是属营利性的，这种商业性的国际技术转让被称为国际技术贸易。

国际技术贸易不仅可以为技术出口国带来一笔可观的技术转让费，获得较大的贸易利益，同时它对技术进口国更为有利。通过技术进口，可以加速本国国民经济部门的技术改造和发展速度，特别是有利于促进产业结构的升级换代和优化组合。此外，可以缩短研制时间，节省研制费用，提高产品质量，增强综合国力和竞争力。

二、国际技术贸易的方式

国际技术贸易采用的方式主要有许可贸易、技术服务与咨询、特许专营、合作生产，以及含有知识产权和专有技术许可的设备买卖等。

（一）许可贸易

许可贸易有时称为许可证贸易。它是指知识产权或专有技术的所有人作为许可方，通过与被许可方（引进方）签订许可合同，将其所拥有的技术授予被许可方，允许被许可方按照合同约定的条件使用该项技术，制造或销售合同产品，并由被许可方支付一定数额的技术使用费的技术交易行为。

许可贸易按其标的内容可分为专利许可、商标许可、计算机软件许可和专有技术许可等形式。在国际技术贸易实践中，一项许可贸易可能包括上述一项内容，如单纯的专利许可，也可能包括上述两项或两项以上内容，成为一揽子许可。

许可贸易实际上是一种许可方用授权的形式向被许可方转让技术使用权同时也让渡一定市场的贸易行为。根据其授权程度大小，许可贸易可分为如下五种形式：

(1) 独占许可。它是指在合同规定的期限和地域内，被许可方对转让的技术享有独占的使用权，即许可方自己和任何第三方都不得使用该项技术和销售该技术项下的产品。所以这种许可的技术使用费是最高的。

（2）排他许可，又称独家许可。它是指在合同规定的期限和地域内，被许可方和许可方自己都可使用该许可项下的技术和销售该技术项下的产品，但许可方不得再将该项技术转让给第三方。排他许可是仅排除第三方不排除许可方。

（3）普通许可。它是指在合同规定的期限和地域内，除被许可方允许使用转让的技术和许可方仍保留对该项技术的使用权之外，许可方还有权再向第三方转让该项技术。普通许可是许可方授予被许可方权限最小的一种授权，其技术使用费也是最低的。

（4）可转让许可。它是指被许可方经许可方允许，在合同规定的地域内，将其被许可所获得的技术使用权全部或部分地转售给第三方。通常只有独占许可或排他许可的被许可方才获得这种可转让许可的授权。

（5）互换许可，又称交叉许可。它是指交易双方或各方以其所拥有的知识产权或专有技术，按各方都同意的条件互惠交换技术的使用权，供对方使用。这种许可多适用于原发明的专利权人与派生发明的专利权人之间。

许可贸易是国际技术贸易中使用最为广泛的技术贸易方式。

（二）特许专营

特许专营是近二三十年迅速发展起来的一种新型商业技术转让方式。它是指由一家已经取得成功经验的企业，将其商标、商号名称、服务标志、专利、专有技术以及经营管理的方式或经验等全盘地转让给另一家企业使用，由后一企业（被特许人）向前一企业（特许人）支付一定金额的特许费的技术贸易行为。

特许专营的受方与供方经营的行业，生产和出售的产品，提供的服务，使用的商号名称和商标（或服务标志）都完全相同，甚至商店的门面装饰、用具、职工的工作服、产品的制作方法、提供服务的方式也都完全一样。例如，美国的麦当劳快餐店在世界各地几乎都有它的被授权人，他们所提供的服务同美国一样，所生产和销售的汉堡包的味道也完全一样。

特许专营类似许可，但它的特许方和一般的许可方相比要更多地涉入对方的业务活动，从而使其符合特许方的要求。因为全盘转让，特别是商号、商标（服务标志）的转让关系到自己的声誉。

特许专营的被特许方与特许方之间仅是一种买卖关系。各个特许专营企业并不是由一个企业主营的，被特许人的企业不是特许人企业的分支机构或子公司，也不是各个独立企业的自由联合。它们都是独立经营、自负盈亏的企业。特许人并不保证被特许人的企业一定能盈利，对其盈亏也不负责任。

特许专营合同是一种长期合同，它可以适用于商业和服务业，也可以适用于工业。

特许专营是发达国家的厂商进入发展中国家的一种非常有用的形式。由于风险小，发展中国家的厂商也乐于接受。

（三）技术服务和咨询

技术服务和咨询是指独立的专家或专家小组或咨询机构作为服务方应委托方的要

求，就某一个具体的技术课题向委托方提供高知识性服务，并由委托方支付一定数额的技术服务费的活动。技术服务和咨询的范围和内容相当广泛，包括产品开发、成果推广、技术改造、工程建设、科技管理等方面，大到大型工程项目的工程设计、可行性研究，小到对某个设备的改进和产品质量的控制等。企业利用“外脑”或外部智囊机构，帮助解决企业发展中的重要技术问题，可弥补自身技术力量的不足，减少失误，加速发展自己。我国“二汽”委托英国的工程咨询公司改进发动机燃烧室形腔设计，合同生效半年内就取得了较好的技术经济效果。

技术服务和咨询与许可贸易不同。

（1）许可贸易是以技术成果为交易对象的，而技术服务和咨询则是以技术性劳务为交易对象的。

（2）许可贸易的技术供方所提供的技术是被其垄断的新的独特的技术，这些技术属于知识产权或专有技术。而在技术服务和咨询中，服务方所提供的技术多是一般技术，即知识产权和专有技术以外的技术。

在国际技术贸易实践中，许可贸易特别是专有技术许可中常含有技术服务和咨询（如设备安装调试、人员培训）的内容。而在技术服务和咨询活动中，也有提供服务的供方以其专利或专有技术完成其服务任务的。

许可贸易与技术咨询服务是国际技术贸易的两种基本的贸易方式，其他技术贸易形式一般都是这两种方式在特殊情况下的运用或是包含了这两种方式。

（四）合作生产

对于合作生产，有多种不同的理解。从国际技术贸易的角度来看，合作生产是指分属不同国家的企业根据他们签订的合同，由一方提供相关生产技术或各方提供不同的相关生产技术，共同生产某种合同产品，并在生产过程中实现国际技术转让的一种经济合作方式。

合作生产中的一方或各方拥有生产某种合同产品的特别技术，在合作生产过程中通过单向许可或双向的交叉许可的方式，可能再辅以一定的技术服务咨询，从而实现国际技术转让。

合作生产作为一种国际技术贸易方式，它并不是一种独立的基本的技术贸易方式，实际上它只不过是建立在各方合作生产目的之上的许可贸易和技术服务咨询而已。这种技术贸易的目的与单纯的技术贸易不同，它是为各方的合作生产服务的。

（五）含有知识产权和专有技术转让的设备买卖

在国际贸易实际业务中，购买设备特别是关键设备时，有时也会含有知识产权或专有技术的转让内容。这种设备买卖也属于技术贸易的一种方式。但是，单纯的设备买卖，即不含有知识产权和专有技术许可的设备的买卖属于普通商品贸易，不是技术贸易。

含有知识产权专利和专有技术转让的设备买卖，其交易标的包含了两方面的内容：一是硬件技术，即设备本身；二是软件技术，即设备中所含有的或与设备有关的技术知识。这些技术知识又分为两部分：一部分属于一般的技术知识，另一部分是专利技术和专有技术。这种设备的成交价格中不仅包括设备的生产成本和预得利润，而且也包括有关的专利或专有技术的价值。在这种设备的买卖合同中含有专利和专有技术许可条款以及技术服务和咨询条款。

这种方式的技术转让在发达国家与发展中国家的技术贸易中占有相当大的比重，也常用于工程承包中。

三、国际技术贸易合同谈判应注意的事项

国际技术贸易方式较多，因而其合同的种类较多，包括许可证合同、技术咨询合同、技术服务合同、工程承包合同等，其中许可证合同是技术贸易合同中最基本的一项，我们以此项合同签订前的谈判过程为例，介绍国际技术贸易谈判中需注意的事项。

许可证贸易合同的内容可以由当事人约定，一般包括：项目的名称；标的内容、范围和要求；履行的计划、进度、期限、地点、地域和方式；技术情报和资料的保密；风险责任的承担；技术成果的归属和收益的分成办法；验收标准和方法；价款、报酬或者使用费及其支付方式；违约金或者赔偿损失的计算方法；争议解决方法等。其中心内容：一是对技术供方所转让技术加以详细规定；二是对受方购买技术所享有的权利加以明确说明。为了使技术贸易合同的谈判顺利进行，谈判者必须注意以下几个方面。

（一）做好充分的准备工作

开展许可证贸易，主要是为了引进供方的先进技术，提高受方生产技术水平，因而谈判者要想以有限的支付能力引进供方尽可能先进、适用的技术，就必须做好充分的准备工作，以便在谈判中争取主动。其准备工作主要有：搜集资料、项目可行性研究、对外询价、了解相关国家法规，以及设定谈判方案等。

（二）慎重地选择拟引进项目

许可证贸易合同的中心内容，一是对技术供方所转让的技术加以详细规定；二是对受方购买技术所享有的权利范围作出说明。因此，在涉及拟转让技术内容的谈判中，要注意以下几点：

1. 认真选择合同标的物

在技术引进中，是否能引进到具有先进性、适用性和可靠性的技术，是技术贸易成功与否的关键。所谓先进性，是指技术供方所提供的技术至少是在国内领先，甚至在国际上也属于高水平的，这将有利于技术受方进行技术革新，缩小其与世界先进技术水平的差距。所谓适用性，是指所引进技术要与受方现有技术体系、资源状况及设备配套能力相适应。所谓可靠性是指供方提供的技术是经过生产验证的，可直接用于生产并获得可靠的成效的。

2. 明确合同标的物的性能和规格

谈判中对要转让技术的具体内容、技术参数和指标作出明确的说明并说明在利用该

技术后所生产出来的产品应符合合同规定的水平，以使产品体现出技术的客观存在和经济效益，有利于在将来验收中作为考核的依据。同时，还需明确合同产品的性能、型号和规格。所谓合同产品，是指在利用所引进的技术后，达到该技术相应的水平的产品。

（三）保证和索赔条款的订立

引进一项技术能在生产中切实运用并生产出合格的产品，是技术供方应提供的保证和技术受方最关心的问题。因而，国际技术贸易谈判往往要就所转让技术及运用该技术生产的产品质量进行详细的商谈，并签订严谨的保证和索赔条款。该条款需要求供方提供两方面的保证：

1. 技术保证

技术保证方面主要应包括三项内容：

（1）对技术资料的保证。即技术供方应保证保质、保量、按期交付技术资料。技术供方按照协议规定时间，把内容完整的资料正确无误地提交给技术受方，这是技术转让中供方的一项基本义务。技术受方在收到技术资料后，应及时清查资料，如果内容和数量没有缺损，应出具技术资料已收到的证明；如果有缺损，应及时通知供方，供方应在收到受方的通知后一定期限内补充提供缺损的部分，并负担由此产生的费用。

（2）对合同产品性能的保证。即技术供方应保证在受方正确使用其所提供的技术资料后，能生产出符合合同规定的产品；保证向受方提供合同产品考核检验时所需的资料和标准；保证在产品达不到合同规定的标准时，与受方友好合作，共同分析原因，采取措施，争取再次考核时达到合格要求。

一般来讲，对合同产品的考核，由双方人员共同进行，通常允许进行两三次。如果考核合格，由双方签署产品验收合格证书；如果考核不合格，则共同分析原因，分清责任，限期进行再次考核，所需费用由责任方负担。如果在合同规定的最后一次考核仍达不到合格要求，而且责任在技术供方，则受方有权要求供方给予经济补偿或终止合同，确定赔偿办法；如果责任在技术受方，则供方仍有义务协助受方分析原因，采取措施，直到考核合格为止。

（3）对技术服务的保证。即供方应保证按合同规定派出合格的有能力的人员到受方提供技术服务；保证其技术人员在技术服务过程中能认真传授技术；保证向受方的受训人员传授合同规定的培训内容并提供培训所需资料。

2. 权利保证

所谓权利保证，是指技术供方应向受方保证其转让技术的合法性。如果被第三方指控有侵权行为时，供方应承担一切责任。

上述保证条款规定了供方在转让技术时应尽的义务，如果供方不能履行保证条款，就构成违约行为，受方有权要求供方承担违约责任，按索赔条款进行赔偿。

因此，合同中还需对各项违约的赔偿作出具体的规定，一般应在合同中规定赔偿的最低金额和最高限额。其最高限额应订得能使违约方觉得违约不划算，以督促其履行合同，但又不能过高，以免供方觉得风险太大而提高合同价格或受方觉得风险太大而放弃技术引进。在中国的实践中，许可证合同中规定罚款的最高金额一般不超过合同总额的

25%，赔偿额则主要根据实际损失加上利润损失。

（四）保密和侵权责任条款的订立

1. 保密条款的订立

如果许可证项目的技术涉及专有技术或其他保密的情报资料，则技术供方往往会提出严格的保密要求。根据国际惯例，技术受方有义务承担对引进技术的保密工作，如果违约泄密则要承担法律责任，但合同中要明确保密的范围和保密的期限。实践中，对专有技术的保密工作较难开展。一些商业间谍活动也给泄密的责任认定工作带来困难。另外，作为技术受方，对供方不合理的保密要求也不应接受，例如，技术供方要求受方在合同期限终止后，仍要无限期地承担保密义务则明显对受方不利。

2. 侵权条款的订立

在许可证贸易中，谈判双方必须考虑合同生效后可能发生的侵权问题，合同中应明确规定：供方应保证所转让的技术确系供方所拥有和掌握的技术，如被第三方指控有侵权问题时，供方应承担一切责任，并负责赔偿受方；一方无视合同的限制性规定，把协议项上技术在合同规定不允许转让的地域、期限内转让给第三方，或第三方未经权益人许可使用了合同项上的技术，致使另一方的权利受到侵害时，权益人有权请求排除障碍，或要求赔偿损失或根据损失程度相应减少（或增加）转让费，或单方面终止合同。

（五）要避免双重课税

国际技术贸易的税收问题主要是所得税的征收问题。由于各国对课税问题采取的原则不同，有的采取属人原则，有的采取属地原则，因而一项技术转让中可能出现双重课税的情况，即技术引进国在支付技术转让费时，预先扣除按规定税率计算的所得税，如《中华人民共和国外国企业所得税法》规定，技术供方在中华人民共和国境内的任何收入由受方在每次支付的款项中扣缴 20% 的所得税；而一些技术输出国也规定，对供方所获得的技术转让费收入征收规定税率的所得税。双重课税必然影响有关企业和个人的利润收入，不利于国际技术贸易的开展。

一般认为，解决双重课税问题的关键在技术输出国，技术输出国政府应该对税源国作出让步。具体来说，解决双重课税问题可以有两种做法：一种是单边措施，即一个国家在国内立法，对技术输出的收入实行免税或税收抵免，从而在单方面消除或减少双重课税现象；另一种是通过国家间缔结条约，规定纳税人和税种，实行互相抵免。如中国政府与美国、日本等国家签订的税收抵免协定就属此。

第三节　国际补偿贸易谈判

一、国际补偿贸易概述

所谓国际补偿贸易（Compensation Trade），一般是指一方在信贷的基础上，从国外另一方买进机器、设备、技术、原材料或劳务，约定在一定期限内，用其生产的产品、其他商品或劳务，分期清偿贷款的一种贸易方式。它是从20世纪六七十年代逐渐发展起来的一种新的贸易方式。其主要特点是：

（1）贸易与信贷结合，一方购入设备等商品是在对方提供信贷的基础上，或由银行介入提供信贷。

（2）贸易与生产相联系，设备进口与产品出口相联系。出口机器设备方同时承诺回购对方的产品，大多数情况下，交换的商品是利用其设备制造出来的产品。

（3）贸易双方是买卖关系，设备的进口方不仅承担支付的义务，而且承担付息的责任，对设备拥有完全的所有权和使用权。补偿贸易购入的是机器设备，出口的是产品，可以说是一种进出口相结合的特殊的信贷交易，具有明显的利用外资的作用。对于设备进口方，可少动用外汇或不动用外汇，进口所需设备和较先进的技术，既有利缓和对外支付手段不足的矛盾，又可提高本国的生产能力，扩大出口，增收外汇，同时也给产品的出口建立了长期的比较稳定的销售渠道和市场。对设备供应方而言，可突破进口方支付能力不足的障碍，扩大产品销售市场，获得比较固定的原材料供应来源。故补偿贸易多用于外汇支付能力困难的国家与发达国家之间，而且较多地出现在生产原材料的部门，或产品为对方所需要或产品有出口前途的产业部门。

二、国际补偿贸易谈判程序

国际补偿贸易谈判大致可以分为三个阶段：项目选择、可行性分析和实质性谈判。

（一）国际补偿贸易项目的选择

项目的选择关系企业的发展前景，项目能否顺利地切实实施是引进项目的关键所在，因而在选择项目时，要注意以下事项。

（1）项目的选择要符合国家的规定，适应国民经济的调整。国民经济的每个发展阶段，国家都会出台一系列相应的方针、政策，引导经济健康有序地发展，选择适宜的项目有利于获得国家、地方的支持，保证项目的顺利实施。

（2）引进的技术设备要考虑其先进性、适用性。引进的技术设备尽可能是先进的，至少领先于国内水平，并在国际上也较为先进；其次，要考虑其适用性，引入的技术设备应是适用的，有利于充分利用现有的厂房设备，有利于增加外汇收入，并且能从技术上有效控制污染。

（3）补偿商品的选择。多数国际补偿贸易项目的补偿商品是项目的直接产品，在考虑引进技术设备时，要考虑其直接产品在国际市场上的销路和出口前景，另外要考虑本国已有的相同或类似产品的出口情况，避免与传统的出口产品或在国际市场上有稳定销路的产品的竞争。如果以原料补偿，则该原料必须是供给充足、自用有余的原料。

国际补偿贸易项目选定后，引进方要提出项目建议书，报有关部门审批。

（二）项目的可行性分析

国际补偿贸易项目经审批后，进入项目的准备阶段，主要是进行可行性研究，其内容主要包括：

（1）技术设备供给方的能力。选择信用好、经营能力强、具有较强推销补偿商品能力的供给方，有利于顺利达成贸易协议，并在项目实施中提供更好的服务。

（2）补偿商品的市场需求。包括国内市场和国际市场的调查与分析，有条件的企业可以聘请专门的机构进行市场调查和研究。通过市场调查和市场预测，评价引进技术设备生产的产品的市场前景。

（3）项目的性能分析。即从引进技术设备的先进性和适用性以及产品结构和工艺方案入手，确定分支方案，比较不同工艺方案，选择最佳项目和方案。

（4）企业生产规模研究。即根据市场需求研究的结论，考虑目前企业的生产状况和生产条件，估计项目是否需要企业再投资扩建或改建。

（5）生产条件研究。即根据不同行业，研究原材料、燃料、动力及其他资源的供应、交通运输、人员培训的安排和解决。

（6）项目资金来源。即对技术转让费、支付方式和资金筹措渠道等进行估算，考虑自有资金筹措、各种贷款、外汇来源及落实情况，选择适宜的支付方式。

（7）经济效益分析和评估。即进行经济分析，计算资金利润率、投资回收率、投资回收期、外资偿还年限等经济指标。

项目可行性研究需以书面的形式向有关部门提交报告，等待审批。

（三）对项目进行实质性谈判和合同的签订

项目可行性研究报告被批准后，国际补偿贸易进入实质性谈判阶段。谈判的内容分为技术谈判和商务谈判两部分，需涉及技术设备的作价、补偿办法及补偿产品的作价等问题。在双方就各项内容达成一致意见后，需将所确定的各项事宜以文字的方式形成文件。其主要文件一般有三种：

（1）国际补偿贸易协议；

（2）设备（或/和技术、劳务）进口合同；

（3）补偿产品出口合同。

其中，国际补偿贸易协议规定了进行国际补偿贸易的总原则和一般条件；进出口合同则对具体进出口商品的规格、数量和价格、交货时间等作了具体的规定，有时对于简单的补偿贸易只签订贸易协议，而不再另签进、出口合同。

三、国际补偿贸易谈判中应注意的事项

由于国际补偿贸易谈判耗时长，手续繁杂且涉及的事项多，对双方谈判者均是一场智力与体力的考验。虽然谈判者在国际补偿贸易谈判中要注意的事项和问题不胜枚举，难以尽述，需提请谈判者特别注意的有以下事项：

（一）认真而且充分地做好谈判前的准备工作

在选定国际补偿贸易项目后，贸易各方除了在人员、时间等方面作常规准备外，还要就国际补偿贸易的具体问题作准备。如对引进方而言，需特别考虑原材料供给、劳动力组织、交通运输、通信、水电配套设施等生产条件，以及工程建设规模的确定、产品销售市场的定位、项目的偿债能力及经济效益评价等问题。对供给方而言，要调查引进方的资信情况、生产技术水平、生产能力、偿债能力及引进方国家关于国际补偿贸易的规定，只有在充分的准备条件下，才能顺利地进行谈判，取得良好的谈判成果。

（二）灵活地选择补偿形式

国际补偿贸易发展至今，为适应不同贸易对象的需要，由最初的以项目的直接产品补偿，发展到以间接产品补偿及其他形式的补偿方法，概而言之，国际补偿贸易的补偿形式主要有以下几种：

1. 回购

所谓回购，是指技术设备引进方以进口的技术设备所生产的产品，支付技术设备供给方技术设备价款的一种补偿方式。这是目前广泛采用的以项目直接产品补偿的形式。回购的形式常常用于生产资料（如采矿、伐木设备）的补偿贸易中。该方法在具体运用时又有两种做法：

其一为对技术设备作价，然后以直接产品作价或以直接产品出口销售款项支付技术设备的总价款。

在此方式谈判中，谈判者要注意解决技术设备、直接产品的作价问题。技术设备的价格往往在贸易谈判时确定，技术设备在谈判完成后交付使用，而直接产品是在项目建成投产后生产、逐步交付技术设备供给方，所经历的时间长，面临生产上、国内外市场上的极大风险，因而难以准确作价。为此，在考虑利息负担、风险变动的情况下，国际补偿贸易中的技术设备价款应比一般现汇交易的价格高。对于直接产品的作价，通常是在确定技术设备价格的同时在谈判中确定。因此，在对直接产品的作价时需考虑劳动力、原材料、能源等成本上涨因素，尽量避免以固定价格作价，特别是要避免以谈判时的市价固定作为补偿商品的单价。

其二为提成偿付。即谈判中不对技术设备和直接产品作价，在项目建成投产后，在合同年限内，每年以直接产品或产值的一定百分比率偿付技术设备价款。

在以回购的形式偿付技术设备价款的方式中，由于补偿商品不涉及国内其他部门，因而贸易双方的联系较为简单，容易协调，而且双方对技术设备、直接产品的性能较为了解，也使补偿商品的生产、销售更为便利。然而，由于以回购形式补偿技术设备价款使供给方对补偿商品没有选择，因而也存在一些问题。供给方有可能会由于不愿经营该补偿商品或该商品在国际市场上滞销等原因，在谈判中提出种种要求，使贸易谈判难以顺利进行；而技术设备引进方又面临供给方把生产风险、国内外市场风险转嫁到技术设备的价款上，使技术设备价格偏高的风险。

2. 互购

所谓互购，是指技术设备引进方以间接产品或劳务偿还技术设备价款的一种补偿方式。根据国际补偿贸易的通常做法，技术设备供给方必须在一定的时间内购买引进方一定金额的其他产品。因此，在该种国际补偿贸易方式中，贸易双方要签订三个主要文件：国际补偿贸易总协议、技术设备供给合同及补偿商品出口合同。谈判者在总协议中，需把技术设备的进口和补偿商品的出口联系起来，使之成为有机的整体。

以互购形式补偿的具体做法也有两种：

其一在谈判时对补偿商品进行作价，计算出应偿付的补偿商品数量，等项目建成后再偿还；

其二在谈判时对技术设备作价，待项目建成后，就某种商品按当时的市价计算出应偿还的补偿商品数量进行偿付。

以互购形式补偿时，其间接产品可以由技术设备供给方指定，也可以由引进方列出可供选择的商品清单供对方选择。因此，以互购形式补偿最大的优点就在于技术设备供给方可以有较多的选择，有利于在较短的时间内偿还技术设备的价款。但也有明显的不足：首先，技术设备供给方热衷于指定国际市场上的热销商品，而引进方则有意推出滞销商品，因而，双方可能在补偿商品的选择上分歧较大，导致谈判费时费力；其次，由于使用间接产品作补偿，若在技术设备引进方不拥有补偿商品所有权的条件下，要组织补偿商品货源，必将增加引进方的负担。

3. 以加工费补偿

技术设备供给方在提供技术设备并建成项目后，再提供原材料，由引进方加工成指定的商品，并以加工费作为补偿，偿付技术设备价款。其具体做法是在谈判中对技术设备作价，并确定加工费，以计算出偿付的年限。以加工费补偿，实际上是将补偿贸易和对外加工贸易结合起来的一种混合形式。

4. 混合补偿

混合补偿有两类：

（1）部分补偿，部分现汇。即技术设备引进方对技术设备的价款一部分是以现汇形式偿付，另一部分是以商品偿付，或在引进技术设备时先付一部分定金，项目建成投产后以商品偿付剩余技术设备价款。

（2）在补偿商品中，一部分以直接商品偿付，另一部分以间接商品偿付。

5. 国际贸易证书

国际贸易证书是指出口国签发给进口国的一种进口许可证，保证出口国以优惠条件支付硬通货向证书持有人购买一定金额的商品或劳务。该证经出口国的中央银行或政府指定部门核准，证书的持有人有权向该国出售一定金额的商品或劳务。这是近年来为配合对等贸易的标准化，由美国通用食品公司同波士顿大通银行合作创立的新的贸易方式和补偿方式。

国际贸易证书可以转让，转让价格视证书的供求关系和出口商的潜在价值而定。证书持有人可以一次用完证书的票面金额，也可以在一定时间内分批用完。

6. 劳务补偿

劳务补偿即技术设备的引进方以提供直接劳务的方式来偿付技术设备价款。

以上六种补偿形式中，谈判者应根据自己的实际情况权衡利弊，灵活地选择其中一种或数种形式去开展国际补偿贸易活动。

（三）确定补偿商品是谈判的关键

以上各种补偿形式的不同之处在于选择的补偿商品不同，因此，有关补偿商品各项事宜是国际补偿贸易谈判中的重点和难点。谈判者在涉及补偿商品的谈判中要掌握以下原则：

1. 避免选择资源性产品

资源性产品价值低，作为补偿商品偿付的数量大、时间长。而以附加价值高的工业制成品作为补偿商品有利于缩短偿还技术设备价款的时间，并且可以利用外商的销售渠道和销售技巧为该工业制成品打开销路，提高国际市场占有率。

2. 在可能的范围内选择补偿商品

技术设备引进方的补偿商品的可供能力是引进方保质、保量、及时偿付供给方技术设备价款的保证。在国际补偿贸易中，要选择自己供给能力范围内的商品作为补偿。当补偿商品选定为其他企业的产品时，为保证补偿商品的供给，应该请该企业派代表参与该国际补偿贸易的谈判。

3. 尽量避免占用出口配额

在产品过剩，贸易保护主义盛行的今天，许多发达国家对进口商品的品种和数量作出了种种限制，导致了发展中国家出口配额小于出口需求的情况。所以，确定补偿商品时，宜选择非配额商品，避免占用出口配额，或者在必需使用出口配额时及时申请配额，并注意保密，以免外商利用出口配额的批准情况提出苛刻要求。

4. 避免使用中途变更补偿商品品种和规格条款

对于技术设备供给方，在国际市场变化莫测的情况下，倾向于在合同中列入中途变更补偿商品品种、规格的条款。但作为技术设备引进方，在确定补偿商品后，必然要投入一定的人力、物力和财力进行补偿商品的组织，中途变更会造成引进方的损失。如果条件允许且确有必要中途变更补偿商品时，应在合同中列明变更的条件和手续，以避免造成引进方的损失。

5. 补偿商品的作价需合理

对于补偿商品的作价，一方面要根据生产的真实消耗，另一方面要参考国际市场相关产品的价格，使补偿商品的作价趋于合理。如果偿还期限短，可以在谈判时商定一个固定价格，或者确定一个价格幅度；如果偿还期长，则在谈判中确定一个计价原则，参考开始偿还时的工资指标、原材料价格指标和其他市场因素，按照所确定的计价原则对补偿商品进行作价。

对于市场价格变化较为有规律的商品（即可通过市场预测确定年增长率的商品），可以用补偿期限内的平均价格作为补偿商品的价格。其平均价格可用以下公式计算出：

$$P = P_1 \times \frac{(1+d)^{n+1} - (1+d)}{d} \times \frac{1}{n}$$

式中：P_1——签订合同时的国际市场价格

P——补偿商品年均价格

d——补偿期限内价格年均增长率

n——补偿年限

6. 销售地区的限制

对于技术设备的供给方来说，一般要求补偿商品的销售不受限制，然而，如果引进方已就该商品在某市场上签订代理协议，或已有其他安排，应该限制供给方在该市场销售补偿商品。

（四）购买技术设备的询盘中应注意的几个问题

在国际补偿贸易中，除技术设备供给方直接提供技术设备外，引进方一般倾向于自行选择购买技术设备。在购买技术设备时，正确的询盘是达成双赢贸易的良好开端，在询盘中，应注意以下问题。

1. 多方联系

在国际补偿贸易中，引进方可以根据自己所处的环境条件，必要时可同时要求几家供给方发盘。供给方的互相竞争，可使买方处于有利的地位。

2. 一致对外

如果一个地区同时有几家企业计划引进同类的技术设备，可以把这些企业联合起来，统一对外询盘。这样可以避免因多家买方竞争形成卖方市场，或对方利用买方间的信息不对称，抬高技术设备价格。

3. 货比三家

技术设备引进方在得到多家供给方的发盘后，应仔细比较不同的发盘。分别比较发盘的价格内容（包括单价和总价）、产品的性能、配套的生产条件等各方面的因素，选择最符合引进方需要和经济承受能力、生产能力的发盘。

4. 计价货币的选择

由于国际补偿贸易经历的时期短则三五年，长则十几年，从签订贸易协议，引进技术设备到偿付技术设备价款，国际金融市场汇率变化会影响引进方的偿付能力及供给方的盈利水平。因而，选择正确的计价货币关系重大。

一般来说，引进方在引进技术设备时，倾向于以有贬值倾向的货币（即软币）作价，在对补偿商品作价时，希望以有升值倾向的货币（即硬币）计量。但对供给方而言正好相反。所以在谈判中，贸易双方在计价货币的选择上会出现分歧。双方如果在计价货币的选择上僵持不下，可以考虑共同分担货币贬值的风险，软币和硬币各占一定比例，并分别计算软币和硬币的利率。

在此，需要特别提请注意的是，对引进方来说，不能单纯地认为技术设备供给方以软币对技术设备报价便可接受，应视具体情况而定，只有当软币与硬币的发盘差额大于硬币对软币升值的幅度时，才可考虑接受软币报价。而且通常软币的利率较高，硬币的利率较低，因此，在询盘中应综合考虑汇率和利率风险，正确选择计价货币。

（五）谈判时应注意的其他条款

1. 违约条款

由于国际补偿贸易中，技术设备与补偿商品的交割有一定的间隔期，因而对当事人的违约行为，谈判者除应规定一般国际商品贸易的违约条款外，还可规定特别的违约条款。一般来说，当技术设备供给方违约，不能按期交付合同规定的技术设备时，则应向引进方支付一定比率的罚金。罚金的确定应视市场的行情、对方信用等因素而定，一般在价款的10%～20%之间。如果罚金过低，则当国际市场行情发生变化时，供给方宁愿支付罚金而不愿执行合同；如果罚金过高，则增大了供给方的风险，有可能导致对方退出谈判。当技术设备引进方违约，不能保质保量及时交付补偿商品时，供给方往往可以根据国际补偿贸易协议要求引进方赔偿损失，或要求解除购买补偿产品的义务。

在当今的国际补偿贸易中，对于违约条款的执行越来越多地依赖于银行的保证。银行在国际结算中的作用增强，使受损害的一方能及时地得到补偿。

2. 保险条款

国际补偿贸易中，无论是技术设备的交割，还是补偿商品的进出口，都要办理相关的保险。办理保险的前提是明确财产所有权的转移时间和条件。因而，贸易双方都会根据有利于自己经济利益的原则，来明确财产所有权的转移。中国的习惯做法是，争取规定货物所有权在交货时转移，以使风险责任与交易条件相一致，以便办理保险。

3. 仲裁条款

如果在履行国际补偿贸易过程中，贸易双方发生争议，一方或双方发生违约行为，通常需采用仲裁的方法解决。因此，双方往往在合同中订立仲裁条款以利于解决争议。

4. 保密条款

技术设备的供给方往往要求在合同中规定，要求引进方对其所引进的机器设备等技术资料保密，这是无可非议的，但对于供给方过于苛刻的保密要求，引进方要予以拒绝。例如，若订立要求引进方无限期保密的条款就应加以拒绝。

（六）需客观地评价经济效益

虽然国际补偿贸易是在外方提供信贷的基础上形成的贸易关系，但作为技术设备引进方的企业来说，只有在有利可图的情况下才能参与国际补偿贸易。一个项目是否能给引进方企业带来收益，关键是判断该项目是否有偿还能力。通常，偿还能力良好的项目，其偿还期限应小于技术设备的自然损耗年限或该项技术的有效使用年限。可见，所谓偿还能力，是指从事补偿贸易的企业每年因参与补偿贸易而收入的外汇，在扣除生产成本和其他费用后，用于偿还外债所需要的年限（即偿还期的年限）。对于一项国际补偿贸易项目的偿还能力的计算，可以按以下步骤进行：

第一步：计算外资总成本（S）。

国际补偿贸易中的外资总成本，是指技术设备引进方应偿还的外资本金和应付利息（如果合同规定引进方支付利息的话）的总额。外资总成本的计算根据补偿贸易金额的大小、利息率的高低及偿还方式的不同可分为几种。现举例说明。

例如，某企业以补偿贸易的方式引进技术设备，总价值为 2 000 万美元，要求该企业以复利支付利息，年利率为 5%，投产后每年生产冰箱 5 万台，合同期内全部用作补偿商品偿付给技术设备供给方，每台售价 400 美元，成本与其他费用为 250 美元，合同规定的偿还年限为 5 年。

（1）分期偿还。每年末付清当年应还本金和当年的全部利息，则外资总成本（S_1）为：

$$S_1 = \frac{P + B}{2} \times n \times r + P$$

式中：S_1——外资总成本

P——外资的本金

B——每年等额偿还的本金额

r——年利息率（百分比）

n——合同规定的偿还年限

（2）在合同规定的偿还年限内，本利一次累计偿还，则外资总成本（S_2）为：

$$S_2 = P \times (1 + r)^n$$

（3）在合同规定的偿还年限内，每年只付利息，本金在规定的期限末一次偿还，则外资总成本（S_3）为：

$$S_3 = P \times (1 + r \times n)$$

第二步：计算外汇收入。

通常，国际补偿贸易合同中规定，技术设备引进方须将合同规定的偿还期限内的全部产品作为补偿商品偿还给技术设备供给方，以获得外汇收入，其年外汇收入 I 的计算公式为：

$$I = Q \times P$$

式中：I——年外汇收入

Q——年产量

P——产品的单价

第三步：计算年产品的成本及其他费用。

将原材料、能耗、工资、固定资产折旧及管理费用等逐项相加，并折成规定的计价单位，如上例中的美元。

$$C = Q \times c$$

式中：C——年产量的成本及其他费用

c——每件产品的成本及其他费用

第四步：计算可偿还期。

可偿还期计算公式为：

$$N = \frac{S}{(I - C)}$$

不同的偿还方式，其偿还额是有差异的。因此，在实际业务中，应在国际补偿贸易谈判的准备阶段或谈判期间，比较各种国际补偿贸易方案的经济效益，从中选择最优方案。

第四节 国际融资租赁业务谈判

由于国际间的经济、科技发展的不平衡，一些企业不能通过向银行借贷或发行公司债券、股票或直接引进外资等方式获得企业发展所需的资金，用于引进机器设备。如果企业需要扩大生产规模或更新设备，利用国际融资租赁业务向国外筹资也不失为一良策。国际融资租赁业务自产生于美国以来，世界上已有100多个国家和地区开展了此项业务。国际融资租赁业务在作为企业融资的重要渠道的同时，也为银行或租赁公司扩大放款或投资规模提供了重要的途径。

一、国际融资租赁业务概述

（一）国际融资租赁业务的概念

所谓国际融资租赁业务，是指出租人根据承租人对供货商、租赁物的选择，向供货商购买租赁物提供给承租人使用，承租人支付租金的业务。

（二）国际融资租赁业务的特征

一般来说，国际融资租赁业务主要有以下几方面的特征：

（1）三个基本当事人与两个合同。一项国际融资租赁业务至少有三个基本当事人：出租人、承租人和供货商，而且这三方当事人至少属于不同的两个国家；三者因两个相互关联的合同——买卖合同和租赁合同相互联系。

（2）承租人自行对设备负责。国际融资租赁业务中，所租设备由承租方根据自己需要自行选定，自行负担设备缺陷、延迟交货等责任和设备维修的义务。出租人只负责提供融资便利，购买设备。承租人按合同向出租人缴纳租金。

（3）全额清偿。承租人在设备基本租期内，所付租金总额应等于该设备的全部投资额及一定的利润额之和；或根据出租人所在国关于融资租赁标准的规定，租金总额等于投资总额的一定比例（如85%），即出租人在该项融资租赁业务中可以收回全部或大部分投资。

（4）不可解约性。一般情况下，租期内租赁双方无权终止合同。因为就承租人而言，所租设备的一切均由承租人自行负责，承租人不得以退还设备为条件提出提前终止合同；设备的买卖行为均已发生，即使租期内设备的市场价格上涨，出租方也不能因此提高租金，同样承租人也不能因价格下跌而要求降低租金。

（5）在租期内，设备的所有权与使用权分离。出租人在支付价款后，拥有设备的所有权，承租人在按合同支付租金后，拥有设备的使用权。

（6）承租人负担设备的保险、保养、维护等费用及风险。基本租期结束时，承租人拥有设备的留购、续租和退租三种选择权。

二、国际融资租赁业务谈判中应注意的事项

融资租赁业务在中国的应用主要是进口融资租赁，即中方企业作为承租人租进国外出租人的设备用于生产。

在改革开放之初，我国一些企业由于缺乏经营所需资金，又无法从其他渠道获得资金融通，往往选择融资租赁方式弥补资金的不足。随着中国市场经济体制的逐步完善和经济的迅速发展，企业可以通过向银行贷款或引进外资等方式解决资金问题。因此，企业可以在比较不同的融资渠道的利弊后，根据企业的实际，决定是否采用融资租赁方式。一般来说，对于回收期短、见效快的技术改造项目，适宜以租赁方式进行融资。

在我国进口融资租赁业务谈判中，要注意以下事项：

（一）进口融资租赁业务谈判的基本步骤

1. 谈判前的准备

企业要进行融资租赁业务，需要做好以下准备工作：

（1）选择租赁设备和供货商。企业要根据自己的需要选定待租设备及相应的供货商。在此过程中要注意：① 所选设备的规格、型号、数量等要与企业原有生产条件相匹配；② 所选设备要保证在技术上处于国内领先水平，至少是国际高水平，以期提高产品竞争力；③ 选择能用国产原材料的设备，一方面可以节省原材料成本，保证有充足的原材料来源；另一方面可以防止在原材料供应方面受制于人。

（2）呈报租进设备项目的建议书。企业在选定设备后，应向有关部门呈报租赁设备项目建议书。项目建议书主要对项目的可行性、外汇来源及其他生产条件作出说明。

（3）选择租赁公司。项目建议书被批准后，企业可向国内的租赁公司提出租赁业务委托或从其他途径寻找租赁公司。企业在选择租赁公司时要充分调查该租赁公司的经营能力、人员素质、服务效率和水平、信誉程度及综合费用水平等多项指标。综合考察后，选定租赁公司，并向其提出融资租赁业务申请。

（4）审查与受理。出租人对承租人的审查主要审查企业的资信、人员素质、技术水平、产品的市场竞争力、资产的增值力等；对项目的审查主要是看项目的经济效益、还贷能力、技术的可行性以及该项目是否与国家宏观经济政策和指导方针相一致。

（5）出租人在审查承租人项目、作出受理该项目的决定后，即可接受项目委托。

2. 融资租赁合同的谈判

所谓融资租赁合同，是指出租人根据承租人对供货商、租赁物的选择，向供货商购

买租赁物提供给承租人使用，承租人支付租金的合同。根据《中华人民共和国合同法》第238条的规定，融资租赁合同的内容包括租赁物的名称、数量、规格、技术性能、检验方法、租赁期限、租金构成及其支付期限和方式、币种、租赁期限届满租赁物的归属等条款。融资租赁合同应当采用书面形式。

融资租赁合同按承租人的国籍不同可分为对外租赁合同和国内租赁合同。对外租赁合同的双方当事人分属不同的国家，国内租赁合同的双方当事人属同一个国家，因此，两类合同的签约方法和合同条款存在一定的差别。

（1）对外租赁业务谈判中应注意事项。对外租赁业务谈判中对设备的名称、规格、数量条款、租期、租金的支付方式、保证条款、设备的保养与费用条款、期满时对设备的处理条款等应逐项协商，明确记载于合同中。其中，应特别注意以下事项：① 租赁费的确定。租赁费（租金）是出租人与承租人利益焦点所在。根据《中华人民共和国合同法》第243条的规定，融资租赁的租金，除当事人另有约定之外，应当根据购买租赁物的大部分或者全部成本以及出租人的合理利润确定。作为中方的承租企业在争取合理的租赁费时，要注意加强对国外出租人的经营状态的调查，了解各国的贷款利率水平。因为经营良好的租赁公司可以获得低息贷款，从而降低融资成本，有利于承租企业获得合理的租赁费。② 起租日的确定。起租日是租赁业务开始计算租金的日期。中方承租企业与国外出租人之间的债务是在出租人向供货商付款或承兑付款后才产生的，因此在起租日的谈判中，承租企业应争取规定以出租人付款或承兑之日作为起租日。③ 对外租赁合同格式的采用。各家租赁公司的租赁合同往往是事先按一定格式制定好的，不同格式的租赁合同上所列条款有一定的差别，在签订合同时，要仔细研究各项条款，对己方不能接受的条款，要在谈判中说明，力争取消；己方认为有需要增加的条款，要力争加入合同中。

（2）国内租赁业务谈判中应注意事项：① 租赁费的确定。租赁费一般是出租人购买租赁物的价款、利息、利润和其他耗费的总和。在确定租赁费时应考虑筹资成本、租赁时间、租赁风险等因素。经营大量租赁业务的出租人，一般根据综合计算各种渠道筹得资金的平均筹资成本来确定租赁费。租赁业务手续费的确定与各出租人的实际经营状况和租赁业务项目金额大小有关，一般为设备价款的1%～2%。而对于转租赁业务，国内出租人所赚取的是租赁费的差价，因而要考虑以不同货币作为计量货币时，汇率、利率水平的变化趋势等。另外，租赁业务中还会产生进出口关税、增值税、保险费和内陆运费等项费用，由于承租企业资金短缺，这些本应由国内承租人直接支付的费用若需列入租赁合同的租金中，应在合同中加以特别注明，或另签合同予以规定。② 租期的确定。设备的租期应考虑项目的实际偿还期限，并留有一定的余地，防止因租期定得太短而造成合同期限内承租公司不能按时支付租金而产生纠纷。③ 租金的估价。如果在融资租赁业务中，租赁合同签订在先，购货合同签订在后，则承租人通常先确定租赁设备的价格和对供货厂家的支付条件即租期、租费、支付方法、交货期、交货地点等，然后承租人正式要求出租方提出租金估价。待获得出租人的估价单后，承租人再详细核算租金内容和租金数额、租金支付条件等，最后才与出租人正式签订租赁合同。

3. 购货合同的谈判

国际融资租赁业务中购货合同的谈判就其实质而言，与一般国际货物买卖合同谈判相似，都是货物买卖谈判。但由于融资租赁业务中的购买设备合同是租赁合同的一个附件，与租赁业务息息相关，因此，在商谈其具体条款时要注意与租赁合同条款的一致性。购货合同直接和间接涉及的当事人利益关系复杂，因此有其特殊性。

（1）谈判中技术条款与商务条款应分别由承租企业和出租人与供货商洽谈。购货合同的客体是拟租设备，承租企业将最终使用该设备，因此合同中的技术条款可由承租企业为主进行商谈；商务条款由于涉及出租人与供货商的利益，因而谈判主要由出租人参与，并在征求承租企业意见后最后确定。

（2）价格谈判。价格水平关系到各方当事人的利益，在商务谈判中占据重要位置。价格谈判在坚持平等互利的原则下，要比较多家报价，并运用恰当的谈判策略争取以有利的价格成交。

（3）交货与装运条款。购货合同中对交货的时间规定应以在条件许可下尽快交货为原则，以便尽快投入生产；装运条款的选择，对供货商而言，倾向于以分批可转运条件成交，但对中方承租企业而言，要力争以不可转运并尽量不分批条件成交。

（4）支付方式。购货合同可以选择信用证结算方式、银行保函或托收方式支付货款。出租人通常以分期付款方式引进生产线及成套设备，从自身利益和承租人的利益出发，在谈判中争取采用远期付款方式，以保证设备质量和技术服务的可靠或防止因交货拖延、设备质量等问题使自己和承租人均处于不利地位。然而，支付方式的选择往往与成交价格、售后服务、市场供求关系及双方谈判能力相联系。

（5）设备验收、安装调试和质量保证条款。由于国际融资租赁业务中购买合同的标的物往往体积大、涉及金额多，因而在谈判中应坚持在设备到达承租企业工厂后由承租企业复检；由于设备的安装调试技术难度大，谈判中应力争由供货商派技术人员到承租企业工厂进行安装调试，而且合同中要明确对安装调试人员的素质要求及费用负担等事项；设备的质量保证条款要求供货商对设备的质量提供保证，并争取保证期从验收合格之日起计算。

（6）保险。国际货物的运输保险由有可保利益方进行投保是必不可少的。中国企业租进设备一般由承租企业自负费用办理保险事宜。中国人民保险公司已开立了从设备的起运港装船到租期届满为止的“一揽子保险”，该项保险业务承保了被租赁设备的运输险和租赁期内的财产险等租赁业务全部过程的保险。

（7）仲裁与索赔。合同的履行过程中出现争议问题如何解决、当事人之间的责任如何划分，可以在仲裁条款中对仲裁地点、仲裁机构、仲裁程序、费用等作出规定。如果设备验收和使用过程中发现质量问题，承租企业应在合同规定的索赔期内向供货商索赔。索赔期一般规定为租赁物抵达承租企业工厂后 90 天。

（二）谈判中应注意的其他事项

1. 设备的维修和保养

在租赁业务中，对设备租赁期内的维修和保养应有明确的规定。不同的租赁形式会由不同的合同当事人负责设备的维修和保养，有的由承租企业负责，有的由供货商负责，有的由出租人负责。但融资租赁形式下，在承租人占有租赁物期间，租赁物的维修与保养应当由承租人承担。

2. 租金条款的变更

设备的租金涉及租赁业务双方的利益，一经确定后通常固定不变，但有的出租人要求在租赁合同中加入租金变更条款。租金变更条款通常规定，如果国家增减有关税收、银行利率或在出现其他情况必须变更租金时，出租人可以根据情况相应地对租金作出调整。

3. 合同期届满后租赁物的归属

合同期满后，出租人对租赁物可以采取以下处理方式：

（1）根据设备的使用情况作价出卖（通常按设备的残值作价），出卖时承租人有优先购买权。

（2）将设备收回。

（3）续定租赁合同，由承租人继续使用租赁物，但租金根据租赁物的现状确定。

案例应用

茶叶心理战

某年我国南方某省的茶叶丰收了，茶农们踊跃地将茶叶交到了茶叶收购处，这使得本来库存量就不小的茶叶进出口公司更增加了库存，形成了积压。

如此多的茶叶让进出口公司的业务员很犯愁，如何设法销出去呢？正在这时，有外商前来询问。我进出口公司感到这是一个极好的机会，一定要利用这个机会，既把茶叶卖出去，同时还设法卖个好价钱。为此，他们做了周密的布置。

在向外商递盘时，我方将其他各种茶叶的价格按当时国际市场的行情逐一报出，唯独将红茶的价格报高了。外商看了报价，当即提出疑问："其他茶叶的价格与国际市场行情相符，为什么红茶的价格要那么高？"我方代表坦然地说道："红茶报价高是因为今年红茶收购量低，库存量小，加上前来求购的客户很多，所以价格就只得上涨。中国人有句古话叫'僧多粥少'，就是这个意思。"外商对我方所讲的话将信将疑，谈判暂时中止了。随后的几天，又有客户前来询盘。我方照旧以同样的理由、同样的价格回复他们。

虽然外商对红茶报价高心存疑问，但他们只能靠间接的途径通过其他渠道去了解。而所谓其他的途径，就只是向其他客户去询查，可询问的结果与自己方面的信息是一致的。于是，外商赶快与我进出口公司签订了购销红茶合同，唯恐因来迟而无货可供。这样一来，其他客户纷纷仿效，积压的红茶不仅在很短的时间内被抢购一空，而且还卖了个好价钱。

请分析上述案例，并回答以下问题：

1. 进出口公司分析了哪些因素，从而在这场谈判中取得了主动地位？
2. 结合这个案例，分析心理要素在谈判中的重要性。

复习思考题

1. 国际货物买卖谈判的基本程序包括哪些基本环节？
2. 国际技术贸易有哪些主要方式？
3. 确定补偿商品的基本原则是什么？
4. 国际融资租赁业务的基本特征包括哪些内容？

阅读专栏

中国五矿集团公司进军拉美

2014 年 8 月 1 日，中国五矿集团公司宣布，由 MMG（五矿资源）、国新国际投资有限公司（国新国际投资）和中信金属有限公司（中信金属）组成的联合体与嘉能可斯特拉塔股份有限公司完成拉斯邦巴斯铜矿项目股权收购协议，最终交割支付金额为 70.05 亿美元（包括股权收购对价 58.5 亿美元和 2014 年截至目前已发生的资本投入）。这也是中国金属矿业史上最大一起境外收购。

中国五矿集团公司成立于 1950 年，是以金属、矿产品的开发、生产、贸易和综合服务为主，兼营金融、房地产、物流业务，进行全球化经营的大型企业集团，现由国务院国有资产监督管理委员会直接监管。2012 年位居世界 500 强企业第 169 名，2013 年位居世界 500 强企业第 192 名。

嘉能可斯特拉塔股份有限公司是全球大宗商品交易巨头，成立于 1974 年，总部设于瑞士巴尔，是全球范围领先的商品生产商和经营商。2012 年 11 月，瑞士大宗商品交易巨头嘉能可和矿业大亨斯特拉塔合并为嘉能可斯特拉塔股份有限公司，成为全球第四大矿业企业，第一大锌制造商、第三大铜制造商和最大的煤炭出口商，总价值约 500 亿英镑，销售额将达 2 000 亿瑞郎。拉斯邦巴斯项目位于秘鲁南部的阿普里马克（Apurimac）地区，是目前全球最大的在建铜矿项目，在矿区拥有多达 41 项采矿特许权，涵盖总面积达到 3.5 万公顷，预计投产后前 5 年每年可生产铜精矿含铜量约 45 万吨。

中国商务部 2013 年批准了这一收购，但要求嘉能可斯特拉塔股份有限公司剥离其在秘鲁拉斯邦巴斯铜矿项目的全部收益等条件。商务部认为该收购案在铜精矿、锌精矿、铅精矿市场可能具有排除、限制竞争效果，因此在批准此项收购时附加了条件。

因此，该矿被一家中国集团收购始终是一件较大概率的事件，2013 年 9 月，五矿资源及江西铜业分别向嘉能可斯特拉塔股份有限公司旗下秘鲁拉斯邦巴斯项目提交非限制性报价。

然而，具体的谈判过程比之前所预计的更加艰难，双方一直难以就收购价格达成一致协议。此前，国际机构对拉斯邦巴斯项目估值不一，其中 BMO Capital Markets 估价为 65 亿美元，而 Liberum Capital Ltd. 为 44 亿美元。业内人士分析称，58.5 亿美元的价格接近嘉能可斯特拉塔股份有限公司方面的报价上限，虽然五矿财团还将承担铜矿今年迄今所有开发费用，不过仅 60 亿作价并不算吃亏，因当前的评估并未包含其他伴生矿的价值。

最后该次收购由以五矿为首的财团完成，五矿资源、国新国际投资及中信金属分别拥有财团 62.5%、22.5% 及 15% 权益，国家开发银行、工行与中行为收购安排融资。

该并购项目完全符合中国五矿和 MMG 的长期战略，将进一步优化中国五矿的矿业资产组合，并将与公司现有业务产生良好的战略协同。目前，国内的铜矿对外依存度达 70%～80%，定价话语权更多被国际矿山把持。拉斯邦巴斯项目完工后预计年产量将达到 45 万吨，相当于中国去年全部铜进口的 13%。但需要注意的是，目前中铝在秘鲁的铜矿特罗莫克铜矿已拿到环评报告，但还是因为当地政府称其污染环境，按指示停工了一周。五矿收购成功后，开发过程中的人员安置、当地投资环境和政策制约等方面是否将面临类似问题也需要考虑。

第三章 国际商务谈判人员的组织与管理

✓ 本章摘要

国际商务谈判是对谈判人员知识、智慧、勇气、耐力、修养的检验，是谈判团队之间才能的较量和比拼。国际商务谈判由于其复杂性和艰巨性，不是一个人所能完成的，因此需要谈判双方组成精明强干的谈判团队投入谈判。本章主要介绍了谈判人员应具备的基本素质和选拔、组成谈判团队的基本原则与方法。

✓ 本章关键词

素质　　能力　　群体构成　　管理

✓ 学习完本章，你需要掌握

- 国际商务谈判人员应具备的个体素质
- 国际商务谈判团队的构成原则
- 国际商务谈判人员的管理方法

✓ 引导案例

2007 年 3 月 31 日，李长春同志访问秘鲁，与秘鲁总统加西亚共同宣布启动中秘自贸区联合可行性研究。2007 年 8 月，联合研究顺利结束。联合研究结论表明，中秘经济互补性强，建立自贸区将产生互利双赢的结果。2007 年 9 月 7 日，胡锦涛主席与秘鲁总统加西亚共同宣布启动中秘自贸区谈判。此后，从 2007 年 11 月开始，在短短一年时间里，中秘双方共举行了一次工作组会议和七轮正式谈判。中方先后有 30 多个部门的 100 多名谈判人员参与了谈判。双方就货物贸易、服务贸易、投资、原产地规则、海关程序、技术性贸易壁垒、卫生和植物卫生措施、争端解决、贸易救济、知识产权、地理标识、合作等议题进行了深入、友好、务实、坦诚的磋商，就所有问题达成了一致意见，签署了《中秘自贸协定》。

概括起来说，中秘自贸协定具有以下三个特点：

第一，涵盖范围全。中秘自贸协定涵盖货物贸易、服务贸易、投资、原产地规则、海关程序、技术性贸易壁垒、卫生和植物卫生措施、争端解决、贸易救济、知识产权、地理标识、合作等方面，是中国与拉美国家达成的第一个一揽子自贸协定。

第二，体现互利共赢。协定既坚持了世界贸易组织（WTO）对协定基本标准的要求，也照顾了双方的各项关注；既保护了双方的敏感产品和产业，也为各自具有优势的产品和产业进入对方市场创造了条件。

第三，谈判时间短。中秘自贸协定谈判频率非常高，从开始到结束一共进行了一次工作组会议和七轮正式谈判，但谈判时间非常短，是我国对外商谈同类自贸协定中用时最短的一个，体现了双方推动经贸发展的合作效率。

国际商务谈判是有计划、有目标、有组织的经济活动，是市场营销策略的重要组成部分。要搞好商务谈判，无论是在谈判前筹划谈判方案、收集信息资料、做好各项准备工作，还是在谈判中坚持原则、精心选择策略、灵活运用谈判技巧，都离不开精明强干的谈判人员。商务谈判往往不是一个人所能完成的，而需要由谈判小组来进行。因此，要以一定的组织形式作保证。

第一节　商务谈判人员的个体素质

谈判是一种对思维能力要求较高的活动，是对谈判人员知识、智慧、勇气、耐力等的检验，是谈判人员间才能的较量。所谓素质，包括的范围较广，它不仅指谈判人员的文化素养、专业知识和业务能力，也包括谈判人员对国际、国内市场信息、法律知识、各国各民族的风土人情、风俗习惯等知识的掌握情况和谈判人员的道德情操及气质性格特征。总的来讲，商务谈判人员的个体素质主要是指谈判人员对与谈判有关的主客观情况的了解程度和解决在谈判中所遇到问题的能力。

一、谈判人员应具备的基本观念

（一）忠于职守

谈判人员是作为特定组织的代表出现在谈判桌前的。国际商务谈判人员不仅代表组织个体的经济利益，而且还肩负着维护国家利益的义务和责任。因此，遵纪守法、廉洁奉公、忠于国家和组织是谈判人员必须具备的首要条件。在我国的涉外商务谈判中，见利忘义，损公肥私，甚至与外商合伙坑害自己的同胞，牺牲国家利益的现象也不鲜见。可以说，一旦谈判班子中出现了这样的人，在谈判前泄露己方的谈判目标、战略战术以及许多机密，使对手对己方的底细了如指掌，己方在谈判中便有可能吃败仗。为了防止这类情况的发生，必须要求参加谈判的人员具备忠于职守、廉洁奉公的思想品质。作为谈判人员，必须自觉维护国家、组织的利益，必须严守组织机密。

（二）平等互惠的观念

在商务谈判中，双方地位平等，关系互惠。可是，有些谈判人员常常不能把自己和对方放在平等的地位上以求互利互惠，而存在着以下两种倾向：

1. 妄自菲薄

遇到身份、级别较高或实力较强的对手，有些谈判人员总觉得比对手要矮三分，尤其是和欧美的客商打交道，欲出口货物或进口仪器设备时，认为自己有求于对方，对方是对自己“施恩”，结果让谈判的控制权落入对方手中；或是强调“谦虚”“礼让”，总觉得对方的意见应当受到重视，无形中丧失了对自己有利的立场，以致无法充分发挥自己的谈判能力。

2. 妄自尊大

对待身份低、实力较弱的对手，有的人总是觉着对方比自己矮三分，有求于自己，自己是向对方“施恩”，因而盛气凌人，一心只想独占利益。

以上两种倾向都不利于国际商务谈判的顺利进行，只有本着“平等互惠”的原则，才能排除妄自菲薄和妄自尊大两种错误情绪的干扰，对谈判事件、交易条件保持清醒的头脑，充分发挥各自的谈判能力，力求收到最理想的效果和获得最大的利益。

（三）团队精神

商务谈判多为集体谈判，每一方都是由几个人组成的小组或团队，其中一人为总代表或主谈人，主持或领导整个团队完成实际的谈判工作。参加谈判的人员，无论是作为团队总代表的主谈人还是其他的团队成员，都必须具有集体主义精神和团队精神，除了各自负责好分内工作以外，还要注意协调配合，以争取己方在谈判交易中获得更多的利益。坚持这种集体主义和团队作战的意识，可收到以下效果：

1. 减少暴露己方弱点的机会

在谈判过程中，虽然每位谈判人员根据自己的专业、特长对谈判的某些事项有深入的认识，但就谈判事项的各项细节而言，需要各类高深、广博的专业知识的综合。通常，要求参加谈判的团队整体提供这些必要的知识和见解。在这种情况下，无论是由谈判团体的各个队员表达自己的见解，或是由主持人综合陈述团队整体的主张，抑或其他成员对前一代表发言进行补充、说明，都必须坚持集体主义精神和团队意识，相互呼应，密切配合，力求做到天衣无缝。

2. 增强己方谈判的整体力量

在商务谈判中，如果团队成员各执己见，就会出现“各吹各的号”的局面，削弱甚至丧失己方谈判的力量，很容易被对方控制。因此，参加谈判的人员必须发挥集体主义精神和团队意识，取长补短，密切配合。

3. 一致对外，积极主动

如果参加谈判的团队成员缺乏集体主义精神和团队意识，那么在谈判过程中即使不出现内部摩擦，也很容易造成主谈人孤军作战的局面，其他成员则会由于害怕自己的发言与主谈人意见不一致被对方抓住把柄而缄默不语。因此，在谈判前增强集体主义、团队意识，在团队内充分发表不同意见和见解，统一协调，形成己方一致的对外意见，并将之化为各成员的自觉行为，才会形成谈判场上一致对外、积极主动的局面。

二、谈判人员的基本知识

作为一名国际商务谈判人员，应当具备“T”型知识结构，也就是说，不仅在横向方面有广博的知识，而且在纵向方面也要有较深的专门学问，两者构成一个“T”型的知识结构。

（一）横向方面的基本知识

从横向方面来说，国际商务谈判人员应当具备的知识有以下几个方面：

（1）我国有关对外经济贸易的方针政策以及我国政府颁布的有关涉外法律和法规；

（2）某种商品在国际、国内的生产状况和市场供求关系；

（3）价格水平及其变化趋势的信息；

（4）产品的技术要求和质量标准；

（5）有关国际贸易和国际惯例知识；

（6）国外有关法律知识，包括贸易法、技术转让法、外汇管理法以及有关国家税法方面的知识；

（7）各国各民族的风土人情和风俗习惯；

（8）可能涉及的各种业务知识，包括金融尤其是汇率方面的知识和市场知识等。

（二）纵向方面的基本知识

从纵向方面来说，应当具备的知识包括以下几个方面：

（1）丰富的商品知识——熟悉商品的性能、特点及用途；

（2）了解某种（些）商品的生产潜力或发展的可能性；

（3）有丰富的谈判经验与应付谈判过程中出现的复杂情况的能力；

（4）最好能熟练地掌握外语，直接用外语与对方谈判；

（5）了解国外企业、公司的类型和不同情况；

（6）懂得谈判心理学和行为科学；

（7）熟悉不同国家谈判对手的风格和特点。

以上各种知识构成了一个成熟的商务谈判人员所必须具备的条件，也是一名称职的谈判人员应具备的最起码的知识方面的素质要求。作为谈判人员，应当努力将自己培养成具备上述纵向、横向知识的团队成员，同时又应当特别精通其中的某一方面，如商务和法律方面的知识。如果出现了己方技术人员、商务人员、法律人员各执己见的现象，谈判工作就无法进行下去。因此，一名商务谈判人员必须是全能型专家。所谓“全能”，即通晓技术、商务、法律和语言，涵盖上述纵向、横向的知识，“专家”即指能够专长于某一方面的人员。

三、谈判人员应有的能力和心理素质

谈判人员除了应当具备一定的知识之外，还要注重培养能力及心理素质。知识是与能力密切联系的，但两者又有区别。一个人在具备了某方面的知识后，还必须将其灵活有效地加以运用，只有这样，知识才能化为能力。

另外，谈判还体现着谈判人员的性格和气质。所谓气质，一般指人的生理、心理等素质。巴甫洛夫根据动物和人的行为表现提出四种基本的高级神经活动类型：兴奋型、活泼型、安静型、懦弱型，分别对应胆汁质、多血质、黏液质、抑郁质，并且指出，一般人的气质属于混合类型。所谓性格，一般指的是表现人的态度和行为方面的较稳定的心理特征，如果断、刚强、懦弱等，它是个性的重要组成部分。性格是在一个人的心理素质的基础上，在社会实践活动中逐渐形成、发展和变化的。由于每个人的生活经历、所处社会环境不同，每一个人的性格都会有不同特征。个性则表现为个人稳定的心理特征（如性格、兴趣和爱好等）的总和。

一名高效率的、称职的国际商务谈判人员应具备一定的能力和良好的心理素质，主要包括四个方面：

（一）敏捷清晰的思维推理能力和较强的自控能力

谈判双方由于利益的抗衡和相互依存，谈判人员在心理上承受的压力很大，需要随时就某个谈判事项的具体典型特征和实质进行分析与判断。谈判人员应在承受压力的情况下，依据自身的知识经验，根据已知的前提进行分析判断与推理，在种种可能与假设的分析过程中识破对方的计谋，并使自己的提议与要求得以实现。即使在谈判局势发生急剧变化，甚至在激烈的辩论争执中也能克服自身的心理障碍，控制自身的行为，以恰当的语言和举止来说服和影响对方。

（二）信息表达与传递的能力

谈判者的信息表达与传递能力的大小直接决定了其谈判能力的大小与水平的高低。表达传递的方法包括有声语言和无声语言，无论是前者还是后者，都应当具备表现力、吸引力、感染力和说服力。综合语言的表达与传递，则要根据谈判情况的变化，灵活巧妙地加以设计和表现，其效果如何取决于谈判人员的创造性思维与行为。

（三）坚强的毅力、百折不挠的精神及不达目的绝不罢休的自信心和决心

商务谈判是一项十分艰苦的工作，有时甚至要“知其不可为而为之”。但是，一旦接受了谈判任务，就要依照己方既定的目标与原则，以勇往直前的姿态全力以赴。在谈判桌上，双方的利益是你进我退的，一方若有半点委曲求全的意思，对方定会得寸进尺。因此，在谈判中，不管有什么样的困难和压力，都要显示出奋战到底的决心和勇气。即使是妥协求和，也要在经过力争后以强者的大度予以提出。

谈判如同作战，先要精心设计合理的目标和周全的计划，然后依靠毅力和耐力去与

对手周旋，以期最终实现自己的目标。谈判顺利时，必须乘势前进，步步深入，扩大战果，一气呵成。即使遇到双方僵持不下的情况，也不能放弃原则，而要据理力争，维护己方的最大可获得利益。

（四）敏锐的洞察力、高度的预见和应变能力

在商务谈判中需要与各种各样的人打交道，而且谈判环境复杂多变，很多意想不到的事都有可能发生。因此，要求谈判人员善于察言观色，及时掌握对方动向，摸清对方“底牌”，随机应变。美国的尼尔伦伯格在《谈判的艺术》一书中认为：“老练的谈判家能把坐在谈判桌对面的人一眼看穿，断定他将采取什么行动和为什么行动。”

合格的谈判人员要随时根据谈判中的情况变化及有关信息，透过复杂多变的现象，抓住问题的实质，迅速分析并作出判断，果断地提出解决问题的具体方案。

主持谈判的代表必须是能统帅全局的人，要有长远的眼光，能运筹帷幄，善于针对谈判内容的轻重、对象的层次，事先决定“兵力”部署和方案设计，并随时作出必要的改变，以适应谈判场上形势的变化。

第二节　商务谈判团队的构成

国际商务谈判内容复杂，涉及面很广，往往不是一个人的知识、精力、时间所能承担、胜任的，一般采取集体谈判的形式。所以，谈判人员的组成是一个群体，是一个组织。谈判团队构成涉及三方面内容，即谈判团队的构成原则、组织结构和分工配合问题。总的来说，谈判团队的构成是由谈判的性质、对象、内容、目标等方面决定的。

一、谈判组织的构成原则

谈判队伍由多方面的人员构成，可以满足谈判对多学科、多专业的知识需求。但如果队伍规模过大，又调配不灵，将会产生内耗，增大开支，不利于谈判的进行；人员过少，则又难以应付谈判中需要及时处理的问题，拖长谈判期限，导致丧失时机，失去市场。因此，确定适度的谈判组织规模，是筹建谈判队伍首先要考虑的问题。在筹建谈判小组、选择谈判人员、考虑谈判规模时，一般要遵循以下几个原则：

（一）根据谈判对象确定组织规模

如何确定谈判队伍的具体人数，并没有统一的模式。一般商品的交易谈判只需三四个人。如果谈判涉及项目多、内容复杂，则可分为若干项目小组进行谈判，适当增加人员，但最多不应超过 8 人。根据国内外的谈判经验，谈判队伍的人数规模一般在 4 人左右，其理由是：

(1) 在这个范围内，谈判组织能够有效地进行工作，内部能适当而严密地分工和

协作，内部的意见和交流也易保持通畅。

（2）根据管理学原理，每个管理者的能力都是有限的，当他直接指挥和协调的下属人数超过一定数量时，就不可能进行有效的领导，因为他应付不了自己和下属人员间迅速增加的信息交换量。谈判作为紧张、复杂、多变的活动，既需要充分发挥个人的独创性和独立应付事变的能力，又需要内部随时协调统一，始终一致对外，其领导者的有效管理幅度最好在 3 人左右。

在一些重要的国际贸易谈判中，会涉及更多、更广的专业知识，不仅有商品知识、金融知识、运输知识，还必须懂得国际法律知识、国外的民族特点、风土人情等，有时还需要某些方面的国际问题专家。这种谈判组织不仅规格要高，人数也比较多，甚至会超过 10 人。但是，这并不意味着谈判需要吸收所有相关专业的专家同时参加。为了控制人员规模，有时采取人员轮换的方法，当某几个人完成某部分谈判任务，而又要转换谈判内容时，可以有准备地调换一个或几个谈判人员，而使总人数没有太大变化。同时，也可发挥“外脑”的作用，聘请专家作为顾问或接受谈判班子的咨询，或为谈判人员献计献策。

（二）谈判人员赋予法人代表资格

经济谈判是一种手段，目的是要达成协议，签订符合双方利益要求的合同或协议。整个谈判和协议签订的过程，都是依据一定的法律程序进行的。所以，谈判人员都应有法人代表的资格，拥有法人所具有的权利能力和行为能力，有权处理经济谈判活动中的一切事务。但作为法人代表，只能行使其权限范围以内的权力，如有越权行为，应由本人负完全责任。如谈判代表可以由作为法人代表的厂长、经理直接担任，也可委托本企业熟悉某项业务的业务人员代理，还可以委托律师进行某项经济法律活动，但事先应有委托书，并注明代理人所负经济法律责任的内容、目的、要求和期限，也就是应有作为法人代表的身份证明书。

（三）谈判人员应层次分明、分工明确

在谈判过程中，往往会涉及许多专业性知识，仅靠一个小组负责人是难以胜任的。选择谈判人员时，既要有掌握全面情况的企业经营者，还应当考虑各种专业知识的需要，考虑人员的层次结构，而且一定要分工明确。

（四）组成谈判队伍时要贯彻节约原则

一支谈判队伍，从参加谈判直到协议达成的整个过程，必然要支出一定费用，其中很多费用甚至需要支付外汇。对企业来说，对外谈判费用的支出，都是由企业负担，支出越多，负担越重。在组织谈判小组时，要充分考虑到这一点，以节省谈判费用支出。国际商务谈判是企业经营活动的一个环节，谈判费用涉及企业经营成本，应尽量按经济规律要求，将其纳入企业整体经营活动的一部分加以考虑。

二、谈判团队的组织结构

在一般的商务谈判中，所需的专业知识大体上可以概括为以下几个方面：一是有关工程技术方面的知识；二是有关价格、交货、支付条件、风险划分等商务方面的知识；三是有关合同权利、义务等法律方面的知识；四是语言翻译方面的知识。

根据上述专业知识的需要，一支谈判队伍应包括以下几类人员：

（一）技术人员

熟悉生产技术、产品性能和技术发展动态的技术员、工程师或总工程师，在谈判中可负责对有关产品性能、技术质量标准、产品验收、技术服务等问题的谈判，也可与商务人员紧密配合，为价格决策作技术参谋。

（二）商务人员

商务人员由熟悉贸易惯例和价格谈判条件、了解交易行情的有经验的业务员或厂长、经理担任。

（三）法律人员

法律人员包括律师或学习经济、法律专业知识的人员，通常由特聘律师、企业法律顾问或熟悉有关法律规定的人员担任。

（四）财务人员

财务人员由熟悉成本情况、支付方式及金融知识并具有较强的财务核算能力的会计人员担任。

（五）翻译人员

翻译人员由熟悉外语和有关知识、善于与别人紧密配合、工作积极、纪律性强的人员担任。

（六）谈判领导人员

企业委派专门人员，或者是从上述人员中选择合适者担任。

（七）记录人员

一般由上述各类人员中的某人兼任，也可委派专人担任。

以上参加谈判的人员，按谈判复杂程度可多可少，少可一人身兼数职，多可将十几人至几十人分成几个小组，如商务小组、技术小组、法律小组等，各自负责自己专业领域的谈判。还可以组织台上和台下两套班子，台上班子主要负责谈判及分析对方临时提供的技术价格资料，台下班子负责收集整理有关资料，为台上班子提供技术和价格谈判的依据。

值得注意的是，作为谈判队伍中的一员，应当对上述几方面的知识都有所了解，而又在某一方面具有专长，即谈判成员应是所谓全能型专家。

在国际商务谈判中，语言翻译是双方沟通的桥梁。谈判人员本身有较高的外语水平，有助于他们理解书面文件的意义、口头表达的分寸乃至判断对方对己方意见的反应等。但是，尽管如此，仍然要为谈判队伍配备一名得力的翻译人员。

从翻译的实战经验来看，谈判是一项十分紧张、耗费大量脑力的活动，在谈判的过程中，需要不断根据随时而来的新信息调整自己的思路。尽管谈判前有比较充分的准备，但毕竟不可能准确地预见到谈判中出现的所有问题，并事先都充分考虑好恰当的应付方法。谈判人员可以利用翻译的时间，对谈判对手察言观色，缜密地思考下一步对策，在时间上减轻谈判人员的压力。有一家日本公司驻美国分公司的经理，能讲一口流利的英语，但他在商务谈判时始终用日语通过翻译与对方进行交流。而在商务谈判结束后的庆祝会上，他却用英语和对方谈笑风生，令对方大吃一惊而又迷惑不解。有人问道："为什么在刚才的交谈中，你不用英语直接和他们交谈?"这位日本经理回答说："在一项交易谈判中，存在许多微妙的问题，往往在当时的气氛下考虑不周而说了出去，事后才发现讲错了话，然而，要挽回却是很难了。通过翻译进行谈判时，则可将原因推到翻译身上，比如翻译在用词上不恰当，或者意思理解有误而翻译错了。这样，万一受到对方的攻击，自己很容易避开。此外，在翻译转述的时候，自己也可利用这段时间进行思考，同时还可以观察对方的反应。使用翻译有这么多好处，为什么不利用呢?"

三、谈判人员的分工配合

当挑选出合适的人员组成谈判班子以后，就必须在成员之间作出适当的分工，也就是根据谈判内容和各人专长作适当的分工，明确各自的职责。各成员在进入自己的角色、尽兴发挥的同时，还必须按照谈判的目标和具体的方案与他人彼此呼应，相互协调和配合，真正演好谈判这一台集体戏，这就是谈判人员的配合。分工与配合是一个事物的两个方面，没有分工就没有良好的配合，没有有机的配合，分工也就失去了目的性和存在的基础。

（一）谈判人员的分工

谈判队伍的人员包括三个层次。

1. 第一层次的人员

第一层次的人员是指谈判小组的领导人或首席代表，即主谈人。他应当富有谈判经验，兼备领导才能，能应付变幻莫测的谈判环境。依谈判的内容不同，谈判队伍中的主谈人也应有所不同。购买产品原材料的谈判，可由原料采购员、厂长或生产助理作谈判主谈人；购买工厂设备的重要零部件，可由采购部经理、总工程师、有关部门经理担任；重要销售合同的谈判，其主谈人可由销售部经理、或资历较深的业务总管、或指定担任此合同谈判的项目经理担任；而对合同的争议，则由项目经理、销售部经理、合同执行经理或其他曾参加过谈判的有关部门经理担任主谈人。

主谈人的主要任务是领导谈判班子的工作，其具体职责是：监督谈判程序；掌握谈判进程；听取专业人员的说明、建议；协调谈判班子的意见；决定谈判过程的重要事项；代表单位签约；汇报谈判工作。

2. 第二层次的人员

第二层次的谈判人员是懂行的专家和专业人员，他们凭自己的专长负责某一方面的专门工作。谈判队伍中的各专业人员要能适应谈判工作的需要，有利于谈判的顺利进行。既要有熟悉全部生产过程的设计、技术人员，也应有基层生产或管理人员，更要有了解市场信息、善于经营的销售、经营人员。其具体职责是：阐明参加谈判的意愿和条件；弄清对方的意图、条件；找出双方的分歧或差距；与对方进行专业细节方面的磋商；修改草拟的谈判文件中的有关条款；向主谈人提出解决专业问题的建议；为最后决策提供专业方面的论证。

翻译在国际商务谈判中是实际的核心人员。一名好的翻译，在谈判的过程中，能洞察对方的心理和发言的实质，既能改变谈判气氛，又能挽救谈判失误，在增进双方了解、合作和友谊方面，可起相当大的作用。翻译的职责是：在谈判过程中要全神贯注，工作要热情，态度要诚恳，翻译内容要准确、忠实；对谈判人员的意见或谈话内容如觉不妥，可提请考虑，但必须以主谈人的意见为最后意见，不能向外商表达翻译个人的意见；外商如有不正确的言论，应据实全部报告主谈人让其考虑。如外商单独向翻译提出，在辨明其无恶意的情况下，可作一些解释；如属恶意，应表明自己的态度。

除此之外，谈判队伍中还有财务人员和法律人员，财务人员常由会计师担任。国际商务谈判要求他们熟悉国际间的会计核算制度。财务人员的职责是：掌握该谈判项目总的财务情况；了解谈判对方在项目利益方面的期望值指数；分析、计算、修改谈判方案所带来的收益的变动；为主谈人员提供财务方面的意见、建议；在正式签约前提出对合同或协议的财务分析表。

法律人员是一项重大项目的必然成员，其具体职责是：确认谈判对方经济组织的法人地位；监督谈判程序在法律许可范围内进行；检查法律文件的准确性和完备性。

3. 第三层次的人员

第三层次的人员是指谈判必需的工作人员，如速记或打字员，他们不作为谈判的正式代表，只是谈判组织的工作人员，他们的职责是准确、完整、及时地记录谈判内容，包括双方讨论过程中的问题、提出的条件、达成的协议和谈判人员的表情、用语、习惯等。

（二）谈判组成人员的具体任务和位置

不同的谈判内容要求谈判人员承担不同的任务，并且处于不同的谈判位置。

1. 技术条款的分工

在进行技术条款谈判时，应以技术人员为主谈人，其他的商务人员、法律人员等处于辅谈的位置。技术主谈人必须对合同技术条款的完整性、准确性负责。技术主谈人在把主要精力放在技术问题上的同时，必须放眼全局，从全局的角度来考虑技术问题，并尽可能地为后面的商务条款和法律条款的谈判创造条件。为了支持技术主谈人，商务人员和法律人员应尽可能为技术主谈人提供有关技术以外的咨询意见，并在适当的时候回答对方有关商务和法律方面的问题，从不同角度支持技术主谈人的观点和立场。

2. 合同法律条款的分工

在涉及合同中某些专业性法律条款的谈判时，应以法律人员作为主谈人，其他人员为辅谈。一般而言，合同中的任何一项条款都应具有法律意义，但某些条款中法律的规定性往往更强一些，这就需要专门的法律人员与对方进行磋商，即以法律人员为主谈人。此外，法律人员对谈判全过程中法律方面的内容都应给予高度重视，以便为法律条款谈判提供充分的依据。

3. 商务条款的分工

在进行商务条款的谈判时，要以商务谈判人员为主谈人，技术人员、法律人员及其他人员处于辅谈地位。商务人员是整个价格谈判的组织者，但进行合同商务条款谈判时，仍然需要技术人员的密切配合。技术人员应从技术的角度给商务人员有力的支持。需要强调的是，在进行商务条款谈判时，有关商务条款的提出和磋商，都应以商务人员为主作出，即商务主谈人与辅谈人的身份、地位一定不能搞乱，否则就会乱了阵脚。

（三）谈判人员的配合

所谓谈判人员的配合就是指谈判中团队成员之间的语言及动作的互相协调、互相呼应。

英国贸易专家斯科特认为，谈判组织的领导人在谈判开始时，向对方介绍自己的同事，对谈判对手具有强烈的影响。例如，一位谈判领导人这样介绍自己的同事："这位是我们的会计，诺尔曼·凯特勒。"而在另一种场合，他这样介绍："这位是诺尔曼·凯特勒。他具有 15 年财务工作的丰富经验，有权审核 1 500 万英镑的贷款项目。"显然，同前一种场合相比，诺尔曼·凯特勒在后一种场合就会给谈判对手以引人注目的印象。

谈判人员之间的支持可以是口头上的附和，如"绝对正确""没错，正是这样"等；也可以是姿态上的赞同，如眼睛注视正在发言的主谈人并不住地点头。谈判人员的这种附和、赞同对发言人是一种有力的支持，会大大增强发言人说话的分量和可信的程度。如果在主谈人提出己方的意见和观点时，其他谈判人员或是眼睛望着天花板，或是将脸扭向一旁，或私下干自己的事，这样会影响己方主谈人的自信心，从而减弱他讲话的力量。

谈判小组内部人员之间的配合，不是一朝一夕能够协调起来的，需要长期的磨合。

总之，一支谈判队伍，其成员素质良好且相互配合协调，是成功谈判的基础。

第三节 商务谈判人员的管理

对商务谈判人员的管理，包括人事管理和组织管理。就人事管理而言，其主要环节是选拔谈判人员，培训谈判人员，以及如何调动谈判人员的积极性。就组织管理而言，其内容包括健全谈判班子，调整好领导与谈判人员的关系以及谈判人员之间的关系，从而协调工作。

一、人事管理

（一）谈判人员的挑选

商务谈判胜负的决定性因素在于商务谈判人员的素质。因此，选拔优秀的谈判人员是进行商务谈判的重要环节。

挑选一名合格的商务谈判人员，其主要内容已在前面作过介绍。根据发达国家一些专家们的意见，结合我国的具体情况，商务谈判人员的标准大致可分为以下几方面。

1. 政治素质

在我国，要求谈判人员坚持四项基本原则，热爱本职工作，忠于职守，作风正派。

2. 专业知识

谈判人员应具有有关商业、技术、市场、金融、财务、法律等方面的专业知识。熟悉商务谈判的基本理论与技巧。

3. 个人性格

作为一名有效率的商务谈判人员，应当具有鲜明的个性，包括：追求高的目标；勇于开拓；风度优雅；表达能力强；善于听取别人的意见；具有较强的综合概括能力、决断能力；思维的条理性强；能经受挫折的考验；不受感情的支配；自信。

4. 主观能动性

商务谈判人员一般是脱离集体和上级领导单枪匹马地作战。这需要他具有一定的主观能动性，对成功要有一定的期望和较强的自信心。在错综复杂、扑朔迷离的谈判过程中能独当一面，掌握主动权。

5. 年龄

年龄界限也是挑选谈判人员的重要标准之一。谈判人员有一个最佳年龄区，一般来说，选择谈判人员可以考虑在35～55岁年龄跨度内，这是一个人思维敏捷、精力旺盛的阶段。这个阶段的谈判人员，已积累了一定的经验，事业心、责任心和进取心也比较强，选择这个年龄段的谈判人员较为理想。当然，由于谈判内容不同和谈判要求不同，年龄结构也可灵活掌握。有时让雄风犹在的老谈判家和思维敏捷的年轻人参加，会收到意想不到的效果。

（二）谈判人员的培训

1. 社会的培养

社会的培养主要是基本素质的培养，包括基础文化知识、经济理论知识、谈判理论的教育，还有比较重要的如人际交往能力、决断能力、毅力、健康心态的培养等内容。社会培养营造的环境很宽广，它给谈判人员奠定了一个最基本的素质基础。社会培养的目标是不确定的，严格地说，它只是提供了一个谈判人才的"毛坯"。

2. 企业的培养

企业对谈判人员的培养是有意识、有系统的培养过程，一般包括四个阶段，即打好基础、亲身示范、先交小担、再加重担。

（1）打好基础。新的谈判人员加入谈判队伍后，无论其年龄大小，作为组织领导者，第一件事就是向他们讲授和交代本行业的基本知识和要求，并检查其是否掌握了这些基本知识和要求。采取的形式可以有两种：集中授课和单兵教练。前者指接受任务之前集中时间系统授课，经考试合格后再上阵，这种方式便于检查效果，并适合人员较多的情况；后者指以师傅带徒弟的方式口授心传，这种方式便于安排，常用于增加零星谈判新手的情况。

（2）亲身示范。谈判是一门实践的科学，书本中的理论有待于放到实践中去检验。因此，新手在接受了谈判的基本知识以后，应当体验并逐步适应千变万化的谈判环境。亲身示范包括从谈判的组织准备、实质性谈判到签约的全过程。谈判桌上的形势千变万化，事先准备的方案、台词常常会由于形势变迁而需推倒重来。在台上处理好这些变化后，台下应主动向新手解释改变原方案的原因，比较新旧方案的利弊，并预测下一步的局势变化以及相应采取的对策。

（3）先交小担。经历过以上两阶段后，便可让新手参加真正的谈判，亲自体验商务谈判的全过程。一般来讲，可以先给新手一些金额不大、谈判内容不太复杂的"小担"项目，让新手独立去挑，这对谈判人员的成长具有重要意义，有人称之为"起飞前的助跑"。小项目的内容相对简单，它令新手有余力去揣摩对手和体验独立谈判的滋味，有利于新手增强获胜的自信心。大型项目的谈判，也可以让新手参加谈判小组，作为记录员或其他辅助角色，在谈判中耳濡目染，细心体会得失。

（4）再加重担。对在若干"小担"的负载中取得成功实绩的谈判人员，适当赋予"重担"，可以促进其成才，是实现其"起飞"的重要条件。这样的"重担"，通常是具有交易金额大、谈判目标高、交易标的技术复杂、己方的竞争对手多和政策性强等特点的谈判项目。领导人员应在此阶段肩负起"指导—检查—再指导—再检查"的工作：随时或定期检查其进展情况和实际效果；针对谈判的实际进展及时予以指导，让谈判人员继续挑好重担；在谈判遇到重大挫折或难以继续前进时，领导应接过担子打破僵局，然后再把担子交给谈判人员，直至最终完成谈判任务。

企业培养谈判人员应注意处理好在谈判中的失误和成功。谈判受挫时，不应不加分析就对新手丧失信心，而是要引导受挫者正确认识别人的反应和社会舆论，正确对自己作出评价，帮助受挫者总结经验教训。谈判成功时，领导者要防止新手的骄傲心态，要及时地总结谈判成功的经验，分析成功中的不足，提出更高、更严的要求。

3. 自我培养

作为谈判人员，首要的品质便是应有所追求，以谈判事业为毕生追求的目标。同时，要执著地为国家、民族、企业的利益而谈判，坚持不懈地提高自己的谈判能力和自身素质，只有这样才能具有强大的思想动力。

谈判人员要达到应当具备的善辩能力、业务能力、组织能力、交际能力等，主要可用下述四种科学方法进行自我培训。

（1）博览。广泛涉猎有关谈判的书籍，积累诸如技术、商业、金融、保险、运输、法律、逻辑，乃至政治、军事、文化及外文方面的知识。

（2）勤思。“学而不思则罔”。博览只是一个知识的吸收过程。要想在有限的时间内将有限的知识真正运用于谈判实践，就必须有一个自我消化的过程。认真记载各种有益的素材和瞬间的感受、体会，这是一种积累，也是一种收获，有助于提高自己对问题的理解能力。

（3）实践。“纸上得来终觉浅，绝知此事要躬行”。书上的知识要通过实践才能成为谈判的真本领，实践也需理论的指导，不能仅凭主观意愿盲目地去实践。

（4）总结。谈判中要学习的东西很多，要从实践中获得更大收获，就必须学会总结。每一次学习、每一次谈判都是一次宝贵的机会，都值得谈判人员认真总结经验教训，以指导今后的学习和实践。

（三）调动谈判人员的积极性

谈判需要付出巨大的劳动，谈判成果又与企业的经济利益有直接联系。因此，对谈判人员应给予适当奖励，以充分发挥他们的聪明才智，激励他们在谈判工作中创造优异成绩。

对谈判人员的奖励可分为物质奖励和精神奖励两类，或者称为外在奖励和内在奖励两个方面。

按照心理学理论，人的动机来自需要，而人的需要是多种多样的。高的物质报酬，满足的只是人的第一层次的需要，虽然能调动人们的积极性，但却不一定能长久稳定地维持。因为人的劳动并不仅仅为了取得物质上的报酬，有时，社会的承认和尊重等精神因素更能激发人们的积极性。

物质奖励的满足程度是根据谈判人员自己定出的标准来衡量的。这个标准受到他本人心中社会平均标准的影响，同时，也受到周围相关人员所受奖赏多少的影响。

精神奖励则来源于谈判本身。对谈判人员的精神奖励可以采取下面多种措施：

（1）委以重任，把困难的谈判任务交给他们，使谈判人员因某种信任感而得到满足。

（2）对谈判人员的工作成绩予以充分肯定，使他们得到一种事业上的满足。

（3）在适当条件下举办培训班，让谈判人员发挥特长，培养人才，使个人的才能有用武之地，使事业上的抱负能够实现。

（4）给谈判人员以较大的自主权，有权处理谈判过程中出现的新问题。

（5）给谈判人员与其他同行交流的时间和机会，以探讨总结取得成功的经验和失败的教训等。

二、组织管理

（一）健全谈判班子

健全谈判班子指挑选各类专业人员，配备好主谈人，并给予足够的授权。

（二）调整好领导干部与谈判人的关系

领导干部与谈判人员之间的关系最重要的是明确各自的职责范围、各自权力的划分，建立共同的奋斗目标。在实际谈判中，单位领导更多的是在必要与充分的授权下，给谈判人员以高度的支持、理解、谅解和协调。

（三）调整好谈判人员之间的关系

调整好谈判人员之间的关系主要是指谈判人员之间应强调相互默契、信任、尊重，达到有效合作的目的，以保持工作效率。其措施有以下几种：

（1）明确共同的责任和职权；

（2）明确谈判人员的分工；

（3）整个谈判小组共同制定谈判方案，集思广益；

（4）明确相互的利益；

（5）共同检查谈判进展状况，相互支持；

（6）谈判小组的负责人要尊重小组成员的意见，发扬民主作风，以身作则，廉洁奉公，处处关心同志，使小组成为一个团结、友爱、共同奋斗的集体。

案例应用

一味指责对方不利于谈判结果的达成

澳大利亚A公司拟将某种铁矿石出售给日本B公司，以下是双方谈判过程中的一些具体情况：

谈判一开始，日方人员就直接指责澳方铁矿石的杂质含量高于双方事先约定的标准，产品质量存在严重问题，A公司的信誉值得怀疑。日方人员欲通过这种方式从气势上压倒A公司，从而迫使其在价格等其他条款上作出较大的让步。

然而A公司谈判人员对B公司的指责十分不满，他们坚持认为根据澳大利亚的检验标准，其产品是合格的，况且，B公司如此不负责任地伤害A公司的信誉，简直让人忍无可忍。因此，日方话音未落，A公司就开始反驳对方的指责，并回敬以类似的攻击。

双方谈判人员因此展开了激烈的争论。

请分析上述案例，并回答以下问题：

1. 你认为A公司的做法有哪些不妥之处？
2. 你认为B公司的做法有哪些不妥之处？
3. 你认为此次谈判的最终结果将是怎样的？

复习思考题

1. 国际商务谈判工作者应具备的主要素质有哪些？
2. 谈判组织构成的原则是什么？
3. 一支谈判队伍的组成应包括哪几类人员？

阅读专栏

微软入主诺基亚

2013年9月2日，微软宣布以50亿美元的价格收购诺基亚旗下的大部分手机业务，另外再用21.7亿美元的价格购买诺基亚的专利许可证，收购金额合计约为71.7亿美元，于2014年4月25日正式完成。

微软公司（Microsoft Corporation）是世界PC机软件开发的先导，由比尔·盖茨与保罗·艾伦创始于1975年，总部设在华盛顿州的雷德蒙市。目前是全球最大的电脑软件提供商。微软在2013年的世界500强企业排行榜中排名110位，2014年排名第104位。

诺基亚公司（Nokia Corporation）是一家总部位于芬兰埃斯波的主要从事移动通信产品生产的跨国公司。诺基亚成立于1865年，当时以造纸为主，后来逐步转向胶鞋、轮胎、电缆等领域，最后才发展成为一家手机制造商。1996年以来，诺基亚连续14年占据手机市场份额第一。

诺基亚曾是全球移动通讯领域的霸主，但由于面对互联网企业的冲击反应迟钝，未能果断放弃Symbian系统，诺基亚在2011年亏损高达10.73亿欧元，不佳的市场地位令外界对该公司成为被收购目标的猜测从未停止。

诺基亚与微软在移动业务方面的合作由来已久。2010年9月10日，诺基亚任命史蒂芬·埃洛普（Stephen Elop）为新任总裁兼首席执行官，埃洛普也成为这家芬兰手机厂商一百多年历史上的第一位非芬兰籍首席执行官。在此之前，埃洛普任职于微软。2011年年初，埃洛普便作出了一个大胆的决定：使用未经考验的微软WP系统，这让埃洛普背上了“微软间谍”的骂名。

而微软收购诺基亚，主要是为了扩大手机市场份额，提升手机业务利润，为用户创造微软手机的顶级体验；也为了防范谷歌和苹果公司妨害应用创新、应用整合、应用分发和应用经济。

2013年4月22日，诺基亚与微软在诺基亚的外部法律顾问公司的纽约办公室里开始首次谈判，双方因在诺基亚手机业务估值上分歧太大而陷入僵局。5月24日，双方展开第二次谈判就一些关键性问题达成共识，但还有些问题僵持不下。6月14日，双方又进行了第三次谈判表示诚意。7月20日，双方在第四次谈判最终达成共识。诺基亚可以保留技术专利，而微软可以获得“等同于所有权”的授权。最终，微软以37.9亿欧元收购诺基亚的设备与服务部门，同时以16.5亿欧元收购其专利组合，共计54.4亿欧元，折合约71.7亿美元。

根据两家公司达成的协议，诺基亚现任首席执行官埃洛普将出任诺基亚执行副总裁，主管设备与服务，直至交易完成；诺基亚现任董事长里斯托·席拉斯玛（Risto Siilasmaa）已被任命为诺基亚临时首席执行官。在这笔交易完成后，诺基亚多名高管将加入微软。诺基亚将有3.2万员工加入微软，其中包括4 700名芬兰员工以及大约1.83万名制造部门的员工。

微软将获得诺基亚的设备与服务部门，包括移动手机、智能设备业务以及业内领先的设计团队，运营包括所有诺基亚设备和服务相关的生产设备、市场营销、技术支持。诺基亚主要拥有设备与服务、Here地图和网络设备三大业务部门，而设备与服务部门主要负责手机业务。

“诺基亚”品牌仍将得以保留，旗下“Lumia”“Asha”品牌和产品继续运营。

之前双方的战略转型都没有成功，市场不禁担忧“微软+诺基亚”的组合将会是“弱弱结合”，而一年时间过去了，微软WP份额仅为2.8%。这次收购之后，华为等其他手机厂商对于WP的兴趣锐减，市面上WP手机的可选范围更加狭窄，手机销量也相对较低。根据微软2015财年第三财季财报，Lumia销量达到860万，同比增长18%，但WP收入下降16%；微软表示其手机硬件业务一直处于亏损状态；另外，手机业务的资产进行减记，商誉需要减值。此次并购前景不容乐观。

第四章　国际商务谈判前的准备

✓ 本章摘要

国际商务谈判是有计划、有目标、有组织的经济活动，是一个企业市场营销策略的重要组成部分。本章主要介绍了谈判准备工作的各个方面，如人员的组织和管理、信息准备和谈判方案的制订等。通过本章的学习，读者应当掌握做好谈判前准备工作的方法。

✓ 本章关键词

组织与管理　　信息采集　　制订方案　　模拟谈判

✓ 学习完本章，你需要掌握

- 国际商务谈判人员的组织与管理方法
- 国际商务谈判的信息准备内容
- 国际商务谈判目标和谈判方案的制订方法

✓ 引导案例

2010年，联合国第四次气候变化谈判会议于10月9日在天津闭幕。《联合国气候变化框架公约》秘书处执行秘书克里斯蒂娜·菲格雷斯在新闻发布会上说，天津会议取得"切实成果"，目前各方距在年底墨西哥坎昆会议达成一揽子结构清晰的决议更近了一步。

这位联合国气候谈判最高官员说："天津会议开始时，我曾经说过，各方在本周要讨论出什么是坎昆会议能够完成的，什么要留给坎昆会议之后再做。现在，这项任务已经完成。"

目前，气候谈判的主要工作有两个：一是逐条讨论《联合国气候变化框架公约》特设工作组的谈判案文；二是推动《京都议定书》特设工作组的主席案文变成谈判案文。天津会议开始时，《公约》谈判案文有70页，而《京都议定书》主席案文则有50页。两个案文能否变"薄"是舆论关心的热点话题。

对此，菲格雷斯说，最重要的并不是案文厚度问题，而是所列出的各种要素在谈判中没有一个被遗留在外，本次会议的工作是整理案文本身，而"剔除的作业"则要留给坎昆会议。

菲格雷斯表示，在长期资金支持问题上，目前各方已“非常接近于”同意设立一个气候基金。

天津会议是坎昆会议前的最后一次工作会议，这也是中国首次承办联合国框架下的气候谈判会议。

此前，菲格雷斯多次对中国承办会议表示感谢。她指出，中国在非常短的时间承办了会议，而且会议组织标准很高，她在天津见证了中国政府和人民节能减排、发展绿色经济、循环经济的坚定信心。

（资料来源：新华网，2010 年 10 月 9 日）

无论是引进外资、技术，还是跨区域、跨国家的联合协作；无论是新产品的开发研制，还是科技成果的转让及其商品化、产业化等，谈判的成功与否，直接关系到这些项目能否顺利实施，以及能够带来多少经济效益和社会效益。因此，这些项目的可行性研究与立项也自然包括在谈判前的准备工作之中，包括立项前的调查研究与立项后的准备工作。

第一节　国际商务谈判前的信息准备

谈判信息是对那些与谈判活动有密切联系的条件、情况及其属性的一种客观描述，是一种特殊的人工信息。本节将从谈判信息的作用、谈判信息的分类出发，着重介绍谈判信息准备的主要内容，包括市场信息、有关谈判对手的情况资料、科技信息、有关政策法规、金融方面的信息和有关货单、样品的准备这六个部分。最后，还将对谈判信息资料的处理作简单介绍。

一、谈判信息的作用

不同的谈判信息对于谈判活动的影响是极其复杂的。有的信息直接决定谈判的成败，而有的信息只是间接地发挥作用。谈判信息在商务谈判中的作用可以表现在以下几个方面：

首先，谈判信息是制定谈判战略的依据。谈判战略是为了实现谈判的战略目标而预先制定的一套纲领性的总体设想。谈判战略正确与否，在很大程度上决定着谈判的得失成败。一个好的谈判战略方案应当具有战略目标正确可行、适应性强、灵敏度高的特点，这就必须有大量可靠的信息作为依据。知彼知己，百战不殆。在商务谈判中，谁能拥有谈判信息上的优势，掌握对方的真正需要和对方谈判的利益界限，谁就更有可能制定出正确的谈判策略，掌握谈判的主动权。

其次，谈判信息是控制谈判过程的手段。要对谈判过程做到有效控制，必须先掌握“谈判的最终结果是什么”这一谈判信息，依据谈判战略和谈判目标的要求，确定谈判的正确策略。为了使谈判过程始终指向谈判目标，使谈判能够正常进行，必须有谈判信息作为保证，否则，对任何谈判过程都无法有效地加以控制和协调。

最后，谈判信息是谈判双方相互沟通的中介。在商务谈判活动中，尽管谈判的内容和方式各不相同，但有一点是共同的，即都是一个相互沟通和磋商的过程。沟通就是通过交流有关谈判信息以确立双方共同的经济利益和相互关系。没有谈判信息作为沟通中介，谈判就无法排除许多不确定的因素，就无法进一步磋商，也就无法调整和平衡双方的利益。因此，掌握一定的谈判信息，就能够从扑朔迷离的信息中发现机会与风险，捕捉达成协议的共同点，使谈判活动从无序到有序，消除不利于双方的因素，促使双方达成协议。

二、谈判信息的分类

在商业活动中，谈判信息多种多样，纷繁复杂。科学地区分谈判信息的类型是研究分析谈判信息的基础，可以使我们更加深刻地认识谈判信息的规律性，也有助于我们进一步明确谈判信息工作的目的，从而提高谈判信息工作的效益。按照不同的标准，可以将谈判信息分为以下几种类型：

（一）按谈判信息的内容来划分

按谈判信息的内容可以将其分为自然环境信息、社会环境信息、市场细分化信息、竞争对手信息、购买力及投向信息、产品信息、消费需求和消费心理信息等。自然环境信息是指能引起人们消费习惯改变、购买力转移以及市场变更的自然现象方面的信息，如地震、地形变化、气候变化等。社会环境信息是指对市场有影响的各种社会因素，如文化、人口、社会阶层、家庭、政治、法律、时尚、风俗、宗教、社会发展、城市建设等方面的信息。市场细分化信息是指能引起市场细分的变量，如社会经济变量、地理变量、人口变量、收入和消费方式变量等。竞争对手信息是指有关生产或经营同类产品的其他企业状况的信息。购买力及投向信息是指消费收入、支出构成、趋向等方面的信息。产品信息是指与产品价格、产品开发、销售渠道、商标、包装、装潢等有关的信息。消费需求信息是指消费者对商品品种、数量、规格、价格、式样、色彩、口味、方便程度、适用程度等方面的信息。消费心理信息是指有关消费者购买行为、购买动机、价值观、审美观等方面的信息。

（二）按谈判信息的载体来划分

按信息载体来划分，可以把信息分为语言信息、文字信息、声像信息和实物信息。语言信息是指通过座谈、交流所获得的信息以及在公共场所听到的信息。文字信息是指用文字记录下来的信息资料，包括各种文献、文件、报刊资料及复制品、产品目录、产品说明书等。声像信息是指通过图片、绘画、电影、电视、广播、录像、电话、幻灯、录音等获得的信息。实物信息是指各种以样品作为载体的信息。

（三）按谈判信息的活动范围来划分

按信息活动范围划分，可将信息划分为经济性信息、政治性信息、社会性信息和科技性信息。经济性信息是指与企业发展有关的各种信息，主要包括国民经济发展的信息，财政、金融、信贷方面的信息，经济资源信息等。政治性信息是指由于某一政治活动的发生、政治事件的出现而引起市场变化的信息，如战争爆发引起的物价上涨等。社会性信息是指与市场经营、销售有关的社会风俗、社会风气、社会心理、社会状况等方面的信息。科技性信息是指与企业产品研制、设计、生产、包装有关的信息。

三、谈判信息收集的主要内容

谈判信息收集的主要内容包括市场信息、有关谈判对手的资料、科技信息、有关政策法规、金融方面的信息和有关货单、样品的准备。

（一）市场信息的概念及其主要内容

1. 市场信息的概念

市场信息是反映市场经济活动特征及其发展变化的各种消息、资料、数据、情报的统称。它通过语言表达作为传递工具，或者说，市场信息是由语言组成的。

市场信息所用的语言有自然语言和人工语言。自然语言包括口头语言、书写文字等。人工语言是为了传递信息特征而由人们创造出来的，如数学上的专用语言、计算机语言等。人工语言的使用，可以弥补自然语言结构容易产生的意思不够明确以及不够精练等缺陷。

市场信息的语言组织结构有两种形式：一种是文字式结构，主要是通过文字叙述来表达市场信息的内容；另一种是数据式结构，它是反映市场运行数量关系的数字及必要的文字，按一定规范相互联结起来形成的结构，如统计报表等。

2. 市场信息的主要内容

市场信息的内容很多，归纳起来主要包括以下几个方面：

（1）有关国内外市场分布的信息。国内外市场分布的信息，主要是指市场的分布情况、地理位置、运输条件、政治经济条件、市场潜力和容量、某一市场与其他市场的经济联系等。

随着科学技术的进步和生产力的发展，国内、国际分工都将不断扩大和深化。同时，由于交通运输工具和通信手段的日趋现代化以及资本在国内和国际间流动的加快，使得国内与国际贸易中交换的商品品种不断增多、数量不断扩大，这在一定程度上扩大了国内和国际市场。因此，通过调查应摸清本企业产品可以在什么市场（国内、国际）上销售，确定长期、中期及短期的销售发展计划，从而有助于谈判目标的确立。

（2）消费需求方面的信息。消费需求信息包括：消费者忠于某一特定品牌的期限；消费者忠于某品牌的原因、条件、因素；消费者开始使用某一特定品牌的条件和使用原因；使用者与购买者之间的关系；购买的原因和动机；产品的多种用途；消费者购买的意向和计划；产品被使用的次数及消费量；消费者对产品的态度；消费者对企业市场活动的反应与态度；消费者喜欢在何处购买；新的使用者的情况及使用原因；产品（资金或劳务）的需求量、潜在需求量；本企业产品的市场覆盖率和市场占有率；市场竞争形势对本企业销售量的影响等。

（3）产品销售方面的信息。如果是卖方，则要调查本企业产品及其他企业同类产品的销售情况。如果是买方，则要调查所购买产品的销售情况，包括：该类产品过去几年的销售量、销售总额及价格变动；该类产品的长远发展趋势；拥有该类产品的家庭所占比率；消费者对该类产品的需求状况；购买该类产品的决定者、购买频率；季节性因素；消费者对这一企业新老产品的评价及要求。通过对产品销售方面的调查，可以使谈判人员大体掌握市场容量、销售量，有助于确定未来的谈判对手及产品销售（或购买）数量。

谈判人员不一定是直接消费者，因此，调查消费者具有重大意义。摸清消费需求和消费心理，可以基本掌握消费者对本产品的消费意向，预测本企业产品的竞争力，也有利于同谈判对手讨价还价。

（4）产品竞争方面的信息。这类信息主要包括：生产或购进同类产品的竞争者数目、规模以及该类产品的种类；生产该类商品的各主要生产厂家的市场占有率及未来变动趋势；各品牌商品所推出的形式与售价幅度；消费者偏爱的品牌与价格水平、竞争产品的性能与设计；各主要竞争者所能提供的售后服务的方式；顾客及中间商对此类服务的满意程度；当地经销该类产品的批发商和零售商的毛利率与各种行情；当地制造商与中间商的关系；各主要竞争者所使用的销售组织的形态；是生产者的机构推销，还是中间商负责推销；各主要竞争者所使用的销售组织的规模与力量；各主要竞争者所用的广告类型与广告支出额等。

如果己方是卖方，通过对产品竞争情况的调查，能够使谈判人员掌握己方同类产品竞争者的情况，寻找他们的弱点，更好地争取己方产品的广阔销路，有利于在谈判桌上击败竞争对手，也能使谈判者预测己方的竞争力，使自己保持清醒的头脑，在谈判桌上灵活掌握价格弹性。此外，摸清竞争者和谈判对手的销售形式还可以使己方在运输费用的谈判上掌握机动权。

（5）产品分销渠道。这类信息包括：主要竞争对手采用何种经销路线；当地零售商或制造商是否聘用人员直接推销，如使用，其使用程度如何；各种类型的中间商有无仓储设备；各主要市场的批发商与零售商的数量如何；各种销售推广、售后服务及存储商品的功能如何，哪些应由制造商提供，哪些应由批发商和零售商负担等。

（二）有关谈判对手的资料

在正式的商务谈判之前，对与谈判有关的环境因素进行分析是必不可少的，而对谈判对手情况资料的收集、调研与分析就更为重要。如果同一个事先毫无了解的对手谈判，其困难程度和风险程度是可想而知的。

这里先从分析贸易“客商”的类型入手，着重阐述对谈判对手资信情况的审查，包括对客商的合法资格、公司性质和资金状况、公司营运状况和财务状况的审查，从而判定谈判双方的谈判实力。此外，为了能在谈判中充分掌握主动权，我们还应摸清谈判对手的最后谈判期限以及对方对己方的信任程度。

1. 对谈判对手资信情况的审查

对谈判对手资信情况的审查是谈判前准备工作的重要环节，是决定谈判的前提条件。对谈判对手资信情况的审查主要包括对谈判对手的合法资格、公司性质和资金状况、公司营运状况和财务状况、公司商业信誉情况的审查。

（1）对客商合法资格的审查。对客商合法资格的审查应从两个方面进行：一是对客商的法人资格进行审查；二是对前来谈判的客商的资本信用和履约能力进行审查。

① 对客商的法人资格进行审查。从法律上讲，法人的必备要件有：法人必须有自己的组织机构、名称和固定的营业场所，组织机构是决定和执行法人各项事务的主体；法人必须有自己的财产，这是法人参加经济活动的物质基础与保证；法人必须具有权利能力和行为能力，所谓权利能力是指法人可享受权利和承担义务，而行为能力则是指法人可以通过自己的行为享有权利和承担义务；最后是注册要件，法人须经过注册登记，在哪个国家进行注册，即成为该国的法人。

要审查谈判对手的法人资格，可以要求对方提供有关文件，如法人成立地注册登记证明、法人所属资格证明等。在取得这些证明文件后，首先应通过一定的手段和途径验证其真实性，在确认其真实之后，再查清以下几个方面的问题：弄清客商法人的组织性质，例如是股份有限公司或是有限责任公司，还是合伙企业等，其组织性质不同，所承担的责任亦大不一样；弄清谈判对手的法定名称、管理中心地址及其主要的营业场所，有些公司注册地点与实际营业场所完全不同，发生纠纷后无法找到对方的行踪；要确认其法人的国籍，即其应受哪一国家法律管辖，发生纠纷时应适用哪一国的法律来解决，这对双方来说非常重要，因为不同国家的法律，解决问题的方法和结果往往会有很大的差别。

② 对前来谈判的客商的资本信用和履约能力进行审查。一般来讲，前来洽谈的客商可能是公司的董事长、总经理，但更多情况下则是公司某一部门的负责人。如果来者是该公司某一部门的负责人，那么就存在一个代表资格或签约资格的问题。事实上，并非一家企业中的任何人都可以代表该企业对外进行谈判和签约。从法律的角度来讲，只有董事长和总经理才能代表企业对外签约。而企业对其工作人员超越授权范围或根本没有授权而对外所承担的义务是根本不负任何责任的，这就需要严格把关，防患于未然。

（2）对谈判对方公司性质和资金状况的审查。这种情况上面已略有涉及。从法律上看，企业的组织形式主要有个人独资企业、合伙企业、有限合伙企业、股份有限合伙企业、有限责任公司和股份有限责任公司等数种。由于企业的类型不同，其法律性质、经营管理方式和经济上的利弊也各不相同。具体地讲，个人独资企业和合伙企业一般不是法人，不具备法律上独立的人格，出资者以个人的全部财产对企业的债务承担无限责任。这类企业在西方国家中数量众多，但大多规模小，且资金有限。有限合伙企业和股份有限合伙企业的法律性质，按有些国家（如德国）规定可视为法人，具有法律的独立人格。相对来讲，这类企业规模不大，资金有限。有限责任公司和股份有限责任公司在法律上具有独立法人资格，是独立法人，享有民法上的权利和义务，可用公司的名义在法院起诉和应诉。每个股东对企业的债务承担仅以其出资金额为限。这两类公司之间的差别在于前者发行的股票不能在股票市场上进行交易，不能公开向社会募集股款，股东的人数以及股份的转让也受到一定的限制。相比而言，股份有限公司比有限责任公司更适合于社会化大生产的需要。因此，在西方各国的社会经济生活中，股份有限公司起着十分重要的作用，是各国企业组织形式中最重要的一种。

我国企业主要是与国外股份有限公司进行合作的，但各股份有限公司的资本总额多寡不一，所设公司只要认购股票金额达到了法定的最低金额，并按一定的程序办理注册，公司就可以成立。关于法定最低金额，各国规定不一：法国规定为50万法郎；英国规定为5万英镑；而美国有些州规定为1 000美元，甚至有些州认为1美元即可；日本对有限责任公司最低金额规定为10万日元。因此，在谈判前不但要了解对方公司的性质，还需要了解对方公司的资本状况。

（3）对谈判对手公司的营运状况和财务状况的审查。如果谈判对手是买方，卖方必须迅速地了解对方的经营状况与财务状况，判断对方的购买力、可能的付款期限、付款方式等。

企业的经营状况与财务状况不完全一致，有的甚至有较大差异。其中，财务状况是指企业自有资金是否充裕、是否有足够的支付能力、盈利率高低、固定资产的现状及折旧程度等有关资金、盈利的总体评价；经营状况是指产品的生产、销售状况等有关经营方面的评价。即使是一个注册资本很大的股份有限公司，也会由于经营不善，负债累累，濒临破产或实际已破产。根据大多数国家的公司法和破产法的规定，公司一旦破产，股东对公司的债务承担仅以其持有股票所代表的金额为限，如果资本总额和公司其他财产不足，在偿还债务时，债权人只能按清算比例收回债权。因此，如果在谈判前不了解对方公司的营运情况，一旦对方公司破产，很可能收不回全部债权。一般来说，经营状况好的企业财务状况也好，但两者之间往往存在差距，在调查中要注意尽可能详细地收集情报，分析比较。首先要比较销售额和盈利额。有些企业产品成本过高，虽然经营状况良好，但由于盈利率并不高，财务状况不佳。其次要比较营业额和企业负债额。如果盈利率高，负债额大，每年必须偿还巨额贷款利息，因此企业财务状况仍然较差。再次，要比较企业固定资产折旧状况和盈利水平。有的企业盈利水平虽高，但企业固定资产磨损状况严重，更新改造资金被大量挪用，表面上看来盈利水平和工资、福利水平都很高，实际上潜伏着危机。判断企业经营与财务状况，目的是要分析企业总购买力中有多少具有现实支付能力、能否建立长期贸易关系、买卖的规模有多大。这些经济情报都是谈判的必备资料，有助于确定谈判目标、谈判方式及让步程度。

在谈判之前还要摸清企业习惯于采取何种付款方式和付款条件。国内企业一般采取托收承付结算方式，只要己方产品质量、品种、规格符合对方要求，对方有支付能力，银行即可监督付款，直接划拨，没有特殊的附加付款条件。付款方式和付款条件对谈判的影响不大。但在国际商务谈判中，付款条件和付款方式比较复杂，对方有可能利用付款方式和付款条件拖延付款日期甚至拒付，造成贸易诉讼。为避免这种损失，必须在谈判前了解对方惯用的付款方式和付款条件，并在谈判中提出双方都能接受的条件。

（4）对谈判对手商业信誉情况的审查。商业信誉是指在同行业中，由于企业经营管理处于较为优越的地位，能够获得高于一般利润水平的能力而形成的一种价值。形成商业信誉的主要原因有优良的商品质量、良好的信誉、周到的服务、有力的广告宣传、著名的商标及品牌、巩固的垄断权力等。要了解对方的商业信誉情况主要应调查以下几个方面的情况。

① 产品质量。产品质量是指产品内在质量和外观质量与竞争产品相比较更符合目标市场的要求，更能满足用户的需要，它和一定的价格相适应。

② 技术标准。标准要符合规定，与相应级制（如国际标准、国家标准、行业标准、企业标准）相适应，更主要的是符合用户的要求并从式样和颜色、包装、装潢上适合不同消费者的爱好。

③ 产品的技术服务。包括指导用户正确安装、使用和维护、代为修理、提供零件；代用户培训技术人员；设立技术咨询站为用户提供咨询；送货上门，质量不合格的产品在保修期内包退包换等。

④ 商标及品牌。商标具有表示商品出处，代表企业信誉，维持企业正当权益，标示商品的质量和特点，便于生产者推销商品，便于消费者认牌选购等作用。而当普通的商标成长为一个企业的品牌后，品牌的影响力则比普通的商标更能代表商品的市场占有率和商品的消费潜力。

⑤ 广告的宣传作用。广告宣传的目的主要有：树立企业信誉，扩大企业影响，为商品创牌子，以提高知名度，使商品在消费者心目中留下深刻印象，赢得市场。此外，明确广告宣传的目的，还要考虑广告主要着眼于近期还是远期效果。

在了解上述各方面的资料后，最后应当了解对方谈判成员的有关资料。诸如对方谈判组的人数、职务、年龄及其分工；各个成员的性格、专长及爱好甚至社会和家庭关系，特别是要搞清对方成员中实力派人物的情况，以便己方选择与对方情况相适应的合格人员，运用谈判技巧促进谈判的顺利进行。

2. 对谈判双方谈判实力的判定

谈判实力是指影响双方在谈判过程中相互关系、地位和谈判最终结果的各种因素的总和，以及这些因素对谈判各方的有利程度。它与企业实力不同，企业实力是指从总体上看一个企业的规模、技术水平、人员素质、市场占有率等方面处于何种水平。企业实力是形成谈判实力的潜在基础，并不一定直接构成谈判实力。例如，如果谈判的内容正好是实力很强的某一企业的薄弱之处，那么这个企业的谈判实力是弱而不是强。就一般情况而言，企业实力强有利于形成和强化其谈判实力，而谈判实力较强的企业却不一定实力很强。在通常情况下，谈判实力取决于以下几个因素：

（1）交易内容对双方的重要程度。商务谈判的成功标志着谈判双方都得到了一定的好处，但这并不说明交易内容本身对各方的重要程度相同。实际上，交易内容本身对双方来讲，其重要程度往往各不相同，这就决定了双方谈判实力上的差异。一般说来，交易对某一方越是重要，也就是说该方越希望成交，那么该方在谈判中的实力就越弱，反之越强。例如，在国际货物买卖业务洽谈过程中，若卖方的产品较为紧俏，而买方急于购买此产品，这时，对卖方来讲其谈判实力较强，买方的谈判实力则较弱。

（2）看各方对交易内容与交易条件的满意程度。商务谈判双方对交易内容与交易条件的满足程度是存在差异的。某一方对交易内容与交易条件的满足程度越高，该方的谈判实力就越强。在国际货物买卖中，卖方的货物在质量、数量、交货时间上越能够满足买方的要求，那么卖方的谈判实力就越强，因为买方在这种情况下无法提出使对方让步的借口。

（3）看双方竞争的形势。在业务往来中，很少出现一个买主对应一个卖主的一对一现象，经常是存在多个买主对应多个卖主的情况。很显然，如果多个卖主对应较少的买主时，即形成了买方市场，这时无疑会使买方谈判实力增强，卖方谈判实力减弱；反之，如果多个买主对应较少的卖主时，即形成了卖方市场，在这种情况下，显然卖方谈判实力会增强，买方谈判实力会减弱。

（4）看双方对商业行情的了解程度。谈判的一方对交易本身的行情了解得越多、越详细，那么该方在谈判中就越是处于有利地位，也就相应地提高了自身的谈判实力。反之，如果对商业行情了解甚少，其谈判实力就显然较弱。商业行情是极为宝贵的资源，它可以转化为财富，这在业务洽谈进程中是非常明显的。因此，只有在掌握了充分的市场信息的前提下，才有可能制定出有针对性的谈判战略和战术。

（5）看双方所在企业的信誉和影响力。企业的商誉越高，社会影响越大，该企业的谈判实力就越强；反之，就越弱。

（6）看双方对谈判时间因素的反应。在谈判过程中，一方如果特别希望早日结束谈判，达成协议，那么时间因素的限制就大大削弱了该方的谈判实力。由于时间限制，该方不得不作出某些对其不利的让步，导致不利的结果。例如，对于季节性较强的商品，卖方往往为了在一定的时间内出售，有时会不惜降价进行推销。这种时间上的限制，削弱了季节性商品卖方的谈判实力。

（7）看双方谈判艺术与技巧的运用。在谈判实践中，经常出现这种现象，即一方原来在该项目谈判中并不占优势，反而出乎意料地取得了很好的谈判效果，这是由于该方在洽谈艺术与技巧方面运用得当。事实上，谈判人员如能充分地调动有利于己方的因素，尽可能地避免不利的因素，那么己方的谈判实力就会增强。谈判艺术和技巧越是高超，谈判实力就越强。

3. 摸清谈判对手的最后谈判期限

任何谈判都有一定的期限，重要的结论和最终成果往往在谈判结束前取得，因而有必要摸清谈判的最后期限。

日常生活中，我们可以看到许多交易行为都有时间限制。例如，棉衣的交易要在天冷前完成；火车票必须在火车开出前买到；廉价展销品必须在展销结束前购买等。几乎每一个交易行为都包括时间因素，受着交易期限的制约，人们对交易期限都有着自觉或不自觉的反应。交易期限在谈判中作用巨大，最后期限往往能使买主决定购买。卖主可利用期限的力量，如："厂里要求我本周六前完成订货""我星期一要回去开会，你再不答应我的要求，这笔生意就做不成了。"总之，最后期限的压力常常迫使人们不得不采取快速行动，立即作出决定。当掌握了对方的谈判期限后，就可以促使对方接受有利于己方的条件。

谈判前，双方都在调查对方的谈判期限，对此要注意几个问题：

（1）对方可能会千方百计地保守谈判期限的秘密。了解情况要尽量提前，动手越早取得资料就越容易，但要不露痕迹地去探求。

（2）谈判时，要通过察言观色，抓住对方流露出来的情绪摸清期限。

（3）国际商务谈判中，谨防对方有意提供假情报。对对方口头上有意无意提供的期限，要通过各种资料综合判断其真伪。判断卖方期限的真伪，要调查卖方存货的数量、质量、卖方的生产计划及现金需求的情况等。判断买方期限的真伪，要全面分析买方谈判期间的动态，有无同时和其他卖方谈判购买，买方的职员能力如何等。只有掌握大量买方和卖方的情况，才能使判断准确。

（4）己方谈判期限要有弹性，可以由此避开对方利用谈判期限对自己的进攻。无论己方是购买商品还是出卖商品，都要有计划、有节奏地进行，不能过于急迫。

（5）在对方的期限压力面前提出对策。任何谈判都要考虑到，对方可能会公开指定期限，己方必须在谈判前就要提出对策，排除期限的压力。

4. 摸清对方对己方的信任程度

信任度包括对方对己方的经营状况、财务状况、付款能力、信誉、谈判能力等多种因素的评价和信任。对方若对己方有较高的信任度，可以促使谈判朝着对己方有利的方向发展，在商品价格、付款方式、运输方式、签订合同等方面易于达成协议。

为了全面、充分了解谈判对手，为正式洽谈工作的开始作好准备，必须通过多方面的调查研究收集谈判对手的信息资料。获得谈判对手信息资料的主要方式包括：

（1）从国内的有关单位或部门收集资料。可能提供信息资料的单位有商务部、中国对外经济贸易促进会及其各地的分支机构、中国银行的咨询机构及有关的其他咨询公司、与该谈判对手有过业务往来的国内企业和单位以及国内有关的报纸、杂志、新闻媒介等。

（2）从国内在国外的机构及与本单位有联系的当地单位收集资料。可能提供信息资料的单位有：我国驻国外的使馆、领事馆、商务代理处；中国银行及国内其他金融机构在当地的分支机构；本行业集团或本企业在当地开设的营业分支机构；当地的报刊、杂志；国外许多大银行（如巴克利银行、劳埃德银行、大通银行等）都发行自己的期刊，这些期刊往往有最全面的报道，而且一经获取就可得知许多信息；本公司或单位在当地的代理人；当地的商会组织等。

（3）从公共机构提供的已出版和未出版的资料中获取信息。这些公共机构可能是官方的，也可能是私营的。他们提供资料的目的，有的是作为政府的一项工作，有的则是为了营利，也有的是为了自身的长远利益需要。因此，我们应该熟悉这些公共机构，甚至要熟悉在这些机构里的工作人员，同时还要熟悉他们提供资料的种类及发行途径。

① 国家统计机关公布的统计资料。例如，工业普查资料、统计资料汇编、商业地图等。

② 行业协会发布的行业资料，这是同行企业资料的宝贵来源。

③ 图书馆里保存的大量商情资料。例如，贸易统计数字、有关市场的基本经济资料、各种产品交易情况统计资料，以及各类买卖机构的翔实资料等。

④ 书籍、文献、报刊等。例如，工商企业名录、商业评论、统计丛书、产业研究报告等。目前，许多报刊为了吸引读者，也经常刊登一些市场行情及其分析报道。

⑤ 专业组织提供的调查报告。随着经济的发展，出现了许多专业性组织，例如消

费者组织、质量监督机构、股票交易所等专业组织，这些组织也会发表有关统计资料和分析报告。

⑥ 研究机构提供的调查报告。许多研究所和从事商务调研的组织，除了为单独委托人完成研究工作以外，为了提高自身的知名度还经常发表市场报告和行业研究论文，这些都是我们收集信息的良好途径。

（4）本企业或单位直接派人员到对方国家或地区进行考察，收集资料。如果派人员出国考察，在出国之前应尽量收集对方的有关资料，在已有的资料中分析出真实、不真实、可能还有新增内容、尚需进一步考察等几个部分，以便带着明确的目的和问题去考察。在日程安排上，应多留些时间供自己支配，切不可让对方牵着鼻子走，并且要善于捕捉和利用各种机会，扩大调查的深度和广度，以便更多地获取第一手资料。

（三）科技信息的具体内容

在技术方面，主要应收集以下各方面的资料：（1）要全面收集该产品与其他产品在性能、质量、标准、规格等方面的优缺点比较，以及该产品的生命周期、竞争能力等方面的资料；（2）收集同类产品在专利转让或应用方面的资料；（3）收集该产品生产单位的技术力量和工人素质及其设备状态等方面的资料；（4）收集该产品的配套设备和零部件的生产与供给状况以及售后服务方面的资料；（5）收集该产品开发前景和开发费用方面的资料；（6）尽可能多地收集对该产品的品质或性能进行鉴定的重要数据或指标及其各种鉴定方法和鉴定机构的资料，同时也要详尽地收集可能导致该产品发生技术问题的各种潜在因素的资料。

科技信息对于国际商务谈判，特别是引进设备的谈判非常重要，它是选择技术和准确进行谈判的先决条件。取得这些技术资料大体上可以通过这样几种方法：阅读国内外有关专业杂志；参观国内外博览会和各种专业展览会；收集和熟悉国内外产品样本和产品目录；旁听有关商务谈判；查阅专利，了解技术发展现状及趋势；向国内外有关咨询机构求助；与发达国家有关的情报中心取得联系；与联合国等国际性机构联系等。

（四）有关政策法规的内容

在谈判开始前，应当详细了解有关的政策、法规，以免在谈判时因不熟悉政策、法规而导致失误。

1. 有关国家或地区的政治状况

政治对经济有着重要的影响，在国际商务谈判中，需要了解对方国家或地区的有关经济政策、经济合作的相关法令及政府对企业的管理制度。

2. 谈判双方有关谈判内容的法律规定

无论是国内贸易，还是进出口贸易，都需要了解有关的法律、法规。法律所规定的当事人作为与不作为的界限，是企业经营合法或不合法的依据。除了要熟记我国现有的法律如《合同法》《专利法》《商标法》《国外企业所得税法》《中外合资经营企业法》等，还应了解国外的法律制度和国际惯例。

3. 有关国家或地区的各种关税政策

需要了解有关国家或地区各种关税（诸如进口税、出口税、差价税、进口附加税、过境税或过境费等）的税率以及关税的税则和征税方法方面的资料。如果我国与交易国订有贸易协定或互惠关税协定，还必须了解其详细情况。

4. 有关国家或地区的外汇管制政策

有些国家或地区，为了保证收汇和防止逃税、套汇、黑市买卖外汇，通过颁发进出口许可证等办法来加强对外汇的管制。例如，我国对于各种外汇票据的发行和流通以及外汇、贵金属和外汇票证等进出国境，都有较详细的规定，对此类业务必须事先加以了解。

5. 有关国家或地区进出口配额与进口许可证制度的情况

配额制度是指一个国家在一定时期内，对某些商品的进口数量或金额事先规定一个限额，从而起到限制某些商品进口数量的作用。在这种制度下，凡进口的商品若是在规定的数量或金额范围内，可以进口；超过限额，则不准进口或征收高额关税乃至罚款后方可进口。进口配额往往与进口许可证联系在一起，一国政府采用了进口配额，就必须发放进口许可证。其做法是，政府规定某些商品的进口配额后，再根据进口商的申请，对于每一批进口商品在其配额限度内发给进口商一定数量的进口许可证，直到配额用完为止。当然，有些没有配额限定的商品也需要许可证，因此，许可证比配额在范围上用得更为广泛。目前，世界绝大多数国家都在不同程度上采用了进口配额制，对此，必须加以详细了解。

6. 国内各项政策

我国国内商务谈判要遵循国家的法律、法规和政策进行。商务谈判人员不但要掌握有关的现行税制，还要熟知经济法规，使各项经济交往做到有法可依。

（五）金融方面的信息

金融方面的信息，主要包括以下四个部分的内容：

（1）收集国际金融市场上的信息，随时了解各种主要货币的汇率及其浮动现状和发展趋势。

（2）收集进出口地主要银行的营运情况，以免因银行倒闭而影响收汇。

（3）收集进出口地的主要银行对开证、议付、承兑赎单或托收等方面的有关规定，特别是有关承办手续、费用和银行所承担的义务等方面的资料。

（4）收集商品进出口地政府对进出口外汇管制的措施或法令。

（六）有关货单、样品的准备

做好货单、样品等准备，也是谈判前的一项必不可少的工作。尤其是在国内外商品博览会或是在海外市场推销、谈判中，货单必须具体、正确。如果是在交易会上谈判，口岸之间、公司之间交叉经营的商品价格更应该核对无误，不要相互矛盾。谈判样品必须准备齐全，特别要注意事先准备好的谈判样品一定要与今后交货相符，即使是包装也应保持一致，以免以后被动。在准备谈判样品的同时，还可以准备一些商品目录和说明书，以备顾客索取。

四、谈判信息资料的处理

对已收集来的资料进行分析整理，其主要目的，一是为了鉴别资料的真实性与可靠性；二是结合谈判项目的具体内容，分析各种因素与谈判项目的关系，并根据它们对谈判的重要性和影响程度进行排队，通过分析制定出具体的谈判方案与对策。

对谈判信息资料的处理主要有两个环节：一是对资料的整理与分类；二是对信息资料的交流与传递。

（一）信息资料的整理与分类

信息资料的整理一般分为四个阶段。

1. 对资料的评价

对资料的评价是资料整理的第一步。现实中，收集的各种资料的重要程度各不相同，有些马上可以使用，有的到后来才派上用场，而有些资料可能自始至终都不会采用。如果把收集的资料不加区别地积存起来，便会使资料的使用十分困难，因此，必须首先对收集到的资料进行评价，没有价值的就应毫不犹豫地舍弃。对认为有价值的需要保存的资料，也要根据其重要性不同，将其分为可立即利用的资料、将来肯定可用上的资料和将来有可能派上用场的资料。只有如此，才能为资料的筛选打好基础。

2. 对资料的筛选

对于好不容易收集到的资料，人们往往不愿意将其舍弃，这是可以理解的。但是，如果把不要的或用处微小的资料全部保留，既不便于查找有用的信息资料，又因其占用空间而耗费大量的费用。因此，应不断地对收集起来的资料进行清理。资料的筛选大体有以下几种方法：

（1）查重法。这是筛选信息资料最简便的方法，目的是剔除重复资料，选出有用的信息资料。当然，不完全排除重复，只要不是完全相同的重要资料可以保存一部分。

（2）时序法。即逐一分析按时间顺序排列的信息资料，在同一时期内，较新的取，较旧的弃，这样可能使信息资料在时效上更有价值。

（3）类比法。将信息资料按市场营销业务或按空间、地区、产品层次，分类对比，接近实质的保留，其余的舍弃。

（4）评估法。这种方法需要信息资料收集人员有比较扎实的市场学专业知识，即对自己所熟悉的业务范围，仅凭市场信息资料的题目就可以决定取舍。

3. 对资料的分类

在资料整理阶段，对筛选以后的资料认真地进行分类，是最耗费时间的一项工作，但也是极其重要的环节。可以说，不做好分类，就不可能充分利用资料。分类的方法大致有两种：

（1）项目分类法。这种分类法既可以和工作相联系，按不同的使用目的来分类，如可以分为商务开发资料、销售计划资料、市场预测资料等，或按谈判的必备资料分为市场信息资料、技术信息资料、金融信息资料、交易对象的情况资料、有关政策法规等；也可以根据资料的内容，按不同性质来分，如可以根据不同产业或经营项目进行分类，产业中可以分为粮油产品、五金产品、纺织产品、机械设备等。

（2）从大到小分类法。即从设定大的分类项目开始，大项目数最好不要超过10项，经过一段时间的使用后，若觉得有必要再细分时，可以把大项目再进行细分，但不要分得太细，以免出现重复。

以上两种分类法，可以根据工作的需要结合起来使用，一般是以前者作为基本分类法，再将后者渗透进去。

4. 对资料的保存

把分好类的资料妥善地保存起来，即使是经常使用的资料也不要随便放置，要与分类相适应，放到专门的资料架或卡片箱中，以便随时查找该类资料或加放同类资料。

（二）信息资料的交流与传递

为了获得有利的谈判地位，谈判人员必须十分注意信息的传递方式，恰当地选择传递的时机，把握好传递场合。通过谈判信息的传递，实现信息交流和沟通，保持谈判人员与己方的有效联系，最大限度地实现己方的谈判目标。

1. 谈判信息的传递方式

谈判信息传递方式的选择不是任意的，它往往受到自身特点的制约。因此，传递方式的选择既要考虑谈判的目的，同时又要随时注意自身条件、环境的影响和对方的变化情况。谈判者为了减少特定的谈判传递方式对自己的不利影响，必须注意观察、收集、识别对方作出的反应，根据反馈的信息，敏锐地作出推断，及时修正、调整、变换谈判信息传递方式。谈判信息传递的一般形态就是谈判者或信息机构之间借助于口语、手势、文字、形象等进行信息传递。谈判信息的传递方式通常有以下几种：

（1）明示方式。所谓明示就是指谈判者在有关的、恰当的场合，明确地提出谈判的条件和要求，阐明谈判的立场、观点，表明自己的态度、打算。明示可以通过下列任何一种渠道进行，如双方相见的谈判场合、宴会、礼宾场合、群众性集会场合、官方或团体会议场合、单独会见场合、业务洽谈场合等。

（2）暗示方式。所谓暗示就是指谈判者在有关的、恰当的场合，用含蓄的、间接的方法向对方表示自己的意图、要求、条件和立场等。暗示可以通过语言的形式进行，也可以通过其他的方式进行。

暗示在谈判中具有重要意义。谈判各方在态度明确的情况下，暗示是一种极好的信息传递方式，它可以避免不必要的直接对抗，传递出在明示条件下无法传递的谈判信息。对谈判者来说，采用暗示方式比采用明示方式更具灵活性。在谈判过程中，谈判者必须善于运用暗示，这就要求对影响暗示效果的主客观因素有一定的了解，以便最大限度地发挥暗示在传递谈判信息中的作用。从主观上看，缺乏主见、随波逐流的人极容易接受暗示，独立性强、善于独立思考的人往往很难接受暗示。从客观上看，暗示者本人的条件，如地位、权力、声望、知识、信心、相貌、身材、性别、年龄，以及谈判双方的相互关系、谈判信息与谈判环境条件等，都会对暗示效果产生不同的影响。

（3）意会方式。意会是既不同于明示又不同于暗示的一种特殊的谈判信息传递方式。它是谈判信息的发出者与谈判信息的接受者早已有了信息交流的准备，早已对信息交流的背景有所了解，早已就信息传递的渠道达成了某种默契，为了避免直接明示或暗示给各自带来的不利影响，同时也为了避免信息泄露而采取的一种较为谨慎的谈判信息的传递方式。

意会在传递谈判信息方面有着特殊的作用，意会不同于明示那样直截了当，因此，当谈判各方传出或接受的信息彼此矛盾或尖锐对立时，不会在“面子上”引起相互关系的紧张；意会也不同于暗示那样含蓄，采用意会方式传递给对方的信息都是明白无误的，它不会引起像暗示那样因为含蓄而产生的理解障碍甚至歧解。但须注意的是，意会也极有可能成为无效的信息传递方式。这主要取决于人们对信息传递效果的理解、体会、推断及社会生活经验，取决于人们对意会的积极或消极态度。如果当谈判信息交流的双方即使能够意会出彼此传递信息的全部含义，但双方或某一方若根据自身的社会生活经验，预感到后果对自己不利，就可能采取消极的态度，不予意会。

2. 选择谈判信息传递的时机与场合应考虑的因素

谈判信息的传递时机是指谈判者在充分考虑到各方的相互关系、谈判的环境条件、谈判信息的传递方式的情况下，确定并把握能积极调动各相关因素的谈判信息传递的最佳时间。

谈判信息传递时机的把握是否恰当，在很大程度上影响着传递效果。谈判信息的传递不是仅仅以特定的方式传递出去即可，它需要对谈判的有关因素进行判断，尤其是需要对谈判信息在特定条件下传递的后果和对方的反应作出预测。在传递的后果和反应有一定准备的情况下传递信息，才能确保信息准确送达接受者。

谈判信息的传递场合，主要是指谈判信息进行传递的现场。选择恰当的场合传递谈判信息有利于增强传递效果，避免不利因素的影响。因此，谈判者在选择谈判信息传递场合时应考虑以下问题：

（1）是自己亲自出面还是请第三方代为传递信息。因为这里涉及信息传递的可靠性问题，一般来说，自己亲自出面传递信息的可靠程度较高。

（2）是私下传递信息还是选择公开场合传递信息。如果对方与己方私交较深，较为灵活，可选择私下传递信息方式。如果己方对相互关系、环境条件、各种意外因素都考虑得比较周全，而与对方无私交时，可选择公开传递信息的方式。

在具体的谈判过程中，如能根据谈判活动的条件和需要，正确选择谈判信息的传递方式、传递时机和传递场合，将会使谈判信息的传递产生较好的效果，从而掌握谈判的主动权。

第二节　谈判目标与对象的确定

一、谈判主题的确定

所谓谈判的主题就是参加谈判的目的、对谈判的期望值和期望水平。不同内容和类型的谈判有不同的主题。但在实践中，一次谈判一般只为一个主题服务，因此在制定谈判方案时也多以此主题为中心。为保证全体谈判人员牢记谈判的主题，在表述主题的方式上不可赘述，而应言简意赅，尽量用一句话来进行概括和表述，比如“以最优惠的条件达成某项交易”或“达成一笔交易”等。至于什么是最优惠条件和如何达成这笔交易就非谈判主题的问题了。另外，谈判方案中的主题，应是己方可以公开的观点，不必过于机密。

二、谈判目标的确定

在谈判的主题确定以后，接下来的工作就是这一主题的具体化，即制定出谈判目标，谈判目标就是谈判主题的具体化。

谈判的具体目标，体现着参加谈判的基本目的。整个谈判活动都必须紧紧围绕着这个具体目标来进行，都要为实现这个目标服务。

达到商务谈判目标是商务谈判的最终结果之一，商务谈判目标的内容依谈判类别、谈判各方的需求不同而不同。如果谈判是为了取得资金，那么就以可能获得的资金数额作为谈判的目标；如果谈判是为了销售产品，那么就以某种和某几种产品可能的销售数量、质量和交货日期作为谈判目标；如果谈判是为了获取原材料，就以能满足本企业（地区和行业）对原材料的需求数量、质量和规格等作为谈判追求的目标。还有一些谈判以实际价格水平、经济效益水平等作为谈判的目标。总之，商务谈判的目标应根据谈判的具体内容不同而有所差异。

由于谈判的目标是一种主观的预测性和决策性目标，它的实现还需要参加谈判的各方根据自身利益的需要、他人利益的需要和各种客观因素的可能来制定谈判的目标系统和设计目标层次，并在谈判中经过各方不厌其烦地“讨价还价”来达到某一目标层次。

谈判的具体目标可分为四个层次：

（一）最高目标

最高目标也叫最优期望目标。它是己方在商务谈判中所要追求的最高目标，也往往是对方所能忍受的最大程度。如果超过这个目标，往往要冒谈判破裂的危险。在实践中，最优期望目标一般是可望而不可即的理想方向，很少有实现的可能性，因为商务谈判是双方利益重新分配的过程，没有哪个谈判者心甘情愿地把自己的利益全部让给他人。同样，任何一个谈判者也不可能指望在每次谈判中都获得最大利益。尽管如此，这也并不意味着最优期望目标在商务谈判中没有价值。最优期望目标是谈判开始的话题，如果一个诚实的谈判者一开始就推出他实际想达到的目标，由于谈判心理作用和对手的实际利益，他最终可能达不到这个目标。如在资金供求谈判中，需方可能实际只想得到50万元，但谈判一开始，需方可能报价80万元，这80万元就是需方的最优期望目标，这个数字比他实际需要的50万元多30万元。用一个简式表达就是：

$$Y+\Delta Y=E$$

式中，Y为需方的实际需求资金数额；ΔY为多报价即增量；E为需方的最优期望目标。

但是，供方绝不会做提供80万元资金的慷慨之事。根据供方了解的信息（如偿还能力、经济效益高低和利率等情况），他明知对方实际只需要50万元，为了使谈判深入下去，使主动权掌握在自己手中，就故意压低对方的报价，只同意提供30万元。如此这般，几经交锋，双方列举各种理由予以论证，谈判结果既不是80万元也不是30万元，可能是略低于或者略高于50万元。

如果一开始需方不提出80万元，或供方不提出30万元，谈判就无法进行。为什么在谈判中形成这种习惯，其原因极为复杂，涉及心理、信誉、利益，乃至历史成见等诸多因素。需要说明的是，最优期望目标不是绝对达不到的。一个信誉极高的企业和一家资金雄厚、信誉良好的银行谈判，达到最优期望目标的机会是完全可能存在的。

（二）实际需求目标

实际需求目标是谈判各方根据主客观因素，考虑到各方面情况，经过科学论证、预测和核算后，纳入谈判计划的谈判目标。这是谈判者调动各种积极性，使用各种谈判手段，努力达到的谈判目标。如在上例中，其中50万元资金就是实际需求目标。这个层次目标具有如下特点：

（1）它是秘而不宣的内部机密，一般只在谈判过程中的某几个微妙阶段才提出。

（2）它是谈判者“坚守的最后防线”。如果达不到这一目标，谈判可能陷入僵局或暂停，以便与谈判者的单位或谈判小组内部讨论对策。

（3）这一目标一般由谈判对手挑明，而己方则“见好就收”或“给台阶就下”。

（4）该目标关系谈判一方主要或全部经济利益。例如，企业若得不到50万元资金，将无法更新主体设备，使企业在近期内停产或不能扩大再生产等。正因为如此，这一目标对谈判者有着强烈的驱动力。

（三）可接受目标

可接受目标是指在谈判中可努力争取或作出让步的范围。它能满足谈判一方的部分需求，实现部分经济利益。在上述例子中，资金供方由于各种原因（如资金筹措能力、对方偿还能力等）只能提供部分资金（如35万元或40万元等），没有满足需方的全部实际需求，这种情况是经常发生的。因此，谈判者在谈判前制定谈判方案时应充分估计到这种情况的出现，并制定相应的谈判措施和目标。可接受目标对于谈判一方来说应采取两种态度：一是现实态度，即树立“只要能得到部分资金就是谈判的成功”的观念；

二是交易对象多样化。应多交谈判伙伴，就有可能获得需求目标的总体利益。

（四）最低目标

最低目标是商务谈判必须实现的目标，是谈判的最低要求，若不能实现，宁愿谈判破裂也没有讨价还价、妥协让步的可能。它与最优期望目标之间有着必然的内在联系。在商务谈判中，表面上一开始要价很高，往往提出最优期望目标，实际上这是一种策略，保护的是最低目标，乃至可接受目标和实际需求目标。这样做的实际效果往往是超出谈判者的最低需求目标或至少可以保住这一目标。然后通过对最优期望目标的反复压价，最终可能达到一个超过最低目标的目标。之所以如此，是因为如果没有最低目标作为心理安慰，一味追求高标准的目标，往往导致僵化的谈判策略。这样的做法将产生以下两方面的影响：

1. 不利于谈判的进程

谈判当事人的期望值过高，容易产生盲目乐观的情绪，往往对谈判过程中出现千变万化的情况缺乏足够的思想准备，对于突如其来的事情不知所措。最低目标的确定，不仅可以创造良好的应变心理环境，还为谈判双方提供了可供选择的契机。

2. 不利于所属成员和团体经济行为的稳定

如某生产厂家对某项产品销售的谈判期望值要求过高（即销售量和销售价格的期望值过高），并用这种过高的期望值去影响和诱发所属成员积极性的经济行为，尽管这样做能起到一定的作用，但一旦在商务谈判中预定过高期望值或在某一方面没有达到目标时，势必影响所属经济行为的稳定性。然而，如果这个生产厂家把制定切合实际的销售谈判目标或以达到最低目标作为合作的起点，对于该企业来讲，继续谈判既能达到最低要求，也能产生较强的群体凝聚力。

可以确定，最低谈判目标是低于可接受目标的。可接受目标在实际需求目标与最低目标之间选择，是一个随机值。而最低目标是谈判一方依据多种因素，特别是其拟达到的最低利益而明确划定的限制。如在上述获得资金的例子中，最低目标如定在 10 万元，那么可接受目标在 10～50 万元之间。

实际需求目标是一个定值，它是谈判一方依据实际经济条件作出的“预算”。而最优期望值是一个随机数值，只要高于实际需求目标即可，这是谈判的起点，是讨价还价的“筹码”。

在确定商务谈判目标系统和目标层次时，要注意坚持三项原则，即实用性、合理性和合法性的原则。所谓实用性，是要求制定的谈判目标能够谈、可以谈。也就是说，谈判双方要根据自己的经济能力和条件进行谈判。如果离开了这一点，任何谈判的结果都不能付诸实施。如一个企业通过谈判获得了一项先进的技术装备，但由于该单位的职工素质、领导和管理水平以及其他技术环节上存在问题，该项技术装备的效能无法发挥，这种引进谈判的目标就不具备实用性。所谓合理性包含谈判目标的时间和空间的合理性。在市场经济条件下，市场变化万千，在一定时间和一定空间范围内是合理的东西，在另一时间、另一空间可能就是不合理的。同时，商务谈判的目标对于不同的谈判对象及在不同的空间区域，同样也有不同的适用程度。除此之外，作为商务谈判的主体，也应对自己的利益目标追求在时间和空间上作全方位的分析，只有这样才能获得成功。所谓合法性，是指商务谈判目标必须符合一定的法律规则。在商务谈判中，为达到自身的利益追求目标，有的采取对当事人进行行贿受贿等方式使对方顺从，有的用损害集体利益使自己得到好处，有的采用经济压力强迫经济能力不强者妥协，还有的提供伪劣产品、过时技术和假信息等，这些均属不合法行为。

假设在公司的某次谈判中以出售价格为谈判目标，则以上四种目标可以表述为：

最高期望目标是每台售价 1 400 元；

实际需求目标是每台售价 1 200 元；

最低目标是每台售价 800 元；

可以接受并争取的价格在 800～1 200 元之间。

值得注意的是，谈判中只有价格目标的情况是很少见的。一般的情况是存在着多个谈判目标，这时就需要考虑谈判目标的优先顺序。

当谈判中存在着多重目标时，应根据其重要性加以排序，确定是否要达到所有的目标，哪些目标可舍弃，哪些目标可以争取，而哪些又是万万不能降低要求的。与此同时，还应考虑到长期目标和短期目标的关系。

例如，某商家欲采购某种商品进行销售，可以作如下考虑：

只考虑价格，牺牲质量以低价进货；

只考虑质量，以高价购入高质量商品，期望能以高价销售保证利润；

质量与价格相结合加以考虑；

能否得到免费的广告宣传；

将价格、质量和免费的广告宣传三个因素结合起来加以考虑。

在上述五种可能的目标中，不难看出，价格和质量问题是基本目标，若这两个问题不解决，谈判就不可能取得成功。而免费广告是最高目标或最优期望目标，它只是在对价格和质量问题不作任何让步的情况下才追求的目标，价格和质量是不可能因为免费广告而放弃的目标。

在确定谈判目标时，必须以客观条件为基础，即综合企业或组织外部环境和内部条件。一般说来，具体谈判目标要考虑以下因素：

（1）谈判的性质及其领域。

（2）谈判的对象及其环境。

（3）谈判项目所涉及的业务指标的要求。

（4）各种条件变化的可能性、变化方向及其对谈判的影响。

（5）与谈判密切相关的事项和问题等。

三、谈判目标的优化及其方法

谈判目标的确定过程，是一个不断优化的过程。对于多重目标，必须进行综合平衡，通过对比、筛选、剔除、合并等手段减少目标数量，确定各目标的主次和连带关系，使各目标之间在内容上保持协调性、一致性，避免互相抵触。

评价一个目标的优劣，主要是看目标本身的含义是否明确、单一，是否便于衡量，以及在可行的前提下利益实现的程度如何等。从具体目标来说，表达要简单明了，最好用数字或简短的语言体现出来，如“在报价的有效期内，如无意外风险因素，拟以12%的预期利润率成交”。

需要指出的是，谈判的具体目标并非一成不变，它可以根据交易过程中的各种支付价值和风险因素作适当的调整和修改。

四、谈判对象的确定

1. 确定谈判对象

在商务谈判中，当确定了自己的主要需求和谈判目标、明确了谈判方向之后，就要结合市场信息调查选择谈判对象。要对所有可能的谈判对象，在资格、信誉、注册资金和法定地位等方面进行审核，并请对方提供公证书或取得旁证，避免盲目从事。在不了解客商情况、不了解国际市场及商情变化，以及众多问题尚未搞清楚的情况下，不举行任何正式谈判。同时要注意寻找己方目标与对方条件的最佳结合点，即通过比较，择定一个或两个最有利于实现己方目标的可能谈判者作为正式洽谈的伙伴。一旦己方谈判意向公布后，直接或间接要求参加谈判的伙伴可能很多，其谈判条件可能有很大差别。例如，有的产品质量高价格也高，如果己方经济实力不强，就应放弃同这样的对手谈判；有的产品价格低廉，十分具有吸引力，但如果质量太差，也不应急于谈判。总之，可能谈判者的情况及谈判条件千差万别，应该认真进行研究。既不能谁先找上门就把谁作为正式谈判对象，也不能谁的产品价格优惠就同谁谈，而应知彼知己，从经营的总体利益出发，以己方付出较小代价而收益较大为标准，慎重选择正式谈判对象。

2. 了解谈判对手

为了掌握谈判主动权，在确定了谈判对象之后，还应该了解谈判对手的谈判作风，并制定出相应的策略。谈判对手的作风因人而异，千差万别。按照谈判者让步的程度，谈判风格可以划分为以下几种模式：

（1）强有力型。这种模式的特点表现在：

① 谈判开始立场强硬。作为买主时，无论购买多么昂贵的商品，最初出价都很低，而且采用秘密出价方式阻碍其他买方竞争。利用这个策略使卖方相信他们是唯一的买主。而作为卖主时，做法则相反，提出较高价格，敞开大门鼓动竞争，使许多买主彼此对立，怂恿买主竞相提价，以获取竞争之利。

② 谈判代表权力有限。谈判前，最高权力中心仅赋予谈判代表以有限的权力，使他们在一定的范围和目标内有限地发挥作用。超出这个范围，谈判代表不能作任何答复，必须反复向上级请示，从而使谈判旷日持久，陷入僵局。

③ 情绪易激动，滥施压力。强硬型谈判者经常在适当的时候利用冲动的情绪侵犯对手，从而引起对方愤怒、思维混乱，甚至顺从退让，谈判时咄咄逼人，经常使用过激语言达到目的。

④ 不理期限，坚韧忍耐。这类谈判者不受谈判期限的制约，利用对方的急迫心理，

采取停滞或拖延战术，坚持以较长时间去获取所需要的东西。在这段时间，他们至多作些微小让步，使对手逐渐疲惫不堪。

（2）软弱型。和强硬型模式正好相反，软弱型模式的特点是：谈判开始立场谨慎，不提出过高要求，一般在常规范围内提出中等偏高的价格标准，绝不漫天要价。在对手的压力之下，不断作出或一次作出较大让步。在对手的强硬态度下，为避免谈判破裂，往往委曲求全，促成交易成功。

（3）合作型。又被称为“双方胜利”和“皆大欢喜”型谈判模式。其特点是：谈判开始，双方立场均谨慎、现实，双方都尽量寻求适合各方谈判需要的谈判方式。双方在原则问题上首先达成协议，不排除细节问题上的争议。双方都把谈判过程看作使双方调和或一致的过程。通过谈判，双方建立了一定的信任关系，为今后的进一步合作提供了条件。

通过各种途径掌握了对方的谈判作风，便可以制定相应的策略，促使谈判成功。对付强硬的谈判者，可以采取“以强制强”或“以柔克刚”的策略。如果对方急需己方产品，己方产品又很畅销，己方有较充裕的谈判时间，对方有强大的竞争对手，或摸清了对方底细，知道对方是虚张声势，那么就可采取“以强制强”的策略；如果急需对方产品且无其他货源可寻，谈判有较短的时间制约，需要将来与对方长期合作，或是适当让步可取得较好的经济效益，则可运用“以柔克刚”的策略。针对软弱型的谈判者，可以适当采取“以强制弱”的谈判原则。针对合作型谈判者，一般应当采用合作原则。在实际谈判中，要针对每次谈判的具体内容和各种不同的谈判作用，提出具体的策略、原则。

第三节　谈判方案的制订

在正式谈判前，如前文所述，谈判者需了解谈判环境、谈判对手和自身的情况，初步了解双方的谈判实力。在进行正式的谈判以前，谈判者还需制定出一个周全而又明确的谈判计划，即制定一个谈判方案。

一、制定谈判方案的基本要求

谈判方案是谈判人员在谈判前预先对谈判目标等具体内容和步骤所作的安排，是谈判者行动的指针和方向。谈判方案应对各个阶段的谈判人员、议程和进度作出周密的设想，对谈判工作进行有效的组织和控制，使其既有方向，又能灵活地左右错综复杂的谈判局势，使谈判沿着预定的方向前进。

从形式上看，谈判方案应该是书面的。文字可长可短，可以是长达几十页的正式文件，也可以是短至一页的备忘录。一般来说，一个成功的谈判方案应该注意以下三方面的基本要求：

（一）谈判方案要简明扼要

所谓简明扼要就是要尽量使谈判人员较容易地记住谈判方案的主要内容与基本原则，在谈判中能随时根据方案要求与对方周旋。谈判的方案越是简单明了，谈判人员照此执行的可能性就越大。

谈判是一项十分复杂的业务工作，在谈判桌旁参加谈判的人员必须清晰地记住谈判的主题方向和方案的主要内容，在与对手交锋时才能按照既定目标，自如地应对错综复杂而多变的谈判局面，驾驭谈判局势的发展。因此，制定谈判方案时要用简单明了、高度概括的文字加以表述，以便在每一个谈判人员的头脑中留下深刻印象。

（二）谈判方案要具体

方案的简明扼要不是目的，它还要与谈判的具体内容相结合，以谈判的具体内容为基础。谈判方案的内容虽有具体要求，但不等于把有关谈判的细节都包括在内。如果事无巨细、样样俱全，执行起来必然十分困难。

（三）谈判方案要灵活

由于谈判过程千变万化，方案只是谈判前某一方的主观设想或各方简单磋商的产物，不可能把影响谈判过程的各种随机因素都估计在内。所以，谈判方案还必须具有灵活性，要考虑到一些意外事件的影响，使谈判人员能在谈判过程中根据具体情况灵活运用。例如，对可控因素和常规事宜应安排细些，对无规律可循的事项可安排粗些。

二、谈判方案的主要内容

（一）确定谈判目标

谈判目标是通过谈判要解决的问题，如前所述，商务谈判目标可以划分为最优期望目标、实际需求目标、可接受目标和最低目标四个层次。对此，谈判者事先要有所准备，做到心中有数。对于谈判目标底数要严格保密，绝不能透露给其他人。谈判目标如有重大修改，要经过商定。没有授权的谈判者要向有关领导请示，即使是有决定权的谈判者，也应当与参加谈判的有关人员协商，取得一致意见后再加以改动。

（二）规定谈判期限

在谈判开始以前，应当对谈判的期限有所计划和安排。由于谈判的效率问题是评价现代谈判成功与否的一个重要标准，而谈判的期限直接涉及谈判的效率，因此，谈判方案的制订应将谈判期限的规定包括进去。

谈判的期限是指从谈判的准备阶段到谈判的终局阶段之间的时长。在国际贸易中，谈判的期限通常指从谈判者着手准备谈判到报价的有效期结束之时为止。买卖双方都规定了一定的期限，超过这个期限后即使履行了协议，也可能带来一定的损失，如圣诞礼品在圣诞节后市价将会大跌，因此必须赶在圣诞节之前销售。除去时间限制的影响，谈判的时间拖得越久，谈判双方耗费的人力、物力和财力也越多。因而，应在谈判之前对谈判的时间作出精确计算和适当安排，最后规定一个谈判期限。

谈判期限的规定，可长可短，但要具体、明确，同时又要有伸缩性，能够适应谈判过程中的情况变化。如某公司对谈判期限做了如下安排：此报价的有效期为 1 个月。延长有效期的费用，第一个月增加 1%，以后每个月增加 1.5%。如果超过了 3 个月，就应重新报价。因为交货等许多交易条件都有可能发生变化，此谈判的最长宽限期应在 2 个月内达成交易。这是一个较为简明、灵活又能保证卖方总体目标不受影响的时间方案。

（三）拟定谈判议程

在确定谈判方案的目标、谈判对象和谈判期限之后，即可制定谈判议程。谈判议程一般要说明谈判的时间安排和确定的谈判议题，谈判议程可由一方准备，也可由双方协商确定。议程包括通则议程和细则议程，前者由谈判双方共用，后者给己方使用。

1. 己方安排谈判议程的优势分析

由己方安排谈判议程有许多优势，因为己方可根据自己的需要适当安排。例如，可根据自己的习惯来安排谈判时间，按自己制定好的谈判方式安排讨论问题的先后。如果己方认为应先就一般原则进行讨论，细节放在后面，就可以把主要领导人物的会谈放在前面先行讨论；如果己方认为，小问题容易达成协议，而大的原则问题上会存在争议，就可把细节问题放在前面先行讨论。

但是，谈判议程由己方安排也有不足之处。例如，己方安排的议事日程往往会透漏己方的某些意图，对方可能会从中揣摩出一些很有价值的信息，这就对己方不利。另外，对方可以在谈判前有意不对己方的议事日程提出异议，在实际谈判中才突然提出要求修改某些议程，很容易使己方陷入被动，甚至使谈判破裂。

2. 谈判议程的内容

在拟定谈判议程时，要注意两点：一是要有互助性，即不仅要符合我们自己的需要，也要兼顾对方的实际利益和习惯做法；二是简洁性，在一次谈判过程中，过多的谈判事项往往会形成人们的思想负担。典型的谈判议程至少要包括下列四项内容：

（1）时间安排。即确定谈判在何时举行，为时多久。倘若是分阶段的谈判还需确定分为几个阶段，每个阶段所花的时间大约是多少等。① 对于双方意见分歧不会太大的议题应尽量在较短的时间内解决，以避免无谓的争辩。② 对于主要的议题或争执较大的焦点问题，可将其安排在整个谈判进行到总时间 3/5 之时加以讨论。若把焦点性问题放在谈判进行到总时间 3/5 的前两个小时之内提出来，更有利于问题的解决。③ 文娱活动的安排要恰到好处。在枯燥的谈判过程中适当安排一些文娱活动，既可活跃双方气氛，增进友谊，又可松弛神经，消除疲劳，是非常必要的。但是文娱活动的安排也不能过多。如果谈判进行一周的话，安排一两次文娱活动就可以了，且最好安排在谈判的第二天以及商谈焦点问题的当天。此外，安排的活动内容不要重复，要尽量丰富一些，要注意不能使文娱活动成为谈判对方借此疲劳己方，实现其谈判目标或达到其他目的的手段。④ 在进行时间安排时，要考虑到意外情况的发生，适当安排机动时间，当然机动时间的安排也不可太多，否则会使谈判的进程过于松散，节奏过于缓慢。

在确定谈判的时间时，要考虑以下几个因素：谈判准备的充分程度；谈判人员的身体和情绪状况；谈判的紧张程度；谈判议题的需要；谈判对手的情况。

（2）确定谈判议题。谈判议题是双方讨论的对象，凡是与谈判有关的并需要双方展开讨论的问题，就是谈判的议题。

确定谈判议题时，首先，要将与本次谈判有关的问题罗列出来；其次，将罗列出的各种问题进行分类，确定问题重要与否，以及与己方的利弊关系；最后，将对己方有利的问题列为重点问题加以讨论，对己方不利的问题尽量回避，这将有助于己方在谈判中处于主动地位。但回避并不等于问题不存在，因此还要考虑到当对方提出这类问题时，己方采取的应对策略。

（3）谈判议题的顺序安排。谈判议题的顺序有先易后难、先难后易和混合型等几种安排方式，可根据具体情况加以选择。

所谓先易后难，即先讨论容易解决的问题，以创造良好的洽谈气氛，为讨论困难的问题打好基础；所谓先难后易，是指先集中精力和时间讨论重要的问题，待重要的问题得以解决之后，再以主带次，推动其他问题的解决；所谓混合型，即不分主次先后，把所有要解决的问题都提出来进行讨论，经过一段时间以后，把已达成一致意见的问题进行归纳，并予以明确，再对尚未解决的问题进行讨论，以求取得一致的意见。

有经验的谈判者在谈判前便能估计到，哪些问题双方不会产生意见分歧，较容易达成协议，哪些问题可能有争议。有争议的问题最好不要放在开头，这样会影响谈判进程，也可能会影响双方的情绪。有争议的问题也不要放到最后，放在最后可能时间不充分，而且在谈判结束前可能会给双方都留下一个不好的印象。有争议的问题最好放在谈成几个问题之后，在谈最后一两个问题之前，也就是说放在谈判的中间阶段。谈判结束之前，最好谈一两个双方都满意的问题，以便在谈判结束时创造良好的气氛，给双方留下良好印象。

（4）通则议程与细则议程的内容。通则议程是谈判双方共同遵照使用的日程安排，在通则议程中，通常应解决以下问题：双方谈判讨论的中心问题，尤其是第一阶段谈判的安排；列入谈判范围的有哪些事项，哪些问题不讨论，讨论问题的顺序是什么；讨论中心问题及细节问题的人员安排；总体及各阶段谈判的时间安排。通则议程可由一方提出，或双方同时提出，经双方审议同意后方能正式生效。

细则议程具有保密性，它是对己方审议同意后具体策略的具体安排，供己方使用。其内容一般有：对外口径的统一，包括文件、资料、证据和观点等；谈判过程中各种可能性的估计及其对策安排；谈判的顺序，何时提出问题，提什么问题，向何人提出这些问题，由谁提出，谁来补充，何时打岔，谁来打岔，在什么时候要求暂停讨论等；谈判人员更换的预先安排。

（四）安排谈判人员

谈判是谈判主体间一系列的行为互动过程，谈判人员的素质和能力直接影响到谈判的成败得失。因此，欲使谈判获得成功，获得预期的经济效益和社会效益，除了靠产品的质量、企业的信誉外，在谈判方案中对谈判班子的组成和谈判人员的分工作出恰当的安排是一项十分重要的内容。

1. 谈判适用的人才

以下列出的是谈判中可能需要的人才类别，亦是给出一个科学的谈判阵容所不可缺少的人才清单，在实际中可根据谈判的具体情况和不同特点灵活配备谈判所需的各类人才。

（1）技术人才。包括熟悉商品、产品制造工艺的技术员、工程师以及相关的技术领导、技术经理或工厂厂长等，具有一定的微观和宏观的技术性决策能力。

（2）管理人才。主要是指行政部门或政府官员，包括有关生产或行业的主管部门或者交易方所属地方和国家的政府部门的代表。对于某些较为重要或是敏感的交易，通常还有外交部门、商务部门和其他相关部门的代表。

（3）法律人才。熟悉与谈判项目相关法律的人才，具有达成契约内容和格式化谈判的能力。谈判中的法律人才可以由企业从挂牌的律师事务所请来，也可以是精通与所谈项目有关的法律的企业工作人员。

（4）商务人才。这类人才熟悉国际贸易有关规则，具有达成交易与签订交易合同的谈判能力。

（5）金融人才。包括熟悉国际金融业务或与国际贸易相关财经业务的人才。这类人才可以来自经营国际结算业务的银行或企业，也可以来自从事国际贸易财务结算的部门，这类人才具有交易财务评估能力和交易清算能力。

（6）语言人才。由于国际贸易中谈判人员往往来自不同的国家，相互间存在着语言障碍，所以在谈判中必须具有熟悉交易双方的语言或是熟悉交易双方共选的工作语言的人才。这类人才可能来自交易中的一方和双方，也可以来自交易方以外的经过公证的第三方。

（7）其他人才。根据谈判情形的不同，谈判中还可配备工程技术人才、仓储运输人才等，把好谈判的各个关口，形成谈判成功所需的各种辅助性能力。

具备上述专业知识是成为一名商务谈判人员的必要条件，但并非所有具有这些专业知识的人才都可以成为一名好的谈判人员。从实务的角度看，挑选谈判人员时应以下述三个条件作为标准：

（1）思想水平。思想水平是指参与谈判的人应具有敬业精神、政策观念和进取心，也就是说，谈判人员必须对专业有一种热爱、负责和钻研的精神，将职业道德贯穿于工作的始终。

（2）工作作风。工作作风是指谈判过程中表现的行为和态度的风格和节奏，具体地说，就是要表现出雷厉风行、吃苦耐劳和实事求是的工作作风，珍惜时间和机会，能够连续作战以及对工作诚实负责。

（3）业务水平。一般来讲，业务水平是指参加谈判的人员对所承担谈判任务的某个专业方面的知识应达到熟练甚至精通的水平。

由于商业谈判涉及面广，其本质又是经济利益，谈判人员的不称职将会导致谈判的失利，带来惨重的损失。因此，在组成谈判班子时必须知人善任，以上述要求为标准，选择适宜的人才参与谈判。

2. 谈判班子的构成原则

尽管国际商务谈判中由于每笔交易的性质不同，标的、时间、地点和贸易形式等各异，参加谈判的人员、组成的谈判班子会有所不同，但是，构成谈判班子的基本原则是一致的，包括实力和进度两个方面。

（1）组成谈判班子的实力原则。谈判班子必须能胜任所承担的谈判任务，具有与对方抗衡的能力。谈判班子的实力雄厚与否体现在业务实力、社会地位和工作效率三个方面。

① 业务实力。参加谈判班子的人员拥有谈判标的所要求的一切必备的知识和能力，业务方面的对话应无阻碍。业务实力是一次成功谈判所必需的基本条件。例如，在谈判中有的成员善于发现对方存在的问题，抓住对方的弱点，从而使己方在谈判中处于有利地位。

② 社会地位。社会地位反映了决策实力，一般而言，社会地位应遵循“对等原则”，即己方谈判班子成员的社会地位应与对方出场人员的级别相等，做到至少不低于对方人员的级别，以平抑对方在谈判中的锐气，巩固己方实力。当然，从谈判策略的角度，己方亦可充分发挥“主帅的地位效应”，使己方主帅的级别高于对方。在这种情况下，随从人员的级别可适当调低，增加实务操作人员，加快工作进度，提高工作效率。

③ 工作效率。工作效率即时间效率，是指班子的人力能适应谈判进度的要求。要根据谈判的工作量投入相应的人力；投入的人力能跟上谈判的进度，即使“疲劳作战”“车轮作战”也能应付自如。一个人才齐备、能够连续有效作战的班子才是一个实力班子。

（2）组成谈判班子的进度原则。任何谈判都有时限，无论这个时间限制是由己方、对方或第三方制定，还是由交易本身的性质所决定，谈判班子必须在这个时间限制内完成工作任务，这就要求在组建谈判班子时从人力和决策能力两方面满足时限要求。

① 人力组织。组织多少人参加谈判，取决于工作量的大小和时间限制。量大、时间短，投入的人力就多。此外，工作时间也应根据投入人力的水平加以调节。

② 决策能力。参加谈判的人员对各种可能出现的问题应在短时间内解决。没有快速反应，谈判人员不可能迅速判定所面临的各种危机的真相，更难以保证时限。所以，只有决策能力强的谈判班子才有可能在时限范围内高质量地完成谈判任务。

3. 谈判班子内部成员的分工与配合

（1）谈判班子内部成员的配合。在挑选了合适的人员组成谈判班子以后，要在班子内部进行合理分工。具体地说，就是要在谈判班子中确定不同情况下的主谈人与辅谈人，以及他们的位置、责任与配合关系。

如谈判双方就交货问题久谈不下，这时卖方的主谈人说：“我们的货物很畅销，两个月内交货很困难。”这时他的一个辅谈人说：“可不是，我手上就有好大一把订单，三个月以内能交货就不错了。”这个补充无疑加重了主谈人观点的分量。相反，若辅谈人接口道：“让工人加加班，我看两个月交货没啥问题。”这就削弱了己方主谈人的讲话分量，使己方在谈判中处于被动地位。

又如，在价格问题上，己方主谈人说：“如果你们实在要坚持这个价格，我们只好不买了。”这时，辅谈人员为了配合主谈人，就应说：“另有一家公司条件更为优惠，很想与我公司合作。”而不能说：“不行啊，厂里还等着用呢。”

谈判组织内部人员之间的配合，不是在谈判过程中才开始的，而应在谈判双方刚一见面时就已经开始。例如，在向对方介绍己方人员时，应该把己方人员的知识、才能、学历和经验等略带夸张地说一番，以引起对方的敬重，使己方人员在以后的谈判中更有分量，而不应为了谦虚而自我贬低。例如，向对方谈判人员说：“唉，年纪大了，精神没以前好了。”这就等于告诉谈判对手己方的谈判实力不足。

（2）谈判成员的内部分工。谈判人员内部分工的具体内容参见第三章第二节，此处不再详述。

（五）选择谈判地点

谈判场所对谈判效果也具有一定的影响，谈判者应当很好地理解并加以利用。通常，对于日常谈判活动，最好能争取在自己的办公室和会议室等自己熟悉的地方举行。在己方所在单位与对方谈判，具有许多好处和优势，如向上级请示、查找资料和数据等比较方便；在生活方面能保持正常等。当然，在对方地点谈判也有一定好处，如便于观察和研究某些情况，有利于与对方上司和其他人士接触，较容易寻找借口等。

一般来说，对于重要的问题和难以解决的问题最好争取在本单位进行谈判，一般性问题和容易解决的问题，或是需要到对方处了解情况时，也可以在对方地点举行谈判，但必须做好充分准备。如果对方不同意到对方单位谈判，或另有原因，也可以找一个中间地带，这样双方所处的条件就等同了。

谈判房间的布置也很重要。最好选择一个安静、没有外人和电话干扰的地方。房间的大小要适中，桌椅的摆设要紧凑但不拥挤，房间温度适宜，卫生条件良好，室内灯光明亮。

还要注意选择谈判桌的形状，安排好谈判人员的座位。通常有以下几种谈判桌的选择情况：

（1）方形谈判桌。双方谈判人员面对面而坐，这种形式看起来正规些，但过于严肃，缺少轻松活泼的气氛，有时甚至会有对立的感觉，交谈起来并不方便。

（2）圆形谈判桌。采用圆桌，双方谈判人员坐成一个圆圈。这种形式通常会使双方谈判人员感到一种和谐一致的气氛，而且交谈起来比较方便。

（3）不设置谈判桌。在双方谈判人员不多的情况下，也可以不设谈判桌，大家随便坐在一起，轻轻松松地洽谈生意。有时，没有谈判桌的效果也很好，能增加友好的谈判气氛，但比较正式的谈判除外。

谈判人员的位置安排也值得考虑。在座位安排上，可以是双方人员各自坐在一起，也可以是双方人员交叉而坐。通常，双方各自坐在一起比较合适，特别是当谈判出现争议时，这样便于查阅一些不便于让对方知道的资料，并能从心理上产生一种安全感。

不仅谈判桌的形状和谈判人员座位的安排很重要，甚至双方谈判人员座位之间的距离远近也值得研究。距离太近，会感到拘束；距离太远，交谈时不方便，还有一种疏远的感觉。适当拉近距离，会产生一种亲密的交谈气氛。

谈判人员的食宿安排，也是谈判准备工作中不可缺少的一环。在食宿方面为对方提供满意的服务，能表示己方的诚意、热情和文明礼貌，同时要注意对方人员的生活习惯、文化传统等。当然，在通信、交通等方面，也要为对方创造尽可能方便的条件。

第四节　模拟谈判

一、模拟谈判的必要性

模拟谈判是在谈判正式开始前提出各种设想和臆测，进行谈判的想象练习和实际演习。模拟谈判的必要性体现在两个方面：

（1）模拟谈判能使谈判者获得实际经验，提高谈判能力。正如舞蹈演员演出前在脑海里练习舞步，教师在上课前温习课程内容，模拟谈判对谈判者的经验和能力的获得能起到重要的积极作用。据心理学原理，正确的想象练习不仅能提高“彩排”者的能力，有时甚至比实际行动更有效，人的深层心理或神经系统，根本无法区分实际行动所获得的经验和想象中获得的经验有何差异，因此只要正确地进行思想练习和实际演习，就能获得功效，提高谈判能力。

（2）模拟谈判可以随时修正谈判中的错误，使整个模拟谈判过程顺利地进行，从而使谈判者获得较完善的经验。而现实的谈判则只能在结束后总结经验，修正错误。

二、拟定假设

进行正确的想象练习，首先要拟定正确的假设或臆测。拟定假设是根据某些既定的事实或常识将某些事物承认（即臆测）为事实。例如，根据有钱总可以买到东西的常识，可以假设去商店买东西，只要出钱，对方就总会出卖商品；根据车子可以在绿灯时自由前进的常识，可以假定在十字路口，当交通标志转变为绿灯时，车子就会往前开动。

根据假设的内容，可以把假设划分为三类：一是对外界客观存在事物的假设；二是对对方的假设；三是对己方的假设。

对外界事物假设包括对环境、时间、空间的假设。通过拟定假设，目的是要找出外在世界真实的东西。在商务谈判过程中，要通过对外界事物的假设进一步摸清事实，知己知彼，找出相应的对策。比如，在一次贸易洽谈中，若对方捧着许多材料进入谈判场所，我们需要准确地判断出对方的材料与今天的谈判是否有直接关系。在谈判过程中要采取一定方式摸清对方的底细，同时要假设如果对方通过调查已摸清了我方的底细，我们应如何应对，如果对方没有摸清我方的底细，我们又如何行动。

对对方的准确假设，常常是商务谈判的制胜法宝。对方在谈判中愿意冒险的程度，对商品价格、运输方式、商品质量等方面的要求，都需要我们根据事实加以假设，准确的假设能使己方在谈判中占据主动地位。

对己方的假设包括谈判者对自身心理素质、谈判能力的自测与自我评估，以及对己方经济实力、谈判实力、谈判策略、谈判准备等方面的评价。

无论是哪一种假设，通常都有可能是错误的，不能把假设等同于事实，要对由假设产生的意外结果有充分的心理准备。对于假设的事物要小心求证，不能轻易以假设为根据采取武断的做法，否则，会使己方误入谈判歧途，给自己带来重大损失。例如，当我们假设只要出钱就可买到东西时，如果对方无货或者对方展示的是样品，或者对方产品质量、规格不对路，那么上面的假设就不正确。当我们假设十字路口的交通标志为绿灯，车子就会往前开动，但如果道路前方发生车祸不能通行，那么上述假设也会落空。因此，拟定假设的关键在于提高假设的精确度，使之准确地接近事实。

提高假设的精确度必须明确区分哪些是事实本身，哪些是自己的主观臆测。从语义学的观点看，事实有四种：

（1）能够经过验证的东西，如物品重量、光泽等；

（2）能够共同感受到的东西，如商品要经过生产才能制造出来等；

（3）人们共同信仰的理论、真理，例如，某些自然科学和社会科学方面的理论知识；

（4）根据真理能够加以推理并验证的东西。

人们经过长期的生活实践总结出了许多经验，经过反复验证证明了这些经验是事实，因此，人们往往就在大脑中形成了固定的看法，把这些经验和事实等同起来，结果犯了经验主义的错误。事实上，这些经验仍然是假设，不是事实。例如，经过多次验证，证明了铅笔是木头制造的，机器是钢铁制造的，面包是面粉制造的等，但面对着未加验证的铅笔、机器以及面包等，上述结论仍是假设。在商务谈判中，心理学家利用人们的这种错误，诱使对方失利的事不乏其例。因此，必须谨慎地调查了解，验证假设，不要轻易相信任何一个未加验证的事情或结论。

提高假设的精确度，还要以事实为基准拟定假设。所依据的事实越多，假设的精确度就越高。下面举例说明。

某家工厂的收益连续三年下降（事实 A）；这三年该工厂始终维持着原有的管理体制（事实 B）；同时，该工厂一直没有开发新产品，开拓新市场（事实 C）。立足这三个事实，我们可假设如下：

（1）假如事实 B 和事实 C 不变，该工厂明年的收益仍可能降低；

（2）为扭转这种局面，该工厂可能迫切需要技术、人才、资金及开发新产品、新技术，需要转产或开拓新市场；

（3）如果己方正和这家工厂进行上述方面的谈判，己方提高要价，采取强硬立场，可能会取得成功。

假设的基石是假设，这种假设十分靠不住。上例中，那家经营不善的工厂可能明年收益会继续降低，立足这个假设还可以继续拟定下列假设：

（1）明年经营恶化，可能会付不清债务；

（2）因为付不清债务，可能会不履行契约；
（3）企业可能会破产，使债权人蒙受重大损失；
（4）根据上述假设，己方不能和这家工厂交易，应取消谈判。

显然，上述根据假设拟定出来的假设十分靠不住，这种假设会使己方失去许多贸易机会。

三、想象谈判全过程

进行正确的想象练习，还要在拟定假设基础上想象整个谈判过程。有效的想象练习不只是想象事情的结果，而是想象事物的全过程，想象自己可能采取的一切行动，否则，想象练习是不完全的。

谈判前的想象练习应该从开始至结束按照谈判顺序想象下去，演习自己和对方面对面谈判的一切情形，包括谈判时的现场气氛、对方的面部表情、谈判中可能涉及的问题、对方会提出的各种反对意见、己方的各种答复以及各种谈判方案的选择、各种谈判技巧的运用等，想象谈判中涉及的各种要素。

四、集体模拟

进行正确的想象练习，不仅是个人的苦思冥想，而且是整个谈判队伍的集体模拟。集体模拟可采用沙龙式或戏剧式两种主要形式。

沙龙式模拟是把谈判者聚集在一起，充分讨论，自由发表意见，共同想象谈判全过程。这种模拟的优点是利用人们的竞争心理，使谈判者充分发表意见，互相启发，共同提高谈判水平。谈判者的才干有了表现的机会，人人开动脑筋，积极进行创造性思维，在集体思考的强制性刺激及压力下，产生高水平的策略、方法及谈判技巧。

戏剧式模拟是指在谈判前进行模拟谈判。它和想象谈判不同，想象谈判主要是谈判者个人或集体的思维活动。戏剧式模拟谈判是真实地进行演出，每个谈判者都在模拟谈判中扮演特定的角色，随着剧情发展，谈判全过程会一一展现在每个谈判者面前。根据拟定的不同假设，安排各种谈判场面，从而增强每个谈判者的实际谈判经验，通过戏剧式模拟，能够使谈判的准备更充分、更准确，能使每个谈判者找到自己在谈判中的最佳位置，能够为分析己方谈判动机、思考问题的方法等提供一次机会，最终将有助于商务谈判的成功。

第五节　确定谈判中各交易条件的最低可接受限度

在商务谈判中不可避免要进行讨价还价，谈判中的妥协让步是理所当然的，然而绝对不是无限度地让步。这个限度就是谈判双方的最低目标，如果谈判的效果低于这个限度，谈判的一方宁可终止谈判也不会达成交易。本节主要介绍在谈判中影响价格水平、支付方式、交货期以及保证期等重要交易条件的最低可接受限度的因素。

一、价格水平

价格水平的高低是谈判双方最敏感的一个问题，是双方磋商的焦点，它直接关系获利的多少或谈判的成败。影响价格的因素有主观与客观之分，主观因素包括营销的策略、谈判的技巧等可以由谈判方决定或受谈判方影响的因素，而影响价格的客观因素主要有以下几种：

（一）成本因素

成本是构成商品价格的基本因素，国际贸易中的成本是指包括生产成本在内的“市场成本”，即包括产品从生产到交货的一切费用。具体说来，它包括生产该产品所需的原材料、劳动和管理费用以及为购销该商品所耗费的调研、运输、广告费和关税、保险费、中间商的佣金等费用。此外，在国际贸易中，谈判双方达成的贸易术语不同，成本也会随之不同，如 FOB 价格条款表明购货成本中未包括运输和保险费用，CFR 价格条款表明保险费未包括进去，而 CIF 条款表明价格中既包括了运费又包括了保险费。

（二）需求因素

需求因素对价格水平的影响主要通过需求弹性加以体现。所谓需求弹性是从相对数的角度说明价格每变动一个百分点，需求变动的幅度（需求变化了几个百分点）。从理论上讲，需求弹性可分为完全具有弹性、相对具有弹性和完全无弹性三种。

完全具有弹性指价格变动对市场需求影响极大，价格稍有变动，市场需求就会发生较大变动。

相对具有弹性又可分为相对有弹性和相对无弹性。比如，某种机床零部件，即使加价 30%，对销量的影响也不会很大，相反，即使减价 30%，其销量也不会有大的增加，这种情况便是相对无弹性；另一种情况是相对有弹性，如彩电，目前各种品牌的彩电在市场上都有充足的供应，如果名牌彩电过多地加价，人们便会倾向于购买非名牌彩电，使加价过高的名牌彩电销售相应地减少，这种状况被称作相对有弹性。

完全无弹性是指无论价格发生何种变化，市场需求毫不受其影响。

在现实生活中，一般很少出现“需求完全无弹性”或是“需求具有完全弹性”的情况，绝大多数需求处于“相对具有弹性”的情况。这就要求我们在定价时充分考虑商品的性质和市场的供求情况、同类产品的市场价格等因素，合理辨明产品的需求弹性，从而合理确定价格策略。

（三）竞争因素

竞争因素表明市场对价格的影响。竞争因素可分为完全竞争、完全垄断、垄断竞争、寡头垄断四种情况，企业的产品处于不同的竞争地位时其价格水平各不相同。

在完全竞争的市场里，由于参与竞争的企业或国家（地区）很多，交易条件基本一样，买卖双方均无法控制价格，故这类产品的价格多是以泰国、沙特阿拉伯、新加坡和美国纽约这些大宗交易集散地的价格为准。

完全垄断的情况在现实生活中是很少见的。由于在这种市场情况下只有一个厂商拥有这种产品，买方不可能从其他渠道获得该产品，因而卖方可以完全操纵该产品的价格。同样，在寡头垄断的情况下，由于产品被几个厂商垄断，卖方同样具有对价格的操纵权。尽管在美国有《反托拉斯法》，在德国和法国有《保护竞争者法》，禁止垄断厂商对产品价格的控制，但在国际贸易中以垄断价格成交的案例仍然时有发生，致使垄断对价格的影响有时不亚于成本因素对价格产生的作用。

（四）产品因素

产品因素主要是指产品的声誉及产品本身的特点对价格的影响。例如，日用品的单位利润较低，而耐用消费品的单位利润较高，原因就在于日用消费品购买频率高，生产周期短，所以即使单位产品利润较低，总利润还是很可观的；而耐用消费品由于购买频率低，生产周期长，所以就必须维持较高的单位利润。同样，对于声誉好、售后服务周到、客户对其有强烈的购买欲望的产品，价格就可以定得高一点；反之，对于名气不足、售后服务又较差的商品，一旦价格定得过高就会无人问津。

再则，产品本身的生命周期和季节性产品的时间差别对价格的影响也较大。

（五）环境因素

这一因素涉及面更广，诸如生产国国民经济或政策的变化、世界经济形势的动向、进出口国的经济和政治状况、国际金融市场状况、银行利率的变化等都会对价格有较大的影响，所以在定价时不但要考虑产品本身的成本、市场的需求因素，而且还要考虑其环境因素。

在讨论了影响价格水平的五个因素之后，进出口公司便可制定其最低可接受的价格水平。例如A进出口公司在综合考虑了以上因素之后，确定的最低可接受价格水平为：只要在报价的有效期内成交，在谈判幅度内作出让步，利润最大减让幅度为5%。

二、支付方式

在进出口贸易中卖方常常会遇到不利的支付条件，不同的支付方式通过价格对谈判的预期利润造成较大影响。在国际贸易中采用跟单托收、付款交单和承兑交单支付方式对出口方的影响大不相同，除了收汇风险不同之外，还间接影响交易商品的单位价格。

例如，同一售价为100万美元的商品，若采用付款交单方式，售价为100万美元；若采取承兑交单支付方式，售价为102万美元。即便如此，对卖方来说，前者也是更为有利的货款支付方式。因为表面看来，前者比后者少收入2万美元，但由于后者付款时间靠后，卖方会承受利息损失，并且在买方承兑后卖方就须交单，卖方承受的风险更大，因此，实际上承兑交单这种付款方式对卖方是不利的。

又如，采用信用证付款方式，由于信用证有即期和远期之分，虽然二者均不具有收汇风险，但由于收汇时间不同，两种付款方式下卖方承担的利息损失和汇率风险是不相同的。可见，支付方式也是影响成交价格的重要因素。某公司在综合分析了各个因素之后，可能确定支付方式的最低限度为：如果不增加卖方商业费用的话，可以接受两个月期的延迟付款。

三、交货及罚金

在货物买卖中，交货的期限对双方都有利害关系。在商务合同中，交货期限作为根本条款或是重要条款而有明确的规定，一方若未按时交货就要赔偿对方的经济损失。一般情况下，卖方总是希望迟交货，而买方总是希望卖方能早交货。按照国际惯例，卖方报价中的交货期一般为签约后两个月。假如买方提出要在签约后一个月交货，否则卖方就需交纳罚金。卖方根据买方提出的要求，对各方面因素进行综合考虑后，提出了本公司在交货条件方面的最低可接受限度为：如果不增加额外罚金的话，可以同意对方提出的提前交货要求。

四、保证期的长短

保证期是卖方将货物卖出后的担保期限。担保的范围主要包括货物的品质和适用性等。关于保证期限的长短，从来都是商务谈判中双方据理力争的焦点问题之一。卖方一般会尽力缩短保证期，因为保证期越长，卖方承担的风险越大，可能花费的成本也越大；买方总是希望保证期越长越好，因为保证期越长，买方获得的保障程度越高。但是由于保证期的长短事关卖方信誉及竞争能力，事关交易能否做成和怎样做成的问题，因此，卖方在通常情况下是会仔细考虑保证期问题的。卖方公司根据可能出现的情况，确定了关于保证期的最低可接受条件为：如果在保证期内风险不大的话，可以答应对方延长保证期的要求。

案例应用

在谈判前摸清对手的底牌

荷兰某精密仪器生产厂与中国某企业拟签订某种精密仪器的购销合同。但双方在仪器的价格条款上还未达成一致，因此，双方就此问题专门进行了谈判。谈判一开始，荷方代表就将其产品的性能、优势以及目前在国际上的知名度作了一番细致的介绍，同时说明还有许多国家的有关企业欲购买他们的产品。最后，荷方代表带着自信的微笑与口气对中方代表说：根据我方产品所具有的以上优势，我们认为一台仪器的售价应该在4 000美元。

中方代表听后十分生气，因为据中方人员掌握的有关资料，目前，在国际上此种产品的最高售价仅为3 000美元。于是，中方代表立刻毫不客气地将其掌握的目前国际上生产这种产品的十几家厂商的生产情况、技术水平及产品售价详细地向荷方代表全盘托出。

荷方代表十分震惊，因为据他们所掌握的情况，中方是第一次进口这种具有世界一流技术水平的仪器，想必对有关情况还缺乏细致入微的了解，没想到中方人员准备如此充分。荷方人员无话可说，立刻降低标准，将价格调低到3 000美元。并且，坚持说他们的产品完全是世界一流水平，是物有所值的。

事实上，中方人员在谈判前就了解到，荷兰这家厂商目前经营遇到了一定的困难，并陷入一场巨额债务中，回收资金是当务之急，正四处寻找产品的买主，而目前也只有中国对其发出了购买信号，于是，中方代表从容地回答荷方：我们也绝不怀疑贵方产品的优质性能，只是由于我国政府对本企业的用汇额度有一定的限制，因此，我方只能认可2 500美元的价格。荷方代表听后，十分不悦。他们说，我方已经说过了，我们的产品是物有所值的，而且需求者也不仅仅是中方一家企业，如果中方这样没有诚意的话，我们宁可终止谈判。

中方代表依然神色从容，说："既然如此，我们很遗憾。"

中方人员根据已经掌握的资料，相信荷方一定不会真地终止谈判，一定会再来找中方。

果然，荷方的忍耐达到了极限，没过多久，他们就主动找到中方，表示价格可以再谈。在新的谈判中，双方又都作了一定的让步，最终以2 700美元成交。

请分析上述案例，并回答以下问题：

1. 荷方的谈判人员为什么能够将价格立刻从4 000美元降到3 000美元？
2. 请简要分析4 000美元、3 000美元、2 500美元等价格之间的联系。
3. 当荷方提出终止谈判时，为什么中方谈判人员依旧从容？在此次谈判中，中方人员运用的是何种策略？
4. 从上面这个谈判案例中，你能得出什么结论？

复习思考题

1. 谈判团队的组织结构应呈现怎样的布局？
2. 应如何收集谈判信息？主要包括哪些内容？
3. 谈判的目标确定分为几个层次？
4. 制定谈判方案的基本要求是什么？

阅读专栏

液晶巨头默克拿下安智电子

2014 年 5 月 7 日，德国化工与制药巨头默克集团（Merck KGaA）宣布完成以 16 亿英镑（约合 26.1 亿美元）现金收购英国安智电子材料公司（AZ Electronic Materials）的程序，以使其产品供应多元化。

默克集团创建于 1668 年，拥有约 350 年历史，是世界上历史最悠久的家族性医药化工企业，也是世界最大的平板显示器用液晶材料供应商，提供了全球 60% 的液晶材料，广泛用于 LCD 电视机、笔记本电脑、显示器、移动电话、智能手机等仪器与设备。默克在 2013 年的总收入达到了 111 亿欧元。

英国安智电子材料公司是一家全球领先的生产商和供应商，生产用于高速增长的电子市场的高品质、高纯度的特殊化学品材料。产品被广泛应用于集成电路、平板显示器、发光二极管和印刷行业。其中，光电子业务构成该公司 2014 年上半年营收的 32%。

默克业务集团首席执行官 Bernd Reckmann 坚信合并将创建一个权利中心，认为公司希望在快速变化的电子行业内建立自己的一套体系，作为一个可靠的商业伙伴为客户提供高科技材料和定制的可被广泛采用的解决方案。

2013 年 12 月，默克提出为每股安智股票支付 403.5 便士，即总计 16 亿英镑（约合 26.1 亿美元），较该股过去 3 个月的加权平均股价溢价约 41%。此外，公司还将承担安智大约 3.25 亿美元的债务，包括这些债务在内，此项交易价值约 29.35 亿美元。美银美林在此项交易中担任默克的财务顾问，罗斯柴尔德、高盛和瑞银担任安智的财务顾问。

2014 年 4 月 30 日，中国商务部批准德国化工与制药巨头默克集团 26 亿美元收购英国安智电子材料公司的交易。

2014 年 5 月，收购程序已通过安智股东接受门槛 75%，并获得美国、日本、德国和中国台湾以及中国政府部门反垄断法审查批准。默克已掌握 81.3% 的股份，后续将向伦敦证券交易所申请安智股票退市，于 6 月初开始进行。

2014 年 5 月 7 日，默克集团宣布完成收购英国安智电子材料公司的程序，以实现其产品供应多元化。默克有意以相同价格收购其余的安智股份，直到有更进一步的通知为止。

默克公司液晶业务处于世界领先地位，收购安智电子可以进一步加强在该领域的地位，为显示电子产品客户提供更好的解决方案，两家公司合并后，其研发团队将加强电子类产品的创新。该公司预计到 2016 年可以每年降低管理成本 2 500 万美元。两公司有一些共同的客户，包括三星电子、索尼、松下和中国台湾群创光电(Innolux Corp)。另外，默克的这次收购凸显了其作为一家多元化集团的地位，显示其控股家族正试图分散投资风险。

第五章　国际商务谈判各阶段的策略

✓ 本章摘要

国际商务谈判的过程复杂多变，为了在复杂多变的谈判中取得满意的效果，必须在谈判中适时而灵活地实施有效的战略方案。本章重点介绍了谈判的不同阶段——开局阶段、报价阶段、磋商阶段、成交阶段，谈判者应了解的特点，并学会如何针对四个阶段的不同特点分别实施有效的谈判策略。

✓ 本章关键词

策略　　开局　　报价　　磋商　　成交　　僵局

✓ 学习完本章，你需要掌握

- 开局阶段的特点和应采取的策略
- 报价阶段的特点和应采取的策略
- 磋商阶段的特点和应采取的策略
- 成交阶段的特点和应采取的策略

✓ 引导案例

就在韩美自由贸易协定（FTA）谈判最后时限——韩国当地时间 2007 年 4 月 2 日凌晨到来的前几分钟，美国和韩国官员最终就协议达成一致。双方最后阶段的讨价还价主要集中在农业品和汽车等敏感领域。

2007 年 3 月 31 日，美国和韩国政府宣布，需要更多时间商讨双边自由贸易协定，因此，决定将谈判最后期限延长两天至韩国当地时间 4 月 2 日凌晨。为赶在 7 月 1 日美国总统布什的“快车道”授权过期之前将韩美自由贸易协定提交美国国会接受为期 90 天的审议，韩美双方必须在美国当地时间 4 月 1 日之前完成所有谈判。

韩美自由贸易协定的签订将是美国自 1993 年北美自由贸易协定后签署的涉及外贸额最大的自由贸易协定。对于韩国来说，这将是有史以来最大的贸易协定。目前韩美年贸易额超过 700 亿美元，有估算说，双方签署自由贸易协定将可能使贸易额增长 200 亿美元。

在韩美贸易产品构成上，占份额最大的为汽车，2005 年韩国向美国出口了 70.9 万辆汽车，约占韩国汽车总出口量的1/3，同时韩国从美国进口了5 500辆。除汽车外，韩国对美国的另一大主要出口商品是手机以及无线通讯设备，美向韩出口的工业产品主要是半导体和飞机零部件。

单就韩美农产品贸易而言，韩国虽然对进口的农产品征收高额关税，却仍然处于逆差地位。韩国主要从美国进口大豆、玉米、棉花、柑橘等农产品。一家韩国农业经济研究所的报告说，韩美自由贸易协定签署后，美国对韩国的农产品出口会至少翻一番，这将对韩国的农业造成巨大冲击，导致约13万人失业。这也是许多韩国农民强烈反对韩美自由贸易协定的原因。

（资料来源：新华网，2007年4月2日）

商务谈判从正式开局到达成协议，要经历一个错综复杂、千变万化的过程，但大体可包括四个阶段，即开局阶段、报价阶段、磋商阶段、成交阶段。在长期的谈判实践中，人们就各个阶段的不同特点，总结出许许多多有关谈判的策略和技巧，这些策略和技巧至今仍在许多谈判中被广泛地运用。

第一节　国际商务谈判策略

国际商务谈判的过程复杂多变，为了在复杂多变的谈判中取得满意的效果，必须在谈判中适时而灵活地实施有效的战略方案。

一、国际商务谈判策略的概念

策略，从企业经营的角度来说，是为了实现企业的经营目标，在市场竞争的环境变化中求得生存和发展的一系列对策的统称；从谈判人员习惯认识的角度来说，策略是谈判者为了有效地达到预期的目的，在谈判过程中所采取的各种行动、方法和手段的总和；从商务谈判人员的习惯认识来说，可以把商务谈判策略理解为根据谈判战略目标的要求和谈判情况的变化，灵活地贯彻实施谈判战略方案所采取的措施的总和。简言之，谈判策略是在可以预见和可能发生的情况下应采取的相应的行动和手段。

二、制定国际商务谈判策略的步骤

制定商务谈判策略的步骤是指制定策略所应遵循的逻辑顺序。其主要步骤包括以下几个方面：

（一）了解影响谈判的因素

谈判策略制定的起点是对影响谈判的各因素的了解。这些因素包括谈判中的问题、双方的分歧、态度、趋势、事件或情况等，这些因素共同构成一套谈判组合。首先，谈判人员将这个“组合”分解成不同的部分，并找出每部分的意义，然后谈判人员进行重新安排，观察分析之后，找出最有利于自己的组合方式。

为了判断谈判过程中进攻或撤退的最佳时机，寻找最合适的手段或方式，达成最有利于自己的协议，谈判人员需要制定恰当的谈判策略。由于谈判是一个动态的发展过程，要求谈判人员能针对谈判中的发展趋势作出适当的反应，随时调整谈判策略。

（二）寻找关键问题

在对相关现象进行科学分析和判断之后，要求对问题，特别是关键问题作出明确的陈述与界定，厘清问题的性质，以及该问题对整个谈判的成功会产生什么作用等。

（三）确定具体目标

根据现象分析，找出关键问题，找出谈判进展中应该调整的事先已确定的目标。然后，视当时的环境变化，调整和修订原来的目标，或是对各种可能的目标进行分析，确定一个新目标。谈判目标的确定关系到整个谈判策略的制定以及将来整个谈判的方向、价值和行动。这个过程实际上是一个根据自身条件和谈判环境的要求寻找各种可能目标进行动态分析判断的过程。

（四）形成假设性方法

根据谈判中不同问题的不同特点，逐步形成解决问题的途径和具体方法。这需要谈判人员对不同的问题进行深刻分析，突破常规限制，尽力探索出既能满足自己期望的目标，又能找出解决问题的方法。

（五）深度分析和比较假设方法

在提出了假设性的解决方法后，要对少数比较可行的策略进行深入分析。依据“有效”“可行”的要求，对这些方法进行分析、比较，权衡利弊，从中选择若干个比较满意的方法与途径。这要求谈判人员在决策理论的指导下，运用一系列定性与定量的分析方法，对假设方法进行深度分析，分析的标准是“有效”和“可行”。所谓有效，是指方法的针对性强，既能切实解决问题，又能实现利益目标；所谓可行，是指方法本身简便易行，而且要在谈判对方认可、接受的范围之内。

（六）形成具体的谈判策略

在进行深度分析的基础上，对拟定的谈判策略进行评价，得出最后结论。同时，还需要考虑提出假设性谈判策略的方式、方法，根据谈判的进展情况，特别是已准确把握了对方的企图以后，就要考虑在什么时候提出已方的策略，并考虑以什么方式提出。综合考虑这些方法和提出的时间、方式，确定这些假设方法中哪些是最好的，哪些是一般的，哪些是迫不得已的，形成所谓的“上策”“中策”“下策”。

（七）拟定行动计划草案

有了具体的谈判策略，紧接着便要考虑谈判策略的实施。要从一般到具体提出每位谈判人员必须做到的事项，把它们在时间、空间上安排好，并进行反馈控制和追踪决策。

以上只是从商业谈判的一般情况来说明如何制定谈判策略。在具体实施的过程中，上述步骤并非机械地排列，各步骤间也不是截然分开的，这些步骤和程序仅仅是制定谈判策略时所应遵循的逻辑思维。

第二节 开局阶段的策略

在实际谈判中，从谈判双方见面商议开始，到最后签约或成交为止，整个过程往往呈现出一定的阶段性，并且具有很强的阶段性特点。

开局阶段主要是指谈判双方见面后，在讨论具体、实质性的交易内容之前，相互介绍、寒暄以及就谈判内容以外的话题进行交谈的那段时间。谈判的开局是整个商务谈判的起点，开局的效果如何在很大程度上决定着整个谈判的走向。因此，一个良好的开局将为谈判成功奠定坚实的基础，谈判人员应给予高度重视。

在开局阶段，谈判人员的主要任务是创造谈判气氛、交换意见和作开场陈述。

一、创造良好的谈判气氛

根据互惠谈判模式的要求，谈判双方应当共同努力，寻求互惠互利的谈判结果。经验证明，在非实质性谈判阶段所创造的气氛会对谈判的全过程产生重要影响。因此，谈判人员要在谈判开始前创造一种合作的气氛，为双方融洽的工作奠定良好的基础。

每一次谈判都因谈判内容、形式、地点的不同，而有其独特的气氛。有的谈判气氛是冷淡的、对立的；有的是松弛的、缓慢的、旷日持久的；有的是积极的、友好的；也有的是平静的、严肃的、拘谨的。不同的谈判气氛对谈判会有不同的影响。在热烈、积极、友好的气氛下，双方抱着互利互让、通过共同努力而签订一个皆大欢喜的协议、使双方的需要都能得到满足的态度来参加谈判，谈判便会成为一件轻松愉快的事情；在冷淡、对立、紧张的气氛中，双方抱着寸土不让、寸利必夺、尽可能签订一个使自己利益最大化的协议的态度来参加谈判，很有可能会将谈判变成一场没有硝烟的战争。

一种谈判气氛可以在不知不觉中把谈判朝某个方向推进，比如热烈的、积极的、合作的气氛，会把谈判朝着达成一致协议的方向推动，而冷淡的、对立的、紧张的气氛会把谈判推向更为严峻的境地。气氛会影响谈判人员的心理、情绪和感觉，如果不加以调整和改变，就会增强那种气氛。因此，在谈判一开始，创造一种合作的、诚挚的、轻松的、认真的和解决问题的气氛，对谈判可起到十分积极的作用。

谈判双方刚见面时的寒暄等客套并不能决定谈判的气氛，这仅仅是表面现象而已。

谈判人员的大脑运动才是决定谈判气氛的实质内容，正是谈判人员的大脑运动所决定的谈判人员的谈吐、目光、姿态、各种动作形式及速度造成了各不相同的谈判气氛。实际上，当双方走到一起准备谈判时，洽谈的气氛就已经形成。是热情还是冷漠，是友好还是猜忌，是轻松活泼还是严肃紧张都已基本确定，甚至整个谈判的进展，如谁主谈、谈多少、双方的策略也都受到了很大的影响。当然，谈判气氛不仅受开局瞬间的影响，双方见面之前的预先接触、谈判中的交流都会对谈判气氛产生影响，但谈判开始瞬间的影响最为强烈，它奠定了谈判的基础。此后，谈判的气氛波动比较有限。因此，为了创造一个良好的、合作的气氛，谈判人员应当注意以下几点：

（1）谈判前，谈判人员应安静下来再一次设想谈判对手的情况，设想谈判对手是什么样的人。若是从未见过面的人，则可根据己方掌握的情况来设想一下他的工作和个人生活有什么特点，他需要什么，他在企业中处于什么地位，他属于哪种类型的人等。

（2）谈判人员应该径直步入会场，以开诚布公、友好的态度出现在对方面前。肩膀要放松，目光的接触要表现出可信、可亲和自信。心理学家认为，谈判人员心理的微妙变化都会通过目光而表现出来。

（3）谈判人员在服饰仪表上，要塑造符合自己身份的形象。谈判人员不应该蓬头垢面，服饰要美观、大方、整洁，颜色不要太鲜艳，式样不能太奇异，尺码不能太大或太小。由于各国的经济发展程度不同和风俗习惯存在差异，对服饰方面的要求当然不能一概而论，但干净、整齐的服饰在任何场合都是必要的。

（4）在开场阶段，谈判人员最好站立说话，小组成员不必围成一个圆圈，而最好是自然地把谈判双方分成若干小组，每组都有各方的一两名成员。

（5）行为和说话都要轻松自如，不要慌慌张张，可适当谈论些轻松的、非业务性的中间问题，如来访者旅途的经历、体育表演或文娱信息、天气情况、私人问候以及以往的共同经历和取得的成功等，此时应不带任何威胁的语调，不要涉及个人的隐私，尽量使双方找到共同语言，为深入沟通做好准备。

（6）注意手势和触碰行为，双方见面时，谈判人员应毫不迟疑地伸出右手与对方相握。握手虽然是一个相当简单的动作，却可以反映出对方是强硬的、温和的，还是理智的。在西方，一个人如果在以右手与对方相握的同时，又把左手搭在对方的肩上，说明此人精力过于充沛或权力欲很强，对方会认为“这个人太精明了，我得小心一点”。同时，最忌讳的莫过于拉下领带、解开衬衫纽扣、卷起衣袖等动作，因为这将使人产生你已精疲力竭、厌烦等印象。

总之，谈判气氛对谈判进程极为重要，谈判人员要善于运用灵活的技巧来影响谈判气氛的形成。只有建立起诚挚、轻松、合作的洽谈气氛，谈判才能获得理想的结果。

二、交换意见

在建立良好的谈判气氛之后，谈判人员相继落座，此时谈判开始。

在开局阶段，谈判人员切忌离题太远，应尽量将话题集中于谈判的目标、计划、进度和人员四个方面。

（一）谈判目标

谈判目标因各方出发点不同而有不同。例如，探测型（意在了解对方的动机）、创造型（旨在发掘互利互惠的合作机会）、论证型（旨在说明某些问题）、达成原则协定型、达成具体协定型、批准草签的协定型、回顾与展望型、处理纷争型等。目标既可是上述的一种，也可以是其中的几种。

（二）谈判计划

谈判计划是指议程安排，其内容包括议题和双方人员必须遵循的规矩。

（三）谈判进度

这里的进度是指会谈的速度或是会谈前预计的洽谈速度。

（四）谈判人员

谈判人员是指每个谈判小组的成员情况，包括姓名、职务以及谈判中的地位与作用。

上述问题也许在谈判前双方就已经讨论了，但在谈判开始前，仍有必要再就这些问题协商一次。最为理想的方式是以轻松、愉快的语气先谈双方容易达成一致意见的话题。例如，“咱们先确定一下今天的议题，如何?”“先商量一下今天的大致安排，怎么样?”这些话，从表面上看，好像无足轻重，分量不大，但这些要求往往最不容易引起对方否定的答复，因此比较容易产生一种一致的感觉。如果对方急于求成，一开局就喋喋不休地大谈实质性问题，己方应巧妙地避开对方否定的答复，把对方引到谈判目的、议程上来。如对方一开始就说：“来，咱们雷厉风行，先谈价格条款。”我方可以接口应道：“好，马上谈，不过咱们先把会谈的程序和进度统一一下，这样谈起来效率更高。”这也是防止谈判因彼此追求的目标、对策相去甚远而在开局之初就陷入僵局的有效策略。

三、开场陈述

在报价和磋商之前，为了摸清对方的原则和态度，可作开场陈述和倡议。所谓开场陈述，即双方分别阐明自己对有关问题的看法和原则，开场陈述的重点是己方的利益，但它不是具体的，而是原则性的。

陈述的内容通常包括：己方对问题的理解，即己方认为这次应涉及的问题；己方的利益，即己方希望通过谈判取得的利益：阐明哪些方面对己方来讲是至关重要的；己方可向对方作出的让步和商谈事项；己方可以采取何种方式为双方共同获得利益作出贡献；己方的原则，包括双方以前合作的结果，己方在对方心中享有的信誉，今后双方合作中可能出现的良好机会或障碍等。

陈述的时间双方应尽量平分秋色，切忌出现独霸会场的局面。发言内容要简短而突出重点，恰如其分地把意图、感情倾向表示出来即可。例如，“希望有关技术方面问题的讨论结果，能使我们双方都满意。”在用词和态度上，尽量轻松愉快，具有幽默感，以减少引起对方焦虑、不满和气愤的可能。

结束语需特别斟酌，要求应表明己方陈述只是为了使对方明白己方的意图，而不是向对方挑战或强加给对方接受。例如，“我是否说清楚了”“这是我们的初步意见”等都是比较好的语句。陈述完毕后，要留出一定时间让对方表示意见。同时，注意对方对己方的陈述有何反应，并寻找出对方的目的和动机与己方的差别。

对于对方的陈述，己方一是倾听，听的时候要思想集中，不要把精力花在寻找对策上；二是要明晓对方陈述的内容，如果有疑问，可以向对方提问；三是归纳，要善于思考理解对方的关键问题。

双方分别陈述后，需要作出一种能把双方引向寻求共同利益的陈述，即倡议。倡议时，双方提出各种设想和解决问题的方案，然后再在设想和符合商业标准的现实之间，搭起一座通向成交道路的桥梁。

四、开局阶段应考虑的因素

不同内容和类型的谈判，需要有不同的开局策略与之对应。一般来说，确定恰当的开局策略需要考虑以下几个因素。

（一）考虑谈判双方之间的关系

谈判双方之间的关系，主要有以下几种情况：双方过去有过业务往来，且关系很好；双方过去有过业务往来，关系一般；双方过去有过业务往来，但己方对对方印象不佳；双方过去没有业务往来。

（1）如果双方在过去有过业务往来，且关系很好，那么这种友好的关系应作为双方谈判的基础。在这种情况下，开局阶段的气氛应是热烈、真诚、友好和愉快的。开局时，己方谈判人员在语言上应该是热情洋溢的，内容上可以畅谈双方过去的友好合作关系或双方之间的人员交往，亦可适当地称赞对方企业的进步与发展，态度应该比较自由、放松、亲切。在结束寒暄后，可以这样将话题切入实质性谈判：“过去我们双方一直合作得很愉快，我想，这次我们仍然会合作愉快的。”

（2）如果有过业务往来，但关系一般，那么开局的目标是要争取创造一个比较友好、和谐的气氛，但是，己方的谈判人员在语言的热情程度上要有所控制。在内容上，可以简单回忆双方过去的业务往来及人员交往，亦可交流双方人员在日常生活中的兴趣和爱好。寒暄结束后，可以这样把话题切入实质性谈判：“过去我们双方一直保持着业务往来，我们希望通过这一次的交易磋商，将我们双方的关系推进到一个新的高度。”

（3）如果双方过去有过一定的业务往来，但己方对对方的印象不好，那么开局阶段的谈判气氛应是严肃、凝重的。己方谈判人员在开局时，语言上在注意礼貌的同时，应该比较严谨，甚至可以带一点冷峻。内容上可以就过去双方的关系表示不满和遗憾，以及表示通过磋商以改变这种状况的愿望。在态度上应该充满正气，与对方保持一定距离。在寒暄结束后，可以这样将话题引入实质性谈判：“过去我们双方有过一段合作关系，但遗憾的是并不那么令人愉快。千里之行，始于足下。让我们从这里开始吧。”

（4）如果过去双方从来没有业务往来，应努力创造一种真诚、友好的气氛，以淡化和消除双方的陌生感以及由此带来的防备，为后面的实质性谈判奠定良好的基础。因此，己方谈判人员在语言上应该表现得礼貌友好，但又不失身份。内容上多以天气情况、途中见闻、个人爱好等比较轻松的话题为主，也可以就个人在公司的任职时间、负责的范围、专业经历进行一般性询问和交谈。态度上不卑不亢，沉稳中又不失热情，自信但不傲气。寒暄后，可以这样开始实质性谈判：“这笔交易是我们双方的第一次业务交往，希望它能够成为我们双方发展长期友好合作关系的一个良好开端。我们都是带着希望来的，我想，只要我们共同努力，我们一定会满意而归。”

（二）考虑双方的实力

就双方的实力而言，有以下三种情况。

（1）双方谈判实力相当，为了防止一开始就强化对手的戒备心理或激起对方的对立情绪，以致影响到实质性谈判，在开局阶段，仍然要力求创造一种友好、轻松、和谐的气氛。己方谈判人员在语言和姿态上要做到轻松又不失严谨、礼貌又不失自信、热情又不失沉稳。

（2）如果己方谈判实力明显强于对方，为了使对方能够清醒地意识到这一点，并且在谈判中不抱过高的期望值，可显示某些威慑作用，但又不至于将对方吓跑。开局阶段，在语言和姿态上，既要表现得礼貌友好，又要充分显示出己方的自信和气势。

（3）如果己方谈判实力弱于对方，为了不使对方在气势上占上风，从而影响后面的实质性谈判，应在开局阶段的语言和姿态上，既要表示出友好和积极合作的意愿，也要充满自信，使对方不能轻视我们。

第三节　报价阶段的策略

谈判双方在结束非实质性交谈之后，要将话题转向有关交易内容的正题，即开始报价。报价以及随之而来的磋商是整个谈判过程的核心。

这里所说的报价，不仅指产品在价格方面的要价，而且泛指谈判的一方对另一方提出自己的所有要求，包括商品的数量、质量、包装、价格、装运、保险、支付、商检、索赔、仲裁等交易条件，其中价格条件是谈判的中心。外贸业务虽然多种多样，但一般情况下，谈判都是围绕着价格进行的。

报价阶段的策略主要体现在以下三个方面，即报价的先后、如何报价和怎样对待对方的报价。

一、报价的先后

关于谈判双方谁先报价是个微妙的问题，报价的先后在某种程度上对谈判结果会产生实质性影响。就一般情况而言，先报价有利也有弊。

谈判者都希望谈判尽可能按己方意图进行，因此要以实际的步骤来确立己方在谈判中的影响。己方如果首先报价就为以后的讨价还价树立了一个界碑，实际上等于为谈判划定了一个框架或基准线，最终谈判将在这个范围内达成。例如，卖方报价某种材料每吨 FOB 1 000 美元，那么双方磋商结果的最终成交价一定不会超过 1 000 美元。

另一方面，先报价如果出乎对方的预料和期望值，会使对方失去信心。例如，卖方报价 FOB 1 000 美元一吨的货物，买方能承受的价格只有 400 美元，与卖方报价相去甚远，即使经过磋商也很难达成协议，因此只好改变原部署，要么提价，要么放弃交易。总之，先报价在整个谈判中会持续地发挥作用，因此，先报价比后报价影响要大得多。

先报价的弊端也是很明显的。一方面，对方了解己方的报价后，可以对他们原有的想法作出最后的调整。由于己方先报价，对方对己方的交易起点有所了解，他们可以修改预先准备的报价，获得本来得不到的好处。如上例中，卖方报价 1 000 美元一吨的材料，若买方预先准备的报价是 1 100 美元，那么，在卖方报价后，买方会马上修改其原来准备的报价条件，肯定会低于 1 000 美元，对买方来讲，后报价至少可以使他获得 100 美元的好处。另一方面，先报价后，对方还会试图在磋商过程中迫使己方按照他们的路子谈下去。其常用的做法是：采取一切手段，调动一切积极因素，集中力量，攻击己方报价，逼迫己方一步一步地降价，而并不透露他们自己究竟肯出多高的价格。

既然先报价有利也有弊，那么己方究竟应先于对方报价，还是让对方先报价呢？也就是说，在什么时候、什么情况下己方先报价利大于弊呢？一般来说，可以通过对谈判双方的谈判实力的分析比较，采取不同的策略。

（1）如果预期谈判将会出现你争我斗、各不相让的气氛，那么“先下手为强”的策略就比较适用。通过先报价来规定谈判过程的起点，并由此来影响此后的谈判过程，从一开始就占据主动是比较有利的。

（2）如果己方的谈判实力强于对方，或者说与对方相比，己方在谈判中处于相对有利的地位，那么，己方先报价是有利的。尤其是在对方对本次交易的市场行情不太熟悉的情况下，先报价的好处就更大，因为这样可以为谈判划定一个基准线。同时，由于己方了解行情，还会适当掌握成交的条件，对己方无疑利大于弊。

（3）如果谈判对方是老客户，同己方有较长的业务往来，而且双方合作一向较愉快，在这种情况下，谁先报价对双方来说都无足轻重。

（4）就一般惯例而言，发起谈判的人应带头先报价。

（5）如谈判双方都是谈判行家，则谁先报价均可。如谈判对方是谈判行家，自己不是谈判行家，则让对方先报价可能较为有利。

（6）如对方是外行，暂且不论自己是不是外行，自己先报价可能较为有利，因为这样做可以对对方起一定的引导或支配作用。

（7）按照惯例，由卖方先报价。卖方先报价的目的不是为了扩大影响，而只是投石问路，用报价的方法直接刺探对方的反应思路。卖方报价是一种义务，买方还价也是一种义务。

二、如何报价

由于报价的高低对整个谈判进程会产生实质性影响，因此，要成功地进行报价，谈判人员必须遵守一定的原则。

（一）掌握行情是报价的基础

报价策略的制定基础是谈判人员根据以往和现在所收集和掌握的、来自各种渠道的商业情报和市场信息，对其进行比较、分析、判断和预测。

众所周知，国际市场的行情处于不断变化之中，这种错综复杂的变化，通常会通过价格的波动表现出来，同时，价格的波动反过来又会影响市场的全面波动。因此，要求谈判人员在收集、积累有关信息、情报和资料的基础上，注意分析和预测市场动向，主要是研究有关商品的国际市场供求关系及其价格动态。此外，该商品或其代用品在生产技术上如有重大突破和革新征兆时，也应予以密切关注。

（二）报价的原则

卖方希望卖出的商品价格越高越好，而买方则希望买进的商品价格越低越好。但一方的报价只有在被对方接受的情况下才能产生预期的结果，才能使买卖成交。这就是说，价格水平的高低，并不是由任何一方随心所欲地决定的，它要受到供求和竞争以及谈判对手状况等多方面因素的制约。因而，谈判一方向另一方报价时，不仅要考虑报价所获利益，还要考虑该报价能否被对方接受，即报价能否成功的概率。

因此，报价的基本原则就是：通过反复比较和权衡，设法找出价格所带来的利益与被接受的成功率之间的最佳结合点。

（三）最低可接纳水平

报价之前最好为自己设定一个“最低可接纳水平”。最低可接纳水平是指最差的但却可以勉强接纳的最终谈判结果。有了最低可接纳水平，谈判人员可避免拒绝有利条件或接受不利条件，也可用来防止一时的鲁莽行动。在“联合作战”的场合，可以避免各个谈判者各行其是。例如，卖方将他欲出售的某种商品的最低可接受价格定为 500 元，意味着假如售价等于或高于 500 元，他将愿意成交；但若售价不及 500 元，则宁愿持有商品，也不愿出售。

（四）确定报价

一般来说，一方开盘报价之后，对方立即接受的例子极为少见，一方开价后，对方通常是要还价的。报价策略对卖方来说，是要报出最高价，而买方则要报出最低价。

首先，报价有一定的虚头是正常情况，虚头的高低要看具体情况而定，不能认为越高越好，也没有固定的百分比。在国际行市看好时，卖方的虚头可以略高一些，行市越趋好，虚头就可以越高，虚头是为以后的谈判留余地，留得过高不好，过低也不行。

作为卖方，开盘价几乎为成交的价格确定了一个最高限。一般来讲，除特殊情况外，开盘价一经报出，就不能再提高或更改了，否则对方也是不会接受的。同样，作为买方，开盘价为购买价确定了一个最低限度。

其次，从人们的观念上看，“一分钱，一分货”是大多数人信奉的观点，尤其对于价格政策为“厚利少销”的商品（如工艺美术品），较高的虚头是必要的。

再次，在谈判过程的各个阶段，特别是磋商阶段中，谈判双方经常会出现僵持不下的局面。为了推动谈判的进程，使之不影响己方谈判的战略部署，己方应根据需要，适时作一点退让，适当满足对方的某些要求，以打破僵局或换取对己方有利的条款。所以，报出含有高虚头的价格是很有必要的。

但是，虚头并不是越高越好。离开实际，漫天要价，并不会为己方带来任何利益，而且有可能把对方吓跑，浪费了时间和精力。20 世纪 70 年代的某届秋季广交会，我国大豆成交价定为 800 元人民币，比当时国际市场行情高了 200 元人民币，结果大多数客户都惊呆了，他们弄不明白中国方面的意图，连还价的基础都拆除了，只好远离而去。一场交易会下来，除个别客户考虑到长远关系，买了几百吨外，大多数客户未能成交。

因此，报价的虚头必须是合情合理的，即能找出合适的理由为之辩护。若价格高到讲不出道理的地步，对方必然会认为你缺少诚意，从而终止谈判扬长而去；或者以其人之道还治其人之身，相对地来个“漫天杀价”；或者提出质问，使己方丧失信誉。

过分的虚头也会给谈判造成困难。因为对方认为你的价格还有水分，总不敢下最后决心。为了使对方明确态度，己方往往限定最后期限。这样做，可能产生两种后果，一是对方看清局势接受下来，二是被对方误认为是谈判手段而不予重视，这意味着谈判可能破裂。

（五）怎样报价

卖方主动开盘报价叫报盘，买方主动开盘叫递盘。正式谈判中，开盘是不可撤销的，叫作实盘。开盘时，报价要坚定而果断地提出，没有保留，毫不犹豫，这样才能给对方留下己方是认真而诚实的印象。欲言又止，吞吞吐吐必然会导致对方的不信任。

开盘必须明确清楚，必要时应向对方提供书面的开价单，或一边解释一边写出来，让对方看清楚，使对方准确地了解己方的期望，含糊不清易使对方产生误解。

开盘时不需对所报价格作过多的解释、说明和辩解，没有必要为那些合乎情理的事情进行解释和说明，因为对方肯定是会对有关问题提出质询的。如果在对方提问之前，己方主动地加以说明，会使对方意识到己方最关心的问题是什么，而这种问题对方有可能尚未考虑过。有时过多地说明和辩解，会使对方从中找出破绽或突破口。

（六）两种典型报价术

在国际商务谈判中，有两种典型的报价战术，即西欧式报价和日本式报价。

西欧式报价战术与前面所述报价原则是一致的。其一般模式是，首先提出含有较大虚头的价格，然后根据买卖双方的实力对比和该笔交易的外部竞争状况，通过给予各种优惠，如数量折扣、价格折扣、佣金和支付条件上的优惠（如延长支付期限、提供优惠信贷等）来逐步软化和接近买方的市场和条件，最终达成交易。实践证明，这种报价方法只要能够稳住买方，往往会有一个不错的结果。

日本式报价战术的一般做法是，将最低价格列在价格表上，以求首先引起买主的兴趣。由于这种价格一般是以卖方最有利的结算条件为前提的，并且，在这种低价格交易条件下，各个方面都很难全部满足买方的需要，如果买主要求改变有关条件，则卖主就会相应提高价格。因此，买卖双方最后成交的价格，往往高于价格表中的价格。日本式报价术一方面可以排斥竞争对手而将买方吸引过来，取得与其他卖主竞争中的优势和胜利；另一方面，当其他卖主败下阵来纷纷走掉时，买方原有的市场优势就不复存在了。如果买方想要达到一定需求，只好任卖方一点一点地把价格抬高。

20 世纪 60 年代，在中日贸易备忘录贸易项下大豆的作价谈判中，日方递盘第一回合就亮出了底牌，大大出乎我方意料。当时的国际市场行情对对方不利，价格趋于下跌，也没有多少其他因素能够起到阻碍或干扰这种趋势的作用。日本商人本来是最善谈判的，他们经常采用蘑菇战术，软磨硬抗，刺探对方心理变化。他们的成功往往是以自己的耐性、韧性去克制对方的刚性，使对方感到时间拉长造成的心理窒息，从而产生思想上的松动。日本商人不但研究对方主谈人员的性格特点，还研究陪谈人员及其他人员的性格特点，充分收集有关资料，甚至建立对方人员的档案。日本商人在谈判中轻易不说“不”字，总是绕很大的一个圈子，表示出“不可能”的意思。在谈判的紧要或关键时刻往往摆出各种戏剧性态度给对方最后一击。但这一次为什么一下子就递出了理想价格呢？我方陷入了困惑之中，经过反复研究，我方不敢轻易接受，生怕上当吃亏。面对日方的反常表现，我方修改了自己的谈判方案，扩大了保底价的虚头，还出实盘之后，日方不但不予响应，反而在他们的反还盘中向后退缩。我方误认为日方要要花招，将再还盘的虚头进一步加大，日方的反还盘又再退缩，结果，双方的距离越谈越大。经过两周的长跑式谈判，我方终于体力不支，败下阵来，最后不得不以低于日方第一回合递盘价 1 英镑成交。这个教训充分显示了日本式报价中的圈套。

三、如何对待对方的报价

在对方报价的过程中，切忌干扰对方的报价，而应认真听取并尽力完整、准确、清楚地把握对方的报价内容。在对方报价结束后，对某些不清楚的地方可以要求对方予以解答。同时，应将己方对对方报价的理解进行归纳总结，并加以复述，以确认自己的理解是否准确无误。

在对方报价完毕之后，比较正确的做法是，不急于还价，而是要求对方对其价格的构成、报价依据、计算的基础以及方式方法等作出详细的解释，即所谓的价格解释。通过对方的价格解释，可以了解对方报价的实质、态势、意图及其诚意，以便从中寻找破绽，从而动摇对方报价的基础，为己方争取重要的便利。

在对方完成价格解释之后，针对对方的报价，有两种行动选择：一种是要求对方降低报价；另一种是提出自己的报价。一般来讲，第一种选择比较有利。因为这是对报价一方的反应，如果成功，可以争取到对方的让步，而己方既没有暴露自己的报价内容，更没有任何让步。

四、进行报价解释时必须遵循的原则

通常一方报价完毕之后，另一方会要求报价方进行价格解释。在解释时，必须遵守一定的原则，即不问不答，有问必答，避虚就实，能言不书。

不问不答是指对方不主动问的问题己方不要回答。其实，对于对方未问到的一切问题，都不要进行解释或答复，以免造成言多必失的结果。

有问必答是指对对方提出的所有有关问题，都要一一回答，并且要很流畅、很痛快地予以回答。经验告诉人们，既然要回答问题，就不能吞吞吐吐，欲言又止，这样极易引起对方的怀疑，甚至会提醒对方注意，从而穷追不舍。

避虚就实是指对己方报价中比较实质的部分应多讲一些，对于比较虚的部分，或者说水分含量较大的部分，应该少讲一些，甚至不讲。

能言不书是指能用口头表达和解释的，就不要用文字来书写，因为当自己表达有误时，口述和笔写的东西对自己的影响是截然不同的。有些国家的商人，只承认纸上的信息，而不重视口头信息，因此要格外慎重。

第四节 磋商阶段的策略

磋商阶段也可叫讨价还价阶段，它是谈判的关键阶段，也是最困难、最紧张的阶段。

一般情况下，当谈判一方报价之后，另一方不会无条件地接受对方的报价，而要进行一场双方实力、智力和技术的具体较量，这是谈判双方求同存异、合作、谅解、让步的阶段。因此，这一阶段是谈判双方为了实现其目的，而运用智慧使用各种策略的过程。

一、还价前的准备

己方在清楚了解了对方报价的全部内容后，就要透过其报盘的内容，来判断对方的意图，在此基础上可以分析出怎样能使交易既对己方有利又能满足对方的某些要求。将双方的意图和要求逐一进行比较，弄清双方分歧之所在，判断什么是对方的谈判重点。

谈判双方的分歧可分为实质性分歧和假性分歧两种。实质性分歧是原则性的根本利益的真正分歧；假性分歧是由于谈判中的一方或双方为了达到某种目的人为设置的难题或障碍，是人为制造的分歧，目的是使自己在谈判中有较多的回旋余地。其实，要区分这两种分歧并不困难，只要谈判人员细心观察和分析，是可以发现的，当双方都用同一种方法时，就更加不言自明了。但是，这只是一种过渡性手段，不影响谈判的最后结局。所以，对待假性分歧，只要认真识别，看出其虚张声势时，不要被对方的气势吓

倒，只要坚持说理，就一定会取得最后成功。

对待实质性分歧要认真，要反复研究作出某种让步的可能性，并作出是否让步的决定。同时，根据预期的目标决定让步的阶段和步骤。当然，谈判人员的这种分析受到经验和水平的限制，不一定准确，但允许在谈判的过程中不断地修正。

通过分析应得出：若己方还盘，还价的幅度应如何掌握，在其他各项交易条件上所作的针对原报盘的变动、补充和删减中，估计哪些能为对方所接受，哪些又是对方急于讨论的问题。然后以此为基础，设想出双方最终可能签订的合同的大致面目，并据此把握谈判的总体方向和讨论范围。

二、让步策略

谈判中讨价还价的过程就是让步的过程。让步实际上是一种侦察手段，是一步步弄清对方的期望到底是什么的过程。让步的方式灵活多样，无论是以价格的增减换取原则条款的保留，以放弃某些次要条款或要求换取价格的效益，还是以次要条款或要求的取舍换取主要条款或要求的取舍，都要掌握好尺度和时机。如何把握尺度和时机，没有固定的公式和程序可以遵循，只能凭借谈判人员的经验、直觉和机智来处理。但这并不是说谈判中的让步是随心所欲作出的，无法从科学的角度去认识、把握、计划和运筹。恰恰相反，有经验的行家无不在谈判之前就胸有成竹，只不过在进入实际让步阶段后，再凭借自己的经验、直觉和机智来灵活处理、变换和发展自己已有的让步方案罢了。

（一）考虑对方的反应

在作出让步的决策时，事先要考虑到对方会有什么样的反应。总的来讲，己方的让步给对方造成的影响和反应有以下三种情况。

（1）对方很看重己方所作出的让步，并感到心满意足，甚至会在其他方面也作些松动和让步作为回报，这是己方最希望的结果。

（2）对方对己方所作的让步不很在乎，因而在态度上或其他方面没有任何改变或是松动的表示。

（3）己方的让步使对方认为己方的报价有很大的水分，甚至认为只要他们再加以努力，己方还会作出新的让步。也就是说，己方的让步不但没能使对方心满意足，反而鼓励对方向己方争取更多的让步。

显然，后两种反应及结果都是己方所不愿意看到的。

（二）注意让步的原则

谈判中的让步不仅仅取决于让步的绝对值的大小，还取决于彼此的让步策略，即怎样作出让步，以及对方怎样争取到让步。在具体讨价还价的过程中，要注意以下几方面的基本原则：

（1）不要做无谓的让步，应体现对己方有利的宗旨。每次让步都是为了换取对方在其他方面的相应让步和策略。

（2）让步要让在关键环节上，要让得恰到好处，使己方较小的让步能给对方以较大的满足。

（3）在己方认为重要的问题上要力求对方先让步，而在较为次要的问题上，根据情况的需要，己方可以考虑先作让步。

（4）不要承诺作同等幅度的让步。例如，对方在某一条款项目上让步 60%，而己方在另一项目上让步 40%。假如对方说："你也应该让步 60%"，己方则可以用"我方无法负担 60%"这句话来拒绝他。

（5）作出让步时要三思而行，不要掉以轻心。要知道每一次让步都实实在在地包含着己方的利润损失。

（6）如果作了让步后又觉得考虑欠周，想要收回，也是可能的，因为这不是决定，完全可以推倒重来。

（7）即使己方已决定作出让步，也要使对方觉得己方让步不是轻而易举的，要使对方珍惜所得到的让步。

（8）一次让步的幅度不要过大，节奏不宜太快，应做到步步为营。因为一次让步太大，会使人觉得己方这一举动是处于软弱地位的表现，会建立起对方的自信心，导致对方在以后的谈判中掌握主动。

（三）选择理想的让步方式

在商务谈判实践中，人们总结出了八种常见的、理想的让步方式，见表 5-1。每一种方式传递的信息不同，对不同的对象就有不同的结果。选择、采取哪种让步方式，取决于以下几个因素：谈判对手的经验；准备采取什么样的谈判方针和策略；让步后期望对方给予何种反应。

表 5-1　　八种理想的让步方式

让步方式	预定让步(元)	第一期让步	第二期让步	第三期让步	第四期让步
1	60	0	0	0	60
2	60	15	15	15	15
3	60	13	8	17	22
4	60	22	17	13	8
5	60	26	12	8	14
6	60	46	10	0	4
7	60	50	10	-1	1
8	60	60	0	0	0

下面具体探讨这八种常见的理想让步方式的特点及优缺点。

方式一是在让步的最后阶段一步让出全部可让利益。该方式使对方感觉一直没有妥协的希望，因而被称作坚定的让步方式。如果买方是一个意志比较弱的人，当卖方采用此方式时，买方可能早就放弃讨价还价了，因而得不到利益；如果买方是一个意志坚强、坚持不懈、不达目的不罢休的人，那么买方只要不断迫使对方让步，即可达到目的，获得利益。在运用这种方式时，买卖双方往往都要冒着形成僵局的危险和可能。

（1）特点：让步方态度比较果断，往往被认为有大家风度。这种方式是在开始时寸步不让，态度十分强硬，但到最后时刻一次让步到位，促成和局。

（2）优点：由于在起初阶段寸利不让，已向对方传递了己方的坚定信念，因此如果谈判对手缺乏毅力和耐性，就有可能被征服，使己方在谈判中获得较大的利益。

（3）缺点：由于在谈判的开始阶段一再坚持寸步不让的策略，则有可能失去交易伙伴，具有较大的风险性；同时，易给对方造成己方缺乏谈判诚意的印象，进而影响谈判的和局。

（4）适用对象：适用于对谈判投入少，在谈判中占有优势的一方。实践证明，谁在谈判中投入少，谁就有承担谈判失败风险的力量，或在某种意义上说，不怕谈判失败。

总之，此种让步方式有其利，也有其弊。有时在卖方一再坚持“不”的情况下，还有可能迫使恐惧谈判的买方作出较大的让步。

方式二是一种等额地让出可让利益的让步方式。此种方法如果遇到耐心等待的买主，就会鼓励买方期待进一步的让步。

（1）特点：在商务谈判让步的过程中，不断地讨价还价，像挤牙膏一样，挤一步让一步，让步的数量和速度都是均等、稳定的，国际上称这种让步方式为“色拉米”香肠式谈判让步方式。

（2）优点：首先，此种让步平稳、持久，本着步步为营的原则，因此不易让对方轻易占到便宜；其次，对于双方充分讨价还价比较有利，容易在利益均享的情况下达成协议；再次，遇到性情急躁或无时间长谈的对方时，往往会占上风，削弱对方的还价能力。

（3）缺点：首先，每次让利的数量相等、速度平稳，给人的感觉平淡无奇，容易使人产生疲劳、厌倦之感；其次，该谈判方式效率极低，通常会浪费大量的精力和时间，因此，谈判成本较高；再次，对方每讨价还价一次，都有等额利润让出，这会给对方传递一种信息，即只要耐心等待，总有希望获得更大的利益。

（4）适用对象：等额让步方式目前使用极为普遍，在缺乏谈判知识或经验的情况下，以及在进行一些较为陌生的谈判时运用，常常会取得明显效果。

方式三是一种先高后低，然后又拔高的让步方式。

（1）特点：比较机智、灵活，富有变化。在商务谈判的让步过程中，能够正确处理竞争与合作的尺度，在较为恰当的起点上让步，然后缓速减量，给对方传递一种接近尾声的信息。这时，如果买方表示满意即可收尾；如果买方仍要穷追不舍，卖方再大步让利，在一个较高的让步点上结束谈判。

（2）优点：首先，起点恰当、适中，能够向对方传递合作、有利可图的信息；其次，使谈判富有变化，如果谈判不能在减缓中完成，则可采取大举让利的方法，使谈判易于成功；再次，在二期让步中减缓一步，可以给对方造成一种接近尾声的感觉，易促使对方尽快拍板，最终能够保住己方的较大利益。

（3）缺点：首先，这种让步方式是一种由多到少再到多、不稳定的让步方式，容易鼓励对方继续讨价还价；其次，由于二期让步就已向买方传递了接近尾声的信息，而后来又作了大幅让利，会给对方造成不诚实的感觉，因此，对于想与对方建立友好合作关系的谈判者来说往往不利。

（4）适用对象：这种方式适用于竞争性较强的谈判。该策略在运用时要求技术性较强，而且富有变化性。同时，又要时时刻刻观察谈判对方对己方让步的反应，以调整己方让步的速度和数量，故实施难度较大。

方式四是一种小幅度递减的让步方式，即先让出较大的利益，然后再逐期减让，到最后一期让出较小的利益。

（1）特点：比较自然、坦率，符合商务谈判讨价还价的一般规律。先以较大的让步作起点，然后依次下降，直到可让的全部利益让完为止。这种让步策略往往给人以和谐、均匀、顺理成章的感觉，是谈判中最为普遍采用的一种让步方式。

（2）优点：首先，易为人们所接受，给人以顺其自然之感；其次，由于让步采取先大后小的方式，这往往有利于促成谈判的和局；再次，让步的程度是一步较一步更为谨慎，一般不会产生让步上的失误；最后，达成协议是在等价交换、利益均衡的条件下完成的，不会影响谈判的和谐气氛。

（3）缺点：首先，让步由大到小，对于买主来讲，越争取利益越小，因而往往使买主心情沮丧，故终局情绪不会太高；其次，这是谈判让步中惯用的方法，缺乏新鲜感。

（4）适用对象：此种谈判让步方式一般适用于商务谈判的提议方。原因是提议方对谈判的和局更为关切，理应作出较大的让步，以诱发对方从谈判中获利的期望。

方式五是一种从高到低再到微高的让步方式。这种让步方式往往显示出卖方的立场越来越坚定，表示卖主在条件适当时愿意妥协，但不会轻易让步，并告诉买方，让步的余地越来越小，最后以一个适中让步结束谈判。

（1）特点：合作为主，竞争为辅，诚中见虚，柔中带刚。在初期以高姿态出现，并作出较高的礼让，向前迈进两大步，然后再让微利，以向对方传递无利再让的信息。这时，如果买方一再坚持，则以较为适中的让步结束谈判。

（2）优点：首先，由于谈判的让步起点较高，富有较强的诱惑力；其次，大幅度让利之后，到三期仅让微利，给对方传递了已基本无利可让的信息，因此比较容易使对方产生获胜感而达成协议；再次，如果三期所作微小让步仍不能达成协议的话，再让出最后稍大一点的利润，往往会使对方满意而最终达成协议。

（3）缺点：首先，由于一开始让步很大，容易造成己方软弱可欺的不良印象，加强对方的进攻性；其次，头两步的大让利和后两步的小让利形成鲜明对比，容易给对方造成己方诚意不足的印象。

（4）适用对象：适用于以合作为主、以互惠互利为基础的谈判。在开始时作出较大的让步，有利于创造出良好的合作气氛和建立友好的伙伴关系。

方式六是一种开始时大幅度递减，但又出现反弹的让步方式。此种方式在初期让出绝大部分可让的利益，目的是表示己方的诚意。

（1）特点：给人以软弱、憨厚、老实之感，因此成功率较高。这种方式在让步初期即让出绝大部分利益，二期让步即达己方可让利益的边际，到三期拒绝让步，向对方传递了该让的利已基本让完了的信息。如果对方仍一再坚持，再让出最后一步，以促成谈判的成功。

（2）优点：首先以求和的精神，让出多半利益，因此有可能换得对方较大的回报；其次，三期让步时作出了无利可让的假象，这有可能打消对方进一步要求己方再一次让利的期望；再次，最后让出小利，既向对方显示了己方的诚意，又会使通达的谈判对手难以拒绝签约，因此往往收效不错；最后，尽管其中还有余地，但客观上仍表现出以和为贵的温和态度。

（3）缺点：首先，开始时表现软弱，大步让利，如果遇到贪婪的对手，会刺激对手变本加厉，得寸进尺；其次，这种方式可能由于三期让步遭到拒绝后，导致谈判出现僵局或败局。

（4）适用对象：这种方式适用于在谈判竞争中处于不利境地，但又急于获得成功的谈判一方，它使己方有三次较好的机会达成协议。

方式七是一种在起始两步全部让完可让利益，三期赔利相让，到四期再讨回赔让部分的让步方式。这是一种在谈判中最具有特殊性的让步方式，也是最富有戏剧性的一种方式。

（1）特点：风格果断诡诈，又具有冒险性。一期的大部分让利和二期的小部分让利后，便把可让利益全部让完，三期并非消极拒绝，而是诱惑性地让出本来不该让的一小部分利益，然后再从另外的角度进行讨价还价，在第四期收回该部分利益。可见，这是一种具有很高技巧的让步方式，只有非常有谈判经验的人才能灵活运用。

（2）优点：首先，开始两步让出全部利益，具有很大的吸引力，往往会使陷入僵局的谈判起死回生；其次，若前两期的让利尚不能打动对方，再冒险让出不该让出的利益，就会产生一种诱惑力，使对方沿着己方思路往前走；再次，对方一旦与己方思路相同，并为谈判付出代价，再借口某原因，从另一角度找回己方所需的利益，就容易促成和局。

（3）缺点：首先，开头两期的全部可让利益的让出，会导致对方期望值增大，在心理上强化了对方的议价能力；其次，三期额外的让步，如四期中不能讨回，就会损害己方的利益；再次，在四期中讨回让利时，极易出现谈判破裂的局面。

（4）适用对象：这种让步方式一般适用于陷入僵局或危难的谈判，由于己方处于危险境地，又不愿使已付出的代价付之东流，因此不惜在初期就大步相让，以牺牲自己的利益为代价来挽救谈判，促成谈判和局。

方式八是一种一次性让步的方式，即一开始就让出全部可让利益的方式。

（1）特点：态度诚恳、务实、坚定、坦率。在谈判进入让步阶段，一开始即亮出底牌，以达到以诚取胜的目的。

（2）优点：首先，由于谈判者一开始就向对方亮出底牌，让出自己全部可让利益，比较容易打动对方采取回报行为，促成和局；其次，率先大幅度让步，富有巨大诱惑力，会在谈判桌上给对方留下深刻印象，有利于获取长远利益；再次，一步让利，坦诚相见，有利于速战速决、降低成本。

（3）缺点：首先，由于这种让步操之过急，会给对方传递一种可能尚有利可图的信息，导致对方继续讨价还价；其次，由于一次性大步让利，可能会失掉本来能够力争的利益。

（4）适用对象：对于己方处于谈判的劣势或谈判各方之间关系较为友好的谈判，可采用此策略。此策略以自己的最大让步感动对方，促使对方以同样的方式予以回报，并建立友好的关系。

以上八种让步方式，从实际谈判的情况看，采用较多的是第四种和第五种，这两种方式适应一般人心理，易为对方接受。第六种和第七种让步方式，其运用需要有较高的艺术技巧和冒险精神，有可能作少量让步，迅速达成交易；也有可能因运用得不好而造成僵局。第二种和第八种方式在实际中采用得较少，第一种则基本上不采用。

（四）运用适当的让步策略

磋商中的每一次让步，不但是为了追求己方的利益，同时也要充分考虑到对方的利益。谈判双方在不同利益问题上相互给予让步，以达成谈判和局为最终目标。通常的让步，策略有以下几种：以己方的让步换取对方在另一问题上的让步，称为互利互惠的让步策略；在时空上，以未来利益上的让步换取对方近期利益上的让步，称作予远利谋近惠的让步策略；若谈判一方以不作任何让步为条件而获得对方的让步也是有可能的，称为己方丝毫无损的让步策略。

1. 互利互惠的让步策略

谈判不仅仅是有利于某一方的洽谈，一方作出了让步，必然期望对方对此有所补偿，获得更大的让步。

一方在作出让步后，能否获得对方的让步，在很大程度上取决于该方商谈的方式：一种是所谓的横向谈判，即采取横向铺开的方法，几个议题同时讨论，同时展开，同时向前推进；另一种是所谓的纵向深入方法，即先集中解决某一个议题，而在开始解决其他议题时，已对这个议题进行了全面深入的研究讨论。采用纵向商谈方式的双方往往会在某一个议题上争执不下，而在经过一番努力之后，往往会出现单方让步的局面；而横向谈判把各个议题联系在一起，双方可以在各议题上进行利益交换，达成互惠式让步。

争取互惠式让步，谈判人员需要有开阔的思路和视野。除了某些己方必须得到的利益要坚持以外，不要太固执于某一个问题的让步，而应统观全局，分清利害关系，避重就轻，灵活地使一方的利益在其他方面得到补偿。

为了能顺利地争取对方互惠互利的让步，商务谈判人员可采取以下两种技巧：

（1）当己方谈判人员提出让步时，应向对方表明作出这个让步是与公司政策或公司主管的指示相悖的。因此，己方只同意这样一个让步，即贵方也必须在某个问题上有所回报。

（2）把己方的让步与对方的让步直接联系起来。表明己方可以作出这次让步，只要在己方要求对方让步的问题上能达成一致，一切就不存在问题了。

比较而言，前一种言之有理，言中有情，易获得成功；而后一种则直来直去，比较生硬。

2. 予远利谋近惠的让步策略

在商务谈判中，参加谈判的各方均持有不同的愿望和需要，有的对未来很乐观，有的则很悲观；有的希望马上达成交易，有的却希望能够等上一段时间。因此，谈判人员就自然地表现为对谈判的两种满足形式，即对现实谈判交易的满足和对未来交易的满足，而对未来的满足程度完全凭借谈判人员自己的感觉。

对于有些谈判人员来说，可以通过给予其期待的满足或未来的满足而避免给予其现实的满足，即为了避免现实的让步而给予对方以远利。例如：当对方在谈判中要求己方在某一问题上作出让步时，己方可以强调保持与己方的业务关系将能给对方带来长期的利益，而本次交易对是否能够成功地建立和发展双方之间的这种长期业务关系是至关重要的。向对方说明远利和近利之间的利害关系，如果对方是精明的商人，是会取远利而弃近惠的。

3. 丝毫无损的让步策略

丝毫无损的让步，是指在谈判过程中，当谈判的对方就某个交换条件要求己方作出让步，其要求确实有理，而对方又不愿意在这个问题上作出实质性的让步时，可以采取这样一种处理办法，即首先认真地倾听对方的诉说，并向对方表示，己方充分理解对方的要求，也认为对方的要求有一定的合理性，但就己方目前的条件而言，实在难以接受对方的要求，同时保证在这个问题上己方给其他客户的条件，绝对不比给对方的好，希望对方能够谅解。

谈判是具有一定艺术性的。人们对自己争取某个事物的行为的评价，并不完全取决于最终的行为结果，还取决于人们在争取过程中的感受，有时感受比结果还重要。在此，己方认真倾听对方的意见要求，肯定其要求的合理性，满足了对方受人尊敬的要求；保证其条件待遇不低于其他客户，进一步强化了这种受人尊敬需求的效果，迎合了人们普遍存在的一种心理：互相攀比，横向比较。

三、迫使对方让步

谈判中的让步是必要的，没有适当的让步，谈判就无法进行。而一味地让步，是根本不现实的，也有害于己方利益。所谓“最好的防守便是进攻”，在谈判磋商中，迫使对方让步也是达到最终谈判目的的手段之一。迫使对方让步的策略主要有以下几种。

（一）利用竞争

制造和创造竞争条件是谈判中迫使对方让步的最有效的武器和策略。当一方存在竞争对手时，其谈判的实力就大为减弱。因此，在谈判中，应注意制造和保持对方的竞争局面。

具体做法是：进行谈判前，多考察几家国外厂商，同时邀请他们前来谈判，并在谈判过程中适当透露一些有关竞争对手的情况。在与一家厂商达成协议前，不要过早结束与其他厂商的谈判，以保持竞争局面。即使对方实际上没有竞争对手，己方也可巧妙地制造假象来迷惑对方。

（二）软硬兼施

谈判过程中，对方在某一问题上应让步或可以让步但却坚持不让步时，谈判便难以继续下去。在这种情况下，谈判人员可利用软硬兼施的策略。

具体做法是：我方主谈人或负责人找一个借口暂时回避，让“强硬派”挂帅出阵，将对方的注意力引向自己，采取强硬立场，唇枪舌剑，寸步不让，从气势上压倒对方，给对方在心理上造成错觉，迫使对方让步，或者索性将对方主谈人激怒，使其怒中失态。

一旦己方主谈人估计已获得预期效果时，即回到谈判桌边，但不要马上发表意见，而是让己方调和者以缓和的口气和“诚恳”的态度，调和双方的矛盾，以便巩固己方已取得的优势。主谈人通过调和者的间接汇报和察言观色，判断对方确被激怒或确被己方的气势压倒而有让步的可能时，就应以诚恳的态度、亲切的言辞，提出“合情合理”的条件，使对方接受。如有必要，也可训斥己方“强硬派”扮演者的粗暴行为以顾全对方的面子。在这种情况下，被攻击的一方很可能会接受己方主谈人所提出的条件或作出某些让步，当然，对方也可能不会马上让步，应给对方思考的时间。

（三）最后通牒

在谈判双方争执不下、对方不愿作出让步来接受己方交易条件时，为了逼迫对方让步，己方可以向对方发出最后通牒，即如果对方在某个期限内不接受己方的交易条件并达成协议，己方就宣布谈判破裂并退出谈判。

在谈判过程中，谈判人员往往寄希望于未来能有更大利益而对现实的讨价还价不肯放弃，打破对方的奢望，就能击败犹豫中的对方。最后通牒在这方面极为有效。

运用最后通牒策略必须注意以下几点：

（1）谈判人员知道自己处于一个强有力的地位，特别是该笔交易对对方来讲，要比对己方更为重要。这是运用这一策略的基础和必备条件。

（2）谈判的最后阶段或最后关键时刻才宜使用“最后通牒”。对方经过旷日持久的谈判，花费大量人力、物力、财力和时间，一旦拒绝己方的要求，这些成本将付之东流。这样，对方会因无法承受失去这笔交易所造成的损失而非达成协议不可。

（3）“最后通牒”的提出必须非常坚定、明确、毫不含糊，不让对方存有任何幻想。同时，己方也要做好对方绝不让步而退出谈判的思想准备，不致到时惊慌失措。

四、阻止对方进攻

谈判中，除了需要一定的进攻以外，还需要有效的防守策略。

（一）限制策略

商务谈判中，经常运用的限制因素有以下几种。

1. 权力限制

上司的授权、国家的法律和公司的政策以及交易的惯例限制了谈判人员所拥有的权力。一个谈判人员的权力受到限制后，可以很坦然地对对方的要求说“不”。因为未经授权，对方无法强迫其超越权限作出决策。对方若选择终止谈判，寻找有此权限的上司重新开始谈判，都不得不遭受人力、物力、财力和时间上的损失。

因此，精于谈判之道的人都信奉这样一句名言：在谈判中，受了限制的权力才是真正的权力。

2. 资料限制

在商务谈判过程中，当对方要求己方就某一问题做进一步解释或让步时，己方可以用抱歉的口气告诉对方：实在对不起，有关这方面的详细资料己方手边暂时没有，或者没有备齐，或者这属于本公司方面的商业秘密，因此暂时不能作出答复。这就是利用资料限制因素阻止对方进攻的常用策略。

3. 其他方面的限制

其他方面的限制包括自然环境、人力资源、生产技术要求、时间等因素在内的其他方面的限制。

值得注意的是，经验表明，该策略使用的频率与效率是成反比的。限制策略运用过多，会使对方怀疑己方无诚意谈判，或者请己方具备一定条件后再谈，从而使己方处于被动的局面。

（二）示弱以求同情

一般情况下，人们总是同情弱者，不愿落井下石，将其置于死地。有些国家和地区的商人，如日本和我国港澳地区的商人多利用人性这一特点，把它作为谈判中阻止对方进攻的一种策略。

示弱者在对方就某一问题提请让步，而其又无法以适当理由拒绝时，就装出一副可怜巴巴的样子，进行乞求。例如，若按对方要求去办，公司必将破产倒闭，或是他本人就会被公司解雇等，要求对方高抬贵手，放弃要求。

与此类似，有的谈判人员“以坦白求得宽容”，当在谈判中被对方逼得招架不住时，干脆把己方对本次谈判的真实希望和要求和盘托出，以求得到对方的理解和宽容，从而阻止对方进攻。

这些策略，都取决于对方谈判人员的个性以及对示弱者坦白内容的相信程度，因此具有较大的冒险性。

（三）以攻对攻

只靠防守无法有效地阻止对方的进攻，有时需要采取以攻对攻的策略。当对方就某一问题逼己方让步时，己方可以将这个问题与其他问题联系在一起加以考虑，在其他问题上要求对方作出让步。例如，如果买方要求卖方降低价格，卖方就可以要求买方增加订购数量或延长交货期限等。要么双方都让步，要么双方都不让步，从而避免对方的进攻。

第五节 成交阶段的策略

谈判双方的期望已相当接近时，就都会产生结束谈判的愿望。成交阶段就是双方下决心按磋商达成的最终交易条件成交的阶段。这一阶段的主要目标有三方面：一是力求尽快达成协议；二是尽量保证已取得的利益不丧失；三是争取最后的利益收获。为达到这些目标，可以采用以下谈判策略。

一、场外交易

当谈判进入成交阶段，双方已经在绝大多数议题上取得了一致意见，仅在某一两个问题上存在分歧、相持不下而影响成交时，即可考虑采取场外交易，如酒宴或其他娱乐场所等。因为这时仍把问题摆到谈判桌上继续商讨，往往难以达成协议，原因是：

（1）过长时间的谈判会影响谈判协商的结果；

（2）谈判桌上紧张、激烈、对立的气氛及情绪迫使谈判人员自然地去争取对方让步，让步方会被对方视为投降或战败方；

（3）即使某一方主谈人或领导人头脑仍能保持冷静，认为作出适当的让步以求尽快达成协议是符合己方利益的，但因同伴态度坚决、情绪激昂而难以当场作出让步的决定。

场外轻松、友好、融洽的气氛和情绪则很容易缓和双方剑拔弩张的紧张局面，轻松自在地谈论自己感兴趣的话题，交流私人感情，有助于化解谈判桌上遗留的问题，双方往往会很大度地相互作出让步而达成协议。

需要指出的是，场外交易的运用，一定要注意谈判对手的不同习惯。有的国家的商人忌讳在酒席上谈生意，所以必须事先了解清楚，以防弄巧成拙。

二、最后让步

针对磋商阶段遗留的最后一两个有分歧的问题，需要通过最后的让步才能求得一致。求得最后的让步要把握两方面的问题：一是让步的时间；二是让步的幅度。

让步的时间过早会被对方认为是前一阶段讨价还价的结果，而不是为达成协议作出的终局性的最后让步。让步的时间过晚会削弱对对方的影响和刺激作用，并增加了下一阶段谈判的难度。

时间策略是将最后的让步分为两部分：主要部分在最后期限之前作出，以便对方有足够的时间来品味；次要部分安排在最后时刻，作为最后的“甜头”。让步的幅度太大，会让对方认为这不是最后的让步，仍步步紧逼；幅度太小，对方会认为微不足道，难以满足。

那么最后的让步幅度为多大才合适呢？在决定最后让步的幅度时，要考虑的一个重要因素即对方接受让步的个人在对方组织中的地位或级别。许多情况下，到谈判的最后关头，往往对方管理部门中的重要高级主管会出面参加或主持谈判。这时，我们最后让步的幅度必须满足以下要求：幅度只能大到刚好满足该主管维持地位和尊严的需要；幅度如果过大，往往会使该主管指责他的部下没有做好工作，并坚持要求他们继续谈判。

作出最后的让步后，谈判人员必须保持坚定。因为对方会想方设法来验证己方立场的坚定性，判断该让步是否是真正的终局。

三、不忘最后的获利

通常在双方将交易的内容、条件大致确定，即将签约的时候，精明的谈判人员往往还要利用最后的时刻去争取最后的一点收获。

在成交阶段争取最后收获的常规做法是：在签约之前，突然提出一个小小的请求，要求对方再让出一点点。由于谈判已进展到签约的阶段，谈判人员已付出很大的代价，也不愿为这一点点小利而伤了友谊，更不愿为这点小利而重新回到磋商阶段，因此往往会很快答应这个请求，尽快签约。

四、注意为双方庆贺

在商务谈判即将签约的时候，可谓大功告成，此时，己方可能心中暗喜，以为自己在交易中比对方得到的更多，但这时己方一定要注意为双方庆贺，强调谈判的结果是我们共同努力的结晶，以使双方心理平衡和得到安慰。

五、慎重地对待协议

谈判的成果要靠严密的协议来确认和保证，协议是以法律形式对谈判成果的记录和确认，它们之间应该完全一致，不得有任何误差。但实际情况中，常常有人有意无意地在签订协议时故意更改谈判的结果，如故意在日期上、数字上以及关键性的概念上做文章。如果己方对此有所疏忽，在有问题的协议上签了字，那么，协议就与以前的谈判无关了。因此，将谈判成果转变为协议形式的成果是需要花费一定力气的，不能有任何松懈，所以，在签订协议之前，应与对方就全部的谈判内容、交易条件进行最终的确定。协议签字时，再将协议的内容与谈判结果一一对照，在确认无误后方可签字。

第六节　处理僵局的策略

谈判进入实质的磋商阶段以后，各方往往由于某种原因相持不下，陷入进退两难的境地。我们把这种谈判搁浅的情况称为“谈判的僵局”。僵局之所以会经常产生，其原因就在于来自国内不同的企业以及不同国家或地区的谈判者，都各有自己的利益。当谈判进展到一定阶段时，这种对各自利益的期望或对某一问题的立场和观点确实使谈判很难达成共识，甚至相去甚远，而各方又不愿再作进一步的让步，就形成了僵局。

当僵局形成以后，必须迅速进行处理，否则就会对谈判的顺利进行产生影响。妥善处理僵局，必须对僵局的性质、产生的原因等问题进行透彻的了解和分析，才能正确地加以判断，从而进一步采取相应的策略和技巧，选择有效的方案，重新回到谈判桌上。

一、谈判中僵局的种类

按照人们对谈判本身的理解不同，可以将谈判中的僵局分为不同的类型。

（一）从狭义的角度分类

大多数人认为，谈判就是交换意见，达成一致看法，签订协议的过程。这是对谈判所作的狭义理解。从这种狭义的角度来理解谈判，僵局的种类包括谈判初期僵局、中期僵局和后期僵局三种。

在谈判的初期，主要是双方彼此熟悉、了解、建立融洽气氛的阶段，双方对谈判都充满了期待。但是如果由于误解，或由于某一方谈判前准备得不够充分，使另一方在感情上受到很大的伤害，就会导致僵局的出现，使谈判匆匆收场。

谈判的中期是谈判的实质性阶段，双方需要就有关技术、价格、合同条款等交易内容进行详尽的讨论、协商。在合作的背后，客观地存在着各自利益上的差异，这就可能使谈判暂时向着双方难以统一的方向发展，产生谈判中期的僵局，而且，中期僵局常常具有此消彼长、反反复复的特点。有些中期僵局通过双方之间重新沟通，便可迎刃而解；有些则因为双方都不愿在关键问题上退让而使谈判长时间拖延，问题悬而难解。因此，中期是僵局最为纷繁多变的阶段，也是经常发生谈判破裂的阶段。

谈判后期是双方达成协议的阶段。在已经解决了技术、价格等关键性问题之后，还有诸如项目验收程序、付款条件等执行细节需要进一步商议，特别是合同条款的措辞、语气等经常容易引起争议。但谈判后期的所谓僵局不像中期那样难以解决，只要某一方表现得大度一点，稍作些让步便可顺利结束谈判。需要指出的是，后期阶段的僵局决不容忽视，如果掉以轻心，有时仍会出现重大问题，甚至使谈判前功尽弃。因为到了后期，虽然合作双方的总体利益以及各自利益的划分已经通过谈判确认，但是只要正式的合同尚未签订，总会有未尽的权利、义务、责任、利益和其他一些细节尚需确认和划分，因此不可疏忽大意。

（二）从广义的角度分类

其实，谈判不仅仅是从交换意见到签订合作协议的过程，而且也始终贯穿于整个合作的全过程。

在谈判中双方的观点、立场的交锋是持续不断的，当利益冲突变得不可调和时，僵局便出现了。所以，从广义上讲，僵局的发生是伴随整个合作过程随时随地都有可能出现的。例如，项目合作过程分为合同协议期和合同执行期，因此，谈判僵局分为协议期僵局和执行期僵局两大类。协议期僵局是双方在磋商阶段意见产生分歧而形成的僵持局面，执行期僵局是在执行合同过程中双方对合同条款理解不同而产生的分歧，或出现了双方始料未及的情况导致一方把责任有意推向另一方，抑或一方未能严格履行协议引起另一方的严重不满等而引起的责任分担不明确的争议。这就是从广义角度来理解的僵局。

（三）从谈判内容的角度分类

按照谈判内容的不同，谈判僵局的种类也不同。也就是说，不同的谈判主题会有不同的谈判僵局。

一般来讲，不同的标准，不同的技术要求，不同的合同条款，不同的项目合同价格、履约地点、验收标准、违约责任等都可能引起不同内容上的谈判僵局。需要指出的是，在所有可能导致谈判僵局的谈判主题中，价格是最为敏感的一种，是产生僵局频率最高的一个方面。因此，不论在国内还是国际商务谈判中，从内容上讲，价格僵局都是经常存在的。

二、谈判中形成僵局的原因

不论是谈判中的何种僵局，其形成都是有一定原因的。只要我们能够对这些原因准确地加以判断并适度地把握，处理僵局也就有的放矢了。那么，当我们认真而冷静地对僵局的成因进行分析时，就不难发现，其原因包括以下几个方面。

（一）谈判中形成一言堂

除了书面形式的谈判以外，交易双方都是面对面地通过口头语言来交流信息、磋商议题的。谈判中的任何一方，不管出于何种欲望，如果过分地、滔滔不绝地论述自己的观点而忽略了对方的反应和陈述的机会，必然会使对方感到不满与反感，从而造成潜在的僵局。更严重的情况是谈判中的一方认为自己理由充分，唯恐对方不了解，或是认为只有从不同角度反复陈述自己的观点才能取得对方的理解与信任，并希望以此获得成功时，他们并没有考虑到给对方表达观点的机会，剥夺了对方的发言权，造成了“曲终人散”的局面，从而形成僵局。

（二）过分沉默与反应迟钝

谈判中的任何一方，无论出于什么目的，不能或不愿在谈判桌上与对方进行充分交流，过分地沉默寡言，看似认真、专注倾听，实际上反应迟钝或不置可否，都会引起对方的种种猜疑和戒备，甚至引起对方的不满，从而给对方造成心理压力，形成谈判的难堪局面，造成僵局。

（三）观点的争执

谈判过程中，如果对某一问题双方各自坚持自己的看法和主张，谁也不愿作出让步，往往容易产生分歧，争执不下。双方越是坚持自己的立场，分歧就会越大。这时，双方真正的利益被这种表面的立场对立所掩盖，而双方为了维护各自的面子，非但不愿作出让步，反而会用顽强的意志来迫使对方改变立场。于是，谈判变成了一种意志力的较量，自然陷入僵局。

经验证明，谈判双方在立场上关注越多，就越不能注意调和双方利益，也就越不可能达成协议。甚至谈判双方都不想作出让步，或以退出谈判相要挟，这就更增加了达成协议的难度，拖延了谈判时间，容易使谈判一方或双方丧失信心与兴趣，最终使谈判以破裂而告终。立场观点的争执所导致的谈判僵局，是比较常见的，因为人们最容易在谈判中犯立场观点性争执的错误，这也是形成僵局的主要原因。

（四）偏激的感情色彩

偏激的感情色彩，是指谈判者对所商谈的议题过分地表现出强烈的个人感情色彩，提出一些不合乎逻辑的议论和意见，形成强烈的个人偏见或成见，引起对方的不满，造成谈判的僵局，甚至使谈判破裂。如谈判中买方认为供货方的要价过高，便喋喋不休地旁征博引，说某某企业的货物如何好，条件又如何优惠等，引起供货方的厌烦，导致谈判陷入僵局。

（五）人员素质的低下

谈判人员素质不仅始终是谈判能否成功的重要因素，而且当双方合作的客观条件良好，共同利益较一致时，谈判人员素质高低往往是起决定性作用的因素。

事实上，仅就导致谈判僵局的因素而言，在某种程度上都可归结为人员素质方面的原因。有些僵局的产生，很明显是由于谈判人员的素质欠佳，使用一些策略时因时机掌握不好或运用不当，导致了谈判过程受阻及僵局的出现。因此，无论是谈判人员个人风格方面的原因，还是谈判人员知识经验、策略技巧方面的不足或失误，都可能导致谈判陷入僵局。

（六）信息沟通的障碍

由于谈判本身是靠“讲”和“听”进行沟通，事实上，即使一方完全听清了另一方的讲话内容并予以正确地理解，且能够接受这种理解时，也不意味着就能够完全把握对方所要表达的思想内涵。谈判双方信息沟通过程中的失真现象时有发生。实践中，由于信息传递失真而使双方之间产生误解继而出现争执，并因此使谈判陷入僵局的情况屡见不鲜。这种失真可能是口译方面的，也可能是合同文字方面的，这些都属于沟通方面的障碍。

信息沟通本身，不仅要求真实准确，还要求及时迅速，但谈判实践中却往往由于未能达到这一要求而使信息沟通产生障碍，从而导致僵局。这种信息沟通障碍就是指双方在交流彼此情况、观点，协商合作意向、交易的条件等过程中遇到的理解障碍，主要表现为：双方由文化背景差异所造成的沟通障碍；由于职业或受教育程度的不同所造成的一方不能理解另一方的沟通障碍；由于心理因素等原因造成的一方不愿接受另一方意见的沟通障碍等。

（七）软磨硬抗式的拖延

软磨硬抗虽然是商业谈判中常用的手法，但是谈判人员为了达到某种不公开的目的，采取无休止的拖延，在拖延中软磨硬抗，就可能使谈判陷入僵局和破裂。例如，谈判人员借口眼下有件急事要处理，而将谈判委托给某某代表负责，而接替者又不置可否，致使谈判没有任何实际意义，明显地是在拖延谈判时间。这样不仅不尊重对方，而且隐藏着某种其他含义和动机，使对方产生反感，造成僵局。

（八）外部环境发生变化

谈判中因环境变化，谈判者对己方所作出的承诺不好食言，但又无意签约，采取不了了之的拖延态度，使对方忍无可忍，造成僵局。例如，市场价格突然变化，如按双方洽谈的价格签约，必给一方造成损失，若违背承诺又恐对方不接受，双方都不挑明议题，最后形成僵局。这是由于谈判人员缺乏应有的坦诚态度，又都企图从对方那里获得需求，造成久拖不决的僵局。

以上是造成谈判僵局的几种因素。在谈判实践中，很多谈判人员害怕僵局的出现，担心由于僵局而导致谈判暂停甚至最终破裂。其实大可不必如此多虑，谈判经验告诉我们，这种暂停乃至破裂并不绝对是坏事。因为，谈判暂停，可以使双方都有机会重新审慎地检查各自谈判的出发点，既能维护各自的合理利益又注意挖掘双方的共同利益。如果双方都逐渐认识到弥补现存的差距是值得的，并愿采取相应的措施，包括进一步作出必要的妥协，那么这样的谈判结果也真实地符合谈判的初衷。即使谈判破裂，也可以避免非理性的合作，即不能同时给双方都带来利益上的满足。有些谈判似乎形成了一胜一负的结局，实际上，失败的一方往往会以各种方式来弥补自己的损失，甚至以各种隐蔽的方式挖对方的墙脚，结果导致双方都得不偿失。所以说，谈判破裂并不总是以不欢而散告终的。双方通过谈判，即使没有成交，但彼此之间加深了了解，增进了信任，为日后的有效合作打下了基础。从这个意义上来看，谈判僵局并非坏事，在某种程度上还可以说是一件有意义的好事。

三、谈判中僵局的处理方法

谈判出现僵局的时候，要想妥善处理好僵局，不仅要分析原因，而且还要搞清分歧的所在环节及其具体内容。例如，是价格条款问题，还是法律合同问题，抑或责任分担问题等。在分清这些问题的基础上，进一步估计目前谈判所面临的形势，检查一下自己曾经作出的哪些许诺存在不当之处，进而认真分析对方为什么在这些问题上不愿意作出让步以及困难所在等。特别是要想方设法找出造成僵局的关键问题和关键人物，然后认真分析在谈判中受哪些因素的制约，并积极主动地做好相关方面的疏通工作，寻求理解、帮助和支持，通过内部协调，就可以对自己的进退方针、分寸作出大致的选择。最后，要认真研究突破僵局的具体策略和技巧，确定整体的行动方案，最终妥善地处理好谈判的僵局。

（一）尽力避免僵局的原则

妥善处理谈判僵局的最有效途径是将形成僵局的因素消灭在萌芽状态。为此，应遵循以下几项原则。

1. 坚持闻过则喜

俗话说：褒贬是买主。谈判中出现意见分歧是平常的事，反对意见一方面是谈判顺利进行的障碍，同时也是对议题感兴趣或想达成协议的表示。因此，听到对方的反对意见要“闻过则喜”，应诚恳地表示欢迎。问题的关键是谈判双方在指导思想上都应坚持正确的谈判态度。提出反对意见者，说话要有充分依据，要尊重对方。被提意见者要谦虚，要欢迎对方畅所欲言。

2. 态度冷静、诚恳，语言适中

谈判人员在解释、回答反对意见时，决不能用针锋相对的愤懑的口吻来反驳，而是应该态度冷静、诚恳，解释时语言适中，既不多讲，也不寡言。这样既可以减轻对方的负担，满足对方自尊心的需要，而且可以在倾听对方意见的基础上探出对方的动机和真实目的，为制定对策做好准备。同时，也应将自己的看法和对方意见的不实之处反馈给对方，从而形成谈判的对等局面。

3. 绝不为观点分歧而发生争吵

谈判既是智力的角逐，又是感情的交流。当谈判中的分歧较大时，双方都会不同程度地流露出各自的真实感情，即使在理智的控制下，言谈中难免会出现一些冷嘲热讽的现象，甚至发生情绪上的对立。为此，谈判者必须有较强的自控能力，防止变争论为争吵，不要为观点分歧的争论而出言不逊，注意语言的委婉性、艺术性，以充分的理由来强化说服力，同时注意对方的情绪变化，分析其心理状态，因势利导，寻求解决分歧的途径，使谈判得以顺利进行。

（二）努力建立互惠式谈判

所谓互惠式谈判，是谈判双方都要认定自身需要和对方的需要，然后共同探讨满足彼此需要的一切有效的途径与办法。即视对方为解决问题者，而不是敌人。谈判人员对于谈判对方所提供的资料采取审慎的态度，不要不信任对方；谈判中态度要温和，眼睛紧盯利益目标；寻求共同利益而不是单纯从自身利益考虑。

为了使互惠式谈判能够有效地开展，可以采用“多头并进”的谈判方法。多头并进，就是同时议论有待解决的各个项目，如价格、付款条件、交货条件及售后服务等。由于各个具体项目之间有较大的伸缩性，当其中的一项遇到难题时，可以暂时搁置，移到下一项，或是当某一项不得不作退让时，也可以设法从其他项目得到补偿。这种谈判的办法，又叫作横向谈判。尽管进展缓慢，但可以减轻谈判人员的压力，有利于避免僵局。如果采用单项深入式的谈判，每次只集中谈论一个项目，这种谈判方法虽然进度快，但是各个项目之间缺乏呼应，易使谈判双方承受较大的压力，导致谈判陷入僵局。

互惠式谈判的核心是谈判双方既要考虑自己的利益，也要兼顾对方的利益，是平等合作式的谈判。

（三）妥善处理谈判僵局的方法

1. 潜在僵局的间接处理法

所谓间接处理法，就是谈判人员借助有关事项和理由委婉地否定对方的意见。其具体的办法有以下几种。

（1）先肯定局部，后全盘否定。谈判人员对于对方的意见和观点持不同的看法或是发生分歧时，在发言中首先应对对方的观点和意见中的一部分略加肯定，然后以充分的根据和理由间接地、委婉地全盘否定。例如，需方说："用这种包装的商品，我们不能要！"供方经过通盘分析，了解到需方是借包装问题为讨价还价找借口。于是回答道："是啊！许多人都认为这种包装的商品不好卖，但是如果真正认识到这种包装的好处，自然会改变看法的。已经有很多顾客专门挑选这类包装的商品了。"又如，需方说："我们不需要送货，只要价格优惠！"供方不直接答复，却说："您的意见有道理，可您是否算过这样一笔账，价格优惠的总额与送货的好处相比，还是送货对您更有利。"供方先肯定对方的一部分意见，然后进行核算比较，最后间接否定了需方的意见。

（2）先重复对方的意见，然后再削弱对方。这种做法是谈判人员先用比较婉转的口气，把对方的反对意见重复一遍，再作回答。在重复时原意不能改变，语言顺序可以变动。这样做可以缓和谈判气氛，显得比较温和。

运用这种方法时，要注意研究对方的心理活动、承受能力，要因时、因人、因事而异，不能机械地套用。

（3）用对方的意见去说服对方。这是谈判人员直接或间接地利用对方的意见去说服对方，促使其改变观点的方法。例如，卖方对买方说："你方要货数量虽大，但是要求价格的折扣幅度太大了，服务项目要求也过多，这样的生意实在是难做。"买方便可以这样去说服对方："您说的这些问题都很实际，正像您刚才说的那样，我们要货数量大，这是其他企业根本无法与我们相比的。我们要求价格折扣幅度大于其他企业也是可以理解的！再说，以后我们会成为您的主要的长期合作伙伴。而且，您还可以减少对许多小企业的优惠费用。从长远看，咱们还是互惠互利的。"

（4）以提问的方式促使对方自我否定。这种做法是谈判人员不直接回答问题，而是提出问题，使对方在回答问题的过程中否定其原来意见。例如，供方为争取一份销售合同，派一名业务员前去一零售企业洽谈。

零售方："我们目前还不需要你们的商品，某某企业的货倒是很适合我们的需要。"

业务员："请问你们那么好的营业场所，柜台都摆满了吗？"

零售方："摆满说不上，但够卖的了。"

业务员："你们经营的商品，着重花色、利润，还是商品的质量?"

零售方："首要的是商品的销路，同时要看利润如何。"

业务员："我们的商品销路不错，无须我多说了！但我们的价格及各种优惠条件是其他企业无法相比的。"

零售方："你的优惠条件相当不错，但我还要看看质量。"

业务员："你们的营业面积有多大？经营品种有多少?"

零售方："营业厅面积足有5 000多平方米，经营品种倒不多。"

业务员："看来，你们柜台商品陈列并不是很丰富，我的这种商品是可以摆得下的吧!"

零售方："摆是没有问题的。"

业务员："怎么样？对我的商品有什么想法?"

零售方："让我考虑一下。"

零售方经过分析，认为购进这种商品有利可图，于是双方达成了协议。整个洽谈过程中，供方业务员通过提问的方式，促使零售方否定了自己原来的观点，进而达成了协议。

以上所述对谈判中潜在僵局间接处理的各种方法，都有一定的适用范围和局限性，在实践中能否行得通，完全取决于谈判者的灵活运用。

2. 潜在僵局的直接处理法

（1）站在对方立场上说服对方。说服是以充分的理由和事实使对方认可。但是，在商务谈判中仅有充分的理由和事实并不一定能使对方信服。为此，当谈判中一方坚持固有意见时，要使说服有效，除了使用无可辩驳的证据和严密的推理外，还必须使对方的需要得到一定的满足。所以，要站在对方的立场上讲清道理，使对方确实感到他原来所坚持的意见必须改变才行，以扭转谈判的僵局。

（2）归纳概括法。这是谈判中将对方的各种反对意见进行归纳整理、集中概括，然后有针对性地加以解释和说明，从而起到削弱对方观点与意见的效果。例如，需方代表对供方提供的商品提出很多意见："商品的外观不新颖，包装有问题，质量与价格不相称，顾客不欢迎"等，需方提了一连串的反对意见，无非是在为讨价还价作准备。若逐一回答，不但啰唆，而且需方也未必听得进去。对此，供方代表可以将对方的这一连串的反对意见进行归纳、整理，概括为商品的质量问题，进而抓住质量问题去进行解释和说服对方。

（3）反问劝导法。谈判中常常会出现莫名其妙的压抑气氛，这就是陷入僵局的苗头。出现这种情况的原因极为复杂，有的是谈判人员个人心理变化所致；有的是一方虽有反对意见但尚未表露所致等。这时，谈判人员适当运用反问法，以对方的意见来反问对方，可以防止陷入僵局，而且能够有效地劝说对方。例如，需方说："你提供的商品，无论是质量还是价格都可以，只是目前我们不打算进货!"供方摸不清需方的真实意图，可以巧妙地说："向您提供的这些商品，正像您说的那样，一切都不错。看来，您很识货！目前，这种商品的销路看好，进些货是举手之劳，何乐而不为呢?"待需方进一步解释或回答时，供方便可知道需方的真实意图了，然后便可以有针对性地进行劝导，从而避免谈判陷入僵局。

（4）幽默方法。幽默在谈判中运用得好，可以起到意想不到的效果。当谈判出现沉闷的气氛时，谈判人员可以说几句诙谐的话，使剑拔弩张的紧张气氛顿时化为乌有。这是因为谈判人员在紧张中忘情地一笑，心理压力得到缓解，精神会为之一振，可以使错综复杂的谈判活动在轻松愉快的气氛中进行。

（5）适当馈赠。谈判人员在相互交往的过程中，可以适当地互赠些礼品作为联络感情的方法，西方学者幽默地称之为“润滑策略”。这是防止谈判出现僵局的行之有效的途径，等于直接明确地向对方表示“友情第一”。所谓适当馈赠，就是说馈赠要讲究艺术，一是注意对方的习俗，二是防止“贿赂”之嫌，做到“礼轻情义重”。

（6）场外沟通。谈判会场外沟通亦称场外交易、会下交易等。它是一种非正式谈判，双方可以无拘无束地交换意见，达到沟通的效果，消除障碍，避免出现僵局。对于正式谈判出现的僵局，同样可以利用场外沟通的途径直接进行解释，消除隔阂。

场外沟通，亦应提高警惕，不要作单方面的表白，以免泄露己方机密，也不要在轻松的气氛中轻信对方提供的信息。

3. 妥善处理谈判僵局的最佳时机

在谈判实践中，选择最佳时机处理僵局，往往会取得意想不到的效果。谈判活动的发展变化，在不同的时间各不相同，在不同的时间采取相应的措施处理僵局，效果大不一样。这方面的技巧和方法主要有以下几种。

（1）及时答复对方的反对意见。谈判中双方都希望自己的意见得到对方的尊重和重视，若对方不能给予明确的答复，往往会造成心理障碍，形成谈判进行中的潜在僵局。为此，只要对方提出明确的反对意见后，都应及时给予答复，若一时无法答复，亦应解释清楚，这样可以采取主动，使对方感到你的诚意，有利于消除僵局。

（2）适当拖延答复。谈判中碰到很多棘手的问题，使谈判人员不能即刻答复。在这种情况下，可以拖延时间再作答复，以取得更好的效果。但拖延答复时间不宜过长，而且应当向对方说清楚。若出现下列各种情况，则可以拖延答复：① 对方提出的反对意见，使你感到不能作出满意的答复时；② 反驳对方意见缺乏足够的证据时；③ 即刻回答会使己方陷入被动时；④ 确实有把握控制谈判局势，使对方的反对意见随着谈判的深入逐渐削弱时；⑤ 对方的反对意见明显偏离议题时；⑥ 对方由于心理原因而提出“发泄性”的反对意见时。大凡遇到以上六种情况，都可作适当的拖延，以便有时间来应付这种场合。

（3）争取主动，先发制人。若谈判人员事先发现对方会提出某种反对意见，则抢在他之前便把问题提出来，作为自己的论点，劝导对方重新认识问题，可以有效地避免和消除僵局。采用这种做法应善于察言观色，随时注意对方的态度，掌握好时间，就可以避免争论，避免僵局。值得注意的是“先发制人”绝不是“强加于人”。

4. 打破谈判中僵局的做法

如果谈判中僵局已明显化，双方又争执不下，致使谈判毫无进展时，如何妥善处理这种明显的谈判僵局，是直接关系谈判效果的大问题。妥善处理已经形成的僵局，关键是设法缓和对立情绪，弥合分歧，使谈判出现转机，推动谈判进行下去。具体的做法主要有以下几种。

(1) 采取横向式的谈判。把谈判的面撒开，先撇开争执的问题，再谈另一个问题，而不是盯住一个问题不放，不谈妥誓不罢休。例如，在价格问题上双方互不相让，可以先暂时搁置一旁，改谈交货期、付款方式等其他问题，如果这些议题对方感到满意了，再重新回过头来谈价格问题，阻力就会小一些，商量的余地也就更大一些，从而弥合分歧，使谈判出现新的转机。

(2) 改期再谈。谈判中，往往会出现严重僵持，致使谈判无法继续的局面。这时候可以共同商定休会，并商定再次谈判的时间、地点。但在休会之前，务必向对方重申己方的意见，引起对方的注意，使对方有充裕的时间进行考虑。

(3) 改变谈判环境与气氛。谈判气氛紧张，易使谈判人员产生压抑、沉闷，甚至烦躁不安的情绪。作为东道主可以组织谈判双方搞一些放松的活动，例如游览观光、文娱活动等，使紧张的神经得到缓解。这当中，谈判双方可以不拘形式地就某些僵持问题继续交换意见，在融洽轻松的气氛中消除障碍，使谈判出现新转机。

(4) 叙旧情，强调双方共同点。这是通过回顾双方以往的合作历史，强调、突出共同点和以往合作的成果，以此来削弱彼此的对立情绪，达到打破僵局的目的。

(5) 更换谈判人员或者由领导出面调解。谈判中出现了僵局，经多方努力仍无效果时，可以征得对方同意，及时更换谈判人员。这是一种迫不得已的、被动的做法，必须慎重使用。必要时，可请企业的领导出面，因势利导，以表明对谈判局势的关注，也可以达到消除僵局的效果。

(四) 谈判中严重僵局的处理办法

在谈判过程中，尽管双方几经努力，但僵局仍未出现缓解之势，双方都已“被套住”时，僵局就已经相当严重了。特别是在履行协议过程中，双方对于争议、纠纷之类问题的谈判，涉及双方的权利与义务，致使谈判双方对立情绪十分明显、气氛异常紧张。这类谈判难度大，政策性和专业技术性强。妥善的办法是本着己方利益不受损失，同时顾全对方的自尊与利益，在灵活运用各种策略与技巧的同时，可采取适当让步和调解、仲裁的做法。

1. 适当让步，争取达成协议

对于谈判的任何一方而言，坐到谈判桌上来的目的主要是为了成功达成协议。因此，当谈判陷入僵局时，我们应当清醒地认识到，如果促使合作成功所带来的利益要大于坚守原有立场而让谈判破裂所带来的好处，那么，有效的退让也是我们应该采取的策略。

让步的基本原则是以小换大。这就要求谈判者既要经过缜密思考，步子稳妥，又要恰到好处，使对方的利益得到一定的满足，从而促成签订协议。这方面的具体做法如下。

(1) 不要作无谓的让步。每次让步都要换取对方相应的让步，都要争取己方的利益，也就是说，让步要让在“加”上，让得恰到好处，使己方较小的让步换取对方较大的让步。

（2）不要轻易表态接受对方最初的让步，即使对方最初让步的效益高于己方的期望值时，也不要轻易表态。因为，对方的最初让步通常是有余地的，而且己方推迟表态还可以引出对方的意图。

（3）在己方认为重要的问题上要力求使对方先让步；而在较次要的问题上，己方可根据实际需要，适时、适度地予以让步。

（4）虽然已经作出了让步，而后如果考虑到这种让步对己方不利时，可以提出修正，不要因为难为情而迟迟不敢提出要求。

（5）商务谈判中的让步，并不是对等让步，每次让步的幅度不宜过大，让步的次数绝不可多，而且要设法让对方感到，己方作出的每一次让步都是重大的让步，以争取达成协议。

在严重僵局的处理过程中运用让步策略，必须通盘谋划，明确用什么方式、在什么时候、在哪些方面让步、让步到什么程度等一系列问题，绝不可盲目让步，引起失误，出现得不偿失的结果。

2. 调解与仲裁

当谈判僵局继续发展，双方严重对峙，均无有效方法解决时，可以采取调解与仲裁的办法来处理。

（1）调解。调解是通过第三方的工作来解决僵局的一种做法。调解对谈判双方并不是强制性的，仅是作为中间人，对双方进行调解劝说。

（2）仲裁。仲裁是指通过专门的仲裁机构，按照仲裁规则解决纠纷的一种办法。仲裁必须是双方自愿的，其结果具有强制执行力，对双方都有约束作用。

通过第三方的调解和采用仲裁处理谈判僵局固然有效，但是，当发现调解和仲裁人员不公正时，谈判人员应及时明确提出，必要时也可以通过诉诸法院的形式对他们的不公正行为予以起诉，以保护自己的合法权益。

四、处理谈判僵局应注意的几个问题

谈判者在面临僵局和处理僵局时，要注意以下几个问题：

（一）及时、灵活地调整和变换谈判方式

谈判方式取决于谈判者的指导思想、谈判策略运用的出发点、目的及其运用的形式。有人把商业谈判分为立场式谈判、原则式谈判与合作式谈判三种类型。

立场式谈判是指谈判者竭力谋求己方的最大利益，坚持对抗中的强硬立场，以迫使对方作出较大让步为直接目标的谈判方式。

这种谈判方式的基本特征是：谈判一开局就以强硬的态度出现，以迫使对方降低目标，并把对方的让步视为己方的胜利；一般情况下很少让步，即使让步也是无奈之举，在无退路时，常以激愤之态甚至中途退场来向对方施加压力，而且置谈判时间期限于不顾，颇有耐心。

立场式谈判把谈判看作意志力的较量与竞争，认为谈判中立场越强硬，最终获取的

也就越多。

立场式谈判存在很多问题，即使达成协议也只能是双方都不甚满意的协议，充其量是双方最后分歧点的折中而已，并不是真正的能够满足双方合法利益的合作协议。显然，立场式谈判是企图用绝对的顽强意志力和不惜耗费时间的耐心来迫使对方改变立场以获得利益的谈判。尽管这种谈判方式耗时多、成本大，而且极易导致谈判破裂，但是其可取之处在于顽强的意志力与耐心及强硬的态度，所以，它又被称之为硬式谈判。

原则式谈判，是一种硬、软结合的谈判方式，主张对事强硬，对人软；既不用计谋，也不作任何姿态，根据事实来达成协议，以保持公正、客观的谈判态度；坚持谈判目标在于利益而绝不是立场，探讨对双方有利的各种方案并选择使用，始终视谈判对手为解决问题者，将人与问题分开，以客观标准达成协议。

这种谈判方式，目的是要取得符合客观标准的协议。其指导思想是开诚布公地讲道理。对人信任与否与谈判无关，坚持将人与议题内容分开，以对事为主。但其薄弱之处在于对人际关系方面的工作似乎重视得不够，截然将人与事分开，难度较大。

合作式谈判，坚持平等互利、求同存异，变消极为积极，互谅互让，相互尊重，力求谈判能够融洽、友好、富于创造性。

合作式谈判的目标以能够达成协议为准，不但对人对事都较温和，而且也相信对方总是为了增进相互关系而让步。正因为这种谈判方式是为了避免相互争论，强调友善，故又称之为温和式谈判方式。很明显，这种谈判方式易受到对方的攻击，也易遭受损失。

以上三种谈判方式，各有所长，也各有所短。成功的谈判者，应采它们之所长融入自身的谈判实践中。例如，碰到那种阴谋型、缺乏合作意识的谈判对手，就可以运用以上所述的那种“立场式”的谈判方式。处理谈判僵局，是一门科学，更是一门科学与艺术统一的技能，需要谈判者创造性地灵活运用各种谈判方式。

（二）回绝对方不合理要求，降低对方目标要求

谈判中往往会碰到对方提出不合理或过高的要求，危及己方的起码利益。谈判者应采取适宜的策略予以回绝，或是设法降低对方的目标要求，进而取得圆满的谈判结果。商业谈判中，有时对方要求索取有关资料，却涉及己方商业秘密的一些数据，故如买方向卖方索取有关价格和成本分析表之类的资料，则应婉言回绝，或是适当应对。可以提供无关紧要的资料，也可以托词拖延，最好的办法还是向对方解释清楚，说明无法提供的缘由。很多成功的谈判经验告诉我们，谈判桌上，对于对方提出的一些条件，若不能及时、清楚地予以答复，单纯顾及“情面”，含含糊糊，反而会引起对方的猜疑和戒备，讲清楚了，就可以避免很多无端的麻烦。关键是要掌握好“如何讲清楚”的技巧，绝不能简单地、直接地、生硬地“讲清楚”，既要把观点讲明白，又要注意讲的方式、方法，力求“给台阶下”，防止激起对立情绪，加深对峙的程度。“台阶”要堂堂正正地摆出来，要使对方明白，己方已经在解决僵局中作出了努力。所以，谈判中对于对方提出的一些不合理要求，“把话摆到桌面上来”确实是必要的。俗话说：“话说清，理

摆明，事好办”。这样做，不但能够防止和回避僵局，即使碰到僵局也有利于摆脱。

如何有效地缩小双方的分歧、消除对峙呢？一是屈从对方的压力，己方让步；二是对方让步。若己方的让步已到临界线了，那么只有靠对方降低目标要求。实践告诉我们，谈判中的任何一方都是不情愿让步的。往往出现这种情况：一方出于善意，主动作出些让步，但对方非但不领“情”，反而得寸进尺，提出更高、更多的要求，大有强人所难之势。所以，摆脱僵局，一方面己方让步要适度，另一方面则要针对对方过高的目标要求予以削弱和降低。为此，应考虑以下几点：首先，必须牢牢把握住己方的利益目标，把己方的利益目标确定在对方能够接受的较高限上，不轻易让步，并设法让对方了解你的目标；其次，要以充分的事实根据和理由强调，己方提出的交易方案交易条件公道，能够给对方带来利益，也完全是从双方利益需要考虑的；再次，在磋商交易条件的初始阶段就要设法达到这种谈判格局。因为，进入后期，改变对方的观点、降低对方目标要求的难度较大，而且极易导致双方的观点对峙，陷入僵局。

若对方仍坚持过高的利益目标，没有任何松动的可能，明显的僵局已经形成，己方则可以在适当的话题下，提出与对方所提方案相应的一种新方案，使对方接受的难度增大，进而以迂回的方式迫使对方降低原有的过高的目标要求。

（三）防止让步失误，掌握好妥协的艺术

让步是谈判中常用的一种策略，更是在回避和摆脱谈判僵局中能够直接奏效的“法宝”，因为只有让步、妥协才能使双方利益差异相对弥合。

谈判中的让步是一门艺术，并非所有的让步都能有所获取。所以，如何防止谈判中让步失误，掌握好妥协的艺术则是回避和摆脱僵局的一种重要手段。

让步失误，即指谈判中每次让步都未能取得让步的预期效果、未能有所获取。成功的经验告诉我们，不管是面临僵局，还是已经陷入僵局，让步是肯定需要的，关键是要善于控制让步的程度，不断地改变让步的形式，掌握得好就能达到让步的目的。反之，对各种让步缺乏全面布置，不善于、甚至没有办法控制让步的程度则是谈判中让步失败的根本原因。让步失误一般都是由于在谈判初始阶段态度强硬、丝毫不肯让步或是只作微小让步所致。而随着对方压力的不断增加，便无可奈何地退让，作出一连串的大幅度的让步。

处理僵局时的让步，首要的是防止让步失误，为此应注意这样几个主要问题：

1. 切不可过分自信、自以为已经掌握了对方的意图

谈判陷入僵局，一般都是相互间已经有了初步的了解，若过分自信，自以为掌握了对方的意图，难免会出现严重问题。很多成功的谈判者都认为：双方争执不下时，如果根据未经证实的估计去判断和推论对方的真实企图，十有八九会吃亏上当。

所以，在僵局的压力下应保持高度冷静和警惕，争论中要仔细分析对方的真实意图，耐心地试探，谨慎地表态。

2. 不可轻易接受超出己方期望水准的最初报价

有的谈判者一看到对方第一次出价超出己方的期望后，便按捺不住激动之情，欣然接受，这正是成功谈判所忌讳的事。因为常规告诉我们，谈判中的第一次出价绝对是水

分很大的。正因为如此，有人总结出这样一句话：“永远不要相信第一次报价！”这句话似乎不近情理、太绝对了些，但其中的道理却足以引为处理僵局之戒。因为，对方很可能和你有完全不同的价值标准，也完全有可能再作些让步。更重要的是，立刻接受对方的初次报价，对方往往会有吃亏的感觉，以为自己出价过低了，自然会在其他方面提出苛刻的要求，增大了摆脱僵局的难度。

3. 不要轻易让步，在重要问题上不先让步

陷入谈判僵局对谈判者来说确实是一种“煎熬”，有的谈判者往往在心理上和身体上支撑不住，巴不得能够尽快有个结果，故常以为“差不多，就行了”，这正是商业谈判之大忌。为此，要明确这样一个基本问题：在确切搞清对方所有要求之前，绝不能作出任何让步，这是妥协的真谛。因为己方稍有松动，对方必然得寸进尺，步步紧逼，反而加剧了僵局。

不能搞交换式的让步。有的谈判者认为，陷入僵局既然是利益之争，那么我在这个问题上让步了，即刻就要求对方在另一个问题上让步，这样，对方就没有理由加以拒绝了。殊不知，谈判对手并不是如你想象的那样会“领情”，反而会进一步向你提出新的、更高的要求，甚至在别的问题上依旧要求你让步。还有些谈判者认为，要向对方阐明己方已经在若干个问题上让步了，并强调了承诺的态度，对方总得多少作出些让步吧！这种观点，看似理直气壮，但是却忽略了自己所付出的昂贵的代价。所以，让步绝不能“算单项账”，而要从总体利益目标上来“算大账”。

在谈判僵局的重压之下，关系己方根本利益的重大问题上的让步必须慎重，一般情况下最好不先让步，只有在对方确有诚意，明确其交换条件下，方可考虑适度稳妥让步，同时也要求对方让步。

例如，我某机械进出口公司与外国某公司洽谈购买一批数控机床，谈判中就价格问题经历了这样五个回合才达成协议：

第一回合，我方出价 11 万元，对方报价 23 万元。几经磋商，各不退让，明显陷入僵局。

第二个回合，对方明确表示，只要我方能适当考虑他们的报价，亦可提供其他相关配件。我方看对方确有诚意，亦表示可以酌情变动。这样，我方既不表示急于成交，也不冷落对方。对方报价 19.8 万元，已有让步之举，我方也以适当让步回报之，出价 12.5 万元。

第三个回合，对方报价 18.6 万元，我方出价 13.5 万元。

第四个回合，对方报价 17.5 万元，我方出价 14 万元。

第五个回合，对方报价 15.8 万元，我方出价 14.5 万元。

这样经过五次讨价还价，双方最后以 14.8 万元达成协议。我方让步采取的是积极而又稳妥的方式，既不过分拘谨，也不轻易加大让步幅度。足见，摆脱僵局的让步，特别是在重要问题上的让步，不仅要谨慎，更要掌握对方的真实企图。

4. 善于运用让步策略组合，在交叉式让步中找出路

处理僵局中的让步的形式和内容是多种多样的。让步所要解决的问题，绝不仅仅局限于双方所争执的某一具体问题，可以从多角度和不同的侧面，不断地变换让步形式来

妥善处理僵局。

商业谈判中的僵局虽然本质上是买卖双方利益矛盾所导致的对峙，但是完全可以从削弱对方的抵触情绪、减轻对方的心理压力入手，并辅之以相关的非实质性让步策略组合措施，来缓解和摆脱僵局，达到妥善处理僵局之目的。

谈判专家认为，妥协、让步同谈判策略一样，犹如一个“万花筒”，转来转去可以变换出形形色色的花样和图案，关键是要有的放矢，针对僵局中的具体情况加以采用。

处理僵局时的让步多数都是在非根本利益方面的让步。要求有效地将一些非根本利益方面的让步分别加以抽取，再有机地搭配结合起来，付诸对峙中的妥协，以换取对方的同等让步。非根本利益的让步也称为“虚让步”“虚妥协”。

如谈判中专注地倾听对方意见，认真地回答和解释对方提出的问题，适当地加大在小事上的让步次数，给予对方较高级的接待，对对方所提意见和方案给予必要的肯定和赞赏等，都是属于非实质性妥协范围。

又如，陷入僵局后，对方会反复强调其观点和方案的正确性，陈述中自然带有种种对己方的反驳之意，心理压力较大，难免有很多过激言辞，甚至片面的“一家之理”。若己方的领导出面，全神贯注地倾听，态度谦和有礼，并适当地加以解释，使对方不但有充分“发泄”的机会，而且又受到较高级的接待，会使心理压力得以削弱，对立情绪得以缓解。同时，对方也会感到己方的诚恳，产生信任与安全感。反之，不注意倾听，以冷漠态度视之，或是急于反驳、抢话，不但会引起对方的更大对立情绪，加剧对立，僵局不能缓解，还极有可能会使谈判破裂。这个例证说明，把“倾听”“高级接待”“建立缓冲区”等策略有机结合起来作出非实质性的让步，能有效地摆脱僵局。

交易价格之争往往会造成僵局。这时，可以采取“堤内损失堤外补”的策略，就是说可以采用交叉式让步，免得在同一问题、同一具体利益上争执不下。

所谓交叉式让步，是促使双方总体利益弥合的一种做法，要求一方在这一问题上让步，另一方在其他问题上让步；一方在这一问题上让步的损失，可以从另一方在其他问题的让步中得到弥补。即使是实质利益方面的让步，也完全可以通过这种让步方式来进行。

值得强调的是，摆脱僵局的让步固然是必不可少的，但是应提倡积极的让步方式，即采取上述的“合作式谈判”中的让步为好。

案例应用

让步的策略

某市机械进出口公司欲向国外订购一台专用设备，在收到了报价单并经过估价之后，决定邀请拥有生产该设备先进技术的某国客商来进一步洽谈。谈判中，双方集中讨论了价格问题。一开始，我方的出价是 10 万美元，而对方的报价与报价单开列的价格一样，是 20 万美元。

第一轮报价后，双方都预计到最后的成交范围是 14 万美元到 15 万美元之间。同时大家也估计到，需要经过几个回合的讨价还价，才能实现这一目标。那么，如何掌握以后的让步幅度和节奏呢？有关人员进行了讨论，提出了以下几种可供选择的方式：

- 向对方提出："好吧！我方本希望以 10 万美元成交，但你方要价 20 万美元，差距较大，为了取得一致，双方都应当互谅互让。坦率地说，14 万美元这个价格兼顾了双方的利益，比较现实，你方能否考虑接受？"

从表面上来看，这是合情合理的要求，但客观上却表现出我方急于成交或缺乏谈判经验，是一个典型的过大过快的让步方式。如果对方抓住这点猛压，我方就没有回旋余地了。

- 向对方表示我方愿意考虑的让步不超过 5 000 美元，即由原报价 10 万美元增加到 10.5 万美元。显然，这样的让步就显得微不足道，会使对方觉得我方缺乏达成协议的诚意。

- 采取比较稳妥的方式，先由 10 万美元增加到 11.4 万美元，然后依次增加，不过增加的幅度越来越小。按此方案双方进行了讨价还价，前四个回合双方出价及让步幅度见下表。到了第四个回合结束时，双方出价已离各自的期望值不远，即接近协议点了。

次序	买方报价	卖方报价	买方递增额	卖方递增额
第一回合	10.0	20.0		
第二回合	11.4	17.5	1.4	2.5
第三回合	12.7	16.0	1.3	1.5
第四回合	13.5	14.7	0.8	1.3

此例中的双方让步过程是谈判中间最普遍的让步方式。当双方都有达成交易的愿望，并希望彼此不伤和气时，大都采用此种方式。每两个相邻的报价之间的差距随着逼近期望值而越来越小，以此暗示成交的可能。一般而言，如为买主，一开始只作较小的让步，其后则始终坚持缓慢让步；如为卖主，则一开始所作让步可稍大些，以后再作缓慢让步。买卖双方总体上的让步往往是不对称的，在把握住不形成僵局的情况下，越是能够坚持不让步或缓慢让步的一方，最终的成交价格就会越接近其期望价格。

请分析上述案例，并回答以下问题：

1. 从上面的案例中，你能总结出哪些让步的基本原则和策略？

2. 如果采取案例中提供的第一种让步方式，最终协议价格可能会在一个什么样的水平上？

3. 如果采取案例中提供的第二种让步方式，可能出现什么样的谈判结局？

复习思考题

1. 简述制定商务谈判策略的一般步骤。

2. 谈判的开局在整个谈判过程中具有怎样的作用？确定恰当的开局策略需要考虑哪些因素？

3. 在国际商务谈判中，有哪两种典型的报价战术？试述二者的区别。

4. 谈判过程中，进行报价解释时必须遵循什么原则？

5. 在谈判的成交阶段可以采取哪些谈判策略？

阅读专栏

老国企襄阳轴承进军东欧市场

2013 年 5 月 22 日，襄阳轴承发布公告称，公司拟通过子公司襄轴香港在卢森堡设立的全资子公司襄轴卢森堡，以 2.03 亿元人民币的价格，现金受让波兰工业发展局持有的波兰克拉希尼克滚动轴承股份有限公司 89.15% 的股权。

襄阳汽车轴承股份有限公司建厂于 1968 年，是“四五”期间国家投资 1.2 亿元人民币建设的专为我国汽车制造配套轴承的国家重点项目。1993 年完成股份制改造，公司股票“襄阳轴承”于 1996 年年底在深交所上市。股东三环集团的主要业务是制造、销售专用汽车、汽车零部件、锻压机床以及汽车和材料贸易业务。2011 年度实现营业收入 139.00 亿元人民币，实现净利润 2.42 亿元人民币。

克拉希尼克滚动轴承股份有限公司（KFLT）1948 年即开始主要从事轴承制造，拥有波兰轴承产品约 8% 的市场份额，位居第五，是目前波兰本土最大的滚动轴承制造企业。轴承公司主要从事汽车滚子轴承、球轴承、工业特种轴承和大型风电轴承等各类轴承产品的生产制造和销售，拥有较高的产品研发技术和制造水平，是标致雪铁龙公司、雷诺汽车公司、麦格纳公司等世界著名企业的配套供应商。

作为一家老牌国企，由于传统业务不佳，襄阳轴承一直在寻找新的业务增长点。报表显示，2012 年公司盈利 485.95 万元人民币，同比下降 81.04%。此次交易是公司基于国际化战略布局的考虑而进行的。在波兰国有企业私有化的背景下，标的公司的历史品牌、区位、研发等方面的优势将为公司较快进入欧美市场乃至全球市场提供机遇，而目前欧洲债务危机亦是有利的并购时机。

2013 年 5 月 20 日，公司召开了第五届董事会第十三次会议，通过了本次交易相关事宜。

2013 年 6 月 8 日，湖北省国资委作出《省国资委关于襄阳汽车轴承股份有限公司重大资产购买方案的批复》，同意本次重大资产购买的整体方案，并同意三环集团与上市公司签署《盈利预测补偿协议》。

2013 年 6 月 11 日，波兰工业发展局的股东大会审议通过本次交易事项。

2013 年 6 月 13 日，公司召开第二次临时股东大会，通过了有关本次交易的议案。

2013 年 7 月 11 日，中国证监会核准了本次交易。

襄阳轴承以 2.03 亿元人民币的价格收购波兰工业发展局持有的标的公司 89.15%的股权（6 445 500 股），取得其控制权。另外，襄阳轴承控股股东三环集团与 KFLT 签订了《盈利预测补偿协议》。根据协议约定，KFLT 在 2013 年 3～12 月、2014 年、2015 年的扣非净利润预测折合人民币分别为 1 858.47 万元人民币、1 392 万元人民币、1 987 万元人民币。如果 KFLT 的实际利润低于预测利润，则三环集团将给予上市公司 KFLT 净利润差额的 89.15%的现金补偿，所参照的是北京中企华资产评估有限责任公司的评估报告。但作为公司聘请的审计机构，德勤华永给出 KFLT 2013 年 3～12 月的盈利预测为 960.30 万元人民币，这一数字相比评估机构中企华给出的 1 858.47 万元人民币相差甚远。

另外，此次交易的资金来源拟由襄轴卢森堡在境外通过境外银行贷款获得，并由公司控股股东三环集团向该境外银行在我国境内的关联银行提供担保。据公告，襄阳轴承此次拟贷款 3 000 万欧元，每年支付利息约为 45 万欧元，约合人民币 359.42 万元。

此次并购是三环集团公司实施“调结构、上水平、国际化”发展战略的重大举措，成为中国汽车轴承企业海外并购第一例。襄阳轴承并购波兰 KFLT 公司，襄阳轴承与 KFLT 公司将充分发挥各自的比较优势，不仅可以推动“湖北制造”转变发展方式，实现产业升级，也能够借力波兰进军欧洲市场，规避贸易摩擦。然而，襄阳轴承与很多其他上市公司不同，走出去的多数都是现金流很充裕的企业，而此次收购海外资产的资金全部来自于借款；另外，KFLT 公司近两年来盈利水平受非经常性项目盈利下降的影响较大，同时，KFLT 公司还存在商标使用纠纷问题。因此，该项并购风险比较大。

第六章　国际商务谈判中的技巧

✓ 本章摘要

谈判是借助于谈判双方的信息交流来完成的，而谈判中的信息传递与接收则需要通过谈判人员之间的听、问、答、叙、看、辩及说服等方法来完成。本章主要介绍了谈判人员如何捕捉对方思维过程的蛛丝马迹，及时了解对方需求动机线索，仔细倾听对方的发言，观察对方每一个细微动作，正确判断对方仪态举止、神情姿势、重复语句以及说话的语气等传递出的信息，从而掌握谈判主动权。

✓ 本章关键词

聆听　　询问　　回答　　陈述　　观察　　辩论　　说服

✓ 学习完本章，你需要掌握

- 国际商务谈判中听、问、答、叙、看、辩、说的技巧

✓ 引导案例

加拿大外商投协会主席法斯特于2011年10月7日至14日，对中国广州、深圳、上海、苏州、北京和青岛进行了贸易访问。他表示，作为世界第二大经济体以及加拿大的第二大贸易伙伴，中国为加拿大经济和商界提供了巨大的机会。中国日益增长的中产阶级带来的稳定经济增长，以及对技术和能源的需求，是加中深化贸易关系的潜力。

法斯特此行的一个重要目的是与中方达成外商投资保护协议（Foreign Investment Promotion and Protection Agreement），他表示，该协定对双方投资者设定了明确的基本规定，并提供解决纠纷的程序，将确保加拿大企业在与中方产生纠纷时，可通过国际层面的裁决来解决。

法斯特在接受新华社记者专访时说，这项外商投资保护协议将规定在何种规则下加拿大投资者可以在中国投资，以及在什么样的规则下中国投资者可以在加拿大投资。他指出，这项外商投资保护协议还将规定争端解决办法，为加拿大和中国投资者创造平等的商业环境，提供国际认可的争端解决程序。

法斯特表示，这项外商投资保护协议一旦达成，将向加拿大投资者释放中国欢迎加方投资的信号。加拿大非常希望和中国建立更深的投资和贸易关系。更加强大的加中贸

易关系将为全球经济恢复带来益处。目前，谈判接近成功，两国正共同努力以达成双方都可以接受的、互利的协议。尽管对加拿大投资者而言，中国陌生的投资环境、法律环境不可能瞬间改善，但他在一周的访问中，看到了中国的快速进步及投资机会。法斯特相信协定一旦签署，将带动双方的投资明显增长。

（资料来源：世界新闻网，2011 年 10 月 14 日）

谈判是借助于谈判双方的信息交流来完成的，而谈判中的信息传递与接收则需要通过谈判人员之间的听、问、答、叙、看、辩及说服等方法来完成。一位谈判行家曾经指出：谈判人员必须十分注意捕捉对方思维过程的蛛丝马迹，以便及时了解对方需求动机的线索；必须仔细倾听对方的发言，注意观察对方的每一个细微动作。因为对方的仪态举止、神情姿势、重复语句以及说话的语气等，所有这些都是反映其思想、愿望和隐蔽的需求的线索。

这里引用英国谈判大师杰德勒·尼尔伦伯格的一席话，来说明谈判者掌握正确的谈判方法、熟练的谈判技巧，并善于结合谈判实践灵活运用的重要性。他这样来描述成功的谈判者：

“成功的谈判者，必须把剑术大师的机警、速度和艺术大师的敏感、能力融为一体。他必须像剑术大师一样，以锐利的目光，机警地注视谈判桌那一边的对手，随时准备抓住对方防线中的每一个微小的进攻机会。同时，他又必须是一个细腻敏感的艺术大师，善于体会辨察对方情绪或动机上的最细腻的色彩变化。他必须抓紧灵感产生的那一刹那，从色彩缤纷的调色板上，选出最适合的颜色，画出构图与色彩完美的和谐的佳作。谈判场上的成功，不仅是得自充分的训练，而且更关键的是得自敏感和机智。”

第一节　国际商务谈判技巧概述

一、注重利益，而非立场

以往我们许多僵持很久的谈判过于重视立场或原则，谈判双方各自坚持自己的立场，往往将某项原则或立场视为谈判所坚持的重要条件。然而，我们许多人并不一定了解，在谈判双方对立的立场背后，既可能存在冲突的利益，而实际上还可能存在共同的或可以彼此兼容的利益。

例如，在机械设备的出口中，双方坚持各自的价格立场并不能有助于双方达成明智的交易，因为，价格立场背后还会有许多利益的存在，而这些利益的存在，对双方而言并不一定就是冲突。双方采用什么贸易术语？交货时间的安排对谁更重要？价格中是否包括人员培训的费用？运输的责任必须是由买方来承担吗？保险由谁办理更合适？对于卖方，信用证付款条件是不是必须条件？买卖双方是想签订长期出口合同，还是一笔交易的合同？有关设备的易损件是否包括在此合同的报价中？等等。

由此可以看出，一项合同谈判的立场背后还会有许多的利益因素。而商务谈判者必须彻底分析交易双方的利益所在，认清哪些利益对于我方是非常重要的，是决不能让步的；哪些利益是可以让步的，可以用来交换对方的条件。在不分清利益因素的情况下，盲目追求坚持立场和原则，往往会使谈判陷入僵局，或者使谈判彻底失败。

让步的谈判并不等于是失败的谈判。在谈判中最忌讳的是随意作出不当的让步。有经验的谈判者会用对自己不重要的条件去交换对对方无所谓、但对自己却很在意的一些条件。这样的谈判才能是一个双赢的谈判。在上述例子中，办理运输对于买方可能没有任何优势，那么卖方就可以签订 CIF 合同。但是，如果买方觉得办理保险是非常重要的，那么，卖方也可以在尽快交货的前提下，与对方签订 CFR 合同。

在谈判中，利益的交换是非常重要的。双方谈判能否达到双赢，主要取决于双方让步的策略，即能否准确识别利益因素对于自己和对方的重要性。

识别利益因素往往依赖于双方之间的沟通。例如，谈判中，不妨向对方多问几个为什么，如“您为什么特别注重……”“您为什么不接受……”等问题，以此来探求对方的真实利益所在。在商务谈判中，对于利益问题，应注意以下几点：

(1) 向对方积极陈述你的利益所在，以引起对方的注意并使对方满足你的利益。

(2) 承认对方的利益所在，考虑对方的合理利益，甚至在保证自己利益的前提下努力帮助对方解决利益冲突问题。

(3) 在谈判中既要坚持原则（如具体的利益），又要有一定的灵活性。

(4) 谈判中对利益作硬式处理，而对人作软式处理。在谈判中要强调你为满足对方利益所作出的努力，有时也要对对方的努力表示钦佩和赞赏。

二、创造双赢的解决方案

在许多谈判中，谈判的结局并不理想。谈判者更多的是注重追求单方面利益，固守自己的立场，而从来也不考虑对方的实际情况。为什么谈判者没有创造性地寻找解决方案，没有将谈判双方的利益实现最大化？有经验的谈判专家认为，导致谈判者陷入上述谈判误区，主要有如下四个障碍：

一是过早地对谈判下结论。谈判者往往在缺乏想象力的同时，看到对方坚持其立场，也盲目地不愿意放弃自己既有的立场，甚至担心寻求更多的解决方案会泄露自己的信息，削弱讨价还价的力量。

二是只追求单一的结果。谈判者往往错误地认为，创造并不是谈判的一部分，谈判只是在双方的立场之间寻求一个双方都能接受的点。

三是误认为一方所得即为另一方所失。许多谈判者错误地认为，谈判具有零和效应，给对方所作出的让步就是我方的损失，所以没有必要再去寻求更多的解决方案。

四是谈判对手的问题始终该由他们自己解决。许多谈判者认为，谈判就是要满足自己的利益需要，替对方想解决方案似乎是违反常规的。

实践表明，成功的谈判应该使得双方都有赢的感觉。只有双方都是赢家的谈判，才能使以后的合作持续下去，双方才会在合作中各自取得自己的利益。因此，如何创造性地寻求双方都接受的解决方案是谈判的关键所在，特别是在双方谈判处于僵局的时候更是如此。

为了使谈判者走出误区，他们必须遵循如下的谈判思路和方法：

（一）将方案的创造与对方案的判断行为分开

谈判者应该先设计方案，然后再决策，不要过早地对解决方案下结论。比较有效的方法是采用所谓“头脑风暴”式的小组讨论，即谈判小组成员彼此之间激发思想，提出各种想法和主意，而不是考虑这些主意是好还是坏，是否能够实现。然后，再逐步对提出的想法和主意进行评估，最终决定谈判的具体方案。在谈判双方是长期合作伙伴的情况下，双方也可以共同进行这种小组讨论。

（二）充分发挥想象力，以扩大方案的选择范围

在上述小组讨论中，参加者最容易犯的毛病就是觉得大家都在寻找最佳的方案。而实际上，在激发想象阶段并不是寻找最佳方案的时候，我们要做的就是尽量扩大谈判的可选择余地。此阶段，谈判者应从不同的角度来分析同一个问题，甚至于可以就某些问题和合同条款达成不同的约束程度，如不能达成永久的协议，可以达成临时的协议；如不能达成无条件的协议，可以达成有条件的协议等。

（三）找出双赢的解决方案

双赢在绝大多数的谈判中都应是存在的，创造性的解决方案可以满足双方利益的需要，这就要求谈判双方能够识别共同的利益所在。谈判者每次都应该牢记：每次谈判都有潜在的共同利益，共同利益就意味着商业机会，强调共同利益可以使谈判更顺利。另外，谈判者还应注意谈判双方兼容利益的存在，这种不同的利益同时并存，并不矛盾或冲突。

（四）替对方着想，并让对方容易作出决策

让对方容易作出决策的方法是：让对方觉得解决方案既合法又正当；让对方觉得解决方案对双方都公平；列举对方的先例，也有利于促使对方作出决策。

三、使用客观标准，破解利益冲突

在谈判过程中，尽管充分理解对方的利益所在，并绞尽脑汁为对方寻求各种互利的解决方案，同时也非常重视与对方发展关系，但还可能会遇到令人非常棘手的利益冲突问题。若双方就某一个利益问题争执不下，互不让步，即使强调“双赢”也无济于事，例如房东与承租人之间的房租问题，在国际贸易中的交货期长短问题，最终的价格条款的谈判问题等。

通常在上述情况下，一般谈判者多数会采取立场式的谈判方法。这时，解决的方法有可能是，一方如果极力坚持自己的立场，则另一方就不得不作出一定的让步来达成协议。为什么会出现这种情况呢？这种谈判，双方的假设前提是：

(1) 我所失即你所得;

(2) 谈判协议的达成取决于达成协议的意愿;

(3) 不考虑其他的因素，而只考虑单一价格因素。

这样，谈判就势必演变成为一场意愿的较量，看谁最固执或谁最慷慨。谈判的内容就集中于要看谁更加愿意达成协议。在许多情况下，谈判有可能陷入一场持久的僵局中，从而不利于双方以后的进一步合作。

当上述利益冲突不能采取其他方式协调时，在商务谈判中使用客观标准就能起到非常重要的作用。

请看一个谈判出口机械设备合同的例子：双方就出口商向银行开具的保函应该如何规定进口商提取设备质量保证款问题争执不下。进口商担心出口商在交付货物后出现机械设备不合格的情况，因此要求出口商向其银行申请开立以进口商为受益人的银行保证书，大约占到全部货款的5%。一旦进口商履行合同时发现质量问题，进口商就可以向银行提出付款的申请。但出口商并不答应这样的做法，出口商担心万一进口商信誉不好，如果在银行保证书中不对进口商取得该担保款项加以限制，进口商随时都有可能提取该款，这对于出口商风险很大。经过反复磋商，最后，双方决定遵循一些客观的标准来解决这一双方都担心的问题，即如果出现质量问题，由第三方公证鉴定机构出具品质鉴定书，并以此作为进口商向银行索取违约款项的唯一依据。由此可见，使用客观标准乃是谈判的出路所在。

如果上述的例子有一定的代表性，则任何谈判，包括商业谈判，是否也要运用客观标准？例如价格问题，谈判能否基于一些客观标准，如市场价值、替代成本、折旧的账面价值等。实践证明，此种方式的谈判将会非常有效，可以不伤和气地快速取得谈判成果。但是，在谈判中谈判者必须把握谈判遵循客观标准的基本原则，即公平有效的原则、科学性原则和先例原则。

在谈判中谈判者运用客观标准时，应注意以下几个问题：

(一) 建立公平的标准

通常在商务谈判中，一般遵循的客观标准有市场价值、科学的计算、行业标准、成本、有效性、对等的原则、相互的原则等。客观标准的选取要独立于双方的意愿，要公平和合法，并且在理论和实践中均是可行的。

(二) 建立公平的分割利益的步骤

例如在两个小孩分橘子的传统例子中，“一个切，一个选”；大宗商品贸易由期货市场定价进行基差交易；在两位股东持股相等的投资企业中，委派总经理采取任期轮换法等，都是一些通过步骤来分割利益的例子。

(三) 将谈判利益的分割问题局限于寻找客观依据

在谈判中，多问对方：您提出这个方案的理论依据是什么？为什么是这个价格？您是如何算出这个价格的？

（四）善于阐述自己的理由并接受对方提出的合理的客观依据

一定要用严密的逻辑推理来说服对手。对方认为公平的标准必须对你也公平。运用你所同意的对方标准来限制对方漫天要价，甚至于两个不同的标准也可以谋求折中。

（五）不要屈从于对方的压力

来自谈判对手的压力可以是多方面的：如贿赂，最后通牒，以信任为借口让你屈从，抛出不可让步的固定价格等。但是无论哪种情况，都要让对方陈述理由，讲明所遵从的客观标准。

四、交锋中的技巧

（一）多听少说

缺乏经验的谈判者最大的弱点是不能耐心地倾听对方发言，而成功的谈判员在谈判时把 50% 以上的时间用来听。他们边听、边想、边分析，并不断向对方提出问题，以确保自己完全正确地理解对方。他们仔细听对方说的每一句话，而不仅听他们认为重要的或想听的话，因而能获得大量宝贵信息，增加谈判的筹码。“谈”是任务，而“听”则是一种能力，甚至可以说是一种天分。“会听”是任何一个成功的谈判员都必须具备的条件。在谈判中，我们要尽量鼓励对方多说，我们要向对方说“Yes”“Please go on”，并提问题请对方回答，使对方多谈他们的情况，以达到尽量了解对方的目的。

（二）巧提问题

谈判的第二个重要技巧是巧提问题。通过提问不仅能获得平时无法得到的信息，而且还能证实我们以往的判断。出口商应用开放式的问题（即答复不是“是”或“不是”，而需要特别解释的问题）来了解进口商的需求，因为这类问题可以使进口商自由畅谈他们的需求。例如：“Can you tell me more about your company?”“What do you think of our proposal?”对外商的回答，我们要把重点和关键问题记下来以备后用。

发盘后，进口商常常会问：“Can't you do better than that?”对此发问，我们不要让步，而应反问：“What do you mean by better?”或“Better than what?”这些问题可使进口商说明他们究竟在哪些方面不满意。例如，进口商会说：“Your competitor is offering better terms.”这时，我们可继续发问，直到完全了解竞争对手的发盘。然后，可以向对方说明我们的发盘实际上要比竞争对手的更好。如果对方对我们的要求给予一个模糊的回答，如“No problem”，我们不要接受，而应请他作具体回答。此外，在提问前，尤其在谈判初期，我们应征求对方同意，这样做有两个好处：一是若对方同意我方提问，就会在回答问题时更加合作；二是若对方的回答是“Yes”，这个肯定的答复会给谈判创造积极的气氛并带来一个良好的开端。

（三）使用条件问句

当双方对对方有了初步的了解后，谈判将进入发盘和还盘阶段。在这个阶段，我们要用更具试探性的条件问句进一步了解对方的具体情况，以修改我们的发盘。

条件问句（conditional question）由一个条件状语从句和一个问句共同构成，这个问句可以是特殊问句也可以是普通问句。典型的条件问句有“What... if”和“If... that”这两个句型。例如：“What would you do if we agree to a two-year contract?”及“If we modify our specifications, would you consider a larger order?”在国际商务谈判中，条件问句有许多特殊优点。

（1）互作让步。用条件问句构成的发盘和提案是以对方接受我方条件为前提的，换句话说，只有当对方接受我方条件时，我方的发盘才成立，因此我们不会单方面受发盘的约束，也不会使任何一方作单方面的让步，只有各让一步，交易才能达成。

（2）获取信息。如果对方对我方用条件问句构成的发盘进行还盘，对方就会间接地、具体地、及时地向我们提供宝贵的信息。例如：我方提议：“What if we agree to a two-year contract? Would you give us exclusive distribution right in our territory?”对方回答：“We would be ready to give you exclusive rights provided you agree to a three-year contract.”从回答中，我们可以判断对方关心的是长期合作。新获得的信息对以后的谈判会很有帮助。

（3）寻求共同点。如果对方拒绝我们的条件，我们可以另换其他条件构成新的条件问句，向对方作出新一轮的发盘。对方也可用条件问句向我方还盘。双方继续磋商，互作让步，直至找到重要的共同点。

（4）代替“No”。在谈判中，如果直接向对方说“No”，对方会感到没面子，双方都会感到尴尬，谈判甚至会因此陷入僵局。如果我们用条件问句代替“No”，上述的情况就不会发生。例如：当对方提出我们不能同意的额外要求时，我们可用条件问句问对方：“Would you be willing to cover the extra cost if we agree to meet your additional requirements?”如果对方不愿支付额外费用，也就拒绝了自己的要求，我们不会因此而失去对方的合作。

（四）避免跨国文化交流产生的歧义

国际商务谈判大多用英语进行，而谈判双方的母语往往又不都是英语，这就增加了交流的难度。在这种情况下，我们要尽量用简单、清楚、明确的用语，不要用易引起误会的多义词、双关语、俚语、成语。也不要用易引起对方反感的词句，如“To tell you the truth”“I'll be honest with you...”“I will do my best.”“It's none of my business but...”这些词语带有不信任色彩，会增加对方的担心，从而不愿积极与我们合作。跨国文化交流的一个严重通病是“以己度人”，即主观地认为对方一定会按照我们的意愿、我们的习惯去理解我们的发言，或从对方的发言中认定，我们所理解的意思正是对方想表达的意思。最典型的例子就是“Yes”和“No”的使用和理解。曾经有家美国公司和一家日本公司进行商务谈判。在谈判中，美国人很高兴地发现，每当他提出一个意见时，对方就点头说“Yes”，他以为这次谈判特别顺利。直到他要求签合同时才震惊地发现日本人说的“Yes”是表示礼貌的“I'm listening”的意思，不是“I agree with you”的意思。实际上，“Yes”这个词的意思是非常丰富的，除了以上两种以外，还有“I understand the question”和“I'll consider it”的意思。“No”的表达方式也很复杂。有些文化的价值观反对正面冲突，因此人们一般不直接说“No”，而用一些模糊的词句表示拒绝。例如，巴西人用“It's somewhat difficult”代替“It's impossible”，没有经验的谈判者若按字面意思去理解，就易引起误会，延缓谈判进程。因此，我们必须尽量了解对方的文化、对方的价值观和风俗习惯，只有这样才能正确无误地传递和接受信息。

为了避免误会，我们可用释义法确保沟通顺利进行。释义法就是用自己的话把对方的话解释一遍，并询问对方我们的理解是否正确。例如，对方说：“We would accept your price if you modify your specifications.”我们可以说：“If I'm right in understanding you, what you are really saying is that you agree to accept our price if we improve our products as you request.”这样做的另一个好处是可以加深对方对这个问题的印象。

最后，为确保沟通顺利的另一个方法是在谈判结束前作一个小结，把到目前为止达成的协议重述一遍并要求对方予以确认。小结一定要实事求是，措辞一定要得当，否则对方会起疑心，对小结不予认可，致使已谈好的问题又得重谈一遍。

第二节 国际商务谈判中“听”的技巧

谈判中，我们了解和把握对方观点与立场的主要手段和途径就是听。实践证明，只有在清楚地了解对方观点和立场的真实含义之后，我们才能准确地提出己方的方针和政策。从心理学和日常的生活经验来看，当我们专注地倾听别人讲话时，就表示我们对讲话者所表达的观点很感兴趣或很重视，从而给对方以一种满足感，这样就在双方之间产生了一定的信赖感。正如美国早期的一位科学家富兰克林所说：“与人交谈取得成功的重要秘诀，就是多听，永远不要不懂装懂。”因此，作为商务谈判人员，一定要学会如何“听”，在认真、专注地倾听的同时，积极地对讲话者的言语作出反应，以便获得较好的倾听效果。

一、克服“听”的障碍

拉夫·尼可拉斯是位专门研究如何“听”的大学问家。经过多年的研究，他发现，即使是积极地听对方讲话，听者也仅仅能记住不到50%的讲话内容，而且，其中只有1/3的讲话内容按原意听取了，1/3被曲解地听取了，另外1/3则丝毫没有听进去。而且，不同的人对于自己所听取的那部分内容的理解也是不同的。一系列试验表明，“听”存在着听力障碍，当你无法接受一个人的观点时，你心中自然地就会筑起一道封闭的墙，使你无法听进对方的话，从心理上反对对方讲话的内容，并主观地认为对方的话不对，这成为你倾听的障碍。在商务谈判中，谈判者彼此频繁地进行着微妙、复杂的信息交流，如果谈判者一时疏忽，将会失去不可再得的信息。为了能够听得完全、清晰，就必须了解什么是听力障碍。在人们相互交谈的过程中，倾听的障碍主要有以下几种。

（一）判断性障碍

心理学家通过多年的实践得出结论：人们都喜欢对别人的话进行判断、评价，然后决定赞成或不赞成，这是造成不能有效倾听的重要原因之一。人们喜欢判断耳闻目睹的一切，并且总是从自己的立场出发来判断别人的话，但根据个人的信念作出的反应往往是有效倾听的严重障碍。一般说来，你的反应会干扰对方说话，打乱对方的思维进程，甚至迫使对方改变思维进程，这样就不可避免地引起对方采取防御手段，结果使对方很难坚持自己的观点，力争隐藏自己的思想和感情。即使是赞美对方的话，也会造成听的障碍，因为赞美往往使对方陶醉于其中，从而不能保持原来的思维进程。

（二）由于精力分散、思路较对方慢及观点不一致而造成少听或漏听

商务谈判是一项十分耗费精力的活动，如果谈判日程安排过于紧张，谈判人员得不到充分休息，特别是在谈判的中后期，如连续作战，消耗更大，此时即使是精力十分旺盛的人，也会出现因精力不集中而少听或漏听。一般来说，谈判人员的精力和注意力的变化是有一定规律的：在开始时精力比较充沛，但持续的时间较短，约占整个谈判时间的 8.3%～13.3%。如果是 1 个小时的谈判，精力旺盛的阶段只有最初的5～8 分钟；如果是一个超过 6 天的谈判，只有前 3 天为精力旺盛期。谈判过程中，精力趋于下降的时间较长，约占整个时间的 83%。谈判要达成协议时，又出现精力充沛期，因为当人们意识到双方达成协议的时刻就要来到时，精力会突然复苏、高涨，但时间也很短，约占整个时间的 3.3%～8.7%。此后，任何拖延都会使精力处于零度水平。

另外，由于人与人之间客观上存在着思维方式的不同，如果一方的思维属于收敛型，而另一方的思维属于发散型，那么由于收敛型的人思维速度较慢，发散型的人思维速度较快，双方就很难做到听与说的一致。让收敛型思维的人去听思维速度较快的发散型思维的一方的发言时，收敛型思维的人就会因思路跟不上对方或因双方思路不同而造成少听或漏听。

（三）带有偏见的听

在谈判中，以下几种常见的偏见也会造成倾听的障碍：

（1）自己先把别人要说的话定个标准或作价值上的估计，再去听别人的话。当对方正在讲话的时候，有这种偏见的听者往往会在心里判断：对方接下来要说的是不重要的、没有吸引力的、太复杂的、老生常谈的内容。于是他便一边听一边希望对方赶紧把话题转入重点或者结束讲话。有偏见的听者常常会按自己的好恶对所听的话进行曲解，他们常常根据自己过去的经验把别人的话限制在自己所设的某种条件中，也就是说，常常自以为是地把某些话附加上自己的意义，这样就不能真正理解对方的话。

（2）因为讨厌对方的外表而拒绝听对方讲话的内容。即使对方的话很重要或者有许多值得注意的地方，也会因为讨厌其外表而不想听其讲话的内容，故不能从其中获得确实有用的信息。

(3) 有些谈判者尽管心里在想别的事情，却为了使讲话者高兴而假装自己很注意听，伪装实际上也是一种偏见，伪装的听者有一个较为一般的特征，就是双眼直愣愣地盯着讲话者，做出一副洗耳恭听的样子。因为他们把注意力都集中在伪装的姿态上，所以根本没有余力去专心倾听。还有一种伪装者喜欢试着去记住别人的每一句话，却把话题的主要意义忽视了。这种伪装者常使讲话者以为他们的确是在专心倾听，因此，这种伪装的听很容易使对方产生误会，影响沟通。

(四) 受收听者的文化知识、语言水平特别是专业知识与外语水平的限制，而听不懂对方的讲话内容

商务谈判总是针对专业知识而进行的，因此，如果谈判人员对专业知识的掌握有限，在谈判中一旦涉及这方面的知识，就会造成由于知识水平的限制而形成的收听障碍。特别是在国际商务谈判中，由于语言上的差别，也会造成收听障碍。我国企业在涉外谈判时大多配备一名专门的翻译，由于这些翻译人员往往从外语院校毕业，对某些业务知识掌握得不够全面，一旦需要对某些技术含量较高的业务进行全过程的翻译时，则很容易出现对某些细小的环节一带而过，或者只是翻译了大概意思。实际上，这些细小环节，有时恰恰是理解对方讲话的内容、把握对方立场和观点的关键。一词多义现象在英语中十分常见，语言本身的细微差别对未受过专门语言训练的人来说难以体察得到。如英语中常用的词语大约只有 500 个，但每个词起码可以有 20～25 种不同的解释。换言之，只要有两个人，便可以把 500 个常用的词作出 2 万多种不同的解释，这会给翻译人员带来困惑，形成听力障碍。

(五) 环境的干扰形成了听力障碍

由于各地环境不同，商务谈判环境也是千差万别的。由于环境的干扰，常常会使人们的注意力分散，而形成听力效果障碍，例如天气突然变化，电闪雷鸣，过往的行人或是飞过的鸟，修建房屋的噪音等，都会使收听者分散注意力。我们在生活中也有体验：我们不可能同时听清楚两个人的讲话内容，当我们需要进行复述时，我们只能复述清楚一个人的讲话内容而放弃另一个，否则就会什么也听不见。所以，荀子在《劝学篇》中说："耳不能两听而聪。"

此外，在倾听时，如果把注意力放在分析、研究对方讲话的内容以及根据内容来思考自己的对策上，就不能听全对方的讲话，在碰到对方的讲话中有出乎意料之事或有隐含意义而一下子难以理解时更是如此。

二、如何做到有效地倾听

(一) 倾听的规则

1. 要清楚自己听的习惯

首先要了解，你在听人讲话方面有哪些不好的习惯，你是否对别人的话匆忙作出判

断，是否经常打断别人的话，是否经常制造交往的障碍。了解自己听的习惯是正确运用听的技巧的前提。

2. 全身心地注意

要面向说话者，同他保持目光接触，要以你的姿势和手势证明你在倾听。无论你是站着还是坐着，都要与对方保持最适宜的距离。说话者都愿与认真听的人交往。

3. 要把注意力集中在对方所说的话上

不仅要努力理解对方言语的含义，而且要努力理解对方的感情。

4. 要努力表达出理解

在与对方交谈时，要利用有反射地听的做法，努力弄明白对方的感觉如何，他到底想说什么。如果你能全神贯注地听对方的讲话，不仅表明你对他持称赞态度，使他感到你理解他的情感，而且有助于你更准确地理解对方的信息。

5. 要倾听自己的讲话

倾听自己的讲话对培养倾听他人讲话的能力是特别重要的。倾听自己讲话可以使你了解自己，一个不了解自己的人，是很难真正了解别人的。倾听自己对别人讲些什么是了解自己、改变和改善自己听的习惯与态度的手段，如果你不倾听自己是如何对别人讲话的，你就不会知道别人如何对你讲话，当然也无法改变和改善自己的习惯和态度。

（二）倾听的技巧

可以将听的技巧归纳为“五要”和“五不要”。

“五要”是：

1. 要专心致志、集中精力地听

专心致志倾听，要求谈判人员在听对方发言时要聚精会神，同时，还要以积极的态度去倾听。为了专心致志，就要避免出现心不在焉、“开小差”现象的发生。即使是自己已经熟知的话题，也不可充耳不闻，万万不可将注意力分散到研究对策问题上去，因为万一讲话者的内容为隐含意义时，我们没有领会到或理解错误，会造成事倍功半的后果。精力集中地听，是倾听艺术中最基本、最重要的问题。心理学统计证明：一般人说话的速度为每分钟 120～200 字，而听话及思维的速度，大约要比说话的速度快 4 倍左右，因此，往往是说话者话还没有说完，听话者就大部分都能够理解了。这样一来，听者常常由于精力的富余而“开小差”。也许恰是这时，对方讲话的内容与我们理解的内容有偏差，或是传递了一个重要信息，使我们没有理解或理解错误，因此，我们必须注意时刻集中精力倾听对方的讲话，并用积极的态度去听，而不是消极地或是精神不集中地去听，这样倾听，成功的可能性就比较大。在倾听时注视讲话者，主动地与讲话者进行目光交流，并做出相应的表情以鼓励讲话者。如可扬一下眼眉，或是微微一笑，或是赞同地点点头，抑或否定地摇摇头，也可不解地皱皱眉头等，这些动作配合，可帮助我们精力集中并起到良好的收听效果。

需要特别注意的是，作为一名商务谈判人员，应该养成有耐心地倾听对方讲话的习惯，这也是一个谈判人员个人修养良好的标志。在商务谈判过程中，当我们不太理解对方的发言甚至难以接受时，千万不可塞住自己的耳朵，表示出拒绝的态度，因为这样做对谈判非常不利。

2. 要通过记笔记来集中精力

通常，人们当场记忆并将内容全部记住的能力是有限的，为了弥补这一不足，应该在听讲时作大量的笔记。记笔记的好处在于：一方面，笔记可以帮助自己回忆和记忆，而且也有助于在对方发言完毕之后，就某些问题向对方提出质询，同时，还可以帮助自己作充分的分析，理解对方讲话的确切含义与精神实质；另一方面，通过记笔记，可以给讲话者留下重视其讲话的印象，同时会对讲话者产生一种鼓励作用。对于商务谈判这种信息量较大且较为重要的活动来讲，一定要作记录，过于相信自己的记忆力而很少动笔作记录，对谈判来讲是不利的。因为，在谈判过程中，人的思维在高速运转，大脑接受和处理大量的信息，加上谈判现场的气氛很紧张，对每个议题都必须认真对待，所以只靠记忆是办不到的。实践证明，即使记忆力再好也只能记住大概内容，有的内容会忘得干干净净。因此，记笔记是不可少的，而且也是比较容易做到的用以清除倾听障碍的好方法。

3. 要有鉴别地倾听对方发言

在专心倾听的基础上，为了达到良好的倾听效果，可以采取有鉴别的方法来倾听对方的发言。通常情况下，人们说话时总是边说边想，来不及整理，有时表达一个意思要绕着弯子讲许多内容，从表面上听，根本听不出什么是重点。因此，听话者就需要在用心倾听的基础上，鉴别传递过来的信息的真伪，去粗取精，去伪存真，这样才能抓住重点，收到良好的听的效果。

4. 要克服先入为主的倾听做法

先入为主地倾听，往往会扭曲说话者的本意，忽视或拒绝与自己心愿不符的意见，这种做法实为不利。因为这种听话者不是从谈话者的立场出发来分析对方的讲话，而是按照自己的主观框框来听取对方的谈话。其结果往往是使听到的信息变形地反映到自己的脑海中，导致自己接受的信息不准确、判断失误，从而造成行为选择上的失误，所以必须克服先入为主的倾听做法，将讲话者的意思听全、听透。

5. 要创造良好的谈判环境，使谈判双方能够愉快地交流

人们都有这样一种心理，即在自己所属的领域里交谈，无须分心于熟悉环境或适应环境；而在自己不熟悉的环境中交谈，则往往容易变得无所适从，导致正常情况下不该发生的错误。可见，有利于己方的谈判环境，能够增强自己的谈判地位和谈判实力。事实上，美国心理学家泰勒尔和他的助手兰尼做过一次有趣的试验，证明了许多人在自己客厅里谈话，比在他人客厅里谈话更能说服对方这一观点。因此，对于一些关系重大的商务谈判工作，如果能够进行主场谈判是最为理想的，因为这种环境有利于己方谈判人员发挥出较好的谈判水平。如果不能争取到主场谈判，至少也应选择一个双方都不十分熟悉的中性场所，这样也可避免由于“场地优势”给对方以便利，而给己方带来不便。

“五不要”是：

1. 不要因轻视对方而抢话、急于反驳而放弃倾听

人们在轻视他人时，常常会不自觉地表现在行为上。例如，对对方的存在不屑一顾，或对对方的谈话充耳不闻。在谈判中，这种轻视他人的做法有百害而无一利。因为

这不仅表现了己方的狭隘，更重要的是难以从对方的谈话中得到己方所需要的信息。同时，轻视对方还可招致对方的敌意，甚至导致谈判关系破裂。

谈判中，抢话的现象也是经常发生的，抢话不仅会打乱别人的思路，也会影响自己倾听对方的全部讲话内容。因为在抢话的同时，大脑的思维已经转移到如何抢话上去了。抢话不同于问话，问话是由于某个信息或意思未能记住或理解而要求对方给予解释或复述，因此问话是必要的。抢话是指急于纠正别人说话的错误，或用自己的观点来取代别人的观点，这是一种不尊重他人的行为。因此，抢话往往会阻塞双方的思想和感情交流的渠道，对创造良好的谈判气氛非常不利，对倾听更是不利。

另外，谈判人员有时也会在没有听完对方讲话的时候，就急于反驳对方的某些观点，这样也会影响收听效果。事实上，如果我们把对方的讲话听得越详尽和全面，反驳时就越准确、有力；相反，如果在对对方谈话的全部内容和动机尚未全面了解时就急于反驳，不仅使自己显得浅薄，而且常常还会使己方在谈判中陷入被动，对自己十分不利。

2. 不要使自己陷入争论

当你内心不同意讲话者的观点时，对他的话不能充耳不闻，不能只等着自己发言。一旦发生争吵，也不能一心只为自己的观点找根据而把对方的话当成耳旁风。如果你不同意对方的观点，也应等对方说完以后，再阐述自己的观点。

3. 不要为了急于判断问题而耽误倾听

当听了对方讲述的有关内容时，不要急于判断其正误，因为这样会分散我们的精力而耽误倾听下文。虽然人的思维速度快于说话的速度，但是如果在对方还没有讲完的时候就去判断其正误，无疑会削弱己方听话的能力，从而影响倾听效果。因此，切记不可为了急于判断问题而耽误倾听。

4. 不要回避难以应付的话题

在商务谈判中，往往会涉及一些诸如政治、经济、技术以及人际关系等方面的问题，可能会令谈判人员一时语塞。这时，切记不可持充耳不闻的态度。因为这样回避对方，恰恰是暴露了己方的弱点。在遇到这种情况时，我们要有信心、有勇气去迎接对方提出的每一个问题。只有用心去领会对方提出的每个问题的真实用意，才能找到摆脱难题的真实答案。另外，为了培养自己急中生智、举一反三的能力，应多加训练，多加思考，以便自己在遇到问题时不慌不乱。

5. 不要逃避交往的责任

交往的双方缺一不可：既要有说话者，又要有听话者，而且每个人都应轮流扮演听话者的角色。作为一个听话者，不管是在什么情况下，如果你不明白对方说出的话是什么意思，你就应该用各种方法使他知道这一点。在这里，你可以向对方提出问题加以核实，或者积极地表达出你听到了什么，或者使用一些方法让对方纠正你听错之处。

如果能从以上几个方面进行努力，谈判过程中“听”的障碍就可以减轻或消除，也就很少或不会发生因听不见、听不清、没听懂而使双方相互猜忌、争执不下的现象。当然，策略上的需要不在此列。

第三节　国际商务谈判中“问”的技巧

国际商务谈判中常运用“问”作为摸清对方需要、掌握对方心理、表达自己感情的手段。如何“问”是很有讲究的，重视和灵活运用发问的技巧，不仅可以引起双方的讨论，获取信息，而且还可以控制谈判的方向：到底哪些问题可以问，哪些问题不可以问，为了达到某一个目的应该怎样问，以及问的时机、场合、环境等。这里有许多基本常识和技巧需要了解和掌握。

“问”一般包含三个因素：问什么问题，何时发问，怎样发问。

一、商务谈判中发问的类型

（一）封闭式发问

封闭式发问指在特定的领域中能带出特定的答复（如“是”或“否”）的问句。例如“您是否认为售后服务没有改进的可能”“您第一次发现商品含有瑕疵是在什么时候”等。封闭式问句可令发问者获得特定的资料，而答复这种问句的人并不需要太多的思索即能给予答复。但是，这种问句有时会有相当程度的威胁性。

（二）澄清式发问

澄清式发问是针对对方的答复重新提出问题，以使对方进一步澄清或补充其原先答复的一种问句。例如，“您刚才说对目前进行的这一宗买卖可以取舍，这是不是说您拥有全权跟我们进行谈判？”澄清式问句的作用就在于：它可以确保谈判各方能在叙述“同一语言”的基础上进行沟通，而且还是针对对方的话语进行信息反馈的有效方法，是双方密切配合的理想方式。

（三）强调式发问

强调式发问旨在强调自己的观点和己方的立场。例如，“这个协议不是要经过公证之后才生效吗？”“怎么能够忘记我们上次合作得十分愉快呢？”“按照贵方要求，我们的观点不是已经阐述清楚了吗？”

（四）探索式发问

探索式发问是针对对方答复要求引申或举例说明，以便探索新问题、找出新方法的一种发问方式。例如，“这样行得通吗？”“您说可以如期履约，有什么事实可以说明吗？”“假设我们运用这种方案会怎样？”探索式发问不但可以进一步发掘较为充分的信息，而且还可以显示发问者对对方答复的重视。

（五）借助式发问

借助式发问是一种借助第三者的意见来影响或改变对方意见的发问方式。例如，“某某先生对你方能否如期履约关注吗?”“某某先生是怎么认为的呢?”采取这种提问方式时，应当注意提出意见的第三者，必须是对方所熟悉而且是他们十分尊重的人，这种问句会对对方产生很大的影响力。否则，运用一个对方不很知晓且谈不上尊重的人作为第三者加以引用，则很可能引起对方的反感。因此，这种提问方式应当慎重使用。

（六）强迫选择式发问

强迫选择式发问旨在将己方的意见抛给对方，让对方在一个规定的范围内进行选择回答。例如，“付佣金是符合国际贸易惯例的，我们从法国供应商那里一般可以得到3%～5%的佣金，请贵方予以注意。”按理说，在提出这一问题之前，发问者至少应先取得对方将付佣金的承诺。但是，这种提问却把这一前提去掉，直接强迫对手在给出的狭小范围内进行选择，可谓咄咄逼人。运用这种提问方式要特别慎重，一般应在己方掌握充分的主动权的情况下使用，否则很容易使谈判出现僵局，甚至破裂。需要注意的是，在使用强迫选择式发问时，要尽量做到语调柔和、措辞达意得体，以免给对方留下专横跋扈、强加于人的不良印象。

（七）证明式发问

证明式发问旨在通过己方的提问，使对方对问题作出证明或理解。例如，“为什么要更改原已定好的计划呢，请说明道理好吗?”

（八）多层次式发问

多层次式发问是含有多种主题的问句，即一个问句中包含有多种内容。例如，“贵国当地的水质、电力资源、运输状况以及自然资源情况怎样?”“你是否就该协议产生的背景、履约情况、违约的责任以及双方的看法和态度谈一谈?”

这类问句因包含过多的主题而使对方难于周全把握，许多心理学家认为，一个问题最好只包括一个主题，最多不能超过三个主题。当然，在一定情况下也可以灵活掌握。

（九）诱导式发问

诱导式发问旨在开渠引水，对对方的答案给予强烈的暗示，使对方的回答符合己方预期的目的。例如，“贵方如果违约是应该承担责任的，对不对?”“谈到现在，我看给我方的折扣可以定为4%，你方一定会同意的，是吗?”这类提问几乎使对方毫无选择余地而按发问者所设计好的答案回答。

（十）协商式发问

协商式发问是指为使对方同意自己的观点，采用商量的口吻向对方发问。例如，

“你看给我方的折扣定为3%是否妥当？”这种提问语气平和，对方容易接受。而且，即使对方没有接受你的条件，但是谈判的气氛仍能保持融洽，双方仍有继续合作的可能。

二、提问的时机

（一）在对方发言完毕之后提问

在对方发言的时候，一般不要急于提问，因为打断别人的发言是不礼貌的，容易引起对方的反感。当对方发言时，你要认真倾听，即使你发现了对方的问题，很想立即提问，也不要打断对方，可先把发现的和想到的问题记下来，待对方发言完毕再提问。这样不仅说明自己有修养，而且能全面、完整地了解对方的观点和意图，避免操之过急，曲解或误解了对方的意图。

（二）在对方发言停顿和间歇时提问

如果谈判中对方发言冗长、不得要领、纠缠细节或离题太远而影响谈判进程，那么你可以借他停顿、间歇时提问，这是掌握谈判进程、争取主动的必然要求。例如，当对方停顿时，你可以借机提问：“您刚才说的意思是？”“细节问题我们以后再谈，请谈谈您的主要观点好吗？”

（三）在议程规定的辩论时间提问

大型外贸谈判一般要事先商定谈判议程，设定辩论时间。在双方各自介绍情况和阐述的时间里一般不进行辩论，也不向对方提问。只有在辩论时间里，双方才可自由提问进行辩论。在这种情况下，要事先做好准备，可以设想对方的几个方案，针对这些方案考虑己方对策，然后再提问。在辩论前的几轮谈判中，要作好记录，归纳出谈判桌上的分歧后再进行提问。

（四）在己方发言前后提问

在谈判中，当轮到己方发言时，可以在谈己方的观点之前，对对方的发言进行提问，不必要求对方回答，而是自问自答。这样可以争取主动，防止对方接过话茬，影响己方的发言。例如，“您刚才的发言要说明什么问题呢？我的理解是……，对这个问题，我谈几点看法。”

在充分表达了己方的观点之后，为了使谈判沿着己方的思路发展，牵着对方的鼻子走，通常要进一步提出要求，让对方回答。例如，“我们的基本立场和观点就是这些，您对此有何看法呢？”

三、提问的要诀

为了获得良好的提问效果，需掌握以下发问要诀：

（一）要预先准备好问题

最好是提出一些对方不能迅速想出适当答案的问题，以期收到意想不到的效果。有些有经验的谈判人员，往往是提出一些看上去很一般并且比较容易回答的问题，而这个问题恰恰是随后所要提出的比较重要的问题的前奏。这时，如果对方思想比较松懈，突然面对所提出的较为重要的问题时往往措手不及，己方会收到出其不意的效果。

（二）要避免提出那些可能会阻碍对方让步的问题

事实上，这类问题往往会给谈判的结局带来麻烦。提问时，不仅要考虑自己的退路，同时也要考虑对方的退路，要把握好时机和火候。

（三）不强行追问

如果对方的答案不够完整，甚至回避不答，这时不要强行追问，而是要有耐心和毅力等时机到来时再继续追问，这样做以示对对方的尊重。

此外，在适当的时候，可以将一个已经发生并且答案也是己方知道的问题提出来，验证一下对方的诚实程度，以及对方处理事物的态度。同时，这样做也可给对方一个暗示，即己方对整个交易的行情是了解的，有关对方的信息己方也是充分掌握的。

（四）既不要以法官的态度来询问对方，也不要接连不断地提问题

像法官一样询问谈判对手，会造成对方敌对与防范的心理和情绪。因为谈判绝不等同于法庭上的审问，需要双方心平气和地提出和回答问题。另外，重复连续地发问，往往会导致对方感到厌倦、乏味而不愿回答，有时即使回答也是马马虎虎，甚至会答非所问。

（五）提出问题后应闭口不言，专心致志地等待对方作出回答

通常的做法是，当提出问题后应缄默不言，如果这时对方也是缄口不语，则实际上无形中给对方施加了一种压力。这时，己方保持沉默，由于问题是由己方提出，因此对方就必须以回答问题的方式来打破沉默，或者说打破沉默的责任将由对方来承担。

（六）要以诚恳的态度来提问

当直接提出某一问题，对方或是不感兴趣，或是态度谨慎而不愿回答时，己方可以转换一个角度，并且用十分诚恳的态度来问对方，以此来激发对方回答问题的兴趣。实践证明，这样做会使对方乐于回答，也有利于谈判者感情上的沟通，有利于谈判的顺利进行。

（七）提问的句子应尽量简短

在商务谈判过程中，提出问题的句子越短越好，而由问句引出的回答则越长越好。因此，应尽量用简短的句式向对方提问。如提问比对方的回答还长，提问者将处于被动

的地位，显然这种提问是失败的。

四、提问的其他注意事项

（一）在谈判中一般不应提出下列问题

1. 不应提出带有敌意的问题

不应抱着敌对心理进行谈判，应尽量避免那些可能会刺激对方产生敌意的问题。因为一旦问题含有敌意，就会损害双方的关系，最终会影响交易的成功。

2. 不应提出有关对方个人生活和工作方面的问题

对于大多数国家和地区的人来讲，回避询问个人生活和工作方面的问题已经成为一种习惯。例如，对方的收入、家庭情况、女士或太太的年龄等问题都是不应涉及的。另外，也不要涉及对方国家或地区的政党、宗教等方面的问题。

3. 不要直接指责对方品质和信誉方面的问题

忌讳直接指责对方在某个问题上不够诚实，否则，不仅会使对方感到不快，而且还会影响彼此之间的真诚合作。指责对方不够诚实，有时非但无法使对方变得更诚实，反而引起对方的不满，甚至怨恨。事实上，商务谈判双方的真真假假、虚虚实实是很难用是否诚实这一标准来判断的。

4. 不要为了表现自己而故意提问

为了表现自己而故意提问会引起对方的反感，特别是不应提出与谈判内容无关的问题以显示自己的“好问”。要知道，故意卖弄的结果往往是弄巧成拙，被人蔑视。

（二）注意提问的速度

提问时说话速度太快，容易使对方感到你是不耐烦，甚至有时会感到你是在用审问的口气对待他，容易引起对方的反感；反之，如果说话太慢，容易使对方感到沉闷、不耐烦，从而降低了你提问的力量。因此，提问的速度应该快慢适中，既使对方听懂你的问题，又不使对方感到拖沓和沉闷。

（三）注意对手的心境

谈判者受情绪的影响在所难免。谈判中，要随时留心对手的心境，在你认为适当的时候提出相应的问题。例如，对方心境好时，常常会轻易地满足你所提出的要求，而且会变得粗心大意，透露一些相关的信息。此时，抓住机会，提出问题，通常会有所收获。

第四节　国际商务谈判中“答”的技巧

有问必有答，人们的语言交流就是这样进行的。问有艺术，答也有技巧，问得不当，不利于谈判；答得不好，同样也会使己方陷入被动。谈判人员的每一句话都负有责任，都将被对方认为是一种承诺，给回答问题的人带来一定的精神负担和压力。因此，一个谈判人员水平的高低，在很大程度上取决于其答复问题的水平。

谈判中的回答是一个证明、解释、反驳或推销己方观点的过程，为了能够有效地回答好每个问题，在谈判前，我们可以先假设一些难题来思考，考虑得越充分，所得到的答案将会越好。许多有谈判经验的国家对比较重要的谈判往往事先都要进行模拟谈判，组织一组人员扮演谈判对手，尽情地发挥，借以发现在一般情况下难以发现的问题。

通常，在谈判中应当针对对方提出的问题实事求是地正面作答，但是，由于商务谈判中的提问往往千奇百怪、五花八门，多是对方处心积虑、精心设计之后才提出的，可能藏有用谋略、设圈套等难测之心。如果对所有的问题都正面提供答案，并不一定是最好的答复，所以答复也必须运用一定的技巧。

一、回答问题之前，要给自己留有思考的时间

谈判过程中，绝不是回答问题的速度越快越好，因为谈判与竞赛抢答是性质截然不同的两回事。

有些人在对方提问的话音刚落，就急着回答问题。这些人通常有这样一种心理，就是如果对方问话与己方回答之间所空的时间长，就会让对方感觉己方对此问题缺少准备，或以为己方几乎被问住了；如果回答得很迅速，就显示出己方已有充分的准备，也显示了己方的实力。其实不然，谈判经验告诉我们，对方提出问题之后，你可通过喝水、调整一下自己的坐姿和椅子、整理一下桌上的资料、翻一翻笔记本等动作来延缓时间，考虑一下对方的问题。这样做既显得自然、得体，又可以让对方看得见，从而减轻或消除对方对己方的错误感觉。

二、针对提问者的真实心理答复

谈判者在谈判桌上提出问题的目的往往是多样的，动机也往往是复杂的，如果在没有深思熟虑、弄清对方的动机之前，就按照常规来作出回答，效果往往不佳。如果经过周密思考，准确判断对方的用意，便可作出一个高水准的回答。人们常用这样的一个实例来说明，建立在准确把握对方提问动机和目的基础上的回答是精彩而绝妙的。艾伦·金斯伯格是美国著名的诗人，一次宴会上，他向中国作家提出一个怪谜，并请中国作家回答。谜面是："把一只 2.5 千克重的鸡装进一个只能装 0.5 千克水的瓶子里，用什么办法把它拿出来?"中国作家回答："您怎么放进去的，我就怎么拿出来。您凭嘴一说就把鸡装进了瓶子，那么我就用语言这个工具再把鸡拿出来。"此可谓绝妙回答的典范。

三、不要彻底地回答问题，且有些问题不必回答

商务谈判中并非任何问题都要回答，有些问题并不值得回答。在商务谈判中，对方提出问题的意图或是想了解己方的观点、立场和态度，或是想确认某些事情。对此，我们应视情况而定，对于应该让对方了解或者需要表明己方态度的问题要认真回答；而对那些可能会有损己方形象或导致泄密以至一些无聊的问题，不予理睬就是最好的回答，但要注意礼貌。当然，用外交活动中的“无可奉告”一词来拒绝回答，也是回答这类问题的好办法。总之，回答问题时可以将提问者的问话范围缩小，或者不作正面回答，而对答复的前提加以修饰和说明以缩小回答范围。例如，对方询问己方产品质量如何，己方不必详细介绍产品所有的质量指标，只需回答其中主要的某几个指标，从而造成质量很好的印象。又如，对方对某种产品的价格表示出关心，直接询问该产品的价格。如果彻底回答对方，把价格如实相告，那么，在进一步的谈判过程中，己方可能会陷入被动，所以，应该首先避开对方的注意力，作这样的答复：“我相信产品的价格会令你们满意，请允许我先把这种产品的几种性能作一下介绍。我相信你们会对这种产品感兴趣的。”

四、逃避问题的方法是避正答偏，顾左右而言他

有时，对方提出的某个问题己方可能很难直接从正面回答，但又不能拒绝回答、逃避问题。这时，谈判高手往往用避正答偏的办法，即在回答这类问题时，故意避开问题的实质，而将话题引向歧路，借以瓦解对方的进攻。

五、对于不知道的问题不要回答

参与谈判的所有人都非全能全知。尽管谈判前准备得很充分，但也经常会遇到难解的问题，这时，谈判者切不可为了维护自己的面子而强作答复，因为这样有可能损害自己的利益。例如，我国某公司与美商谈判合资建厂事宜时，外商提出有关减免税收的请求。中方代表恰好对此不是很了解，可为了能够谈成，就盲目地答复了，结果使己方陷入十分被动的境地。经验和教训一再告诫我们，谈判者对不懂的问题，应坦率地告诉对方不能回答，或暂不回答，以避免付出不应有的代价。

六、有些问题可以答非所问

答非所问在知识考试或学术研究中是一大忌，然而从谈判技巧角度看，却是一种对不能回答的问题所采取的一种行之有效的答复方法。有些问题可以通过答非所问来给自己解围。例如，古代有一个较为精明的骗子，他从别人那里借来一匹马，便牵去与一个财主进行交换，财主问：“你的马是从哪里来的？”他回答道：“我想卖马的念头有

两年了。”财主又问：“为什么要换马？”他回答道：“这马比你的马跑得快。”这两句话的回答是答非所问，换马的骗子就是这样运用灵巧的方式，回避了一个事实，即马是他人的，换马是想要骗走财主的马，于是此人的计谋得逞了。谈判中我们并不主张像这个骗子一样行骗，因为谈判必须建立在相互信赖的基础上，但是在双方利益发生冲突时，如何巧妙地回答对方的有关利益分割方面的问题，倒是可以从这一例中获得启示。

七、以问代答

以问代答是用来应付谈判中那些一时难以回答或不想回答的问题的方式。此法如同把对方踢过来的球又踢了回去，请对方在自己的领域内反思后寻找答案。例如，在商务工作进展不是很顺利的情况下，其中一方问对方：“你对合作的前景怎样看？”这个问题在此时可谓很难回答，善于处理这类问题的对方可以采取以问代答的方式：“那么，你对双方合作的前景又是怎样看呢？”这时双方自然会在各自的脑海中加以思考和重视，对于打破窘境起到良好的作用。商务谈判中运用以问代答的方法，对于应付一些不便回答的问题是非常有效的。

八、有时可以采取推卸责任的方法

谈判者面对毫无准备的问题，往往不知所措，或者即使能够回答，但鉴于某种原因而不愿意回答。对这类问题通常可以如此回答：“对这个问题，我虽没有调查过，但曾经听说过。”或“贵方某某先生的问题提得很好，我曾经在某一份资料上看过有关这一问题的记载，就记忆所及，大概是……”

九、重申和打岔有时也很有效

商务谈判中，要求对方再次阐明其所问的问题，实际上是为自己争取思考问题的时间的好办法。在对方再次阐述其问题时，我们可以根本不去听，而只是考虑如何作出回答。当然，这种心理不应让对方有所察觉，以防其加大进攻的力度。有人打岔是件好事，因为这可为我们赢得更多的时间来思考。有些富有谈判经验的谈判人员估计谈判中会碰到某些自己一时难以回答而又必须回答的、出乎意料的棘手问题，于是，为了赢得更多的时间，就事先在本组内部安排好某个人，专门在关键时间打岔。打岔的方式多种多样，比如借口外面有某某先生的电话，有紧急的文件需要某某先生出来签字，等等。有时，回答问题的人自己可以借口去洗手间，或去打个电话等，以此拖延时间。

总之，在实际谈判中，回答问题的要诀在于知道该说什么和不该说什么，而不必考虑回答的问题是否切题。谈判桌上的双方在各方的实力基础上斗智斗勇。回答问题时的艺术性和技巧，谈判人员必须熟练地加以掌握和运用。

第五节 国际商务谈判中“叙”的技巧

商务谈判中“叙”与“答”既有相通之处，又存在很大的差别。“答”是基于对方提出的问题，经过思考后所作的有针对性的、被动性的阐述；而“叙”则是基于己方的立场、观点、方案等，通过陈述来表达对各种问题的具体看法，或是对客观事物的具体阐述，以便让对方有所了解。

商务谈判中“叙”是一种不受对方所提问题的方向、范围制约，带有主动性的阐述，是传递信息、沟通情感的方法之一。因此，谈判者能否正确、有效地运用叙述的功能，把握叙述的要领，会直接影响谈判的效果。

谈判过程中的叙述大体包括“入题”“阐述”两个部分。按照常理，谈判者在叙述问题、表达观点和意见时，应当态度诚恳，观点鲜明，语言生动流畅，层次清楚紧凑。但这只是针对一般情况而言的。具体地讲，谈判中的叙述应把握以下技巧。

一、入题技巧

谈判双方在刚进入谈判场所时，难免会感到拘谨，尤其是谈判新手，在重要谈判中，往往会产生忐忑不安的心理。采用适当的入题方法，将有助于消除这种尴尬心理，轻松地开始谈判。

（一）迂回入题

为避免谈判时单刀直入，过于直露，影响谈判的融洽气氛，谈判时可以采用迂回入题的方法，如先从题外话入题，从自谦入题，从介绍己方谈判人员入题，从介绍本企业的生产、经营、财务状况入题等。

1. 从题外话入题

通常可将有关季节或天气的情况，目前流行的事物以及社会新闻、旅行、艺术、社会名人等作为话题。通过上述题外话入题，要做到新颖、巧妙，不落俗套。

2. 从自谦入题

如果对方是在己方所在地谈判，可谦虚地用以下语句表示，如各方面照顾不周、自己才疏学浅、缺乏经验、希望对方多多关照，等等。当然，自谦要适度，不要给对方以虚伪或缺乏诚意的感觉。

3. 从介绍己方谈判人员入题

通常可简略介绍己方人员的职务、学历、经历等，这样既打开了话题，消除了对方的不安心理，又显示了己方的强大阵容，使对方不敢小视或轻举妄动。

4. 从介绍己方的生产、经营、财务状况等入题

这样做可先声夺人，提供给对方一些必要的资料，充分显示己方雄厚的财力、良好

的信誉和质优价廉的产品等基本情况，也给对方以充分的讨论空间。

（二）先谈一般原则，再谈细节问题

一些大型的对外商务谈判，由于需要洽谈的问题千头万绪，双方的高级人员不应该也不可能介入全部谈判，往往要分成若干等级进行多次谈判，这就需要采取先谈一般原则问题，再谈细节问题的方法。一般原则问题达成一致后，洽谈细节问题也就有了依据。

（三）从具体议题入手

一般而言，大型的对外商务谈判总是由具体的一次次谈判组成的，在每次具体的谈判会议上，双方可以首先确定本次会议的谈判议题，然后从这一具体的议题入手进行洽谈。这样做可以避免谈判时无从下手，从而提高效率。

二、阐述技巧

谈判入题后，接下来便是双方阐述各自的观点，这也是谈判的一个重要环节。

（一）开场阐述

己方开场阐述要做到以下几点：

（1）开宗明义，明确本次会谈所要解决的主题，以集中双方的注意力，统一双方的认识。

（2）表明己方通过洽谈应当得到的利益，尤其是对己方至关重要的利益。

（3）表明己方的基本立场，既可以回顾双方以前合作的成果，说明己方所享有的信誉，也可以展望或预测今后双方合作中可能出现的机遇或障碍，还可以表示己方可采取何种方式以便为双方共同获得利益作出贡献等。

（4）开场阐述应是原则性的，而不是具体的，应尽可能简明扼要。

（5）开场阐述的目的是让对方明白己方的意图，以创造协调的洽谈气氛，因此，阐述应以诚挚和轻松的方式来表达。

对方阐述时，主要注意以下几点：

（1）认真耐心地倾听对方的开场阐述，归纳并弄懂对方开场阐述的内容，思考和理解对方阐述的关键问题，以免产生误会。

（2）如果对方开场阐述的内容与己方的意见差距较大，切记不要打断对方的阐述，更不要立即与对方争执，而应当先让对方说完，认同对方之后再巧妙地转开话题，从侧面进行反驳。

（二）让对方先谈

在商务谈判中，当己方对市场态势和产品定价的情况不是很了解，或者当己方尚未确定购买何种产品，或者己方无权直接决定购买与否的时候，一定要坚持让对方首先说

明可提供何种产品，产品的性能如何，产品的价格如何，等等，然后，再审慎地表达意见。有时，即使己方对市场和产品定价比较了解，心中有较为明确的购买意图，而且能够直接决定购买与否，也不妨先让对方阐述利益要求、报价和介绍产品，然后，在此基础上提出自己的要求。这种方式常能收到奇效。

（三）注意正确使用语言

1. 准确易懂

在谈判过程中，所使用的语言要力求规范、通俗，使对方很容易听明白。有时如确需使用某些专业术语，则应尽量使用简明易懂的用语加以解释。一切语言均要以达到双方沟通、保证洽谈顺利进行为前提。叙述的目的在于让对方相信己方所说的内容均为事实，并使其接受己方的观点。为了达到这一目的，叙述时万万不可炫耀自己的学问或卖弄自己的学识，这样做不但达不到目的，反而会令对方生厌。

2. 简明扼要，具有条理性

由于人们有意识的记忆能力有限，在短时间内只能记住有限的、具有特色的内容。所以，在谈判中一定要用简明扼要而又有条理性的语言来阐述自己的观点。这样，才能在洽谈中收到事半功倍的效果；反之，如果信口开河，不分主次，不仅不能使对方及时把握要领，而且还会使对方厌烦，这是应当避免的。

3. 叙述要真实，第一次就要说准

商务谈判中叙述基本事实时，应本着客观真实的态度进行。对事实真相既不要夸大也不要缩小，力求使对方相信并信任己方，如果由于自己对事实真相加以修饰的行为，哪怕是一点点破绽被对方发现，也会大大降低己方公司的信誉，从而使己方的谈判实力大为削弱。在谈判过程中，当对方要你提供资料或信息时，要说得准确，不要模棱两可，含混不清。如果你对对方要求提供的资料和信息不甚了解，应延迟答复，切忌脱口而出。要尽量不使用含上下限的数值，以免被动。

4. 语言应富有弹性

谈判过程中所使用的语言，应当丰富、灵活，富有弹性。对于不同的谈判对手，应使用不同的语言。如果对方谈吐优雅，很有修养，己方语言也应相对讲究，做到出语不凡；如果对方语言朴实无华，那么己方用语也不必过多修饰；如果对方语言爽快、直露，那么己方也不要迂回曲折、语言晦涩。总之，要根据对方的学识、气质、性格、修养和语言特点，及时调整己方的洽谈用语。这是迅速缩短谈判双方距离、实现平等交流的有效方法。

5. 发言紧扣主题

任何商贸洽谈的双方都是抱着一定的目的，肩负着一定的使命来到谈判桌前的。这便决定了每次谈判必有一个主题。由于时间有限，在谈判中双方都应紧紧围绕主题进行阐述，不要发表与谈判主题无关的意见，以免使对方产生反感和延误时间。同时，在谈判中也不要转弯抹角，以免给谈判带来障碍。

6. 措辞得体，不走极端

有时在谈判过程中难免会发生尖锐、激烈的争论。在这种情况下，要尽量以和缓的语言表达自己的意见，不仅语调要柔和，而且措辞要得体，适合场面需要。有些过于极端的言语易刺伤对方自尊心，引起对方反感，带来尴尬的场面，影响谈判进展。有些言语可能会使对方对己方谈判诚意产生怀疑，致使谈判走上歧途或者中断。

7. 注意语调表达的含义

不同的语调可赋予同一句话以不同的含义，也可以表达说话者不同的思想感情。例如，“这价格不错”，若以平常的语调讲，则是一个肯定的评价，表达了说话者对这一价格的同意或赞赏；但若以高调带拖腔的方式讲出，则表达了说话者对这价格的不满。谈判者应通过语调的变化显示自己的信心、决心、不满、疑虑和遗憾等思想感情。同时，也应善于通过对方不同的语调来洞察对方肯定、赞赏、否定、不满等感情变化。谈判者说话的目的是让对方听懂并记住，说得太快不仅达不到说话者预期的目的，还可能使对方既听不清也记不住，有翻译的情况下更应注意，说得太快也会使对方产生不尊重他的感觉。因此，如果想让对方注意你的谈话，就要把速度放平稳，慢慢地、流畅地说。当然，速度也不要太慢，更不要长时间地吐单字。

谈判者声音的高低强弱，也是影响谈判效果的重要因素之一。声音过高过强，震耳欲聋，不会使人感到亲切；声音过低过弱，不会使人感到振奋。因此，应当合理控制声音的强弱，最好有高有低，抑扬顿挫，犹如一幕戏，有高潮，有低潮，还要有收尾，要让对方感到自然舒适。在谈判中，滔滔不绝地阐述观点、发表意见时，如果突然停顿或者有意识地重复某几句话，就能起到意料之外的作用，可以引导听者对停顿前后的内容和重复的内容进行回顾和思考，加深双方的理解和沟通。另外，停顿还可给对方以抒发已见的机会，以便打破沉默，活跃谈判桌上的气氛。

8. 注意折中迂回

在谈判中转换话题，放弃对某些问题的讨论或绕弯子说服对方，运用这样的技巧，是掌握谈判主动权的必然要求。

折中迂回技巧一般适用于下列场合：想避开对己方不利的话题；想回避某些问题；不同意某些观点，但又不便于直接否定对方；想拖延对某些问题作出决定的时间；想把问题引向对己方有利的方面；想转移角度阐述问题以说服对方，等等。

折中迂回的技巧主要表现在：当面临对己方不利的问题时，主动避开对方话锋，将谈话重点转回到对己方有利的问题上来，答非所问或不直接回答对方的问题；绕弯子解释或提出新问题；谈一些题外话，冲淡一下主题，或有意识地谈些意思不清的话，激励己方人员作不相关的交谈；改变原定程序和计划，忽然建议一个令对方不能马上接受的方案；提议某些问题要调查后再讨论；否认某些问题的存在，等等。

使用折中迂回技巧应当慎重，要区别轻重缓急。如在谈判比较正常地进行时，可经常使用“可是……”“但是……”等词语，使问题向有利于己方的方向转化。在遇到对方无理纠缠，同时己方又不希望谈判破裂时，可适当采用上述折中迂回的技巧。

9. 使用解困用语

当谈判出现困难、无法达成协议时，为了突破困境，给自己解围并使谈判继续进行，可使用下列解困用语。

“真遗憾，只差一步就成功了！”

“就快要达到目标了，真可惜了！”

“这样做，肯定对双方都不利！”

“再这样拖延下去，只怕最后结果不妙。”

“既然事已至此，懊恼也没有用，还是让我们再作一次努力吧！”

“我相信，无论如何，双方都不希望前功尽弃！”

使用这种解困用语，有时确能产生较好的效果。只要双方都有谈判诚意，对方很有可能会欣然接受你的意见，从而促使谈判成功。

10. 不以否定性的语言结束谈判

从人的听觉习惯考察，在某一场合下，他所听到的第一句话和最后一句话，常常能给他留下很深的印象。所以，在谈判中要注意，不能以否定性的语言来结束谈判。假如你忽视了这一条，就会给对方造成一种不愉快的感受，并且印象深刻；同时，对下一轮谈判将会带来不利影响，甚至危及前一轮谈判中谈妥的问题或达成的协议。所以，谈判终了时，最好能给谈判对手以正面评价，并稳健中肯地把谈过的议题予以归纳。例如：

“您在这次谈判中表现很出色，给我留下了深刻的印象。”

“您处理问题大刀阔斧，钦佩！”

“今天会谈在某些问题上达成了一致，但在某些方面还要再谈。”

“对贵方的某些要求，我方将予以研究，待下次会议再谈。”

不论谈判结果如何，对参与谈判的人来说，每一次谈判都是谈判双方的一次合作过程。因此，一般情况下，在谈判结束时对对方给予的合作表示谢意，对对方的出色表现给予肯定，或者简要概括一下谈判的效果，是谈判者应有的礼节，对今后的谈判也是有益的。

（四）叙述时发现错误要及时纠正

谈判人员在商务谈判的叙述当中，常常会由于种种原因而出现叙述上的错误，谈判者应及时发现并及时纠正，以防造成不应有的损失。有些谈判人员，当叙述中有错误时，碍于面子，采取顺水推舟、将错就错的做法，这是要坚决反对的，因为这样做往往会使对方产生误解，从而影响谈判的顺利进行。还有些谈判人员，当发现自己叙述中有错误时，采取事后自圆其说、文过饰非的做法，结果不但没能“饰非”，反而越描越黑，对自己的信誉和形象产生损害，更严重的是可能会失去合作机会，后果不堪设想。

第六节　国际商务谈判中“看”的技巧

谈判不仅是语言的交流，同时也是行为的交流。谈判中，我们不仅要听其言，而且要观其行。广东有一句谚语：当一个人笑的时候腹部不动就要提防他了。伯明翰大学的艾文·格兰特博士说过："要留心椭圆形的笑容。"因为这种笑不是发自内心的，即皮笑肉不笑。因此，在谈判中，我们可以通过仔细观察对方的言谈举止，捕捉其内心活动的蛛丝马迹；也可以揣摸对方的姿态神情，探索引发这类行为的心理因素。运用这种技巧，不仅可以判断对方的思想变化，决定己方对策，同时可以有意识地运用行为语言传达信息，促使谈判朝着有利于己方的方向发展。

姿态和动作语言所传递的信息是真实可信的。古诗云："此时无声胜有声"，人们通过姿势、动作等无声的语言传递的信息，有时可以代替甚至超过有声语言所起的作用。

人的举止包括身体动作、手势、面部表情等。在这里仅就谈判人员的面部表情，上下肢及腰、腹部的主要动作，以及它们所传递出来的信息或所代表的意义作简单介绍。

一、面部表情

（一）眼睛所传达的信息

"人的眼睛和舌头所说的话一样多，不需要词典，却能够从眼睛的语言中了解整个世界，这是它的好处。"这是爱默生关于眼睛的一段精辟论述。眼睛具有反映人们深层心理的功能，其动作、神情、状态是最明确的情感表现，因此眼睛被人们称为"心灵的窗户"。

眼睛的动作及所传达的信息主要有以下几个方面：

1. 根据目光凝视讲话者时间的长短来判断听者的心理感受

与人交谈时，视线接触对方脸部的时间在正常情况下应占全部谈话时间的30%～60%。超过这一平均值者，可认为对谈话者本人比对谈话内容更感兴趣；低于这个平均值者，则表示对谈话者和谈话内容都不感兴趣。

2. 眨眼频率有不同的含义

正常情况下，一般人每分钟眨眼5～8次，每次眨眼一般不超过1秒钟。如果每分钟眨眼次数超过5～8次这个范围，一方面表示神情活跃，对某事物感兴趣；另一方面也表示个性怯懦或羞涩，因而不敢直视对方，做出不停眨眼的动作。在谈判中，通常是指前者。从眨眼时间来看，如果超过1秒钟，一方面表示厌烦、不感兴趣；另一方面也表示自己比对方优越，因而对对方不屑一顾。

3. 倾听对方谈话时，几乎不看对方是试图掩饰的表现

据一位有经验的海关检查人员介绍，他在检查过关人员已填好的报关表时，还要再问一句："还有什么东西要申报吗?"这时，他的眼睛不是看着报关表，而是看着过关人员的眼睛，如果过关者不敢正视他的眼睛，那么就表明此人在某些方面可能有试图掩饰的情况。

4. 眼睛瞳孔所传达的信息

眼睛瞳孔放大，炯炯有神而生辉，表示此人处于欢喜与兴奋状态；瞳孔缩小，神情呆

滞，目光无神，愁眉苦脸，表示此人处于消极、戒备或愤怒的状态。实验证明，瞳孔所传达的信息是人无法用意志来控制的。现代的企业家、政治家或专业赌徒为了防止对方察觉到自己瞳孔的变化，往往喜欢配戴有色眼镜。如果谈判桌上有人戴着有色眼镜，就应加以提防，因为他可能很有经验。

5. 眼神闪烁不定所传达的信息

眼神闪烁不定是一种反常的举动，常被认为是掩饰的一种手段或是人格上不诚实的表现。一个做事虚伪或者当场撒谎的人，眼神常常闪烁不定，以此来掩饰其内心的秘密。

6. 瞪大眼睛看着对方是对其有很大兴趣的表示

眼神传递的信息远不止这些。人类眼睛所表达的思想有些确实是只能意会而难以言传的，这就要靠谈判人员在实践中用心加以观察和思考，以不断积累经验，争取把握眼睛的动作所传达的种种信息。

（二）眉毛所传达的信息

眉毛和眼睛的配合是密不可分的，二者的动作往往共同表达一个含义，但单凭眉毛也能反映出人的许多情绪变化。人们处于惊喜或惊恐状态时，眉毛上耸，即所谓喜上眉梢；处于愤怒或气恼状态时，眉角下拉或倒竖，人们常说的“剑眉倒竖”，即形容这种发怒的状态；眉毛迅速地上下运动，表示亲切、同意或愉快；紧皱眉头，表示人们处于困窘、不愉快、不赞同的状态；表示询问或疑问时，眉毛会向上挑起。

上述有关眉毛传达的动作语言是不容忽视的。人们常常认为没有眉毛的脸十分可怕，因为这给人一种毫无表情的感觉。

（三）嘴的动作所传达的信息

人的嘴巴除了说话、吃喝和呼吸以外，还可以有许多动作，借以反映人的心理状态。例如，紧紧地抿住嘴，往往表现出意志坚决；噘起嘴是不满意和准备攻击对方的表现；遭受失败时，人们往往咬嘴唇，这是一种自我惩罚的动作，有时也可解释为内疚的心情；嘴角稍稍向后拉或向上拉，表示听者是比较注意倾听的；嘴角向下拉，是不满和固执的表现。

二、上肢的动作语言

手和臂膀是人体比较灵活的部位，也是使用最多的部位。借助手势或与对方手的接触，可以帮助我们判断对方的心理活动或心理状态。同时，也可帮助我们将某种信息传递给对方。

（1）拳头紧握，表示向对方挑战或紧张的情绪。握拳的同时如伴有手指关节的响声，或用拳击掌，则表示向对方无言的威吓或发出攻击的信号。握拳使人肌肉紧张，能量比较集中。一般只有在遇到外部的威胁或挑战时，人们才会紧握拳头，准备进行抗击。

（2）用手指或手中的笔敲打桌面，或在纸上乱涂乱画，往往表示对对方的话题不感兴趣、不同意或不耐烦。这样做，一方面可以打发和消磨时间，另一方面也起到暗示或提醒对方注意的作用。

（3）两手手指并拢并置于胸的前上方呈尖塔状，表示充满信心。这种动作在西方常见，特别是在主持会议、领导者讲话、教师授课等情况下常见。它通常可表现出讲话者的高傲与独断的心理状态，起到一种震慑听讲者的作用。

（4）手与手连接放在胸腹部的位置是谦逊、矜持或略带不安的心情反映。在给获奖运动员颁奖之前，主持人宣读比赛成绩时，运动员常常有这种动作。

（5）两臂交叉于胸前，表示保守或防卫；两臂交叉于胸前并握紧，往往是怀有敌意的标志。

（6）吸手指或指甲。成年人做出这样的动作是不成熟的表现，即所谓“乳臭未干”。

（7）握手所传达的信息。握手的动作来自原始时代的生活。原始人在狩猎或战争时，手中常持有石块和棍棒等武器，如果是没有任何恶意的两个陌生人相遇，常常是放下手中的所有东西，并伸开手掌，让对方摸一摸自己的掌心，以此来表示手中未持武器。久而久之，这种习惯逐渐演变成为今天的“握手”。

原始意义的握手不仅表示问候，而且也表示一种信赖、契约和保证之意。标准的握手姿势应该是，用手指稍稍用力握住对方的手掌，对方也以同样的姿势用手指稍稍用力回握，用力握手的时间约在 1 秒钟到 3 秒钟之间。如果双方握手与标准姿势不符时，便有除了问候、礼貌以外的附加意义，主要包括以下几种情况：

（1）如果对方手掌出汗，表示其处于兴奋、紧张或情绪不稳定的心理状态。

（2）如果对方用力握手，则表明此人具有好动、热情的性格，这类人往往做事喜欢主动。美国人大都喜欢采用这种握手的方式，这主要与他们好动的性格是分不开的。如果感觉对方的握手不用力，一方面，可能是该人个性懦弱，缺乏气魄；另一方面，可能是对方傲慢矜持、爱摆架子的表现。

（3）握手前先凝视对方片刻，再伸手相握，某种程度上，这种人是想在心理上先战胜对方，将对方置于心理上的劣势地位。先注视对方片刻，意味着对对方的一个审视，观察对方是否值得自己去同其握手。

（4）掌心向上伸出与对方握手，往往表现其性格软弱，处于被动、劣势或受人支配的状态，某种程度上，手掌心向上伸出与人握手，有一种向对方投靠的意思。如果是掌心向下伸出与对方握手，则表示想取得主动、优势或支配地位。另外，手掌心向下，也有居高临下的意思。

（5）用双手紧握对方一只手，并上下摆动，往往是表示热烈欢迎对方的到来，也表示真诚感谢，或有求于人，或肯定契约关系等含义。荧屏上或是生活中，我们常常可以看到，人们为了表示感谢对方、欢迎对方或恳求对方等，往往会用双手用力去握住对方的一只手。

三、下肢的动作语言

腿和足部往往是最先表露潜意识情感的部位，主要的动作和所传达的信息如下：

（1）摇动足部，用足尖拍打地板，抖动腿部，都表示焦躁不安、无可奈何、不耐烦或欲摆脱某种紧张感的意思。通常，在候车室等车的旅客常常伴有此动作，谈判桌上这种动作也是常见的。

（2）双足交叉而坐，对男性来讲往往表示从心理上压制自己的情绪，如对某人或某事持保留态度，表示警惕、防范、尽量压制自己的紧张或恐惧；对女性来讲，如果再将两膝盖并拢起来，则表示拒绝对方或一种防御的心理状态。这往往是比较含蓄而委婉的举动。

（3）分开腿而坐，表明此人很自信，并愿意接受对方的挑战。如果一条腿架到另一条腿上就座，一般在无意识中表示拒绝对方并保护自己的势力范围，使之不受他人侵犯。如果频繁变换架腿姿势，则表示情绪不稳定、焦躁不安或不耐烦。

四、腹部的动作语言

腹部位于人体的中央部位，它的动作带有极丰富的表情与含义。

（1）凸出腹部，表现出自己的心理优越、自信与满足感，凸出腹部可谓是意志和胆量的象征。这一动作也反映了扩大势力范围的意图，是威慑对方，使自己处于优势或支配地位的表现。

（2）解开上衣纽扣露出腹部，表示开放自己的势力范围，对对方不存戒备之心。

（3）抱腹蜷缩，表现出不安、消沉、沮丧等情绪支配下的防卫心理，病人、乞丐常常这样做。

（4）腹部起伏不停，反映出兴奋或愤怒，极度起伏，意味着即将爆发的兴奋与激动状态。

（5）轻拍自己的腹部，表示自己的风度、雅量，同时也包含着经过一番较量之后的得意心情。

以上是谈判及交往中常见的形体语言及其所表达的信息。当然，这些形体语言仅仅是就一般情况而言的，不同的民族、地区，不同的文化层次及个人修养，其动作、姿态及所传达的信息都是不同的，应在具体环境下区别对待。另外，我们在观察对方动作和姿态时，不能只从某一个孤立的、静止的动作或姿态去判断，而应分析和观察其连续的、一系列的动作，特别是应结合对方讲话时的语气、语调等进行综合分析，这样才能得出比较真实、全面、可信的结论。

需要指出的是，在商务谈判过程中，对方完全可能会利用某些动作、姿态来迷惑我们，这就需要我们从对方连贯的动作来进行观察，或者与他前后的动作以及当时讲话的内容、语音、语气和语调等相联系，从中寻找到破绽，识别其真伪，然后采取必要的措施。

第七节 国际商务谈判中“辩”的技巧

“辩”最能体现谈判的特征，谈判中的讨价还价就集中体现在“辩”上。谈判中的辩与听、问、答、看、叙不同，它具有谈判双方相互依赖、相互对抗的二重性，是人类语言艺术和思维艺术的综合运用，具有较强的技巧性。

作为一名谈判人员，要想训练自己的雄辩能力，在商务谈判中获得良好的辩论效果，应注意以下几点有关“辩”的技巧。

一、观点明确，立场坚定

商务谈判中“辩”的目的，就是论证己方的观点，反驳对方的观点。辩论的过程就是通过摆事实，讲道理，说明己方的观点和立场。为了能更清晰地论证己方的观点和立场的正确性及公正性，在辩论时要运用客观材料以及所有能够支持己方论点的证据，增强己方的辩论效果，反驳对方的观点。

二、辩路敏捷、严密，逻辑性强

商务谈判中的辩论，往往是在双方进行磋商的过程中遇到难解的问题时才发生的。一个优秀的辩手，应该头脑冷静、思维敏捷、论辩严密且富有逻辑性，只有具有这种素质的人才能应付各种各样的困难，摆脱困境。任何成功的辩论都具有辩路敏捷、逻辑性强的特点。为此，商务谈判人员应加强这方面基本功的训练，培养自己的逻辑思维能力，以便在谈判中以不变应万变。特别是在谈判条件旗鼓相当的情况下，谈判人员在相互辩驳的过程中思路敏捷、严密，逻辑性强，在谈判中才能立于不败之地。

三、掌握大的原则，不纠缠细枝末节

在辩论过程中，要有战略眼光，掌握大的方向、前提及原则。辩论过程中不要在枝节问题上与对方纠缠不休，但在主要问题上一定要集中精力，把握主动。在反驳对方的错误观点时，要切中要害，做到有的放矢。

四、辩论时应掌握好进攻的尺度

辩论的目的是要证明己方的立场、观点的正确性，反驳对方的立场、观点上的不足，以便能够争取有利于己方的谈判结果。切不可认为辩论是一场对抗赛，必须置对方于死地。因此，辩论时应掌握好进攻的尺度，一旦已经达到目的，就应适可而止，切不可穷追不舍，得理不饶人。在谈判中，如果对方被己方逼得走投无路，陷于绝境，则往往会产生更强的敌对心理，甚至反击的念头更强烈，这样即使对方暂时可能认可某些事情，事后也不会善罢甘休，最终会对双方的合作不利。

五、态度客观公正，措辞准确严密

文明的谈判准则要求：不论辩论双方如何针锋相对，争论多么激烈，谈判双方都必须以客观公正的态度，准确地措辞，切忌用侮辱诽谤、尖酸刻薄的语言进行人身攻击。如果某一方违背了这一准则，其结果只能是损害自己的形象，降低其谈判质量和谈判实力，不会给谈判带来丝毫帮助，反而可能置谈判于破裂的边缘。

六、善于处理辩论中的优势与劣势

在商务谈判的辩论中，双方可能在某一阶段你占优势、我居劣势，可过一阶段又出现你处劣势、我占优势的局面，当我们处于两种不同状态时，就必须处理好辩论中的优劣势，这是衡量商务谈判是否合格的一个条件。

当我们处于优势状态时，谈判人员要注意利用优势，并注意借助语调和手势的配合，渲染己方的观点，以维护己方的立场，切忌当己方处于优势时，表现出轻狂、放纵和得意忘形的姿态。要时刻牢记：谈判中的优势与劣势是相对而言的，是可以转化的。相反，当我们处于劣势时，要记住这是暂时的，应沉着冷静，从容不迫，既不可怄气，又不可沮丧。在劣势状态下，只有沉着冷静，思考对策，保持己方阵脚不乱，才会对对方的优势构成潜在的威胁，从而使对方不敢贸然进犯。

七、注意辩论中个人的举止和气度

在辩论中，一定要注意个人的举止和气度。有些行为，如语调高亢、指手画脚等，都是没有气质的表现，更无气度可言。辩论中良好的举止和气度，不仅会在谈判桌上给人留下良好印象，而且在一定程度上可以左右谈判辩论气氛的健康发展。

第八节 国际商务谈判中“说”的技巧

商务谈判中，很重要的工作就是说服，它常常贯穿于谈判的始终。那么，谈判者在谈判中能否说服对方接受自己的观点，以及应当怎样说服对方，从而促成谈判的和局，就成了谈判能否成功的一个关键。

生活中，人们常常有这样的感觉，即同一件事，不同的人去做，其效果截然不同。有时明明自己的观点是正确的，却不能说服对方，甚至还反过来被对方“驳”

得哑口无言。其实，要想说服他人，不仅要掌握正确的观点，而且还要掌握微妙的交往技术。在此，我们从谈判者行为和心理角度，结合商务谈判实践，提出以下有关说服的技巧。

一、说服他人的基本要诀

（一）说服技巧的环节

1. 建立良好的人际关系，取得他人的信任

一般情况下，当一个人考虑是否接受他人意见时，总是先衡量一下与说服者之间的熟悉程度和友好程度。如果相互熟悉，相互信任，对方就会正确地、友好地理解你的观点和理由。社会心理学家认为，信任是人际沟通的“过滤”。只有对方信任你，才会理解你友好的动机，否则，即使你说服他的动机是友好的，也会经过“不信任”的“过滤”作用而变成其他的东西。因此，取得他人的信任对说服他人是非常重要的。

2. 分析你的意见可能导致的影响

首先，应向对方诚恳说明接受你的意见的充分理由，以及对方一旦被你说服将产生什么利弊得失；其次，要坦率承认如果对方接受你的意见，你也将获得一定利益。这样一来，对方觉得你诚实可信。反之，如果你不承认能从谈判中获得一定利益，对方必定认为你话中有诈，缺乏诚意，从而将你拒之门外。

3. 简化对方接受说服的程序

当对方初步接受你的意见时，为避免其中途变卦，要设法简化确认这一结果的程序。例如，在需要书面协议的场合，可提前准备一份原则性的协议书草案，告诉对方“只需在这份原则性的协议书草案上签字即可，至于正式的协议书我们会在一周内准备妥当，到时再送到贵公司请您斟酌”。这样往往可当场取得被说服者的承诺，并避免了在细节问题上出现过多的纠缠。

（二）说服技巧的要点

1. 站在他人的角度设身处地谈问题，不要只说自己的理由

要说服对方，就要考虑到对方的观点或行为存在的客观理由，即要设身处地为对方想一想，从而使对方对你产生一种“自己人”的感觉。这样，对方就会信任你，就会感到你是在为他着想，效果将会十分明显。

2. 消除对方的戒心，创造良好的氛围

从谈话一开始，就要创造一个说“是”的气氛，不要形成一个说“否”的气氛。不要把对方置于不同意、不愿做的地位，然后再去批驳他、劝说他。例如说：“我知道你会反对，可是事情已经到了这一步了，还能怎么样呢?”即使这样说，对方仍然难以接受你的看法。在说服他人时，要把对方看作能够做或同意做的。例如，“我知道你是能够把这件事情做得很好，只是不愿意去做而已”“你一定会对这个问题感兴趣的”，等等。商务谈判实例表明，从积极的、主动的角度去启发对方、鼓励对方，就会帮助对

方提高自信心，并接受己方的意见。

美国著名学者霍华曾经提出让别人说“是”的30条原则，现摘录几条，供谈判者参考。

- 尽量以简单明了的方式说明你的要求。
- 要照顾对方的情绪。
- 要以充满信心的态度去说服对方。
- 找出引起对方兴趣的话题，并使他继续感兴趣。
- 让对方感觉到，你非常感激他的协助，如果对方遇到困难，你也会努力帮助他解决。
- 直率地说出自己的希望。
- 向对方反复说明他对你的协助的重要性。
- 切忌以高压的手段强迫对方。
- 要表现出亲切的态度。
- 掌握对方的好奇心。
- 让对方了解你并非是“取”，而是在“给”。
- 让对方自由发表意见。
- 要向对方证明，为什么赞成你是最好的决定。
- 让对方知道，你只要在他身边便觉得很快乐。

3. 说服用语要推敲

商务谈判中，欲说服对方，用语一定要推敲。事实上，说服他人时，用语的色彩不一样，说服的效果就会截然不同。通常情况下，在说服他人时要避免用“愤怒”“怨恨”“生气”或“恼怒”这类字眼。即使在表述自己的情绪，如担心、失意、害怕、忧虑时，也要在用词上注意推敲，这样才会收到良好的效果。另外，忌用胁迫或欺诈的手法进行说服。

二、说服顽固者的技巧

商务往来过程中，我们相信多数对手是通情达理的，但也会遇到固执己见、难以说服的对手。对于后一种对手，人们常常感到难以对付，难以理解，左右为难。这种人在很大程度上是性格所致，并非他们不懂道理。事实上，只要我们抓住他们的性格特点，掌握他们的心理活动规律，采取适宜的说服方法，晓之以理，动之以情，他们是完全可以被说服的。

顽固者往往比较固执己见，这通常是性格比较倔强所致。顽固者有时心肠很软，但表面上不轻易“投降”，甚至态度还会十分生硬，有时还会大发雷霆。其实，有时他们自己也搞不清谁对谁错，但还是坚持自己的观点。有时他们尽管明知自己已经错了，但由于自尊心的作用，也不会轻易地承认自己的错误，除非你给他一个台阶。因此，在说服顽固者时，通常可采取以下几种方法：

(一) 下台阶法

当对方自尊心很强、不愿承认自己的错误时，你不妨先给对方一个台阶下，说一说他正确的地方，或者说一说他错误存在的客观根据，这也给对方提供了一些自我安慰的条件和机会。这样，对方就不会感到失掉面子，因而容易接受你善意的说服。

(二) 等待法

对方可能一时难以说服，不妨等待一段时间，对方虽没有当面表示改变看法，但对你的态度和你所讲的话，事后会加以回忆和思考的。必须指出，等待不等于放弃。任何事情，都要给他人留有一定的思考和选择的时间。同样，说服他人时，也不可急于求成，要等待时机成熟时再和他交谈，这样效果往往比较好。

(三) 迂回法

当对方很难听进正面道理时，不要直接和他进行辩论，而应采取迂回的方法。当正面道理很难说服对方时，就要暂时避开主题，谈论一些对方的看法，让他感到你的话对他来说是有用的，使他感到你是可信任的。这样，你再逐渐把话转入主题，晓之以利害，他就会更加冷静地考虑你的意见，并容易接受你的说服。

(四) 沉默法

当对方提出反驳意见或有意刁难时，有时是可以做些解释的，但是对于那些不值得反驳的抗议，需要讲求一点艺术手法，不要有强烈的反应，相反可以沉默。对于一些纠缠不清的问题，或者遇上不讲道理的人，则不予理睬，对方就会觉得自己所提出的问题可能没有什么道理，人家根本就没在意，于是自己也就感到没趣，从而也就不再坚持自己的意见了，这就达到了说服对方的目的。

三、认同的技巧

在商务谈判中要想说服对方，除了要赢得对方的信任，消除对方的对抗情绪，还要用双方共同感兴趣的问题作为跳板，因势利导地解开对方思想的纽结，说服才能奏效。事实证明，“认同”是双方相互理解的有效方法，也是说服他人的一种有效方法。

随着现代文明的进步、人际交往的深化，人们都在呼吁要进行心灵沟通。心灵的沟通，被视为社会生活的最高境界。认同就是人们之间心灵沟通的一种有效方式。所谓认同，就是把自己的说服对象看成是与自己相同的人，寻找双方的共同点，这是人与人之间心灵沟通的桥梁，也是说服对方的基础。在人与人的交往中，首先应求同，随着谈话的深入，即使是陌生人，也会发现越来越多的共同点。商务谈判更是如此，双方本着合作的态度走到一起，共同的东西本来就很多，随着谈判的进展，双方越来越熟悉，在某种程度上会感到比较亲近。这时，某些心理上的疑虑和戒心便会减轻，从而也就便于说服对方了，对方也容易相信和接受己方的看法和意见。

寻找共同点可以从以下几个方面入手：

（1）寻找双方工作上的共同点。例如，共同的职业、共同的追求、共同的目标等。

（2）寻找双方在生活方面的共同点。例如，共同的国籍、共同的生活经历、共同的信仰等。

（3）寻找双方兴趣、爱好上的共同点。例如，共同喜欢的电视剧、体育比赛、国内外大事等。

（4）寻找双方共同熟悉的第三者，作为认同的媒介。例如，在同陌生人交往时，想说服他，可以寻找双方共同熟悉的这个人，通过各自与这个人的熟悉程度和友好关系，相互之间也就有了一定的认同，从而也就便于说服对方了。

案例应用

“听不懂”的策略

一家日本公司与一家美国公司进行一场许可证贸易谈判。谈判一开始，美方代表便滔滔不绝地向日方介绍情况，而日方代表则一言不发，认真倾听，埋头记录。当美方代表讲完，征求日方意见时，日方代表却说：“对不起，我们还不明白。”美方代表问：“哪里不明白了？”日方代表说：“全不明白，请允许我们回去研究一下。”于是，第一轮会议休会了。

几个星期以后，日本公司换了另一个代表团，第二轮谈判一开始，日方代表便申明不了解情况，美方代表只好重复说明了一次，不料，讲完后，日方代表仍然以“不明白，请允许我们回去研究一下”为由，使第二轮谈判又不得不宣布休会。到了几星期后举行第三次会谈时，日方代表团又换了成员，仍是故伎重演，只是在最后告知，回去后一旦有了结果，就立即通知美方。

半年过去了，正当美国公司因得不到日方回音而烦躁不安，责怪日方没有诚意时，日方突然派了一个由公司董事长亲自率领的代表团飞抵美国，在美国人毫无准备的情况下，要求立即谈判，并抛出最后的一揽子方案，以迅雷不及掩耳之势，催逼美国人讨论全部细节。措手不及的美国人终于不得不同日本人达成了一项明显有利于日方的协议。事后，美方首席代表很感慨地说：“这次谈判，是日本在取得偷袭珍珠港之后的又一重大胜利。”

请分析上述案例，并回答以下问题：

1. 日本公司谈判代表为什么频频表示听不懂，其用意何在？

2. 美国公司在谈判中有哪些失误，这些失误应该如何避免？

3. 日本公司为什么最终取得了谈判的重大胜利，其技巧在哪里，我们可以从中得到什么启示？

复习思考题

1. 如何在谈判的过程中处理好与谈判另一方的人际关系，同时保证己方的谈判利益？

2. 怎样通过观察对方的眼神来推测对方谈判的心态？

3. 怎样有效地说服谈判对手，遇到顽固型的对手又该怎么做？

阅读专栏

中联重科并购荷兰瑞科斯达公司

2014年8月8日，中联重科与荷兰升降机公司瑞科斯达（Raxtar）正式签订并购协议，这标志着中联重科已向打造全球施工升降机领域领导者的角色迈出实质性步伐。

中联重科股份有限公司创立于1992年，主要从事建筑工程、能源工程、环境工程、交通工程等基础设施建设所需重大高新技术装备的研发制造，是一家持续创新的全球化企业。2010年，中联重科开始进军施工升降机领域，在上海、沈阳、西安等地建立三个生产基地。短短几年，中联重科的施工升降机销量已在中国市场位居首位。

荷兰瑞科斯达公司是集研发、生产、销售为一体的全球升降机领先企业，产品覆盖了施工升降机、传输平台、货梯和工业电梯领域，其施工升降机产品曾参与诸如美国纽约世贸中心等全球多个国际标杆项目的施工和建设。

近年来，中联重科坚持既定的国际化战略不变，并购交易频频。2008年，中联重科携手弘毅投资、高盛和曼达林基金收购了意大利混凝土机械制造商CIFA公司100%的股份。2011年，中联重科买断了国际社会公认的塔机高端专家德国JOST平头塔系列产品的全套技术。2013年12月25日，中联重科宣布正式收购全球干混砂浆设备品牌——位于德国诺伊恩堡的M-TEC公司。

目前，国内升降机行业发展势头非常强劲，也存在着一些不足，主要表现在科技含量偏低、设备品质不全、技术力量缺乏、服务水平不高等问题。机械动力升降机生产在欧洲已有200多年历史，对于核心技术的研发和应用有着非常严格的要求，对于产品安全性和可靠性有着极为苛刻的标准。此次中联重科在行业整体发展减速的大环境下选择与瑞科斯达合作，将为中联重科品牌升降机注入优良基因和优秀品质。

2014年8月8日，中联重科与荷兰瑞科斯达公司签订并购协议，获得35%的股权，这标志着中联重科将携手这一全球知名施工升降机企业，加速打造全球施工升降机龙头。此次并购将采取渐进方式，首期将以现金直接收购对方35%的股权，同时约定后期的期权购并条件，最后再以双方认可的价格控股这家老牌企业。

此次并购，中联重科与瑞科斯达公司将本着“双赢”的原则，着力从完善产品型谱、深化国际战略、加速并购发展三方面进行合作。中联重科此次并购将借助瑞科斯达公司多年来在升降机领域丰富的国际化生产、研发和高端市场营销经验，极大地提升中联重科升降机在全球市场的竞争力和品牌影响力，改变“中国制造”的形象。

与此前中联重科大多采取的100%股权收购不同，这次采取分步进行的方式，一方面有利于趁此机会加深对并购对象的了解，规避可能的风险；另外，也有利于在合作期间，体现并购对象的主人翁姿态，让其继续安心为联营公司付出。

第七章　各大洲文化差异对谈判的影响

✓ 本章摘要

国际商务谈判，不仅仅是谈判各方基于经济利益的交流与合作，也是各方所具有的不同文化之间的碰撞与沟通。在不同国家、不同民族之间进行的国际商务谈判更是如此。国际商务谈判受到各自国家、民族的政治、经济、文化等多种因素的影响，而其中最难以把握的就是文化因素。文化上的差异导致了国际商务谈判中的文化碰撞甚至冲突，相当一部分谈判因此而失败，直接影响了国际商务活动的顺利进行。因此，在国际商务谈判中正确把握文化因素至关重要。

✓ 本章关键词

文化差异　　谈判风格　　禁忌

✓ 学习完本章，你需要掌握

- 美洲商人的谈判风格
- 欧洲商人的谈判风格
- 亚洲商人的谈判风格
- 大洋洲和非洲商人的谈判风格

✓ 引导案例

云南省小龙潭发电厂就 6 号机组脱硫改造项目于 2002 年与丹麦史密斯穆勒公司签订了一系列脱硫改造合同，改造后的检测结果显示，烟囱排放气体并未达到合同承诺的技术指标。该电厂于 2004 年与史密斯穆勒公司就此事进行交涉，要求对方进行经济赔偿。

索赔谈判前，我方在确认对方的责任方面进行了大量调研和数据收集工作。首先，咨询清华大学、北京理工大学等国内该领域的知名专家，在理论上对这一问题有个清楚的认识。其次，对改造后烟囱排放气体进行采样分析以及数据计算。另外，对比分析对方提供的石灰品质以及脱硫效率。根据调研结果，对照 2002 年原合同中的条款和参数，我方最终认定是史密斯穆勒公司的责任。

正式索赔谈判中，双方在责任问题上各执一词，谈判出现了僵局。史密斯穆勒公司采取了“打擦边球”的策略，试图推脱责任，把赔偿金额压到最低。合同要求脱硫率是90%，脱硫率瞬间值达到了这一指标，甚至还高于90%。但我方要求的是长期值而不是瞬间值，对方试图以瞬间值逃脱一定责任，而我方则以平均值说明问题。我方经过长期统计，平均值仅有80%左右，远远没有达到合同要求。在脱硫剂石灰上，丹麦的国家法律规定石灰原料由国家提供，而我国则由企业自己提供。史密斯穆勒公司认为，脱硫效率低是我方未提供合适的石灰造成，我方应负一定责任。

双方最终达成协议：一方面，史密斯穆勒公司派遣相关人员继续进行技术改造；另一方面，对方就无法实现的合同技术指标部分进行赔偿。

由于世界各国历史传统、政治制度、经济状况、文化背景、风俗习惯以及价值观念存在明显差异，所以各国谈判者在商务谈判中都会形成不同的谈判风格。每一个谈判人员来到谈判桌前时，都带着自己深深的文化烙印，因而在进行国际商务谈判之前，谈判人员必须熟悉各国文化的差异，认真研究对方谈判人员的文化背景及其特点，把握对方的语言及非语言习惯、价值观、思维方式、行为方式和心理特征，作好充分准备，以此建立并加强自己的谈判实力，并能在谈判中因势利导，从而左右逢源，掌握谈判的主动权，在对外商务谈判中不辱使命，进而取得谈判的成功。

第一节　影响国际商务谈判风格的文化因素

所谓谈判风格，主要是指谈判过程中谈判人员所表现出来的言谈举止、处事方式以及习惯爱好等特点。由于文化背景不一样，不同国家、地区的谈判者具有不同的谈判风格。研究各国的谈判风格，就要研究影响谈判风格的文化因素。文化因素主要包括以下几个方面：

一、语言及非语言行为

国际商务活动的语言差异是最直观明了的。解决语言问题的方法也很简单，如雇用一位翻译或者用共同的第三语言交谈就行了。模拟谈判研究表明，谈判人员所使用的语言行为在各种文化中具有较高的相似性。但不管怎样，差异也是显而易见的。在不同语言中，作为信息交流技巧的种种语言行为方式的使用频率呈现一定的差异性（见表7-1），如果不了解这些差异，就很容易误解谈判对手所传播的信息，从而影响商务谈判目标的实现。

表 7-1 不同语言中各种交流技巧的使用频率比较

	中国	日本	韩国	俄罗斯	德国	英国	法国	巴西	加拿大	美国
承诺	6	7	4	5	7	11	5	3	7	8
威胁	1	4	2	3	3	5	5	2	2	4
推荐	2	7	1	4	5	6	3	5	5	4
警告	1	2	0	0	1	1	3	12	3	1
报偿	1	1	3	3	4	5	3	2	2	2
惩罚	0	1	5	1	2	0	3	3	2	3
肯定规范评价	1	1	1	0	0	0	0	0	1	1
否定规范评价	0	3	2	0	1	1	0	1	2	1
保证	10	15	13	11	9	13	10	8	11	13
自我泄漏	36	34	36	40	47	39	42	39	28	36
提问	34	20	21	27	11	15	18	22	36	20
命令	7	8	13	7	12	9	9	14	8	6

资料来源：改编自 Philip R. Cateora，John L. Graham. International Marketing. 11th ed. New York：McGraw-Hill Companies Inc.，2002；Kitty O. Locker. Business and Administrative Communication. 5th ed. New York：McGraw-Hill Companies Inc.，2000；关世杰. 跨文化交流学. 北京：北京大学出版社，1995.

在商务谈判中，谈判人员以非语言的更含蓄的方式发出或接受大量的比语言信息更为重要的信息，所有这类信号或示意总是无意识地进行的。因此，当外国伙伴发出不同的非语言信号时，具有不同文化背景的谈判对手极易误解这些信号，而且还意识不到所发生的错误。这种不知不觉中所产生的个人摩擦如果得不到纠正，就会影响商业关系的正常展开。由表 7-1 及表 7-2 可见，国际商务谈判中语言及非语言行为之间的差异很复杂。就日本、巴西和法国文化而言，日本商人的相互交流风格是最礼貌的，较多地采用正面的承诺、推荐和保证，较少采用威胁、命令和警告性言论，他们礼貌的讲话风格中最突出的是较少使用“不”“你”和面部凝视，但经常保持一段沉默；巴西商人使用“不”和“你”字的频率较高，他们的谈判风格显得较为放肆，而且在谈判中似乎不甘寂寞，不时地凝视对方并触碰对方；法国商人的谈判风格显得更为放肆，特别是，他们使用威胁和警告的频率最高，此外，他们还很频繁地使用插话、面部凝视以及“不”和“你”字。可见，唯有弄清楚这些差异，方能避免对日本人的沉默寡言、巴西人的热心过头或者法国人的威胁的误解，从而取得国际商务谈判的成功。

表 7-2　　不同语言中非语言交流技巧的使用频率比较

	中国	日本	韩国	俄罗斯	德国	英国	法国	巴西	加拿大	美国
沉默时间百分比	7.7	8.3	0	12.3	0	8.3	3.3	0	5	5.7
插话间隔时间(分钟)	1.75	4.84	1.36	2.26	1.44	5.66	1.45	2.10	1.45	5.88
凝视时间百分比	37	13	33	29	34	30	53.3	52	48.7	33.3
每小时接触次数	0	0	0	0	0	0	0.2	9.4	0	0

资料来源：改编自 Philip R. Cateora，John L. Graham. International Marketing. 11th ed. New York：McGraw-Hill Companies Inc.，2002；Kitty O. Locker. Business and Administrative Communication. 5th ed. New York：McGraw-Hill Companies Inc.，2000；关世杰. 跨文化交流学. 北京：北京大学出版社，1995.

二、风俗习惯

在国际商务谈判中，通常有一些正式或非正式的社交活动，如喝茶、喝咖啡、宴请等。这些活动受文化因素的影响很大，并制约着谈判的进行。

德国人在绝大多数时候都是穿礼服，但无论穿什么，都不会把手放在口袋里，因为这样做会被认为是粗鲁的。德国人很守时，如对方谈判者迟到，德国人就可能会很冷淡。另外，德国人不习惯与人连连握手，若你与他连连握手，他会觉得惶惶不安。

芬兰人在买卖做成之后，会举行一个长时间的宴会，请对方洗蒸气浴。洗蒸气浴是芬兰人一项重要的礼节，表示对客人的欢迎，对此是不能拒绝的，因为芬兰人经常在蒸气浴中解决重要问题和加强友谊。

在澳大利亚，大部分交易活动是在小酒馆里进行的。在澳大利亚谈判时，谈判者要记住哪一顿饭该由谁付钱。在付钱上既不能忘记也不能过于积极。

在南美洲，不管当地气候怎样炎热，都以穿深色服装为宜。南美商人与人谈判时相距很近，表现得亲热，说话时把嘴凑到对方的耳边。有些南美国家的商人乐于接受一些小礼品。

中东地区的商人好客，同他们谈判不能计较时间长短，而应努力取得其信任，即要先建立起朋友关系，这样就容易达成交易。

在与法国人进行紧张谈判的过程中，与他们共进工作餐或游览名胜古迹，对缓和气氛、增进彼此的友谊大有裨益。但千万不能在餐桌上或在游玩时谈生意，因为这样会败坏他们的食欲，让他们觉得扫兴。法国人的习惯是在吃饭时称赞厨师的手艺。

在日本，很多交易都是在饭店、酒吧和艺伎馆里消磨几个小时后达成的。

北欧人和美国人谈生意时喜欢有一定的隐私。在英国和德国，秘书们会将新的来客挡在外面以避免经理们在会谈中受到打扰。在西班牙、葡萄牙、南美一些国家，敞门办公的现象可能会发生，但新来的客人也常常被请到外面等候。

三、思维差异

国际商务谈判时，来自不同文化背景的谈判者往往会遭遇思维方式上的冲突。以东方文化和英美文化为例，两者在思维方面的差异有：

（1）东方文化偏好形象思维，英美文化偏好抽象思维。

（2）东方文化偏好综合思维，英美文化偏好分析思维。

综合思维是指在思想上将各个对象的各个部分联合为整体，将它的各种属性、方面、联系等结合起来；分析思维是指在思想上将一个完整的对象分解成各个组成部分，或者将它们的各种属性、方面、联系等区别开来。

（3）东方人注重统一，英美人注重对立。如中国哲学虽不否认对立，但比较强调统一，而西方人注重把一切事物分为两个对立的方面。

基于客观存在的思维差异，不同文化的谈判者呈现出决策上的差异，形成顺序决策方法和通盘决策方法间的冲突。当面临一项复杂的谈判任务时，采用顺序决策方法的西方文化特别是英美人常常将大任务分解为一系列的小任务。将价格、交货、担保和服务合同等问题分次解决，每次解决一个问题，从头至尾都有让步和承诺，最后的协议就是一连串小协议的总和。然而，采用通盘决策方法的东方文化则注重对所有的问题整体讨论，不存在明显的次序之分，通常要到谈判的最后，才会在所有的问题上作出让步和承诺，从而达成一揽子协议。

四、价值观

国际商务谈判中价值观方面的差异远比其他方面的文化差异隐藏得深。价值观差异对国际商务谈判行为的影响主要表现为因客观性、时间观念、竞争和平等性等观念差异而引起的误解和厌恶。

（一）客观性

商务谈判中的客观性反映了行为人对“人和事物的区分程度”。西方人特别是美国人具有较强的“客观性”，如“美国人根据冷酷的、铁一般的事实进行决策”“美国人不徇私”“重要的是经济和业绩，而不是人”“公事公办”，这些话语就反映了美国人的客观性。因此，美国人在国际商务谈判时强调“把人和事区分开来”，感兴趣的主要为实质性问题。相反，在世界其他地方，“把人和事区分开来”这一观点被看成是一派胡言。例如，在有的地方，经济的发展往往是在家族控制的领域内实现的。因此，来自这些国家的谈判者不仅以个人名义来参与谈判，而且谈判结果往往会影响到参与谈判的这个人，个人品行和实质问题成了两个并非不相干的问题，而且事实上两者变得不可分开。

（二）时间观

不同文化具有不同的时间观念。如北美文化的时间观念很强，对美国人来说时间就是金钱；而中东和拉丁美洲文化的时间观念则较弱，在他们看来，时间应当是被享用的。

爱德华·T. 霍尔把时间的利用方式分为两类：单一时间利用方式和多种时间利用方式。单一时间利用方式强调“专时专用”和“速度”。北美人、瑞士人、德国人和斯堪的纳维亚人具有此类特点。单一时间利用方式就是线性地利用时间，仿佛时间是有形的一样。直率是单一时间利用方式这一文化的表现形式。而多种时间利用方式则强调“一时多用”。中东和拉丁美洲文化具有此类特点。多种时间利用方式涉及关系的建立和对言外之意的揣摩。在多种时间利用方式下，人们有宽松的时刻表。这就需要有较深的私交和“静观事态发展”的耐性。

因此，在国际商务谈判中，当两个采用不同时间利用方式的经营者遇到一起时，就需要调整，以便建立起和谐的关系，并要学会适应多种时间利用方式的工作方式，这样可以避免由于“本地时间”与“当地时间”不一致所带来的不安和不满。

（三）竞争和平等观

竞争和平等观差异对国际商务谈判的影响可以借助模拟谈判之类的实验经济学的结果得到粗略的反映。模拟谈判实验观察了来自不同文化背景的商人小组参加同样的买卖游戏所得到的“谈判蛋糕”。这一模拟体现了商务谈判的精华，即竞争和合作。令 N 为 n 个来自不同文化的商人小组进行模拟买卖所得到的“谈判蛋糕”的观察结果所构成的集合，那么：

$$N = N_1, N_2, N_i \cdots N_n$$

$$N_i = N_i (V_i, B_i, S_i)$$

其中，N_i 表示来自第 i 种文化的谈判双方的“谈判蛋糕”，V_i 表示买方和卖方在模拟中所得的共同利润，B_i 和 S_i 分别表示共同利润在买方和卖方间的所得百分比减去 50% 后的值，即 $B_i + S_i = 0$。

显然，V_i 越大，合作效果越好，反之则反是；$B_i < 0$，$S_i > 0$ 表明利润分配对卖方有利，$B_i > 0$，$S_i < 0$ 表明利润分配对买方有利，且 $|B_i|$ 或 $|S_i|$ 越大，利润分配越不平等。

考察模拟实验的结果见表 7-3，不难发现，就美国文化和日本文化而言，日本人最善于做大蛋糕，而美国人的蛋糕大小一般。相反，美国人对利润的划分相对而言较日本人公平。日本人划分蛋糕的方式对买方较为有利。事实上，在日本，顾客被看作上帝，卖方往往会顺从买方的需要和欲望；而美国的情况完全不同，美国卖方往往将买方更多地视为地位相等的人，这也符合美国社会奉行的平等价值观。在许多美国经理看来，利润划分的公平性似乎比利润的多少更为重要。

表 7-3　模拟实验中同一文化内谈判双方的合作效果与利润分配平等程度比较

观察变量 \ i	日本 1	韩国 2	俄罗斯 3	德国 4	英国 5	法国 6	巴西 7	美国 8
V_i	V_1	V_2	V_3	V_4	V_5	V_6	V_7	V_8
买卖双方合作效果由大到小	$V_1>V_5>V_7>V_6>V_8>V_3>V_2>V_4$							
B_i	B_1	B_2	B_3	B_4	B_5	B_6	B_7	B_8
利润分配有利于买方程度由大到小	$B_2>B_1>B_6>B_5>B_3>B_4>B_8>B_7>0$							

资料来源：改编自 Philip R. Cateora，John L. Graham. International Marketing. 11th ed. New York：McGraw-Hill Companies Inc.，2002；Kitty O. Locker. Business and Administrative Communication. 5th ed. New York：McGraw-Hill Companies Inc.，2000；关世杰. 跨文化交流学. 北京：北京大学出版社，1995.

五、人际关系

成功的谈判要求始终保持畅通无阻的信息交流，然而不同的文化背景使国际商务谈判者之间的信息交流面临许多障碍和冲突。因此，国际商务谈判人员必须能够在谈判中和对手保持良好的人际关系，保证良好的沟通以便谈判顺利进行。对此，美国学者温克勒指出："谈判过程是一种社会交往的过程，与所有其他社会事务一样，当事人在谈判过程中的行为举止、为人处世，对于谈判的成败至关重要，其意义不亚于一条高妙的谈判策略。"

法国人天性比较开朗，具有注重人情味的传统，因而很珍惜交往过程中的人际关系。对此有人说，在法国，"人际关系是用信赖的链条牢牢地相互联结的"。另外，在与法国商人谈判时不能只想到谈生意，否则会被认为太枯燥无味。

在日本，人们的地位意识浓厚，等级观念很重，因而与日本商人谈判，搞清楚其谈判人员的级别、社会地位是十分重要的。在德国，人们重视体面，注意形式，对有头衔的德国谈判者一定要称呼其头衔。澳大利亚商人参与谈判时，其谈判代表一般都是有决定权的，因而与澳大利亚商人谈判时，一定要让有决定权的人员参加，否则澳大利亚商人会感到不愉快，甚至中断谈判。

综上所述，包括风俗习惯、语言表达、人际关系、时间观念等因素的文化差异塑造了不同国家各不相同的谈判风格。要想在国际谈判的战场上纵横捭阖，就必须对此深入了解。以下各节里，我们将对主要区域和国家的谈判风格逐一进行分析。

第二节 美洲商人的谈判风格、礼仪与禁忌

一、美国商人的谈判风格、礼仪与禁忌

（一）美国商人的谈判风格

从总体上讲，美国人性格外向、随意。有些研究美国问题的专家将美国人的性格特点归纳为：外露、坦率、诚挚、豪爽、热情、自信、说话滔滔不绝、不拘礼节、幽默诙谐、追求物质上的实际利益，等等。

美国谈判人员有着与生俱来的自信和优越感，他们总是十分自信地步入谈判会场，不断发表自己的意见和提出自己的权益要求，往往不太顾及对方而显得气势上咄咄逼人，而且语言表达直率，喜欢开玩笑。这种心态常常会在谈判桌上形成一种优势——无论其年龄或资历如何，似乎不把对方放在眼里（其实不一定）。他们坦率外露，善于直接向对方表露出真挚、热忱的感情，这种情绪也容易感染别人，对此应加以充分利用，以创造良好的谈判气氛，并以相应的态度予以鼓励，创造成功机会。

美国人办事干脆利落，不兜圈子。在谈判桌上，他们精力充沛，头脑灵活，会在不知不觉中将一般性交谈迅速引向实质性谈判，并且一个议题接一个议题地讨论，直截了当，不讲客套，总是兴致勃勃，乐于以积极的态度来谋求自己的利益。为追求物质上的实际利益，他们善于使用策略，采用各种手法。正因为自己精于此道，所以他们十分欣赏那些说话直截了当、干净利落，又精于讨价还价、为取得经济利益而施展策略的人。正因为美国人具有这种干脆直截的办事态度，所以与美国人谈判，表达意见要直接，“是”与“否”必须清楚。如果美国谈判人员提出的条款、意见是无法接受的，就必须明确告知不能接受，不得含糊其词，使他们存有希望。有人认为，为了不失去继续洽谈的机会，应该装出有意接受的样子而含糊作答，或者迟迟不答，这种做法实际上适得其反，不仅会给对方造成不良印象，还容易导致纠纷的产生。

当双方发生纠纷时，美国谈判人员希望谈判对手的态度认真诚恳，即使双方争论得面红耳赤，他们也不会介意。中国人在出现纠纷时往往喜欢赔笑脸，以为这样能使对方消消怒气，实际上这样做，会使美国人更不满，因为在他们看来，出现纠纷而争论时，双方心情都很恶劣，如有笑容，必定是装出来的，甚至可能认为面露笑容表示你已经理亏了。另外，在谈判过程中，要绝对避免指名批评，因为美国人谈到他人时，都会顾及他人的人格。例如，不要指责客户公司中某人的缺点或竞争公司的缺点，这是为美国人所蔑视的行为。

美国谈判人员重视效率，喜欢速战速决。因为美国经济发达，生活、工作节奏极快，造就了美国人信守时间、尊重进度和期限的习惯。美国人认为，最成功的谈判人员是能熟练地把一切事物用最简洁、最令人信服的语言迅速表达出来的人，因而美国谈判人员为自己规定的最后期限往往较短。谈判中，他们十分重视办事效率，尽量缩短谈判

时间，力争每一场谈判都能速战速决。如果谈判一旦突破其最后期限，谈判很可能破裂。除非特殊需要，同美国人谈判时间不宜过长。因为大多美国公司每月或每季度都必须向董事会报告经营利润情况，如果谈判时间过长，就会对美国人失去吸引力。所以，只要报价基本合适，就可以考虑抓住时机拍板成交。

美国人的法律意识根深蒂固，律师在谈判中扮演着重要角色。因为生意场上普遍存在着食言或欺诈等现象，美国谈判人员往往注重防患于未然，凡遇商务谈判，特别是谈判地点在外国的，他们一定要带上自己的律师，并会在谈判中再三要求对方完全信守有关诺言。一旦发生争议和纠纷，最常用的办法就是诉诸法律，因为此时友好协商的可能性不大。美国谈判人员提出的合同条款大多是由公司法律顾问草拟、董事会研究决定的，谈判人员一般对合同条款无修改权，对法律条款一般不轻易让步。美国人习惯于按合同条款逐项讨论直至各项条款完全谈妥。

美国人在谈判方案上喜欢搞全盘平衡的“一揽子交易”。所谓一揽子交易，主要是指美国商人在谈判某项目时，不是孤立地谈其生产或销售，而是将该项目从设计、开发、生产、工程、销售到价格等一起商谈，最终达成全盘方案。美国文化培养的谈判人员较注重大局，善于通盘筹划，他们虽讲实利，但在权衡利弊时，更倾向于从全局入手。所以，美国谈判人员喜欢先总后分，先定下总交易条件，再谈具体条件。他们这种一揽子交易手法，对于拓宽谈判思路、打破僵局有一定积极意义，但显得居高临下，咄咄逼人。

美国商人既重视商品质量，又重视商品包装。商品的外观设计和包装体现一国的消费文化状况，也是刺激消费者购买欲望、提高销量的重要因素。美国人不仅对自己生产的商品不遗余力地追求内在品质和包装水平，而且对于购买的外国商品也有很高的要求。

虽然美国谈判人员普遍具有上面所说的共同特点，但是由于美国地域宽广、种族众多，不同地域的美国人的处事方式和商业习惯或多或少有些差异，因此有必要分别研究，才能在谈判中得心应手。

美国的东部，特别是以纽约等大城市为中心的东北部，200 多年来，一直处于美国政治、经济、金融、贸易活动的中心地位。该地区的人们深受现代文明的熏陶，随时掌握全球经济动态，在谈判中严格按照国际惯例办事，雷厉风行，寸利必争。因此，同他们谈判签约时，必须绝对注意合同措辞的严谨，不能让他们有隙可乘。否则，精明而苛刻的东部人会在市场行情发生变化时，千方百计在合同中寻找理由毁约。

美国中西部地区以汽车、电机、钢铁工业及制造业为主，是美国工业的心脏。该地区的人比较保守，同时又比较和蔼和朴素，易于交往。如果在准备与他们做生意之前就常以朋友的身份款待他们，如邀请他们去高尔夫球场等娱乐场所，日后与他们进行商业谈判时，会收到很好的效果。这就是先交朋友、后做生意的原则。中西部地区有个商业习惯，每年 9 月至 11 月是他们的黄金采购时间，他们往往把一年所需的货物集中在这个时候一次采购，因此，同他们做生意要注意，错过这段时间会使谈判增加许多困难。

美国南部地区的人待人比较殷勤，和蔼可亲。他们直爽无欺，但有时稍显急躁。谈判时，必须注意这一点。如在谈判桌上他们气势汹汹、言辞激烈、怨声不断，你千万要沉得住气，耐心解释，当你解释完，他们就很容易再次坐下来与你笑脸相谈。美国南方人性格较为保守，决定了他们的谈判节奏相对较慢，需要较长时间才能同他们建立良好的商业关系。

（二）美国人的谈判礼仪与禁忌（Etiquette and Taboo）

跟美国商人在一起时不必要过多地握手与讲客套，他们大多性格外向、直爽热情，美国商人即使昨天还是未见过面的陌生人，今天一见面就会立刻显露出仿佛有多年之交的老朋友般亲热，直呼其名，甚至当天就可以做成一笔大生意。美国商人见面与离别时，都面带微笑地与在场的人们握手。彼此问候较随便，大多数场合下可直呼名字，对年长者和地位高的人，在正式场合下，则使用“先生”“夫人”等称谓，对于婚姻状况不明的女性，不要冒失地称其为夫人。在比较熟识的女士之间或男女之间会亲吻或拥抱。美国商人习惯保持一定的身体间距，交谈时，彼此站立间距约 0.9 米，每隔 2～3 秒有视线接触，以表达兴趣、诚挚和真实的心理状态。他们的时间观念很强，约会要事先预约，赴会要准时，但商贸谈判有时亦会比预定时间推迟 10～15 分钟。美国商人喜欢谈论有关商业、旅行方面的内容及当今潮流和世界大事，喜欢谈政治，但不乐意听到他人对美国的批评，因此，最好对他们多听少讲。在美国，多数人随身带有名片，但是，他们的名片通常是在认为有必要以后再联系时才交换，因此，美国商人在接受别人的名片时往往并不回赠。不管是否有人在场，都不要与女士谈论有关她个人的问题，如婚姻状况等，如果她自己说了，也只能简单问几句。

一般性的款待一般在饭店举行，小费通常不包括在账单里，一般是 15%。进餐时，宾主可以谈论生意。餐巾一般放在膝上，左手经常放在腿上，他们认为把肘部放在餐桌上是不文雅的举动，当然不少美国商人也不介意。美国商人有着不同的文化背景，也反映在丰富的食品上，他们出于健康原因，进食大量蔬菜和水果，同时，牛肉、猪肉和鸡肉也是大众化肉食。快餐店的普及从另一个侧面反映出美国商人的食物偏好和紧张的生活节奏。

美国商人也在周六、周日休息，此外，公定假日有元旦、退伍军人节、感恩节、哥伦布日等，不宜在这些时间找美国商人洽谈。美国商人进入谈判时总是充满信心，只简单寒暄几句就进入正题，答复明确肯定。过于低估自己的能力、缺乏自信是没有必要的，会令对方瞧不起。

二、加拿大商人的谈判风格、礼仪与禁忌

（一）加拿大商人的谈判风格

加拿大居民大多数是英国和法国移民的后裔，在加拿大从事对外贸易的商人也主要是英国后裔和法国后裔。英国裔商人大多集中在多伦多和加拿大的西部地区；法国裔商人主要集中在魁北克。温哥华是华侨的主要聚居地，温哥华商人中，华侨有一定势力，他们为我国与加拿大的商务合作起到了桥梁的作用。

英国裔商人同法国裔商人在谈判风格上差异较大。英国裔商人谨慎、保守，却注重信誉。他们在进行商务谈判时相当严谨，一般要对所谈事物的每个细节都充分了解后，才可能答应对方的要求。并且，英国裔商人在谈判过程中喜欢设置关卡，一般不会爽快地答应对方提出的条件和要求，所以，从开始到价格确定这段时间的商谈是颇费心力的，可谓“好事多磨”，对此，要有耐心，急于求成往往不能把事情办好。不过，一旦最后拍板，签订契约，英国裔商人日后执行时很少出现违约的事情。

法国裔商人没有英国裔商人那么严谨。与法国裔商人刚刚开始接触时，你会觉得他们都非常和蔼可亲、平易近人、客气大方。但是只要坐下来谈判，涉及实质问题时，他们就判若两人，讲话慢吞吞，难以捉摸。因此，若希望谈判成功，就要有耐性。法国裔商人对于签约比较马虎，常常在主要条款谈妥之后就急于签约。他们认为次要的条款可以等签约后再谈，然而往往正是那些未引起重视的次要条款成为日后履约纠纷的导火索。因此，与他们谈判时应力求慎重，一定要在所有合同条款都定得详细、明了、准确之后，才可签约，以避免不必要的麻烦和纠纷。

（二）加拿大商人的谈判礼仪与禁忌

（1）见面或分手时要行握手礼，相互亲吻对方脸颊也是常用的礼节。除密友之外，一般不宜直呼小名，对法语是母语的加拿大谈判者，要使用印有英、法文的名片。

约会要事先预约并准时，款待一般在饭店或俱乐部进行。就餐时要穿着得体，男士着西服，系领带，女士则穿裙子。进餐时间可长达 2～3 小时。一般祝酒词为 Cheers（“祝好”，用于英语地区）、Sante（“祝你健康”，用于法语地区）。在法语区就餐，双手（不是双肘）放在桌上。如被邀作私人访问，应随身携带小礼品或鲜花，也可派人给其赠送鲜花。

（2）加拿大谈判者比美国商人显得更有耐心和温和，加拿大商人时间观念很强，所以要严格遵守合同的最后期限。

（3）与加拿大商人谈判要注重礼节，情绪上要克制，不要操之过急。对英裔商人要有足够的耐心，从开始接触到价格确定这段时间，要多费脑筋，认真地与对方斟酌，多用实际利益和事实来加以引导，稳扎稳打，切不可过多地施加压力。

（4）对法裔谈判者应力求慎重，不弄清对方的意图与要求切不要贸然承诺。另外，不要被对方的催促牵着鼻子走，主要条款与次要条款都要一丝不苟，力求详细明了和准确，否则不予签约，以免引出日后的麻烦。合同条款往往详尽而冗长，对法裔谈判者还须准备法文资料和将合同译成法文。

（5）加拿大公司的高层管理者对谈判影响较大，应将注意力集中在他们身上，以使谈判能尽快获得成功。

三、南美商人的谈判风格、礼仪与禁忌

南美人最突出的性格特点是固执、个人人格至上和富于男子气概。同时，他们也比

较开朗和直爽，与处事精明敏捷的北美商人有所不同。固执不妥协的特点体现于南美人的商贸谈判中，他们对自己意见的正确性坚信不疑，往往要求对方全盘接受，很少主动作出让步，如果他们对别人的某种请求感到不能接受，一般也很难让他们转变。个人人格至上的特点使得南美人特别注意的是谈判对手本人而不是对手所属的公司或者团体。他们对谈判对手的工作能力以及在公司、团体中所处的地位往往是根据对方讲话的语气和神情来判断，一旦他们认定对方是有较强工作能力和丰富工作经验并且是公司或团体中的重要人物，便会对之肃然起敬，以后的谈判就会比较顺利。南美人对男子气概的崇尚使他们不喜欢同女性谈判。当然也有例外，那就是女性谈判者如果能用带有权威的、不容置疑的语调和大量事实向他们表明，自己同他们一样有经验、懂技术、胜任业务，甚至做得比他们更好，并且令人信服地向他们展示自己的能力，就能让他们感到敬佩，从而暂时收敛所谓的男子气概，因为南美人是崇尚个人奋斗、敬仰成功者的。

南美人的生活比较悠闲和恬淡，他们不很注重物质利益，而比较注重感情，这与崇尚实际利益的美国商人大为不同。因此，想与南美人做生意，最好先与他们交朋友，一旦成为他们的知己后，他们会优先考虑你为做生意的对象。同样，与南美人进行商务谈判时，感情因素也很重要，以公事公办的态度对待他们是行不通的。相反，若彼此关系熟悉、私交不浅的话，如果你有事拜托，他们会毫不犹豫地优先办理，并充分考虑你的利益和要求，这样，双方的洽谈会自然而然地顺利进行下去。

南美人讲究享乐，即便是谈判做生意，也不愿意使一些娱乐活动受到妨碍。许多南美国家假期很多，如秘鲁的劳动法规定，工作一年，就可以有一个月的带薪假期。因此，在商务谈判过程中，常常会碰到这样的情况：一笔生意正在洽谈中，南美谈判人员突然休假，使得谈判活动戛然而止。即使你心急如焚，也得耐着性子等到谈判对方休假归来。在谈判中，他们也常常会慢半拍。有时你觉得谈判已到了实质阶段，他们却认为这仅仅是准备阶段。洽谈中，常会听到他们说："明天再谈吧"，或是"明天就办"，到了明天，却仍然是同样的话。南美人这种处理事务节奏较慢的情况往往会让性急的外国人无可奈何。但是，如果想用速战速决的办法和南美人谈判只会令他们非常恼火，甚至会使他们更加停滞不前。因此，最好的办法还是放慢谈判节奏，始终保持理解的心境，并注意避免工作与娱乐发生冲突。

南美国家有的商人对信用证付款的观念极为淡薄，甚至还有商人希望同国内交易一样使用支票付款。因此，交易时应注意寻找靠得住的对象，必须与负责管理的人谈生意，确保谈判成果，降低风险。

在南美做生意，至关重要的一点是寻找代理商，建立代理商网络。大多数南美国家普遍存在代理制度。如果在当地没有代理商，做生意时会困难重重。尽管你可以向这些国家派驻代表，但派出的代表同样必须与当地的代理商打交道。外国人在南美的首次谈判很可能发生在与期望成为其代理商的南美人之间。选择代理商时必须非常慎重，要仔细审查，看其是否符合你开展业务的需要。如果不慎选中了一个不合格的代理商，日后想摆脱就会遇到很大的麻烦。因为大多数南美国家的法律保护当地的代理商，禁止随便解雇他们，即使可以解雇，雇主也必须赔偿由于其"任意"解雇而给代理商造成的损失。可见，要解雇一名不合适的代理商不是件容易的事。选定代理商后，必须与其签订代理合同，在合同中明确规定双方的权利和义务，更为重要的是，应该详细清楚地规定代理权限，以免日后发生纠纷。

南美国家进出口手续比较复杂，一些国家还实行进口许可证制度。所以，在进行贸易谈判前，必须深入了解其贸易保护政策和具体执行情况。例如，在未取得南美国家的进口许可证之前，千万不能擅自发运货物，否则可能无法收回货物，即便能收回，也枉付了高昂的运费。南美一些商人常会利用外商履约后收不到货款而惊慌失措的心理，威逼利诱外商重新谈判价格，乘机压价。鉴于这种情况，在与南美商人谈判时，可适当在交易价格上掺些水分，以免被迫降价造成的损失。近年来，南美国家逐步认识到保护主义给本国经济带来的不利影响，逐渐放开了一些进口限制。在这方面，巴西走在了前面。即使如此，外商也不应放松警惕。

南美各国的商人，有相同点，也有不同点。巴西人酷爱娱乐，他们不会让生意妨碍其享受闲暇的乐趣。当举世闻名的巴西狂欢节来临之时，千万别同南美人去谈生意，否则会被视为不受欢迎的人。巴西人重视个人之间的良好关系，他们愿意和自己喜欢的人做生意。

阿根廷人比较正统，非常欧洲化。他们在同你一见面时就会不停地握手，阿根廷商人会在商谈中不厌其烦地与对方反复握手。

哥伦比亚、智利、巴拉圭人比较保守。他们穿着讲究，谈判时服饰正规，他们也特别欣赏彬彬有礼的客人。

厄瓜多尔人和秘鲁人的时间观念不强，他们大多不遵守约会时间。但作为谈判另一方，在这点上千万不能“入乡随俗”，应遵守时间，准时出席。

第三节　欧洲商人的谈判风格、礼仪与禁忌

一、英国商人的谈判风格、礼仪与禁忌

（一）英国商人的谈判风格

英国人一般比较冷静和持重。英国商人在谈判初期，尤其初次接触时，通常与谈判对手保持一定距离，绝不轻易表露感情。随着时间的推移，他们才与对手慢慢接近、熟悉起来，并且你会逐渐发现，他们精明灵活，善于应变，长于交际，待人和善，容易相处。他们常常在开场陈述时十分坦率，愿意让对方了解他们的有关立场和观点，同时也常常考虑对方的立场和行动，对于建设性意见反应积极。英国商界赞同一句话：“不要说‘这种商品我们公司没有’，应该说‘只要您需要，我们尽量替您想办法’。”这一点不仅反映了英国商人的灵活态度，也表现了他们十足的自信心。他们的自信心强，还特别表现在讨价还价阶段，如果出现分歧，他们往往固执己见，不肯轻易让步，让人觉得他们持有一种非此即彼、不允许讨价还价的谈判态度。

英国商人十分注重礼仪，崇尚绅士风度。他们谈吐不俗、举止高雅、遵守社会公德，很有礼让精神。无论谈判场内外，英国谈判人员都很注重个人修养，尊重谈判对手，不会没有分寸地追逼对方。同时，他们也很关注对方的修养和风度，如果你能在谈判中显示出良好的教养和风度，就会很快赢得尊重，为谈判成功打下良好的基础。由于古老的等级传统使英国人的等级观念非常严格而深厚，他们颇为看重与自己身份对等的人谈问题，因此洽谈生意时，在对话人的等级上，诸如官衔、年龄、文化教育、社会地位上都应尽可能对等，以求平衡，表示出平等和尊重，这对于推进对话、加强讨价还价的力量有一定的作用。英国商人的绅士风度还表现在谈判时不易动怒，也不易放下架子，喜欢有很强的程序性的谈判，一招一式恪守规定。谈判条件既定后不愿改动，注意钻研理论并注重逻辑性，喜以逻辑推理表明自己的想法。他们听取意见时随和，采纳意见时却不痛快，处理复杂问题比较冷静。这种外交色彩浓厚的谈判风格常使谈判节奏受到一定制约。但是，采用简单、直截了当又不失礼貌的谈判手法会使他们为证明自己并不拖拉而配合你，从而加快节奏。绅士风度常使英国谈判人员受到一种形象的约束，甚至成为他们的心理压力，对此应充分利用。如在谈判中以确凿的论据、有理有力的论证施加压力，英国谈判人员就不会因坚持其不合理的立场而丢面子，从而取得良好的谈判效果。

英国商人行动按部就班。在商务活动中，招待客人时间往往较长，当受到英国商人款待后，一定要写信表示感谢，否则会被视为不懂礼貌。与英国人约会时，若是过去不曾谋面的，一定要先写信告之面谈目的，然后再去约时间，一旦确定约会，就必须排除万难，按时赴约。因为英国人做生意颇讲信用，凡事要规规矩矩，不懂礼貌或不重诺守约，以后办事就难以顺利进行。

英国商人在商务活动中也有些明显的缺点。例如，他们经常不遵守交货时间，造成迟延，引起直接的经济损失。这使他们在谈判中比较被动，外国谈判者会利用这点迫使他们接受一些苛刻的交易条件，如索赔条款等。另外，英国商人在商务活动中一般不善于从事日常的业务访问。并且，英国商人都以使用英语为自豪，即使他们会讲外语，也不愿在谈判中使用，因此，与他们做生意要尽可能地讲英语。

英国是由英格兰、威尔士、苏格兰、北爱尔兰四部分组成，他们在处理事务上有许多微妙之处。我们提到“英格兰”时，一般是指整个联合王国，但在正式场合使用就显得不妥，因为这样会不自觉地漠视了其他三部分。所以，正式场合不宜把英国人叫作英格兰人，涉及女王时要说“女王”或正规地说“大不列颠及北爱尔兰联合王国女王”，而不应说“英格兰女王”。在和英国人交谈时，话题尽量不要涉及政治色彩较浓的问题。比较安全的话题是天气、旅游等。

英国人生活比较优裕舒适，每年夏冬两季有三周至四周的假期，他们利用这段时间出国旅游。因此，较少在夏季和圣诞节至元旦期间做生意。英格兰从 1 月 2 日开始恢复商业活动，在苏格兰则要等到 1 月 4 日以后。在这些节假日应尽量避免与英国人洽谈生意。

（二）英国商人的谈判礼仪与禁忌

见面告别时要与男士握手，与女士交往，只有等她们先伸出手时再握手。会谈要预约，赴约要准时。若请柬上写有“black tie”字样，赴约时，男士应穿礼服，女士应穿长裙。男士忌讳戴有条纹的领带，因为带条纹的领带可能被认为是军队或学生校服领带的仿制品；忌讳以皇家的家事为谈话的笑料；不要把英国人笼统称呼为“英国人”，应该具体地称呼其为苏格兰、英格兰或爱尔兰人。

多数款待在酒店和餐馆举行，若配偶不在场，可在餐桌上谈论生意。社交场合不宜高声说话或举止过于随便，说话声音以对方能听见为妥。英国人招待客人的时间比较长，先喝果汁苏打，接着换成白葡萄酒、红葡萄酒，然后是雪茄烟，再加上一道白兰地酒，总共要花上约 3 个小时。英国人习惯约会一旦确定，就必须排除万难赴约。所以，和英国商人约会不能提前太久，因为让他过早决定就等于为难他。总之，凡事要规规矩矩，如不懂礼貌或不受约束的话，办事是难以顺利进行的。

赠送礼品是普通的交往礼节。所送礼品最好标有公司名称，以免留下贿赂对方之嫌。如被邀作私人访问，则应捎带鲜花或巧克力等合适的小礼品。要明显表示出对年长者的礼貌。英国人喜欢谈论其丰富的文化遗产、动物等，足球、网球、板球和橄榄球是很受欢迎的体育运动。

英国人比较保守，对新事物不一定感兴趣，给外国人一种“讲究礼仪”“高傲”和“追求风度”的印象。遇到纠纷时，也不会轻易地道歉，他们自信自己的所作所为是完美的。体谅旁人是英国人的特点，英国人会考虑对方的立场后才开始行动，以免给别人造成不舒服的感觉。也就是说，英国人是很规矩的，经常会考虑到别人的想法和行动。就这一点而言，可以认为英国商人善于机变，惯于社交。由于他们认为“机会主义”或“三心二意”不是贬义词，所以，英国人的变化是正常的。

二、德国商人的谈判风格、礼仪与禁忌

（一）德国商人的谈判风格

1990 年，联邦德国与民主德国合并为统一的德国，虽然统一前由于意识形态的差别，联邦德国人和民主德国人在价值观念、思维方式等方面存在着许多差别，但从整个民族的特点来看，德国人具有自信、谨慎、保守、刻板、严谨，以及办事富有计划性、注重工作效率、追求完美的特征。简言之，就是做事雷厉风行，有军旅作风。德国谈判人员身上所具有的这种日耳曼民族的性格特征会在谈判桌上得到充分的展现。

德国商人严谨保守的特点使他们在谈判前就准备得十分充分周到。他们会想方设法掌握翔实的第一手资料，他们不仅要调查研究对方要购买或销售的产品，还要仔细研究对方的公司，以确定对方能否成为可靠的商业伙伴。只有在对谈判的议题、日程、标的物的品质和价格，以及对方公司的经营、资信情况和谈判中可能出现的问题及对应策略

作了详尽研究、周密安排之后，他们才会坐到谈判桌前。

德国商人非常讲究效率，并且思维富于系统性和逻辑性。德国人认为那些“研究研究”“考虑考虑”“过段时间再说”等拖拖拉拉的行为，对一个商人来说简直是耻辱。他们的座右铭是“马上解决”。他们认为判断一个谈判人员是否有能力，只需看其办公桌上的文件是否被快速有效地处理了即可。如果文件堆积如山，多是“待讨论”“待研究”的一拖再拖的事情，那就可以断定该工作人员是不称职的。因此，德国商人在谈判桌上会表现出果断、不拖泥带水的作风。他们喜欢直接表明所希望达成的交易，准确确定交易方式，详细列出谈判议题，提出内容详细的报价表，清楚、坚决地陈述问题。他们善于明确表达思想，准备的方案清晰易懂。如果双方讨论列出问题清单，德国商人一定会要求在问题的排序上应体现各问题的内在逻辑关系，否则就认为逻辑不清，不便讨论。他们认为每场讨论应明确议题，如果讨论了一上午却不涉及主要议题，就会抱怨组织无效率。因此，在与德国商人谈判时，进行严密的组织、充分的准备、清晰的论述，并明确鲜明的主题，可以促进谈判效率。

德国商人自信而固执。他们对本国产品极有信心，在谈判中常会以本国的产品为衡量标准。德国企业的技术标准相当严格，对于出售或购买的产品他们都要求很高的质量，因此要让德国商人相信你公司的产品能够满足交易规定的高标准，他们才会与你做生意。德国商人的自信与固执还表现在他们不太愿意在谈判中采取让步的方式。他们考虑问题周到系统，缺乏灵活性和妥协性，总是强调自己方案的可行性，千方百计迫使对方让步，常常在签订合同之前的最后时刻还在争取使对方让步。鉴于德国商人这种倔强的个性特点，应尽量避免采取针锋相对的讨论方法，而要“以柔克刚”“以理服人”。常言道：“有理不在声高”，要以灵活的态度选择攻击点，体现分歧，表明立场，同时，始终保持友好和礼貌的态度以扭转其僵硬的态度，不要激起对方的“犟脾气”。大多数德国人虽然固执，但还是很重理性的。只要把握住这点，本着合理、公正的精神，就能最终软化其僵硬立场。

德国人素有“契约之民”的雅称，他们崇尚契约，严守信用，权利与义务的意识很强。在商务谈判中，他们坚持己见，权利与义务划分得清清楚楚，涉及合同任何条款，他们都非常细心，对所有细节认真推敲，要求合同中每个字、每句话都准确无误，然后才同意签约。德国商人对交货期限要求严格，一般会坚持严厉的违约惩罚性条款，外国客商要想成功地同德国人打交道，就得严格遵守交货日期，可能还要同意严格的索赔条款。德国人受宗教、法律等因素影响，比较注意严格遵守各种社会规范和纪律。在商务往来中，他们尊重合同，一旦签约，他们就会努力按合同条款一丝不苟地去执行，不论发生什么问题都不会轻易毁约，而且签约后，他们对于交货期、付款期等条款的更改要求一般不予理会。他们注重发展长久的贸易伙伴关系，求稳心理强。

德国人非常守时，不论工作还是干其他事情，都是有板有眼，一本正经。因此，与他们打交道，不仅谈判时不应迟到，一般的社交活动也不应随便迟到。对于迟到的谈判人员，德国商人不信任的反感心理会无情地流露出来，破坏谈判气氛，令对方处于尴尬的境地。另外，在德国，谈判时间不宜定在晚上，除非特别重要。虽然德国人工作起来废寝忘食，但他们都认为晚上是家人团聚、共享天伦之乐的时间，而且他们会认为你也有相同的想法。所以，冒昧地请德国人在晚上谈论商务或是在晚上对他们进行礼节性拜访会让他们觉得你不知趣。

（二）德国商人的谈判礼仪与禁忌

德国商人重视礼节，社交场合中握手随处可见，会见与告别时行握手礼应有力。与德国商人约会要预约，务必准时到场。德国谈判者的个人关系是很严肃的，因此不要和他们称兄道弟，最好称呼“先生”“夫人”或“小姐”。他们极重视自己的头衔，当同他们一次次握手、一次次称呼其头衔时，他们必然格外高兴。穿戴也勿轻松随便，有可能的话，在所有场合都穿西装。交谈时不要将双手插入口袋。如果德国商人坚持要做东道主，可以愉快地接受邀请。应邀去私人住宅用晚餐或聚会，应随带鲜花等礼物。习惯上，就餐前说“Cutten appetit”（好胃口）。主人举杯祝酒后方可喝饮料。如果有人以个人身份向你举杯，你应在随后的就餐期间回敬答礼。就餐期间，双手要放在桌面上，直到最后一位客人用餐完毕并上过咖啡和白兰地后，才能吸烟。客人要在晚餐或聚餐临近尾声时，主动提出告辞，不要逗留过晚。德国人性格刚强，自信心强，他们强调交往中的个人才能。在他们看来，生意场上的成功凭个人本事，公司只不过提供了个人施展才华的舞台而已。公司员工的敬业精神很强。为了取得更大的工作成绩，不惜牺牲自己部分休息、娱乐时间。德国人与人交往之初，常常显得拘谨和含蓄，他们需要时间熟悉对方。

谈判时，穿着要整洁，举止要得体，处事要克制，不要主动提出没有依据的观点。在谈判时切忌迟到，如果你在商业谈判中迟到，那么德国商人对你的不信任感就会溢于言表。德国人在称呼时，往往在对方姓氏之前冠以“先生”“夫人”或“小姐”。对博士学位获得者和教授，则在其姓氏之前添加“博士”“教授”。因此，知道谈判对手的准确职衔很重要，并在会谈中重视以职衔相称。

谈判时语气一般比较严肃，不会用开玩笑方式打破沉默。他们希望人与人之间保持距离，直到谈判有结果为止。但年轻的德国商人则随和一些。比较小型的会议也能使气氛轻松一些。

德国商人素来讲究效率。他们工作作风果断，厌恶谈判对方支支吾吾、模棱两可和拖拉推诿，忌讳与他们闲聊。

三、法国商人的谈判风格、礼仪与禁忌

（一）法国商人的谈判风格

在世界近代史上，法兰西民族在社会科学、文学、科学技术方面有着卓越成就。法国商人具有浓厚的国家意识和强烈的民族、文化自豪感。他们性格开朗、豁达，眼界开阔，对事物比较敏感，为人友善，处事时而固执，时而随和。

法国人对本民族的灿烂文化和悠久历史感到无比骄傲。他们时常把祖国的光荣历史

挂在嘴边，如巴黎公社、波拿巴王朝、法兰西共和国等。重视历史的习惯使法国谈判人员也很注意商业与外交的历史关系和交易的历史状况，即过去的交易谈判情况。传统友好国家的谈判者会为双方外交关系的历史所鼓舞，因此，利用历史的观念可以排除一定的现实干扰，比如现实中可能出现的第三者的干扰。

法国人为自己的语言而自豪，他们认为法语是世界上最高贵、最优美的语言，因此在进行商务谈判时，往往习惯于要求对方同意以法语为谈判语言，即使他们的英语讲得很好也是如此，除非他们是在国外或在生意上对对方有所求。所以，要与法国人长期做生意，最好学些法语，或在谈判时选择一名好的法语翻译。

与法国人洽谈生意时，不应只谈生意上的细节，这样做很容易被法国对手视为“此人太枯燥无味，没情趣”。法国商人大多性格开朗、十分健谈，他们喜欢在谈判过程中谈些新闻趣事，以创造一种宽松的气氛。据说，在法国就连杂货店的女老板都能轻松自如、滔滔不绝地谈论政治、文化和艺术。所以，在谈判中除非是最后拍板阶段可以一本正经地只谈生意，其他时间可谈些社会新闻、文化艺术等方面的话题来活跃谈判气氛。另外，需要注意的是，法国人在谈判中讲究幽默与和谐，但他们不愿过多提及个人和家庭生活，与他们谈话时应尽量避免此类话题。

与美国商人对议题逐个磋商的方式不同，法国商人在谈判方式上偏爱横向式谈判，即先为协议勾画出一个轮廓，然后达成原则协议，最后再确认谈判协议各方面的具体内容。法国商人不如德国商人那么严谨，但法国商人喜欢追求谈判结果，不论什么会谈、谈判，在不同阶段，都希望有文字记录，而且名目繁多，诸如“纪要”“备忘录”“协议书”“议定书”等，用以记载已谈的内容，为以后的谈判起到实质性作用。对于频繁产生的文件应予以警惕，慎重行事；对己有利的内容，可同意建立文件；对己不利却难以推却的，可建立初级的纯记录性质的文件。注意各种不同类型文件的法律效力，严格区别“达成的协议点”“分歧点”“专论点”“论及点”等具体问题，否则产生的文件会变得含糊不清，成为日后产生纠纷的隐患。另外，法国商人习惯于集中精力磋商主要条款，对细节问题不很重视，并且在主要条款谈成之后，便急于求成，要求签订合同，而后又常常在细节问题上改变主意，要求修改合同，这一点往往令人十分为难。因此，签约时要小心从事，用书面文字加以确认，保证最终的文件具有法律约束力，以防止他们不严格遵守，在市场行情不看好时撕毁协议。

法国商人谈判时思路灵活，手法多样，为促成交易，他们常会借助行政、外交的手段或让名人、有关的第三者介入谈判。这种承认并欢迎外力的心理和做法可以为我所用。例如，有些交易中常会遇到进出口许可证问题，往往需要政府出面才能解决问题；而当交易项目涉及政府的某些外交政策时，其政治色彩就很浓厚，为达成交易，政府可以从税收、信贷等方面予以支持，从而改善交易条件，提高谈判的成功率。

法国商人大多注重靠自身力量达成交易，愿以自己的资金从事经营，因而他们办事不勉强。法国人喜欢个人拥有较大的办事权限，在进行商务谈判时，多由一人承担并负责决策，这样谈判效率较高。在法国中小企业中，也有许多法国人是不熟悉国际贸易业务的，与他们做生意时，应尽量把每个细节都商定清楚。

法国商人对商品的质量要求十分严格，条件比较苛刻，同时他们也十分重视商品的美感，要求包装精美。法国人从来就认为法国是精品商品的世界潮流领导者，巴黎的时装和香水就是典型代表，因此他们在穿戴上极为讲究。在他们看来，衣着可以代表一个人的修养与身份。所以谈判时，稳重考究的着装会带来好的效果。

法国人的时间观念不强，在商业往来或社会交际中经常迟到或单方面改变时间，而且总会找一大堆冠冕堂皇的理由。在法国还有一种非正式的习俗，即在正式场合，主客身份越高，来得越迟。所以，与他们做生意，就需学会忍耐。但法国人对于别人的迟到往往不予原谅，对于迟到者，他们会很冷淡地接待。因此，如果你有求于他们时，千万别迟到。

法国全国在 8 月份都会放假，很多法国人都会去度假，任何劝诱都难以让他们放弃或推迟假期去做生意，甚至在 7 月底和 9 月初，他们的心思都还放在度假和休息上，所以，千万注意尽量避免在这段时间与法国人谈生意。

（二）法国商人的谈判礼仪与禁忌

见面时要握手，迅速且稍微用力。告辞时，应向主人再次握手道别。女士一般不主动向男士伸手，因而，男士要主动问候，但不要主动向上级人士伸手。熟悉的朋友可直呼其名，对年长者和地位高的人士要称呼他们的姓。一般则称呼“先生”“夫人”“小姐”等，且不必再接姓氏。

到法国洽谈生意时，严禁过多地谈论个人私事，因为法国人不喜欢谈论个人及家庭的隐私。交谈话题可涉及法国的艺术、建筑、食品和历史等。

商业款待多数在饭店举行，只有关系十分密切的朋友才邀请到家中做客。餐桌上，除非东道主提及，一般避免讨论业务。法国商人讲究饮食礼节，就餐时保持双手（不是双肘）放在桌上，一定要赞赏精美的烹饪。法国饭店往往价格昂贵，要避免订菜单上最昂贵的菜肴，商业午餐一般有十几道菜，要避免饮食过量。吸烟要征得许可，避免在公共场合吸烟。当结束主要谈判设宴时，双方谈判代表团负责人通常互相敬酒，共祝双方保持长期的良好合作关系。受到款待后，应在次日打电话或写便条表示谢意。

四、意大利商人的谈判风格、礼仪与禁忌

与法国人不同，意大利人不习惯提国名，而更愿意提故乡。虽然如此，意大利商人与法国商人有许多共同之处。在商务活动中，两国人都非常重视商人个人的作用。意大利的商业交往大部分都是公司之间的交往，在商务谈判时，往往是出面谈判的人决定一切，意大利商人个人在交往活动中比其他任何国家的商人都更有自主权，所以，与谈判对手关系的好坏是能否达成协议的决定因素之一。

与法国人相似，意大利商人常常不遵守约会时间，这是他们明显的缺点。有时候他们甚至不打招呼就不去赴约，或单方面推迟会期。他们工作时有点松松垮垮，不讲效率。但是，他们在做生意时是绝对不会马虎的。

意大利人善于社交，但情绪多变，做手势时情绪激动，表情富于变化。他们生气时，简直近于疯狂。意大利人喜好争论，常常会为了很小的事情而大声争吵，互不相让，如果允许的话，他们会整天争论不休。在进行合同的谈判和作出决策时，他们一般不愿仓促表态，与日本等国家的谈判人员不同，意大利人并非要与同事协商，而是因为他们比较慎重。如果对方给他们一个作出决策的最后期限，他们会迅速拍板决定。这说明，他们办事胸有成竹而且有较强的处理紧急情况的能力。

意大利人对于合同条款的注重明显不同于德国人，而接近于法国人。他们特别看重商品的价格，谈判时寸步不让，而在商品的质量、性能、交货日期等方面则比较灵活。他们力争节约，不愿多花钱追求高品质；德国人却宁可多付款来换取高质量的产品和准确的交货日期。

意大利的商业比较发达，意大利商人与外商交易的热情不高，他们更愿意与国内企业打交道。由于历史和传统的原因，意大利人不太注意外部世界，不主动向外国观念和国际惯例看齐，他们信赖国内企业，认为国内企业生产的产品一般质量较高，而且国内企业与他们存在共同性。所以，与意大利人做生意要有耐性，要让他们相信你的产品比他们国内生产的更为物美价廉。还有一点应注意的是，在意大利从事商务活动，要充分考虑其政治因素，了解对方的政治背景，以防政局变动而蒙受经济损失。

意大利人追求时髦，他们衣冠楚楚，潇洒自如，通常在现代化的办公室里工作。与他们谈判时，着装潇洒入时会给他们留下好印象。

五、西班牙商人的谈判风格、礼仪与禁忌

（一）西班牙商人的谈判风格

西班牙人生性开朗，看过西班牙斗牛舞的人都会为他们奔放的热情所吸引。西班牙人略显傲慢，其商人在谈判时常常怀有一种居高临下的优越感，仿佛自己是世界的主人。西班牙人考虑问题很注重现实，他们对工作、生活中的各种关系和事务的安排，都是十分严肃认真的。

西班牙人一般不肯承认自己的错误，其商人也是如此，他们即使按照合同遭受了一点损失也不愿公开承认在签订合同时犯了错误，更不会主动要求对合同进行修改。这时，如果对方考虑他们在合同中无意遭受的损失而帮助他们下台阶的话，就会赢得他们的信任和友谊，为今后更好地与其进行商务合作奠定坚实的基础。

（二）西班牙商人的谈判礼仪与禁忌

鉴于社交礼仪和传统习惯，西班牙人认为直截了当地拒绝别人是非常失礼的，因此，绝不说“不”字。西班牙商人口头上一般也不会说“不”字，所以在与他们洽谈时，不能使用诱导式问句，让他们回答“是”或“否”，否则，即使你得到了肯定的答复，也可能久久得不到回音——实际上他们拒绝了你。遇到这种情况，千万不要

性急，只有仔细揣摩他们的真实意图，设法达成相互谅解与信任，才能继续商谈和合作。

西班牙商人强调个人信誉，签订合同后一般都会很认真地履行。但也不排除存在一些投机性的掮客，且其中不乏资金雄厚者，这些掮客的主要目的是赚钱，一旦出现波折，如市场情况不利时，他们可能会一走了之。所以，与他们做生意要小心谨慎。

西班牙商人与外商洽谈时态度极认真，谈判人员一般也具有决定权。因此，与他们谈判必须选派身份、地位相当的人员前往，否则他们会不予理睬。另外，穿戴讲究的西班牙商人也希望谈判对方衣饰讲究，他们绝不愿意看到穿戴不整或过于随便的人坐到谈判桌前。西班牙商人通常在晚餐上谈生意或庆祝生意成功，他们的晚餐大多从晚上 9 点以后开始，一直进行到午夜才结束。

西班牙各地区都有不同的政治组织，他们在地方议会和国家议会中都有自己的代表，西班牙商人也有许多是加入这些组织的或是支持其中某个组织，所以，与他们进行商务谈判时要注意避免卷入其政治纠纷之中。

六、葡萄牙商人的谈判风格、礼仪与禁忌

葡萄牙位于欧洲西南部伊比利亚半岛的南端。

葡萄牙人善于社交，而且很随和，初次认识时，就会表现出亲密感来。但当你想进一步接近他们时，他们却又退缩回去，因此，难以和他们开诚布公地交谈。

葡萄牙人处理问题常以自我为中心，协调性较差，无法使优秀的个人能力与团体结合起来，发挥团体的作用。

葡萄牙人讲究打扮，即使是很热的天气也西装革履，在工作和社交等场合一般都打领带，这点是与他们交往时应注意的。葡萄牙商人在工作之余，也与客户进行交际，但共进晚餐的机会不多。

葡萄牙商人做生意没有很强的时间观念，他们在决策时有拖延的习惯，喜欢用汇票作为支付方式，但常常不能爽快履约。比如约定货款在某日期汇付，而到了约定日期，他们往往不会如数汇付，而是毫无愧意地提出只付其中一部分，剩下部分要延后到某日再汇付。这种要求延迟支付的现象时有发生，因此，与他们进行交易时应在合同中严格确定付款日期，并尽可能加入相应的迟付解决条款。

七、希腊商人的谈判风格、礼仪与禁忌

（一）希腊商人的谈判风格

希腊是欧洲古代文明的发源地，与其他欧洲国家相比，经济不甚发达。希腊人有着自己传统的价值观，其中一些观念在欧洲其他商业发达的地区早已被摒弃。希腊人敬重有钱的人或是有羊群、土地、橄榄园和房子的人，他们很清楚什么有利可图、怎样才能

赚钱，因为古希腊很早就进入商品买卖阶段，商人很多，商业的观念在希腊人头脑中根深蒂固，至今希腊商人做生意的方法还是很传统的，讨价还价随处可见，甚至餐馆的菜价也可以讨价还价。

希腊人在做生意时比较诚实，但是履行义务的效率并不高。他们谈判时很少严谨地安排时间，有时提前结束，有时拖延好几天。希腊商人喜欢带客人到熟悉的餐馆，不论午餐安排在什么时候，都会耗掉整个下午，这对于许多视时间如生命的外商简直是不能忍受的，但如果想达成交易的话就必须忍耐。

（二）希腊商人的谈判礼仪与禁忌

希腊商人不十分讲究穿戴，因此外国商人一定不要“以貌取人”，不要以谈判人员的穿戴来判断他们的财富和成就。

还应注意的是，每年的6月至8月，希腊的商务活动很少，每个星期三下午很难联系到任何人。

八、荷兰、比利时和卢森堡商人的谈判风格、礼仪与禁忌

（一）荷兰、比利时和卢森堡商人的谈判风格

荷兰、比利时、卢森堡是三个政治、经济关系密切的国家。

这三个国家的人有一些共同特点。例如，他们办事都比较稳重，一般在面谈之后会及时写信给对方提起面谈时的有关内容，目的是为了确认谈判的内容。他们都喜欢花些时间就商业协定或会谈作计划，然后才行事，他们不喜欢对方没有事先约定就去拜访他们。因此，倘若事先没与对方约好就不能与其见面。

荷兰以农牧业和园艺闻名，田园情调很浓，工业化程度也很高，在轻、重工业方面都有相当的成就。荷兰人比较朴素，性格坦率、开诚布公，荷兰人没有比利时人的贵族气息。他们讲究秩序，有事先安排计划的习惯。荷兰是靠对外贸易起家的商业国，荷兰国民对贸易的认识非常深刻。荷兰商人擅长赚钱和理财，善于进行贸易谈判和建立国际商务关系，也很会利用自己的经济实力签订对自己有利的合同来获得额外的利益，他们在国际商贸领域非常有竞争性。

荷兰商人多数会讲多国语言，一般都会英语和德语，但在内部协商时一般用荷兰语。他们在商务谈判中喜欢时时插入闲谈，还会端出咖啡，边喝边谈。要记住，与荷兰商人面谈后要及时写信给他们以确认谈话内容。

比利时是一个发达的工业国家，与荷兰和法国接壤，兼有这两国的一些特征。首都布鲁塞尔是欧盟总部所在地，首都以北居住着佛拉芝人，他们是几个世纪前来此定居的荷兰人的后裔；首都以南居住着说法语的比利时人。日耳曼血统的荷兰裔人与法国裔人的民族感情相当独立，而且多年来彼此隔阂很大。因此，在比利时进行商务活动时，要考虑到这点，尽量避免卷入他们的争执。例如，在寄送产品目录时，使用英文目录较为保险，不要以为比利时是法国裔而寄送法语目录，以免引起荷兰

裔人的不满。同样，在洽谈业务时也不要用法语同荷兰裔的比利时商人交谈，否则可能会受到严厉的指责。

比利时人喜欢社交，常把做生意和交际娱乐结合在一起，他们喜欢招待客人。比利时人的工作态度很现实、很稳健。公司的上层雇员工作很努力，愿意加班。工作需要时，周末也可以洽谈。若有急事，即使在乡下度假，也会马上赶回来。

比利时人做生意讲信誉，很少有让人受骗上当的事情发生，在付款时也很少有纠纷。

（二）荷兰、比利时和卢森堡商人的谈判礼仪与禁忌

与比利时人谈判时，应注意要十分尊重对方，维护其较强的自尊心，多从正面给予赞许，而且要十分注重礼节和仪表。比利时人注重地位、外表和服装。交谈中，如果偶尔问起投宿的旅社名称，而你回答的旅社并非一流时，尽管表面上他们不动声色，但内心可能已经看轻对方，并会对谈判产生不利影响。在谈判中要有韧劲，不要轻易退让，但也不应以硬碰硬，而应心平气和地多举有说服力的事实和令人折服的道理，避其锋芒，因势利导，稳扎稳打。与比利时人打交道，最好直接找高级负责人。首先要写信给他，说明洽商要点并弄清其指定会面的日期。这里要求我方成员的身份要与对方相当或略高于对方，否则很难获得见面机会。由于布鲁塞尔是众多的国际机构和军事机构的所在地，食物价格非常昂贵。因此，当对方邀请吃饭时，不要拼命点菜；反过来，当你邀请对方时，也只能指望他们同样手下留情。由于比利时人喜爱社交活动，所以要注意在获得谈判成功以前，不要因为过多的社交活动而被拖得精疲力尽，影响谈判桌上的锐气。

比利时人的贵族气息比较浓厚，他们注重地位、外表和礼节。谈判时，他们总希望对方的地位与自己相当。因此，与他们做交易，己方谈判人员的身份必须与之相当或略高。比利时人注重礼节已到了极端的地步，无论什么时间、什么地点，只要相遇都要握手，只要道别，都要握手并说“再见”，即使在离开办公室时，对同事也是如此。可以说，在比利时握手多多益善。

另外，上述三个国家的人们喜欢花费一些时间预先对会谈作些计划，因此，你必须提前和他们约定，而不能到旅馆后再联系。虽然他们商谈时严肃认真，注重信用，但情绪冲动时也会有失礼的言行。据此，与荷兰和卢森堡人洽谈时，应以礼相待，以坦诚对坦诚，千万不要耍什么手腕，否则对方会十分反感，对谈判不利。根据对方认真的特点，谈判条款要适应对方要求，循序渐进，逐项讨论，逐项落实，步步为营。还要注意到，他们在谈判中有时是非常不讲情面的，会利用自己的经济实力取得额外的收益。因此，在谈判时也不能心慈手软。签约后还应当充分肯定和适度赞扬对方真诚严谨的态度与踏实的经营作风。这样，更能获得对方的认同与信任，有助于合同的顺利履行，并为今后的再次合作创造良好前提。

九、奥地利和瑞士商人的谈判风格、礼仪与禁忌

奥地利人和蔼可亲，善于交际，容易接近，除非在交易中发生很大纠纷，否则，他们深藏不露的排他性格不易被发现，他们讨厌不检点的行为。

奥地利人喜欢招待客人，一般愿意在自己家中进行，当然，上餐馆用餐的机会也不少，而且菜肴丰富。若商务繁忙使你需要在奥地利逗留较长时间，则不应总让对方破费请客，最好在对方招待一两次之后回请对方一次。适于招待的时间是周末下午。

奥地利国有企业工作人员的素质比较高，但洽谈中往往难以判断谁是主要负责人。他们重视地位、头衔，所以在写信或平时称呼时应加倍小心，别把头衔弄错了。奥地利人比较保守，一般在建立商业关系之前，他们不愿意公开有关公司业务情况的数据。

瑞士在第二次世界大战后成为一个转口贸易中心，经济地位十分特殊。它的精密仪表工业举世闻名，化工、手工艺品、食品加工工业也非常发达，旅游业是其财富的一大来源。作为一个地处内陆的山国，其居民自古以来团结一致，具有强烈的排他性，待人十分严格。与他们做生意，需花相当的时间与他们交朋友，建立信任关系。

十、北欧商人的谈判风格、礼仪与禁忌

（一）北欧商人的谈判风格

北欧在一般意义上是指位于日德兰半岛、斯堪的纳维亚半岛上的芬兰、挪威、瑞典、丹麦、冰岛五国。它们有着相似的历史背景和文化传统，它们都信奉基督教，历史上为防御别国的侵扰而互相结盟或是宣布中立以求和平。现代的北欧，国家政局稳定，人民生活水平较高。由于其宗教信仰、民族地位及历史文化，北欧人形成了心地善良、为人朴素、谦恭稳重、和蔼可亲的性格特点。

北欧人是务实型的，工作计划性很强，没有丝毫浮躁，凡事按部就班、规规矩矩。与其他国家商人相比，北欧人在谈判中显得沉着冷静。他们喜欢谈判有条不紊地按议程顺序逐一进行，谈判节奏较为舒缓，但这种平稳从容的态度与机敏反应并不矛盾，他们善于发现和把握达成交易的最佳时机并及时作出成交的决定。

北欧商人在谈判中态度谦恭，非常讲究文明礼貌，不易激动，善于同外国客商搞好关系。同时，他们的谈判风格坦诚，不隐藏自己的观点，善于提出各种建设性方案。他们喜欢追求和谐的气氛，但这并不意味着他们会一味地顺应对方的要求。实际上，北欧商人在自以为正确时，具有相当的顽固性和自主性，这也是一种自尊心强的表现。

北欧人为保证其竞争力，总是大规模地投资于现代技术，他们的出口商品往往是高质量、高附加值的产品，而他们进口的商品也多半是自己需要而在国内难以买到的高品质产品。北欧人有着强大的市场购买力，在谈判中，对于高档次、高质量、款式新颖的

消费品，会表现出很大的兴趣，千方百计达成交易；而对一般性商品则不屑一顾，常以种种苛刻条件让对方知难而退。

北欧人将蒸汽浴视为日常生活必不可少的一部分。大多数北欧国家的宾馆里都设有蒸汽浴室。在北欧，谈判之后去洗蒸汽浴几乎成了不成文的规定。如果北欧谈判者邀请对方去洗蒸汽浴，不要以为这很荒唐，这充分说明对方是很受欢迎的，因为洗蒸汽浴是受到良好招待的明显标志。到北欧洽谈生意的外国客商也应不失时机地发出邀请或接受邀请，以增加双方接触的机会，增进友谊。

北欧国家所处纬度较高，冬季时间长，所以北欧人特别珍惜阳光。夏天和冬天分别有三周与一周的假期。这段时间，几乎所有公司的业务都处于停顿状态，人们都休假去了。因此，做交易应尽量避开这段时间。当然，也可以假期将至为由催促对方赶快成交。

（二）北欧商人的谈判礼仪与禁忌

与北欧商人谈判，更多的时候应考虑如何与其配合。首先，以坦诚态度对待来自北欧的谈判人员。这可以使谈判双方感情融洽、交流顺畅，形成相互信任的气氛，从而推进谈判。其次，要以理性的方式对付北欧人固执的态度。北欧人看问题比较固执，这种固执与他们那种具有建设性的积极意愿相呼应。然而，积极的行动之后，一般是消极的固守。此时，外国商人不能太着急，为了不让北欧商人使性子，应充分注意论述的理由。不论理由的分量如何，均需有理可说。最后，利用北欧商人愿意追求和谐稳定的心理和善于提建设性方案的长处，可以为谋取较大的利益而有意制造僵局、激化矛盾，让他们提出方案，从中得利。但这样做必须注意火候，一般应在对方刻意追求解决的问题上，或与之关系重大的条件上制造危机，否则，就可能达不到目的。

北欧人讲究礼貌。瑞典人在社交场合非常准时，但是在商业问题上却常常不严格，你的信函和电报可能得不到答复，提出的期限已过，但对方不说明原因。不要把这些问题看得太认真。

北欧商人不喜欢无休止的讨价还价，他们希望对方的公司在市场上是优秀的，希望对方提出的建议是他们所能得到的最好的建议。如果他们看到对方的提议中有明显的漏洞，就会重新评估对方的职业作风和业务能力，甚至会改变对对方企业水平的看法，进而转向别处去做生意，而不愿与对方争论那些他们认为对方一开始就应该解决的琐碎问题。另外，北欧商人性格较为保守，他们更倾向于尽力保护现在拥有的东西。因此，在谈判中要更多地把注意力集中在怎样作出让步才能保住合同上，而不是着手准备其他方案以防作出最大让步也保不住合同的情况。

在北欧，代理商的地位很高，尤其在瑞典和挪威，没有代理商的介入，许多谈判活动就难以顺利进行。因此，与北欧人做生意，必须时刻牢记这些代理商和中间商。

北欧人较为朴实，工作之余的交际较少。晚间的招待一定在家里进行，不到外面餐馆去用餐。如果白天有聚餐，一般是在大饭店里预订好座位吃饭，这种宴会也不铺张浪费，如果是私下聚会则往往只有咖啡和三明治。北欧人力戒铺张，他们把简朴的招待视为对朋友的友好表示，即使对待老主顾也是如此。

北欧人普遍喜欢饮酒，为了公众利益，北欧国家都制定了严厉的饮酒法。因此，这些国家的酒价十分昂贵。北欧人特别喜欢别人送如苏格兰威士忌酒之类的礼物，如果在商务谈判中以酒作为馈赠礼品，他们会十分高兴的。

北欧人特别是瑞典人在商业交际中往往不太准时，但他们在其他社交场合中非常守时。遇到他们迟到的情况，只要没有造成什么严重后果，就不要太计较，许多时候，用一笑置之来展示自己的洒脱是明智的做法。

十一、俄罗斯商人的谈判风格、礼仪与禁忌

俄罗斯商人虽然待人谦恭，却缺乏信任。他们求成心切，求利心切，喜欢谈大额合同，对交易条件要求苛刻，缺乏灵活性。

俄罗斯人办事断断续续，效率很低。他们绝不会让自己的工作节奏适应外商的时间安排。除非外商提供的商品正是他们急切想要的，否则，他们的办事人员绝不会急急忙忙奔回办公室，立即向上级呈递一份有关谈判的详细报告。在谈判过程中。如果外商向他们发信或打电话征求意见，根本没什么意义，他们不会回答，即使回答了，外商也认为已完全没必要了。而且俄罗斯商人谈判往往喜欢带上各种专家，这样不可避免地扩大了谈判队伍，各专家意见不一也延长了谈判时间，减慢了谈判节奏。因此，与俄罗斯商人谈判时，切勿急躁，要耐心等待。

俄罗斯商人虽有拖拉作风，但在谈判桌前非常精明。他们很看重价格，会千方百计地迫使对方降价，不论对方的报价多么低，他们都不会接受对方的首轮报价。他们的压价手法多种多样，软硬兼施。例如，他们会"降价求名"，以日后源源不断的新订单引诱对方降价，一旦对方降低了价格，他们就会永远将价钱压在低水平上。另外，他们会"欲擒故纵"，告诉对手："你的开价实在太高，你的竞争者们报价都相当低，如果跟他们做生意，现在都快达成协议了。"再不然，他们就使出"虚张声势"的强硬招数，比如大声喊叫："太不公平了！"或是敲桌子以示不满，甚至拂袖而去。这时，你最好坚守阵地，不为所动。更为灵活的做法是，事先为他们准备好一份标准报价表，所有价格都有适当溢价，为以后的洽谈降价留下后路，迎合俄罗斯人的心理。

与俄罗斯商人交易还需注意几点：一是要慎重考虑以降低风险，保护自己。不论交易大小或对方以何种理由和心情论证某项交易，在谈判中都应有强烈的风险意识，努力增强保护措施。一般可利用对方求成心切的心理，让其充分介绍风险，并且要对交易实施过程中的风险，如陆运的过关手续费用及可能发生的盗窃问题等，一一落实，而且保护措施应适应目前独联体的行政和法律状况，切实保证措施的可行性，而不是仅仅停留于表面文字的保护。二是要注意利益均衡，讲求实效。与俄罗斯商人谈判时，可从各个角度要求对方，如谈判人员、程序、文本、条件等，以使双方利益相平衡。另外，不论合同金额大小，均应立足实效进行谈判。因为有的交易金额虽小，但先交钱后取货有利可图；有的交易金额虽大，但条件苛刻，实效不大，做成交易，得利很小，没什么重要的经济意义。

俄罗斯商人对于研究过俄罗斯文化艺术的外商特别尊重，这会给商务谈判带来友善的气氛。传统上，俄罗斯人有四大爱好：喝酒、吸烟、跳舞和运动。俄罗斯人不论男女，几乎没有不喝酒的，而且大多爱喝烈性酒，如伏特加之类。俄罗斯人吸烟也很普遍，而且爱抽烈性烟。跳舞是俄罗斯人的传统，一般每周末都有舞会。过去，人们主要跳民族舞蹈，但现在的年轻人更愿意跳交谊舞，他们常在花园的空地上或马路边的小广场上，在手风琴或吉他的伴奏下翩翩起舞。俄罗斯人重视体育运动，许多人都有一两项专长。

俄罗斯人文明程度较高，不仅家中比较整洁，而且注意公共卫生。另外，俄罗斯人很重视仪表，喜欢打扮，在公共场合注意言行举止，比如他们从不将手插在口袋里或袖子里，即使在热天也不轻易脱下外套。在商务谈判中，他们也注意对方的举止，如果对方仪表不俗，他们会比较欣赏。相反，如果对方不修边幅就坐到谈判桌前，他们会很反感。

十二、东欧商人的谈判风格、礼仪与禁忌

东欧诸国一般是指捷克、斯洛伐克、波兰、匈牙利、罗马尼亚、保加利亚等。他们与我国的交往比较密切。这些国家的政治体制改革和经济体制改革对社会文化的影响很大，国家制度的变化给这些国家人民的思想带来很大冲击。他们的谈判人员在此背景下显得作风散漫，待人谦恭，却缺乏自信。在谈判中，他们显得急于求成，注重实利，虽然顾及历史关系，但对现实利益紧抓不放。

东欧商人言行随便，谈判准备工作懈怠。对此，应在谈判之前就约法三章，在谈判时循章行事，对于无诚意的对方应尽早结束谈判，不要再耗费时间和精力。

现在的东欧商人特别看重别人的尊重。与他们谈判时，应以尊重为前提，以敬换情，通过一系列尊敬对方的措施感动对方，换取信任，来促进思想的沟通和信息的交流，使谈判顺利进行。

现在的东欧商人更为注重现实利益。因此，谈判时，不要过分怀念传统，而应在珍惜传统的同时追求开阔的眼界和更高的利益。对于各种交易条件，都要权衡利弊，以利换利。对已获得口头承诺的利益，应立即用严格的书面形式明确，确保自己的利益。

东欧商人有以上共同特征，也有各自的差异。例如，匈牙利人具有东方人的气质，重视信誉，容易交往；罗马尼亚人精明、开朗，善于察言观色和讨价还价；捷克和斯洛伐克的商人进取心强、反应敏捷。

第四节 亚洲商人的谈判风格、礼仪与禁忌

一、日本商人的谈判风格、礼仪与禁忌

（一）日本商人的谈判风格

现代的日本人兼有东西方观念，具有鲜明特点。他们讲究礼仪，注重人际关系；等

级观念强，性格内向，不轻信人；工作态度认真、慎重，办事有耐心；精明自信，进取心强，勤奋刻苦。这些特征在日本商人身上表现为事前工作准备充分，计划性强，注重长远利益，善于开拓新的市场。

日本商人可谓人际关系的专家。在日本人的观念中，个人之间的关系占据了统治地位。日本商人在同外商进行初次商务交往时，喜欢先进行个人的直接面谈，而不喜欢通过书信交往。对于找上门来的客商，则更倾向于选择那些经熟人介绍来的，因此初访日商时，最好事先托朋友、本国使馆人员或其他熟悉的人介绍。他们通晓如何利用不同层次的人与谈判对方不同层次的人交际，从而探明情况，研究对策，施加影响，争取支持，并且日本谈判人员总是善于创造机会，与谈判对手的关键领导拉关系，以奠定发言的基础。重视发展人际关系是日本商人在商务谈判中屡获成功的重要手段。另外，日本商人很注意交易中人际关系的和谐。他们愿与熟人打交道，不喜欢也不习惯直接的、纯粹的商务活动。开门见山地直接进入商务问题谈判往往会欲速则不达。与日本人进行第一次洽谈，首先应进行拜访，让本公司地位较高的负责人拜访对方同等地位的负责人，以引起对方的重视，在拜访中，一般不要谈重要的事项，也不要涉及具体的实质性问题。可以通过一番寒暄，谈谈日本人的各方面，用迂回的方式称赞对方；或是谈谈中国的历史、哲学，特别是儒家文化等，因为日本人对这方面颇感兴趣，有的甚至达到专家水平，若你在这方面有所研究会令他们肃然起敬，有利于接下来的正式谈判。

日本商人的团队精神或集团意识在世界上是首屈一指的。单个日本人与其他民族的人相比，在思维、能力、创新精神或心理素质方面往往都不见得出类拔萃。但是，日本人一旦结为一个团体，这个团体的力量就会十分强大。日本有许多家族式企业，它们使个人、家庭和企业紧密相连，使个人对集体产生强烈的依赖感、归属感和忠诚感，使企业组织内部有高度的统一性和协调性。在日本企业中，决策往往不是由最高领导层武断地作出的，而是要在公司内部反复磋商，凡有关人员都有发言权。企业高层领导通常派某人专门整理所需决策的情况，集中各方面意见，然后再作出决策。与此相适应，日本企业的谈判代表团多是由曾经共事的人员组成，彼此之间互相依赖，有着良好的协作关系，团体倾向性强。谈判团内角色分工明确，每个人都有一定的发言决策权，实行谈判共同负责制。谈判过程中常常会遇到这样的情形：碰到日方谈判团事先没有准备过或内部没有协商过的问题，他们很少当场明确表态，拍板定论，而是要等到与同事们都协商之后才表态。因此，同日本企业打交道，与担任中层领导的人员以及其他有权参加决定的成员之间建立和培养良好的关系，往往有助于交易谈判的展开。集体观念使得日本人不太欣赏个人主义和自我中心主义的人，他们往往率团前去谈判，同时也希望对方能率团参加，并且双方人数大致相等。如果对方没做到这点，他们就会怀疑其能力、代表性及在公司中的人际关系，甚至会认为对方没把他们放在眼里，是极大的失礼。

日本人的等级观念根深蒂固，他们崇尚尊卑有序。日本企业都有尊老的倾向，一般能担任公司代表的人都是有15～20年经历的人。他们讲究资历，不愿与年轻的对手商谈，因为他们不相信对方年轻的代表会有真正的决策权。日本商人走出国门进行商务谈判时，总希望对方迎候人的地位能与自己的地位相当。日本谈判团内等级意识也很重，一般都是谈判组成员奋力争取、讨价还价，最后由“头面人物”出面稍作让步，达到谈判目的。还应注意的一点是，日本妇女的社会地位较低，一般不允许参与大公司的经营管理活动，日本人在一些重要场合也是不带女伴的。所以遇到正式谈判，一般不宜让妇女参加，否则他们可能会表示怀疑，甚至流露出不满。利用日本人尊老敬长的心理与日方谈判时，派出场的人员最好官阶、地位都比对方高一级，这样从对话、谈判条件、人际相处等方面均会有利于谈判的进行。

日本商人在谈判时表现得彬彬有礼、富有耐心，实际上他们深藏不露、固执坚毅。日本商人在谈判中会显得殷勤谦恭，对长者或对某方面强于自己的人充满崇敬之情。在国外，他们恪守所在国的礼节和习惯，谈判时则常在说说笑笑中讨价还价，这反映了“礼貌在先，慢慢协商”的态度，使谈判在友好的气氛中进行，同时也使对方逐渐放松警惕，便于杀价。欧美一些国家的商人称日本人的彬彬有礼是“带刀的礼貌”。要对付极善于“以柔克刚”“微笑谈判”的日本对手，必须牢记一条：商务谈判中友谊是有价的。如果遇到日方年长者大谈古典哲学、现代艺术以期在谈笑中兜售自己的观点，施加个体的影响，或是遇到日方年轻者以尊敬亲近的态度请求关照，加深友谊，以灵活地刺探对手的信息时，都应警惕地想到：日本人那谦恭的外表之下隐藏着誓不屈服和妥协的决心。

许多场合下，日本谈判人员在谈判中显得态度暧昧、婉转圆滑，即使同意对方的观点，也不直截了当表明，往往给人以模棱两可的印象。他们非常有耐性，一般不愿率先表明自己的意图，而是耐心等待，静观事态发展。他们善于搞蘑菇战。一方面，如果预案与事实不符，也可用缓兵之计迅速地研究出新方案，部署新阵地，并会故作镇静，掩盖事实和感情；另一方面，会想方设法了解对方的意图，特别是对方签约的最后期限，是他们千方百计想打听的事项。如果对方急于求成，他们往往会拼命杀价或一声不吭，将对方折磨得精疲力竭，而在对方最后期限即将来临时突然拍板表态，让对方在毫无思想准备的情况下措手不及。面对日本商人的顽强精明，最好的办法是以阵地战回应。首先要制定好方案，不论对手是安静沉默还是急风骤雨地攻击，都要依然如故，不乱阵脚。如果预案与事实不符，也可运用缓兵之计迅速地研究出新方案，部署新阵地后再战。

日本人十分通晓“吃小亏占大便宜”和“放长线钓大鱼”的谈判哲理。无论在谈判桌前还是在会场外，他们都善于用小恩小惠或表面的小利去软化对手的谈判立场，从而获取更大利益。例如，他们常用折扣手法来奉迎买方心理，其实在主动提出打折之前早已抬高了价格，留足了余地。又如，他们喜欢采用出钱让几个人出国监造设备、监装货物或用请客送礼等办法软化对手。面对日方商人的这种做法，应注意避免舍本逐末，要追求根本利益，而不要贪图表面的小利。许多日本商人在谈判战略上都能灵活处理眼前利益与长远利益的关系，比如在整台机械设备上让利，达成交易，从而取得此后的专用零配件的供应权。因此，与日本人谈生意，要对交易利益虑及远近，通盘考虑，以防得今日、失明朝。

日本人刻苦耐劳，他们在商务谈判中常常连续作战、废寝忘食。一旦谈判中发生细节变化，他们会主动整理，形成文字，不管这项工作多么繁重累人，这也是他们的一项重要谈判策略，通过整理过程中使用词语发生的细微变化，尽量使协议有利于自己。因此，对其整理好的文件应小心审阅，保持高度警惕。在签订合同之前，日本商人通常格外谨慎，认真审查全部细节；在订立合同之后，他们一般较重视合同的履行，履约率较高。但这并不排除在市场行情不利时，他们会千方百计寻找合同漏洞来拒绝履约。

（二）日本商人的谈判礼仪与禁忌

日本人待人接物非常讲究礼仪。他们在贸易活动中常有送礼的习惯。他们认为礼不在贵，但要有特色、有纪念意义，对地位不同的人所送礼物的档次要有所区别，以示尊卑有序。日本人重视交换名片，一般不论在座有多少人，都要一一交换。交换时首先根据对象不同行不同的鞠躬礼，同时双手递上自己的名片，然后以双手接对方的名片，仔细看后微笑点头，两眼平视对方，说上一句“见到你很高兴”之类的客套话。对此，外商也需理解和遵循，否则会被日本人视为不懂规矩、没有礼貌。日本人的谈吐举止都要受到严格的礼仪约束，称呼他人使用“先生”“夫人”“女士”等，不能直呼其名。他们强调非语言交际，鞠躬是很重要的礼节，鞠躬愈深，表明其表达敬意的程度愈深。但与西方人交往时，通常行握手礼。与日本人交换名片时，要向日方谈判班子的每一位成员递送名片，不能遗漏。传递名片时，一般由职位高、年长者先出示。接到名片时，切忌匆忙塞进口袋，最好把名片拿在手里，仔细反复确认姓名、公司名称、电话、地址，以示尊重。日本人的款待大多数在饭店举行，先发邀请书，常招待客商去卡拉OK酒吧夜总会，轮流表演唱歌。会见要遵守时间，若到东京等闹市赴会，要预留一点时间以免交通堵塞而迟到。谈论日本饮食、建筑、体育以及世界各地旅游观感是容易引起兴趣的话题。日本公司在与外国客户开始业务联系时，常常会馈赠礼品，收到礼品后，应向东道主表示深切的谢意，并应以公司为名义回赠礼品。

日本人忌讳在谈判过程中偷偷增加人数。日本人总是不甘落后，日方的谈判人员总要超过对方，对此要有所准备。日方愿意自己一方人多，除了心理作用——人多会使对方感到紧张外，另一个更直接的原因是，日本人在作出决定时，需要各个部门、各个层次的雇员参加。参加谈判的人越多，那些作出决定的负责人以后也就越容易达成一致意见。

日本人忌讳代表团中用律师、会计师和其他职业顾问。日方代表团在谈判中不会包括这些人，许多日本人对律师总是抱着怀疑的态度，他们觉得那些每走一步都要先同律师商量的人是不值得信赖的。因此，只要可以不用律师做主要谈判人员，就不要带律师。

对日本人“以礼求让，以情求利”的习惯要胸有成竹，熟谙应付之法，既不能因为言行失礼而影响了谈判，也不要因注重“笑脸”，放松戒备，而在“讨价还价”上丧失利益。与日方谈判时，我方人员的谈吐也应尽量婉转一点，要不动声色，表现出足够的耐心，举止有礼。谈判前要充分做好准备工作，摸清情况，有备赴会。在谈判中，对日方提出的新建议、方案和问题，有的情况如果把握不准，切勿轻率表态，而要毫不懈怠地认真仔细地了解情况，研究对策。如果一时未能达成协议，宁可暂时休会或约定下次会谈日期。在与日方谈判时，一定要具备敏锐的判断力。我方人员在谈判中的讲话应当缓慢清楚，避免给对方以匆匆忙忙、急于求成的印象。

一旦发出了邀请，就要耐心等待。日本人会通过其信息网络来了解你的情况，他们要对你的介绍信和委托书进行核查，要了解你公司的情况，与哪些公司有贸易往来，直到满意为止。最好的办法是让日方相信你时间非常宽裕，因为急躁和没有耐心在日本人看来是软弱的表现。在等待期间，也可以自己搞些调查，从别处尽量多地了解对方的情况。

虽然日本人自己往往开价太高，但是他们不喜欢别人报价高。提高报价，日本人就会对你的诚意失去信心。对日本人来说，诚意和一致性比最大利润更为重要。他们对对方及对方公司的信誉和信心是谈判能否成功的关键。他们希望你是个值得依赖的贸易伙伴，你在谈判桌上的言行以及过去行为的历史要比改变要求或者提出一个所谓的更好建议都重要很多。如果你作出了某种让步，不要建议日本人也作出相应的让步。这是日本人自己的事，要由他们自己去决定。当然，你可能会说："瞧，如果你在这个问题上妥协，我们就给你这种好处。"但是，日本人喜欢自己提出一项建议，至少谈判时如此。你可以通过某一个中间媒介或中间人私下向日方转达你的希望，但是当日本人在你面前提出某项建议时，即使那主意是你的，也要显得是他们想出来的主意。

不要当面和公开批评日本人。如果他们在同事和对方面前丢了脸，会感到羞辱和不安，谈判也会因此终结。在拖延好几周的谈判中，你可以写些表示理解的信，或者提醒对方哪些问题达成了协议和存在分歧，你很快就会得到答复。

日本人非常讲面子，他们不愿对任何事情说"不"字。他们认为，直接的拒绝会使对方难堪，甚至恼怒，是极大的无礼。因此，在谈判过程中，即使对对方的提议有保留，也很少直接予以反驳，一般是以迂回的方式陈述自己的观点。同样，在和日本人谈判时，语气要尽量平和委婉，切忌妄下最后通牒。有时，对方仅仅说一声"不"，都会令他们无法接受，认为这个人不但没礼貌，而且无诚意。另外，不要把日本人礼节性的表示误认为是同意的表示。日本人在谈判中往往会不断点头并说："哈依！"这样做常常是告诉对方他们在注意听，并不是表示"同意"。因此，在洽谈中，你必须善于察言观色，仔细体会，才能准确使用日语进行商谈，避免日语中诸多的隐含意思所引起的误解。最好是找一名双方都信任的翻译，不仅可以帮你了解日方的想法，还可以避免双方因意见不一致而出现难以下台的局面，保住双方的面子。

二、韩国商人的谈判风格、礼仪与禁忌

（一）韩国商人的谈判风格

韩国商人在长期的国际贸易实践中，积累了丰富的经验，他们善于在不利的贸易谈判条件中寻找突破口，从而占据有利地位，让对手甘拜下风。因此，西方发达国家称他们为"谈判的强手"。

"知彼知己，百战不殆"，韩国商人深谙此道。他们非常重视商务谈判的准备工作。谈判前，他们会千方百计对对方的情况进行咨询了解。一般是通过海内外的有关咨询机构了解对方情况，如经营项目、生产规模、企业资金、经营作风以及有关商品的市场行

情等。了解掌握有关信息是他们坐到谈判桌前的前提条件。一旦韩国商人愿意坐下来谈判，就可以肯定他们已对这项谈判进行了周密准备，胸有成竹了。

韩国商人逻辑性强，做事条理清楚，注重技巧。谈判时，他们往往先提出主要议题以供讨论。按谈判阶段的不同，主要议题一般分为五个方面：阐明各自意图、报价、讨价还价、协商、签订合同。对于大型谈判，他们更乐于开门见山、直奔主题。韩国商人能灵活地使用谈判的两种手法——横向谈判与纵向谈判。前者是先为协议勾画出大体框架，达成原则协议后再逐项确定谈判各方面的具体内容；后者是对双方共同提出的条款逐项磋商，逐条讨论，最后签订一个完整的协议。谈判过程中，韩国商人会针对不同的谈判对象，使用“声东击西”“疲劳战术”“先苦后甜”等策略，不断地讨价还价，并且显得十分顽强。有的韩国商人直到谈判的最后一刻还会提出“价格再降一点”的要求。但是，韩国商人在谈判时远比日本商人爽快，他们往往在不利的形势下，以退为进，稍作让步以战胜对手。在签约时，韩国商人喜欢用三种具有同等法律效力的文字作为合同的使用文字，即对方国家的语言、韩语和英语。

（二）韩国商人的谈判礼仪与禁忌

韩国商人很注重谈判礼仪。他们十分在意谈判地点的选择，一般喜欢在有名气的酒店、饭店会晤洽谈。如果由韩国商人选择了会谈地点，他们定会准时到达，以尽地主之谊；如果由对方选择地点，他们则会推迟一点到达。在进入谈判会场时，一般走在最前面的是主谈人或地位最高的人，多半也是谈判的拍板者。

韩国商人重视在会谈初始阶段就创造友好的谈判气氛。他们一见面总是热情地打招呼，向对方介绍自己的姓名、职务等。就座后，若请他们选择饮料，他们一般选择对方喜欢的，以示对对方的尊重和了解，然后再寒暄几句与谈判无关的话题如天气、旅游等，以此创造一个和谐融洽的气氛，之后才正式开始谈判。

韩国人见面时稍鞠躬。呈递与接受名片时都要用双手。称呼人的习惯与中国人相同。交换礼物是常见的交往礼节，收到礼物后，不要当面打开，而且一定要回赠食品和小纪念品等礼物。饭店中一般没有收小费的习惯，服务费已包括在账单内，餐桌上传递东西要用左手支托右臂或右腕。韩国人的个性中，既有爱面子、缺乏坦诚的一面，又有独立性强、讲话直率的一面。他们保留了东亚人的传统：爱面子。一个韩国人极不愿意说出“不”字来拒绝你。在阐述己方的情况时，不要过于咄咄逼人、言辞激烈或带有威胁性，关键在于应当冷静而有条理地叙述清楚，这样韩国人才有可能对你的建议作出有利的回应。韩国人不喜欢高声大笑和作过分的姿态，也不喜欢喧闹的行为。虽然他们直言不讳，但也不喜欢太鲁莽。他们珍视一种“内在”的气质。

一个习惯于同外国人打交道的有礼貌的韩国人，会一直听你讲话而不打断你。在他看来是他正在“操纵”你，也就是说，正在控制局面，他占有上风。可是，当他急于进入更深一层的会谈或者他忍不住要以自己的理解来阐述某个观点时，他也会打断对方的话。这时候就不太注意面子，也不在意谁处于上风。打断谈话时，你不要感到不快，这常常是好迹象，表明其心急，心急意味着真心希望谈判成功，达成交易。

如果韩国商人找上门来谈某项交易，而你并不感兴趣，也不要直接表明你不喜欢。要记住韩国人对人的感情非常敏感，他们非常注意人们的反应和感情，也希望你与他们的感情协调起来。他们不愿意说“不”字来拒绝人家，同时，也不希望你说出“不”字来伤他们的面子。他们认为在与你说话的时候，尤其与陌生人说话的时候，为了尊重对方，应让对方先把话说完，等对方说完以后，再表示自己同意与否。

与韩国商人谈判要非常讲究策略和通情达理，和气和协调也很重要。如果你已经回答过某个问题，而对方又有人提出这一问题，也不要吃惊。因为韩国人作出决定前，要确保其正确性。因为一个大错误会给他们带来麻烦，甚至辞职或被解雇。正是由于韩国人在交谈中比较委婉，你更要仔细倾听对方的讲话和辨别其真意。有时书面合同也会改变而需要重新谈判，因此要有耐心，成果的取得会很缓慢。

与韩国人谈判时，最好找一个中间人做介绍。韩国是一个组织严密的社会，所有有影响的人物大家都熟悉，如果由其出面介绍与一家韩国公司接触，而不是贸然前去，那就先有了声誉。也可以请双方都尊重的第三者出面介绍。

韩国人经常是在不知不觉之中转入业务问题，应当予以警惕。开始时，可简明扼要地介绍一下将要讨论的问题。如果对方立即向你提出问题，也不要惊慌。这是一个好迹象，表明韩国人对你介绍的情况很有兴趣。相反，如你的叙述引起毫无表情的注视，不要着急，考虑自己是否把话说清楚了，慢慢讲，逐步谈些细节，这些可能会引起对方的反应。谈判中间也要准备有反复，要作好准备，提供详尽情况。

由于韩国在历史上屡遭侵略，韩国人的防卫意识很强，他们不想被人利用，韩国人也不希望你在他们国家里待的时间比他们认为需要的时间长。因此，谈判结束后就应当及时离开。

三、南亚和东南亚商人的谈判风格、礼仪与禁忌

（一）南亚和东南亚商人的谈判风格

南亚和东南亚包括许多国家，主要有印度尼西亚、新加坡、泰国、菲律宾、印度、马来西亚、巴基斯坦、孟加拉国等。这些国家与我国贸易往来频繁、互补性强，是我国发展对外经济贸易的重点地区之一。东南亚人因国别不同而体现出不同的性格特点，从事商务谈判的方式也有所不同。

印度尼西亚除了雅加达等大城市使用英语外，一般都使用马来语。印度尼西亚的宗教信仰十分坚定，所以与之进行贸易往来必须特别注意他们的宗教信仰。印度尼西亚人非常有礼貌，与人交往也十分小心谨慎，绝对不讲别人的坏话。商务洽谈时，如果双方交往不深，虽然他们表面上十分友好亲密、谈得投机，但心里想的可能完全是另一套。只有建立了推心置腹的交情，才可能听到他们的真心话，成为十分可靠的合作伙伴。因此，与印度尼西亚人打交道，不能性急，要花时间努力与其建立友谊。另外，印度尼西亚人与北欧人有相反的特点，那就是印度尼西亚人特别喜欢家中有客人来访，而且无论客人在什么时候来访都很受欢迎，不像北欧人那样如果没有事先约定就不能见面。在印

度尼西亚，随时都可敲门拜访以加深交情，这样也有利于商务谈判的顺利进行。

新加坡位于连接太平洋和印度洋的咽喉要道，具有十分重要的战略地位。新加坡的经济很发达，被誉为亚洲“四小龙”之一。其种族构成中，华人约占70%以上，其次是马来西亚人、印度人、巴基斯坦人、白人、混血人种等。

新加坡华裔有着浓重的乡土观念，同甘共苦的合作精神非常强烈，他们的勤劳能干举世公认。他们注重信义、友谊，讲面子。在商业交往中，十分看重对方的身份、地位及彼此的关系。对老一辈华侨来说，“面子”在商业洽谈中具有决定性意义，交易要尽可能以体面的方式进行。交易中，遇到重要决定，新加坡华侨往往不喜欢签订书面字据，但是一旦签约，他们绝不违约，并对对方的背信行为十分痛恨。

泰国是亚太地区新兴的发展中国家。20世纪70年代以来，经济发展十分迅速，目前的发展重点是农业、机械制造业、交通运输业、水利电力、建筑业、服务业和对外贸易。泰国的国内市场以曼谷和曼谷周围地区为中心，比较集中，市场条件较好，而且泰国政府为外商提供了优惠的投资环境。中泰关系良好，贸易前景光明。

在泰国控制产业的也多为华侨，但泰国华侨已消除了与其他民族之间的隔阂，完全融入了泰国的民族大家庭中，没有形成华侨自成一个社会的现象。泰国商人崇尚艰苦奋斗和勤奋节俭，不愿依附别人，他们的生意也大都由家族控制，不信赖外人。同业之间会互相帮助，但不会形成一个稳定的组织来共担风险。与泰国商人进行商务谈判时，要尽可能多地向他们介绍个人及公司的创业历程和业务开展情况，以获得他们的好感。与他们结成推心置腹的朋友，要费相当的时间和努力，一旦建立友情，他们就会信任你，遇到困难，也会给你帮助。他们喜欢的是诚实、善良和富有人情味的人，而不仅仅是精明强干的人。

菲律宾是个岛国，资源丰富，教育普及，居民中马来西亚裔人、印度尼西亚裔人占90%以上。菲律宾人天性和蔼可亲，善于交际，作风落落大方。他们在商务活动中应酬颇多，常常举行聚会。聚会大多在家中举行，稍微正式一点的聚会，请帖上会注明“必须穿着无尾礼服等正式服装”，若没有无尾礼服，可以穿当地的正装，即香蕉纤维织成的开襟衬衫式衣服。同菲律宾人做生意，最容易取得沟通的途径是入乡随俗，在社交场合尽可能做到应酬得体、举止有度，言行中表现出良好的修养和十足的信心。试想，有谁不想同一个品行端庄、看起来左右逢源的绅士做生意呢？

印度是个古老的国家，印度商人观念传统、思想保守。印度的企业家，包括技术人员在内，一般不愿把自己掌握的技术和知识教给别人。在商务谈判中，印度商人往往不愿作出有责任性的决定，遇到问题时也常常喜欢找借口逃避责任。在工作中出现失误受到指责时，他们会不厌其烦地重复解释，狡辩到底。所以，与他们做交易，要拉下面子，“先小人后君子”。合同条款规定务必严密细致，力求消除日后纠纷的隐患。印度商人疑心很重，要在商务往来中建立相互信任需要很长时间，而且无论如何不会亲密到推心置腹的地步。在没有利害关系时，他们还是较好相处的；一旦发生利害冲突，他们就会判若两人，层层设防，处处猜疑。印度社会层次分明、等级森严，这与他们古老的宗教教义有关，因此，与他们打交道时要注意这点。

印度税负很高，逃税情况相当严重而普遍，因此，对印度公司进行资信调查很困难，调查报告所列数据的真实性也不易分辨。所以，同印度人进行商务往来之前，最好先委托我国驻外机构帮助调查，或亲自进行调查，以免受骗上当。

孟巴两国商业活动的对象是处于管理职位上的人，这些人出生于上流社会且以留学欧美者居多。他们不喜欢与对方用电话商谈，而希望对方亲自登门造访，双方促膝而谈，这样才能达成交易。与孟巴两国商人做交易，会讲一口流利的英语是至关重要的，否则会被认为没有受过良好教育而遭到蔑视，从而影响商业活动。谈判中还应注意的一点是，任何约定都必须采用书面形式，以防日后产生纠纷。

（二）南亚和东南亚商人的谈判礼仪与禁忌

要与泰国人结成推心置腹的交情，需要经过一段较长的时间。但是一旦建立了友谊，便会完全信赖你，能设身处地为朋友着想，遇到困难时，也会给你通融。常见的问候方式是两手掌合拢，手指伸开置于胸前，微微鞠躬。他们喜欢谈论文化遗产，足球、羽毛球、排球、乒乓球是最受欢迎的体育运动。如果客人表示喜欢某件东西，泰国人会认为有义务将该物赠送给客人。男女间在公开场合一般不表示亲热，并避免身体接触。两脚交叉的坐姿被视为失礼。要避免跺脚及用腿挪动或指点东西，也不能用脚踩住宅或庙宇的门槛，因为他们认为人的灵魂存在于门槛之中。被邀去私人家庭访问，不必送礼物，除非客人要在东道主家待一段时间。谈判事先要预约，而且要准时。尽管幽默感和大笑被认可，但是仍以稳重为宜。与泰国商人谈判，要力求耐心细致，各条款内容具体明确，这样有利于对方准确理解和取得认同，也有利于减少落实中的分歧和扯皮现象。一旦达成协议，要讲究信用，绝不能无故食言。

印度尼西亚和马来西亚两个国家有许多相似的地方。谈判时必须注意其宗教信仰，每年有一个月的“斋月”，从日出到日落不能吃东西。在这段时期中，印度尼西亚人事务性的工作可以勉强支持过去，但体力劳动则难以维持。因为是一个多民族国家，移民较多，所以，不要谈论政治和民族问题。最好不要当着印度尼西亚当地人的面夸奖华裔。

两国人民一般都很讲礼貌，推崇礼让，不喜欢背后评论他人，所以非深交者很难听到他们的心里话。印度尼西亚人有礼貌、好客，马来西亚男女之间很少相互握手，在社交场合中，男子应向女士点头或略行鞠躬礼。他们喜欢谈论本国的经济成就、美国的风景和体育运动。如果马来西亚东道主招待晚餐，次日应送鲜花或写便条以示谢意。商业洽谈之间不常送礼物，但若赠送或接收礼物时要用双手。在餐桌上，也要用双手传递或接受饮料。

与印度尼西亚商人的谈判过程一般较为漫长，一定要有足够的耐心。谈判可以在高级行政人员之间或下级具体执行人员之间展开。如果有条件聘用当地代理人，对绕过复杂的印度尼西亚政府官僚机构不无帮助。与马来西亚商人谈判也会有长时间和详尽的讨论，要作好提供大量信息的准备。马来西亚商人处事精细，他们逐步而且小心翼翼地形成自己的观点和立场。因此，对其外交手腕要有思想准备，从字里行间确定其真正意图。

马来西亚人注重面子，看重人的身份地位，谈判时避免询问尖锐而直接的问题，以免使其为难。确立信任关系是谈判成功的前提，他们更重视个人信誉，恪守合同未必总是放在首位。马来西亚商人往往会有礼貌但很坚定地不断迫使对方作出让步。

菲律宾受西方影响较深，喜欢模仿美国的生活方式。但是对于美国对菲律宾的影响，普通菲律宾人有不同的看法。菲律宾人喜欢别人泛泛谈论他们的家庭，也喜欢听对方谈家庭情况，但不喜欢别人谈论他们的国家，因此应当避免谈论政治、宗教、社会状况等敏感问题。菲律宾人和蔼可亲，善于交际，为人大方，比较重信用，但商业意识不太强，缺乏计划性。菲律宾商人喜欢举行聚会，聚会大都在家里举行。与菲律宾商人会晤要准时，哪怕他们自己并非如此。菲律宾人对时间比较随便，会议或约会时往往比预定时间晚10～20分钟。对此应以礼相待，避免直接批评。对于菲律宾人来讲，名声是一种重要的德行。公开批评可能会给个人带来耻辱。

印度人日常礼仪不多，传统的问候方式是将两手掌并拢，手指向上置于颌下，微鞠躬，以示尊敬。印度人喜欢谈论其艺术和建筑遗产。款待或其他社交活动，应邀请印度人携夫人一起参加，但印度穆斯林的妻子则不公开抛头露面。印度人重视家庭，强调物质生活简朴，自谦被视为美德，受到尊敬。印度是一个宗教气氛很浓的国家，印度的社会层次分明。对印度公司的资信调查也很困难，有时候，在调查报告上所列的数字真伪难辨。因此，与印度公司来往，最好委托我驻外机构或亲自前去调查。谈判前应作好充分准备，多以事实和数据说话，设身处地，摆明利益关系，以使其增强信心，打消顾虑，作出决断。由于决策来自上层，所以应尽可能地直接与高层人士打交道。合同必须以英文和当地文字书写，还应将合同条款制定得严密细致，以免埋下日后纠纷的隐患。

巴基斯坦人与孟加拉人大多数信仰伊斯兰教。多数人不抽烟，不喝酒，商业上的聚会是清一色的男性。

巴基斯坦人喜欢谈论自己的种族群体，以及国家所取得的成就。如果他们盯着你看，不要以为这是无礼。盯着看只是巴基斯坦文化中的一种常见做法。由于大多数居民信仰伊斯兰教，因此商业接触时，首先要了解这两个国家的社会生活，特别是要了解其受宗教影响而形成的风俗与习惯。另外，言谈中也要注意切勿触犯对方教义。在这两个国家，从事对外商务活动的人士大多数为处于管理职位的人，这些人生在上流社会，而且以留学欧美者居多。鉴于对方多为上层人士，我方谈判者应十分注重礼节，语气要亲切随和，尽量避免因信口开河而失言伤人。在这两个国家，商谈是不能用电话的，必须亲自访问对方，促膝而谈，这样交易才能有所进展。商业习惯上较重视文字契约，而且讲究信用。要有耐心。巴基斯坦和孟加拉人对时间有些随便，不过，他们期待对方准时。与两国做交易，必须会讲一口流利的英语，否则会被人认为没有受过良好的教育，谈判活动也会因此受到影响。根据对方重视文字证据与契约的特点，在商谈中应随时并详细地拟订备忘录，在对每一个合同条款认真讨论之时都应作详细、准确的表述与记录。一旦对方认同并记录成交的事项，不可无故废约，要讲究信用。合同应用英文和当地文字书写。

新加坡居民也很重感情，重信用。新加坡人一般不喜欢与外国人谈论政治、宗教等问题，而多喜欢谈论该国的文明、管理制度、经济发展的成就。新加坡人为人友好，但不习惯于开玩笑，不接受西方式的幽默。认为西方人伸起手指表示可以（OK）是粗鲁之举，人的头部不能随便触摸。如果新加坡方属于私营公司，则几次洽谈后便可款待吃饭，但政府官员不能接受这类邀请。在餐桌上可谈论业务，当地没有给小费的习惯，也没有赠送礼物的习惯。与新加坡人谈判应有的放矢地选择话题，不要伤害他们的自尊心。新加坡的新一代华人采取了许多新的经营方式，强调事实、技术细节及周密的合同。较传统的华人则把生意更多地建立在信誉之上，合同比较简单、笼统，口头达成的协议履约率也很高，对背信弃义行为深恶痛绝。在新加坡谈判，要竭力避免任何构成贿赂的暗示。在这方面，新加坡政府有着极清白的声誉。在与华人谈判时，要充分利用他们对中华民族与乡土的深厚情感，要十分讲究和努力发扬中华民族的礼仪美德，表现出对华侨、华人的信任与尊重，做到以诚感人、以情动人。与新加坡人谈判，事先要预约，而且要准时，迟到被认为是不礼貌的。新加坡以企业精神和勤奋而闻名，通常谈判是快节奏的。谈判中可直接涉及钱的问题，价格和时间表通常是主要问题。谈判要言必信、行必果，建立起双方的深切了解和真诚友谊。这样，就完全有可能成为对方长期合作的忠实伙伴。

四、华侨的谈判风格

19 世纪末 20 世纪初，中国大地到处天灾人祸，战乱频仍，人们纷纷背井离乡到海外谋生。现在世界各个角落都有华侨，据估计，除中国之外世界各地华人华侨有 2 000 多万人，其中 80% 已加入了侨居国国籍。由于地理上的原因，东南亚地区已成为华侨最大的聚居地。我国与东南亚诸国的贸易往来，在很大程度上是同华侨进行的。

华侨初到异国，赤手空拳，难以立足。但是他们依靠自己的聪明才智、勤劳节俭、顽强的意志和毅力，加上同胞之间的团结互助，终于在异国他乡取得了成功。华侨创业，一般是以三把刀起家：菜刀、剪刀和剃刀，即开中国餐馆、裁缝店和理发店。这三把刀成了华侨的护身法宝，因为吃饭、穿衣和理发这三方面都与人们的日常生活密切相关，任何地方的人都缺少不了，同时又不需要大量投资，大多用现金交易，天天进账，可以积累一定的资金。一旦积累了相当的资金，华侨便会把钱投入到更为赚钱的行业。华侨凭着这三把刀，取得了令世人瞩目的成就。第二次世界大战结束以后，华侨在所在国当地的经济实力和社会地位都发生了巨大变化，从过去的受歧视和受迫害的地位一跃成为富有而受尊敬的阶层。美国前总统尼克松曾经说过："华侨不论居住在什么地方，都会取得很大的成就，这不能不令每个人信服。"华侨商人经常这样说，即使只有一根火柴棒，也能借此发财，并获得成功。华侨善于经商，华侨的谈判术与犹太人的谈判术一样，成为从商者竞相学习和借鉴的样本。在谈判桌上，华侨卓越的才能和独特的谋略，往往令对手在惊叹之余，不得不予以高度重视。

华侨进行商务谈判时，从不优柔寡断，他们作风果断，看准就干，不拖泥带水。他们敢于正视困难，对前途充满信心。致富的艰难历程使他们坚信：想赚钱，就要选好方向，凭着坚定的信念和不懈的努力，以果敢的勇气抓住每一个稍纵即逝的机会，只有这样，才能成功。

在某些场合中不难看到一些平常表现一般的人显得特别勇敢，这是因为冒险精神是可以激发的。在商业上要激发冒险精神的最好办法就是绝其退路。华侨都是通过漫长而曲折的道路才到达成功的顶峰，他们磨炼出了顽强的意志和极强的适应能力。

华侨善于讨价还价，在世界上是出了名的。他们认为那种听天由命、被动等待的谈判方式应当摒弃。因此，在洽谈时他们总是主动出击，要求对方降价。并且，他们有一套巧妙的报价办法，从不以一次降价为满足，总是一而再、再而三地讨价还价，直到不能再降为止。在他们的信念里，"吃小亏占大便宜"的办法不一定行得通。如果吃点小亏就期待对方回报，大多会令人失望，因为洽谈双方都非常精明，不可能有太多便宜可占。

商场如战场，处于各种各样的商业环境，面对形形色色的谈判对手，华侨们励精图治的敬业精神和积极稳妥的现实作风，使他们在创业道路上一往无前，硕果累累，为世人瞩目。

五、阿拉伯商人的谈判风格、礼仪与禁忌

（一）阿拉伯商人的谈判风格

阿拉伯国家主要分布在西亚的阿拉伯半岛和北非。绝大多数国家盛产石油，进口商品主要是粮食、肉类、纺织品以及运输工具、机器设备等。

由于受地理、宗教、民族等问题的影响，阿拉伯人家庭观念较强，性情固执而保守，脾气也很倔强，重朋友义气，热情好客，却不轻易相信别人。他们喜欢做手势，以形体语言表达思想。尽管不同的阿拉伯国家在观念、习惯和经济力量方面存在较大差异，作为整个阿拉伯民族来讲却有较强的凝聚力。

在阿拉伯人看来，信誉是最重要的，谈生意的人必须首先赢得他们的好感和信任。与他们建立亲近关系的方法有：由回族人或信仰伊斯兰教或讲阿拉伯语的同宗、同族的人引见；以重礼相待，例如破格接待；在礼仪和实际待遇上均予以照顾，使其既有面子又得实惠。阿拉伯人好客知礼的传统使他们对亲友邻居敞开的大门对外国客商同样是敞开的。对远道而来并亲自登门拜访的外国客人，他们十分尊重。如果他们问及拜访的原因，最好是说，来拜访是想得到他的帮助。因为阿拉伯人不会拒绝"帮助"某个已逐渐被他尊重的人。当合同开始生效时，拜访次数可以减少，但定期重温、巩固和加深已有的良好关系仍非常重要，给他们留下一个重信义、讲交情的印象，会让客商在以后的谈判中获得意外回报。另外，崇尚兄弟情义的阿拉伯人不会因为商务缠身而冷落了自己的阿拉伯兄弟。常与他们打交道的外商经常会遇到这样的情况：谈判正在紧张进行，阿拉伯一方的亲友突然到访，他们会被请进屋内边喝茶边聊天，外商则被冷落一旁，直到亲友离去谈判才会继续。在阿拉伯人看来，这不是失礼行为，对此，你只能表示理解和宽容。

阿拉伯人的谈判节奏较缓慢。他们不喜欢通过电话谈生意。从某种意义上说，与阿拉伯人的一次谈判只是同他们进行磋商的一部分，因为他们往往要很长时间才能作出谈判的最终决策。如果外商为寻找合作伙伴前往拜访阿拉伯人，第一次很可能不但得不到自己期望的结果，还会被他们的健谈所迷惑，有时甚至第二次乃至第三次都接触不到实质性话题。遇到这种情况，要显得耐心而镇静。一般来说，阿拉伯人看了某项建议后，

会去证实是否可行，如果可行，他们会在适当的时候安排由专家主持的会谈。如果这时你显得很急躁，不断催促，往往欲速则不达。

阿拉伯人特别重视谈判的早期阶段，在这个阶段，他们会下很大功夫打破沉默局面，制造气氛。经过长时间的、广泛的、友好的会谈，在彼此敬意不断增加的同时，他们其实已就谈判中的一些问题进行了试探和摸底，并间接地进行了讨论。在交谈时，不能架起腿，更不能将鞋底对着谈话者，否则阿拉伯人会认为你不诚实可信。这种社交式的、内容泛泛但气氛友好的会谈，可以使正式谈判取得成功的可能性大大增加，随之而来的结果可能是突然之间协议便达成了。

阿拉伯国家中，谈判决策由上层人员负责，但中下级谈判人员向上司提供的意见或建议却得到高度重视，他们在谈判中起着重要作用。阿拉伯人等级观念强烈，其工商企业的总经理和政府部长们往往自视为战略家和总监，不愿处理日常的文书工作及其他琐事。所以，外商在谈判中往往要同时与两种人打交道，首先是决策者，他们只对宏观问题感兴趣；其次是专家以及技术员，他们希望对方尽可能提供一些结构严谨、内容翔实的资料以便仔细加以论证，与阿拉伯人做生意时千万别忽视了后者的作用。

在阿拉伯商界还有一个阶层，那就是代理商。几乎所有阿拉伯国家的政府都坚持：无论外商的生意伙伴是个人还是政府部门，其商业活动必须通过阿拉伯代理商来开展。一个好的代理商，会为外商提供便利，对业务的开展大有裨益。例如，他可以帮助雇主同政府有关部门尽早取得联系，促使其尽快作出决定；快速完成日常的文书工作；帮助安排货款回收、劳务使用、货物运输、仓储乃至膳食等事宜。

阿拉伯人极爱讨价还价。无论商店大小均可讨价还价。标价只是卖主的“报价”。更有甚者，不还价即买走东西的人，还不如讨价还价后什么也不买的人更受卖主的尊重。阿拉伯人的逻辑是，前者小看他，后者尊重他。市场上常出现的情景是，摆摊卖货的商人会认真看待与他讨价还价的人，价格与说明会像连珠炮似地甩出，即使生意做不成也仅是肩一耸、手一摊表示无能为力。因此，为适应阿拉伯人讨价还价的习惯，外商应建立起见价即讨的意识，凡有交易条件，必须准备讨与还的方案；凡想成交的谈判，必定把讨价还价做得轰轰烈烈。高明的讨价还价要有智慧，即找准理由，令人信服，做到形式上相随，形式下求实利。

（二）阿拉伯商人的谈判礼仪与禁忌

阿拉伯人不轻易相信别人，家庭观念很重。他们不喜欢和外人谈论政治和宗教。中东阿拉伯国家的人们，往往在咖啡馆里谈生意，与他们见面时，宜喝咖啡、红茶或清凉饮料，忌讳饮酒、吸烟、谈女人、拍照，也不要谈中东政局和国际石油政策。在阿拉伯国家做生意，不可能一通电话就谈妥，为了推销某种货物而访问客户时，要先建立朋友关系。

谈判时要尊重对方的教义与习俗，如果己方能有懂得伊斯兰教义甚至会说阿拉伯语的人参加谈判，更有利于创造和谐的谈判气氛和取得对方的好感。

在谈判前和谈判开始时，要主动热情地进行广泛友好的交流，选择他们喜欢的话题，甚至先请他们喝上一杯咖啡，使他们高兴。这样既可密切与对方的关系，获得对方的信任与敬意，又可从中了解一些我方需要的信息，这其实也有助于缩短开局与磋商阶段的时间。

阿拉伯人不欣赏抽象的介绍说明，不愿花钱买原始材料和统计数据。因此，在谈判中可以采用多种形式，采取数字、图形、文字和实际产品相结合的方式，形象地向他们说明有关情况。要注意的是，对于确实需要提供的材料，必须请一流的翻译按照阿拉伯人的习惯进行精细地译解，千万别为了节省成本而随便找人翻译，否则，翻译的失误可能造成灾难性的后果。另外，材料中所附图片也应以从右向左的顺序排列，并且图片内容不得冒犯阿拉伯人的风俗习惯。

六、犹太商人的谈判风格、礼仪与禁忌

犹太人的关系网广泛而且坚固，他们对外团结一致并善于利用关系网查询谈判对方的情况，对于不守信义的行为不会宽容。如果他们发现对方曾在与其他人做生意时表现出种种令他们无法接受的行为，就会拒绝继续谈判，即使以前的谈判进展顺利也不例外。所以，要同犹太人长期做生意，就必须给他们留下好印象。

犹太人非常精明，交易条件比较苛刻，很难讨价还价。在谈判中不会轻易接受对方的条件，对于价格简直是锱铢必较。对协议条款总是字斟句酌、毫不马虎，千方百计地让措辞有利于自己，以便万一市场行情变化，可以作出有利于自己的解释或寻找漏洞而拒绝履行合同。因此，与犹太人做生意签协议时，必须先充分地了解产品的市场行情，做到心中有数，然后，在合同措辞上要绝对注意严谨，如果你不熟悉法律，最好还是请一名内行的律师，以防犹太人在情况不利时寻由毁约。

犹太人在洽谈商务时友好而坦诚。刚见面会谈，他们会笑容可掬地向对方问候。在谈判过程中，他们从不含糊其词，如果觉得你的建议无法接受，就会明白告诉你“不能接受”，而不会像日本商人那样支支吾吾，不置可否。如果还有商量的余地，犹太人也会坦率地告诉对方。他们认为只有明确地答复对方，才能避免谈判中不必要的纠纷。双方发生争议时，犹太人的态度会非常认真和诚恳，但不会轻易承认自己有失误的地方。除非对方刨根问底，找出确实的证据，他们才会为自己的失误承担责任。

犹太商人善变，并以此控制对方的心理。洽谈中，他们有时会为了某些条件与你争得面红耳赤，而过后不久，又会面带笑容地主动向你问好。如果对方的心理承受能力不够强，他们就很容易抓住对方的心理，及时控制主动权，向对手发起连连进攻。因此，遇到这种情况，应当稳住阵脚，不露声色，以沉着的态度应对。

第五节　大洋洲商人和非洲商人的谈判风格、礼仪与禁忌

大洋洲包括澳大利亚、新西兰、斐济、巴布亚新几内亚等 20 多个国家和地区。其中澳大利亚和新西兰是两个较发达的国家。居民 70% 以上是欧洲各国移民，其中以英

国和法国的移民后裔居多，多数国家通用英语。经济上以农业、矿业为主，盛产小麦、椰子、甘蔗、菠萝、羊毛以及铅、锌、锰等多种矿物。主要贸易对象是美日和欧洲一些国家。出口以农、畜、矿产品为主，进口商品主要是机械、汽车、纺织品和化工品等。

一、澳大利亚和新西兰人的谈判风格

澳大利亚由6个州组成，各州自有宪法，铁路、地区开发、教育等事项由各自的州政府办理，因此各州之间的地区观念比较浓厚。在地广人稀的澳大利亚，其居民沉着好静，不喜欢生活环境被扰乱。

澳大利亚商人在商务谈判中很重视办事效率。派出的谈判人员一般都具有决定权，同时也希望对方的谈判代表同样具有决定权，以免在决策中浪费时间。他们极不愿意把时间花在不能作决定的空谈中，也不愿采用开始报价高，然后慢慢讨价还价的做法。他们采购货物时大多采用招标的方式，以最低报价成交，根本不给对方讨价还价的机会。

澳大利亚商人待人随和、不拘束，乐于接受款待。但认为招待与生意无关，是两项活动，公私分明。所以与他们交往，不要以为在一起喝过酒生意就好做了。恰恰相反，澳大利亚商人在签约时非常谨慎，不太容易签约，一旦签约，也较少发生违约现象。他们重视信誉，而且成见较重，加上全国行业范围狭小，信息传递快，如果谈判中有不妥的言行会产生广泛的不良影响。所以，谈判人员必须给他们留下好的第一印象，才能使谈判顺利进行。

新西兰是一个农业国，工业产品大部分需要进口。国民福利待遇相当高，大部分人都过着富裕的生活。其商人在商务活动中重视信誉，责任心很强，加上经常进口货物，多与外商打交道，他们都精于谈判，很难应付。

二、非洲商人的谈判风格

非洲是面积仅次于亚洲的世界第二大洲，东临印度洋，西濒大西洋，北隔地中海与欧洲相望，东北角通过苏伊士运河与亚洲相连，地理位置十分重要。非洲大陆有50多个国家，近6亿人口，绝大多数国家属于发展中国家，人民健康水平低，卫生状况差，教育和福利水平落后，经济贸易不发达。

按地理习惯，非洲可分为北非、东非、西非、中非和南非五个部分。不同地区、不同国家的人民在种族、历史、文化等方面的差异极大，因而，他们的国籍、生活、风俗、思想等方面也各具特色。

由于历史的原因，非洲商人的文化水平较低，有些从事商务谈判的人员对业务并不熟悉，因此与其洽谈时，应把所有问题乃至各个问题的所有细节都以书面确认，以免日后产生误解或发生纠纷。另外，在非洲还要避免与那些“皮包商”做生意。

在非洲，南非的经济实力最强，黄金和钻石的生产流通是其经济的最大支柱。南非商人的商业意识较强，他们讲究信誉，付款守时。他们一般派出有决定权的人负责谈判，一般不会拖延谈判时间。尼日利亚的经济实力也较强，虽以农业为主，但石油储量丰富，工业发展很快。当权人物都受过高等教育，能巧妙运用关税政策，低价进口物美价廉的外国产品。扎伊尔以农业为主，是重要的矿产国。其国民缺乏商业知识和技巧。坦桑尼亚、肯尼亚和乌干达三国位于非洲东部，形成共同市场，期望经济合作。三国的地方资本已有所发展，但商人缺乏经验，推销也不可靠，因此与这三国的商人洽谈时，不能草率行事。

与非洲商人洽谈时，首先要尊重其礼仪风俗，维护对方的自尊心，力求通过日常的交往增进友谊，为谈判顺利进行打下良好的基础。洽谈时，不要操之过急，而应适应其生活节奏，尽量按照其生活习惯，使对方感到我方的尊重与关照，增进认同感。谈判中，要对所有问题乃至各种术语和概念、条款细节逐一阐明与确认，以免日后发生误解与纠纷，既伤了感情，又蒙受损失。

案例应用

了解谈判对手风俗文化的重要性

美国一家石油公司经理几乎断送了一笔重要的石油买卖，关于事情的经过，请听他的自述：“我会见石油输出国组织的一位阿拉伯代表，和他商谈协议书上的一些细节问题。谈话时，他逐渐地朝我靠拢过来，直到离我只有 15 厘米才停下来。当时，我并没有意识到什么，我对中东地区的风俗习惯不太熟悉。我往后退了退，在我们两人之间保持着一个我认为是适当的距离——60 厘米左右。这时，只见他略略迟疑了一下，皱了皱眉头，随即又向我靠近过来。我不安地又退了一步。突然，我发现我的助手正焦急地盯着我，并摇头向我示意。感谢上帝，我终于明白了他的意思。我站住不动了，在一个我觉得最别扭、最不舒服的位置上谈妥了这笔交易。”

请分析上述案例，并回答以下问题：

1. 阿拉伯代表为什么对美国代表的后退皱起了眉头？美国代表的助手在向他示意什么？

2. 该项谈判最终成功的关键是什么？在关于国际商务谈判文化差异方面，本案例给我们哪些启示？

复习思考题

1. 试分析一下美国商人的谈判风格，并说明应当怎样和他们进行谈判？

2. 怎样理解日本商人在谈判过程中不断点头的行为，这是表示他们赞同我方的意见吗？日本商人谈判的特点是什么？

3. 与西欧商人进行谈判要注意哪些文化方面的问题？他们的禁忌主要有哪些？

4. 韩国商人与日本商人的谈判风格有哪些异同点？

阅读专栏

汉能入主美国阿尔塔

2014 年 8 月 13 日，汉能控股集团（以下简称汉能）在京宣布完成并购美国阿尔塔设备公司（Alta Devices，以下简称阿尔塔），通过此次并购，汉能拥有了全球转化率最高的薄膜太阳能技术——砷化镓高效柔性薄膜技术。

汉能控股集团是全球化的清洁能源跨国公司，全球最大的薄膜太阳能企业。公司成立于 1994 年，总部设在北京，员工逾 15 000 人，业务横跨水电、风电、光伏发电。汉能薄膜发电集团有限公司是一家在香港交易所上市的高科技能源企业，主要业务包括研发和设计薄膜发电整线生产线，以及开发、运营下游薄膜发电项目及应用产品。

美国阿尔塔设备公司成立于 2008 年，是世界领先的薄膜太阳能电池技术生产商，生产世界上转换效率最高的柔性砷化镓（GaAs）太阳能电池片，相同面积下，其产生的效能可达普通柔性太阳能电池的 2～3 倍。该公司在 2012 年、2013 年曾连续被《麻省理工学院科技评论》（MIT Technology Review）评为“全球最具颠覆性创新公司”。

此次并购是汉能的第四次国际并购。2012 年 9 月 25 日，汉能控股集团收购德国 Q-CELLS 子公司、铜铟镓硒（CIGS）薄膜电池制造商 Solibro。该企业的铜铟镓硒薄膜太阳能电池具有全球最高的模组转换效率，实验室最高转化率已达 18.1%。2013 年 1 月 9 日，汉能控股集团在北京总部宣布完成对美国企业 MiaSolé 的并购，使汉能获得全球转化率最高的铜铟镓硒技术，量产转化率达到 15.5%。2013 年 7 月 25 日，汉能再次成功并购美国 Global Solar Energy 公司，使汉能成为全球首家实现柔性薄膜太阳能组件大规模量产的公司。

而阿尔塔拥有的砷化镓薄膜技术，生产成本较以往的同类技术大幅降低，适用于大规模生产应用，可应用于任何可移动、携带或是穿戴的产品，包括智能手机、电动车等民用产品，可以为汉能开发全太阳能全动力汽车、商用无人机奠定坚实的技术基础，因此，汉能选择了这家公司。

双方在 2014 年 3 月已经开始合作，之后通过了美国政府的相关机构审查。同年 8 月 13 日，宣布收购完成。本次并购完成后，阿尔塔作为汉能全资子公司独立运营。目前，阿尔塔公司在美国的工厂已经开建，预计 2016 年 5 月份正式投产。

2015 年 1 月 27 日，汉能薄膜发电公布，向汉能控股收购阿尔塔全部已发行股本，作价为 1 500 万美元。

此次并购阿尔塔之后，汉能已经掌握了非晶硅-锗、非晶硅-纳米硅、铜铟镓硒、砷化镓四条全球领先的薄膜技术路线。汉能将充分利用现有资源，强化核心技术的优势整合，使汉能有能力为任何移动、可携带及可穿戴设备提供高效、稳定的薄膜发电电力供应。另外，汉能将继续保持国际、国内市场并重的发展战略，与阿尔塔一同开拓国际市场，增强与战略性大客户间的合作。

第八章　国际商务谈判礼仪

✓ 本章摘要

礼仪和礼节是人们自尊和尊重他人的生活规范，是对他人表示尊重的方式。同时，作为一种道德规范，礼仪和礼节也是人们文明程度的重要表现方式，它在一定程度上反映了一个国家、民族和个人的文明程度和道德水准。本章主要介绍了在国际商务谈判中谈判者应熟悉的礼仪与礼节，这是国际商务谈判工作者必备的基本素养。

✓ 本章关键词

礼仪　　礼节　　惯例

✓ 学习完本章，你需要掌握

- 国际贸易谈判中的各种礼仪惯例
- 各国商人交往中的日常礼仪惯例

✓ 引导案例

日本在战后短短的几十年中，经济迅速发展，跻身于世界经济强国之列，这与日本人特有的民族性和长期在经济发展过程中的实践是分不开的。中国企业面对这样一些“圆桌武士”，在上海著名的国际大厦，围绕进口农业加工机械设备进行了一场竞争与合作、进取与让步的谈判。中日双方在这一谈判中均谋略不凡，使这场谈判成为一个成功的范例。

谈判一开局，按照国际惯例，首先由卖方报价，日方首次报价为 1000 万日元。这一报价离实际卖价偏高许多，对此中方直截了当地指出，这个报价不能作为谈判的基础。日方见状便转移话题，介绍起产品的特点及其优良的质量，以迂回前进的方法支持已方的报价。中方主谈人员自然深谙谈判的这一手段，指出日方的产品绝非一家独有，价格过高，与国际行情不符，请日方重新报价。

第二轮谈判开始后，日方再次报价为 900 万日元，同时要求中方还盘。中方分析，日方报价中所含水分仍然不小，弹性很大。基于此，中方确定还盘价格为 752 万日元。日方立即回绝，认为这个价格很难成交。中方坚持与日方探讨了几次，但无果。于是，中方主谈人员使用了具有决定意义的一招，把中国外汇使用批文和 A 国、C 国愿意合作的电传递给了日方主谈。日方见后大为惊讶，他们坚持继续讨价还价的决心被摧毁了，陷入必须“竞卖”的困境：要么压价握手成交，要么谈判就此告吹。日方一时举棋不定，掂量再三，还是认为成交对己方有利，于是一场双赢谈判落下帷幕。

第一节 国际商务谈判礼仪惯例

在当今国际竞争日益激烈、国际商务活动日益频繁的背景下，企业交易的成败往往不仅取决于其产品、服务质量和价格水平，更取决于其对客户的态度如何，取决于其对国际商务礼仪的知识掌握得如何。如果你懂得国际商务礼仪惯例，了解对方的文化风俗，就能够赢得客户的尊重和欣赏，就能够达成交易。

在国际商务活动中，必须对有关惯例加以遵守。这些交往惯例，即涉外礼仪，是指涉外交往中必须遵守的国际惯例。

内外有别，指的是在运用国际商务礼仪时，对待自己人与对待国外客商是有所不同的。

中外有别，具体指在涉外交往中，必须意识到，中国人的思维意识、文化背景和风俗习惯与国外客商的所作所为是有差别的。

外外有别，是指不同的国家有不同的文化和风俗习惯，因而会有不同的做法，不能一概而论。

一、国际商务谈判的服饰礼仪

服饰是指人在服装上的装饰。穿着打扮是人类生存的基本要素，也是人体外在形象的重要组成部分。服饰是形成谈判者良好的个人形象的必备要素。

服饰功能包括自然功能和社会功能。自然功能是指服饰的自然属性，即人类出于保护自身的需要，要求服装能遮阳防雨、抵御寒冷等。社会功能是指在自然功能的基础上所产生的社会效益。民族、性别、习惯、年龄等差异使人们在服饰上也有很大区别。

在国际商务谈判中，服饰的颜色、样式及搭配合适与否，对谈判人员的精神面貌、带给对方的第一印象和感觉都将带来一定的影响。

（一）服饰要庄重、大方、优雅、得体

谈判者应根据自身的气质、体形特点选择适宜的着装，而凡是最适合自身特点的服饰，一定是最美和最优雅的。从服饰的样式来看，尽管世界各民族的服饰各有千秋、式样繁多，但男式西装和女式西式套装已成为谈判桌上普遍认可的着装。

在国际商务谈判的场合，谈判者应选择黑色、深蓝色、灰色和深褐色的单色服装，这些颜色会带给谈判对手稳重、成熟、严谨的可信任感觉，不遵守这一礼仪就会带来麻烦。1983 年 6 月，美国前总统里根出访欧洲四国，曾因其穿了一套格子西装而引起一场轩然大波，因为按照惯例，在比较重要的正式场合应着黑色礼服，以示庄重。

男式西装分为简易西装和精制西装两类，前者穿着要求比较随意，而后者穿着却有

一定的讲究。精制西装在穿着时应符合规定的制式：上衣、西装背心和长裤必须用同一种面料裁制，穿着时不可内套毛衣和外现其他内衣，不可卷袖和翻袖，应佩戴领带或领结，同时应配穿颜色款式协调的皮鞋，不可穿旅游鞋和运动鞋。

（二）服饰要符合身份、个性、体形

国际商务谈判工作者的穿衣打扮应具有一定的个性，要针对自己在谈判桌前的身份和自身的特点，包括性别、年龄、性格、职务等，确定服装的式样和色彩的搭配。

人的身材有高矮之分，体形有胖瘦之别，肤色有深浅之差。人的穿着应因人而异，扬长避短，藏拙显慧。换言之，体胖或身形高大者应选择冷色调，体瘦或矮小者宜选择暖色调，颈短者应选择低领装，瘦削者不宜选择过于宽大的服装。

（三）服饰颜色的选择

服饰的颜色不宜过于单调，而应在某一色调的基础上求得变化。配色不要太杂，一般不能超过三种颜色。

黑色象征庄重，黑色的西装配上白色的衬衫会给人潇洒大方的感觉。

白色象征纯洁、素雅和洁净，给人以端庄的感觉。

灰色象征文静、朴素、含蓄，给人以谦虚、平和的感觉。

咖啡色象征浑厚、高贵，给人以力量、尊严的感觉。

蓝色象征安静、理智，给人以愉悦、智慧的感觉。

（四）仪容要求

谈判人员的发型要经过修整，发式要大方得体，不可追求过分时尚华丽，发丝要保持清洁无头屑，不粘连。眼镜大小要不夸张，镜框要清洁，不可佩戴有镜链的眼镜，口腔要卫生，忌吃洋葱和大蒜，指甲要保持清洁，男士胡须应经常修整，在公众场合不可嚼口香糖。

（五）女性服饰

在国际商务谈判中，女性人员的表现往往对谈判结果起着意想不到的效果。因此，女性应在谈判中注意得体优雅的礼仪形象。

1. 着装

着装是女性在国际商务谈判中遇到的首要问题。在冬、春、秋季节进行谈判时，女性以着西装，特别是西装套裙为佳，但在一般性的会谈中，女性可穿着毛衣套装，外配风衣或大衣。在夏季，女性着装也应以西装套裙为主，但也可着连衣裙或长、短袖衬衫配西裙或西裤。

女装注意不可以暴露，不可以透明，不可以超短，也不要过长。内衣更不可以外现，吊带装不能出现在谈判桌前。穿裙装时吊袜带、袜口不能暴露在外，一定要穿长筒丝袜。袜子的色彩和纹路不可鲜艳夺目，不可穿网眼款式，一般以黑色、肉色、浅灰和无色为主，袜子不可走丝或残破。

在进行正式国际商务谈判时，女士所穿鞋帽需色泽款式协调，最好不穿凉鞋，特别是无后带凉鞋。

2. 首饰

首饰的佩戴是女性在国际商务谈判活动中遇到的另一重要问题。得体的首饰、化妆可以给人以优雅端庄的感觉，会赢得对方的尊重和赞赏。首饰的选择应注意以下几点：

（1）应尽量避免佩戴制作粗糙的首饰；

（2）首饰的款式不应夸张，以少为佳，画龙点睛；

（3）首饰色泽应与服饰协调，质地相同，色彩一致；

（4）合乎惯例：戒指佩戴在左手，一般只应佩戴一枚，手链可同时佩戴，但戴在右手说明主人未婚，如佩戴左手则说明名花有主；

（5）不可佩戴有特殊忌讳，特别是不能佩戴侵犯谈判对方民俗禁忌的首饰。

3. 化妆

适度的化妆是尊敬对方的表现，但在国际贸易活动中，化妆不宜过浓，粉饰不易过厚，口红不宜过艳，眼影不宜过深，尤其不可使用浓香型化妆品。

香水一般在四个部位使用：两手腕的脉动部位；下巴以下；耳根以后；裙装之内。在国际贸易谈判过程中，女性切忌在众人面前照镜子和补妆，这是不尊重他人的表现。

二、国际商务谈判双方馈赠礼品礼仪

谈判人员在相互交往中馈赠礼品，除表示友好、增进友谊和今后不断联络感情的愿望外，更主要的是表示对此次合作成功的祝贺和对再次合作的促进。因此，为表达心意针对不同对象选择礼品，就成为一门敏感性、寓意性很强的艺术。

选择礼品的主要依据是对方的习俗和文化素养。谈判人员的文化背景不同，偏好和要求就会有所差异。比如，通常包括美国、英国、加拿大、澳大利亚等国在内的西方国家的谈判人员是不在贸易活动中赠送礼品的，但是在日本，赠送礼物则是建立和保持业务关系的重要因素之一。因此，馈赠礼品需要注意以下问题：

（一）礼物价值不宜过高

礼物的价值不宜过高，但一定要特色鲜明。比如在美国，一般的贸易性礼物的价值通常在 25 美元左右，而亚洲、非洲、拉美和中东等国家的客商则往往比较看重礼物的货币价值。

（二）要注重对方的习俗和文化背景

谈判人员由于所属国家、地区间有较大差异，文化背景有所不同，爱好与要求必然存在差异。

在阿拉伯国家，伊斯兰教禁酒，不能以酒作为馈赠礼品；禁止偶像崇拜，最好不要赠送带有人像和动物画片的图书或年历。

在英国，人们普遍讨厌有送礼人单位或公司标记的礼品；白色的百合花象征死亡，菊花只用于葬礼，其他花可送人。

在意大利，赠送礼物的同时也在赠送快乐和愉悦，如塞满巧克力的糖桶，装潢精美的古典名著等，都是很好的选择。

在法国，康乃馨被认为是不祥的象征，只有在出席葬礼时才采用。

在日本，菊花是皇室专用花，普通人不得乱用；荷花是不祥之物，只在祭奠时才会出现。

在俄罗斯，给女主人只送红玫瑰，但数目不可为 3。我国一向以偶数表示吉祥，而日本人却以奇数表示吉祥，西方人忌讳 13 这个数，日本和韩国忌讳 4 这个数。因此，无论是赠送鲜花还是水果都应注意数字。

（三）礼物的选择

选择礼物时，既要尊重对方的风俗习惯和偏好，又要突出中国的民族特色，并有一定的纪念意义，比如传统工艺品。有时，过于贵重的礼物反而会给对方造成有求于对方，或产品本身可能存在缺陷的印象，结果会适得其反。

根据调查，外国客商大多喜欢我国以下礼品：

（1）景泰蓝礼品。景泰蓝是我国传统工艺的杰出代表，用它制作的纪念品种类繁多，受到外国朋友的普遍欢迎。

（2）玉佩。玉本身充满了神秘的东方色彩，我国的吉祥如意护身符更是如此。外国友人对玉的偏好以色泽温润、明光通透为佳，带有太极、八卦、汉字等图案的玉制品深受外国友人的喜爱。

（3）具有我国传统风格或印有汉字的服饰。这类礼品最受外国朋友，特别是受年轻朋友的偏爱。

（4）绣品。在我国各种刺绣礼品中，苏绣、湘绣受到普遍欢迎。

（5）水墨字画、竹制工艺品。

（四）礼物的包装

在选择好上述礼品后，要打好包装。在包装前，必须取下价格牌，否则是失礼的表现。这与我们有些国人在日常生活中的习惯是完全不同的，因为礼物价值过高，往往会产生贿赂的嫌疑，引起对方不必要的疑虑，从而对谈判结果带来不必要的负面影响。

（五）收受礼品的礼仪

除了要向对方赠送礼品表示友好之外，贸易谈判人员也会经常遇到对方向我方赠送礼品的情况。对于赠送的礼品是否能够接受，要做到心中有数，因为如果你接受了一件礼物，就容易失去对某些事物或进程的控制。国际商务谈判中，接受礼物必须符合国家和企业的有关规定和纪律。

国际商务谈判工作者必须牢记自己是企业、国家的代表，而不是个人行为。当对对方所送礼品不能接受时，应说明情况并致谢。除中日两国外，对欧美客商一定要当面亲自拆开礼品包装，并表示欣赏、真诚接受和道谢。受礼后的还礼可以是实物，一般为对方礼物价值的1/2。也可以在适当时候提及，表示“不忘”和再次感谢对方。

三、国际商务谈判中的迎送礼仪

迎来送往是常见的社交活动。在谈判中，对前来参加谈判的人员，要视其身份和地位以及谈判的性质和双方的关系等，综合考虑安排。对方应邀谈判人员抵达和离开时，要安排相应身份的人员前往迎送。迎送礼仪方面的要求是：

1. 确定迎送规格

迎送规格依据前来谈判人员的身份和目的确定，适当考虑双方的关系，同时应注意惯例。主要迎送人的身份和地位通常都要与来者相距不大，以对口、对等为宜。当事人因故不能出面，可灵活变通，由职位相当人士或副职代替，但须向对方作出解释。通常，迎送人员不宜过多。有时，从发展双方关系或其他需要出发，破格接待也是可以的，但若非有特殊需要，一般都按常规办理。

2. 掌握抵达和离开的时间

必须准确掌握对方谈判人员乘坐的交通工具抵达和离开的时间，尽早通知有关单位和全体迎送人员。如有变化，及时告知。做到既顺利接送来客，又不过多耽误迎送人员的时间。迎接时，应在来客抵达之前等候；送行时，应在客人登机（车、船）前到。

3. 介绍

通常先将前来欢迎的人员介绍给来客，可由工作人员或欢迎人员中身份较高者介绍。由于客人初到，常会比较拘谨，所以主人宜主动与客人寒暄。

4. 陪车

应请客人坐在主人的右侧。如有翻译，请其坐在司机旁边。上车时，最好请客人从右侧车门上车，主人从左侧车门上车，避免客人从膝前穿过。如果客人先上车坐到了主人的位置上，切忌不要让客人再移位。

5. 其他

（1）迎送身份高的客人，事先在迎送地安排贵宾休息室，准备饮料。

（2）指派专人协助办理出入境手续及票务、行李托运等手续。及时把客人的行李送往住地，以便其更衣。

（3）客人抵达住地后，一般不要马上安排活动，应稍作休息，起码给对方留下沐浴更衣时间。只谈翌日计划，以后的日程安排择时再谈。

（4）多头接待要做好协调工作，规格要相差不大，活动不能重复，更不能脱节。

四、国际商务谈判的签约礼仪

签约仪式虽然往往时间不长，也不像举办宴会那样涉及许多方面的工作，但由于牵涉各方关系，同时往往是谈判成功的标志，有时甚至是历史转折的里程碑，因此，一定要认真筹办，一丝不苟。

（一）人员确定

签字人应视文件的性质由缔约各方确定，双方签约人的身份应大体相当。

出席签字仪式的人员，应基本上是参加谈判的全体人员。如果因某种需要一方要求让某些未参加会谈的人员出席，另一方应予以同意。双方出席人数应大体相等。

（二）必要的准备工作

首先是签字文本的准备，有关单位应及早做好文本的定稿、翻译、校对、印刷、装订、盖火漆印等项工作，同时准备好签约使用的文具、国旗等物品。

（三）签字厅的布置

由于签字的种类不同，各国的风俗习惯不同，因而签约仪式的安排和签字厅的布置也各不相同。

在我国，一般在签字厅内设置长方桌一张作为签字桌。桌面覆盖深绿色台呢，桌后放置两把椅子，作为双方签字人的座位，面对正门主左客右。座前摆放各自的文本，文本上端分别放置签字的工具。签字桌中央要摆放一个悬挂双方各自国家国旗的旗架。

（四）签字仪式的程序

双方参加签字仪式的人员进入签字厅后，签字人入座，其他人员分主方和客方按身份顺序排列于各方的签字人员座位之后。双方的助签人员分别站立在各自签字人员的外侧，协助翻揭文本及指明签字处。在签完本国本企业保存的文本后，由助签人员互相传递文本，再在对方保存的文本上签字，然后由双方签字人交换文本，相互握手。有时签字后，备有香槟酒，共同举杯庆贺。

第二节　日常交往礼仪

在国际商务谈判中，除了发扬我国优良的文化传统外，还应该在日常交往中注意尊重各国的风俗习惯，了解他们的不同做法。

一、日常交往习俗

1. 守时守约

（1）先期约定。

A. 掌握约定的时间。预约的前提是要尊重对方的选择，在此前提下，再商定到访的具体时间。作为客人，对主人提出的具体时间，应予以优先考虑；客人提出方案时，最好多提供几种方案供主人选择。

B. 了解约定人数。预约时，宾主双方应事先通报各自到场的具体人数及其身份，竭力避免自己一方中出现令对方反感的人物。双方人员已经约定，就不能随意变动。尤其是客人一方，一定不能随意增加拜访人数，否则会令主人应接不暇，打乱主人的安排和计划。

（2）依约而行。对已有约定，一定要认真遵守。在国际商务交往中，如果和交往对象已经有约定，那就一定要如约而行，如约而至，信守承诺。既不要早到，让对方措手不及，也不要迟到，让对方等待。如有特殊原因需要变更约定，要尽早通知对方，并向对方致歉。

2. 热情有度

所谓热情有度，是指既要对别人热情，又要遵守一个界限，这个界限就是不能妨碍别人，影响别人，甚至给别人带来麻烦。

（1）关心有度。关心他人比关心自己为重是中华民族的传统美德，但是绝不能关心不该自己关心的事，要尊重他人的隐私。

（2）谦虚有度。在国际交往中，适当的谦虚是必要的，也是令人尊敬的。但是在那些推崇个性、强调自我表现的民族和国家面前，一定要意识到过分的谦虚会被对方误会，这就是谦虚要把握好度的含义。在许多国外客商看来，过分的谦虚往往是不必要的，过分的谦虚是没有实力或虚伪做作的表现。

（3）距离有度。所谓距离有度，是指与交往对象之间要保持适当的空间距离。这些空间距离在国际商务谈判活动中表现为私人距离、常规距离、礼仪距离和公共距离。

A. 私人距离。私人距离指的是小于半米的距离，以及身体之间无穷接近的距离。显而易见，私人距离的适用对象是亲朋好友之间、家人之间、夫妻和恋人之间，以及需要扶老携幼之人。私人距离又称亲密距离，在涉外交往中私人距离一般是不可以使用的。

B. 常规距离。常规距离是指半米到 1 米之间的距离。这种距离是在人际交往中，或站或行时所允许保持的最为正规的距离，所以常规距离也称交际距离。

C. 礼仪距离。礼仪距离又叫尊重的距离，是指 1 米到 1.2 米之间的距离。这样的距离中，自己的动作不会触碰到别人，自己的飞沫不会喷到别人的脸上，另外也是尊重他人私人活动空间的表示。但必须注意的是，不同国家民族的人对礼仪距离的理解是有差别的，比如中东国家的客商表示信任或友好时，他们的礼仪距离大大小于其他国家商人的概念。

D. 公共距离。公共距离是在大庭广众之下与外人相处时的一种距离。如果是谈判对手之间，通常较为自由，在 1 米到 1.5 米之间。如果是公共场所，陌生人相处一般为 1.5 米以上。

3. 女士优先

在国际社会，女士优先是一种交际惯例。所谓女士优先，是指在社交场合，一个有教养的成年男士应该以自己的言行尊重、照顾、保护、关心、体谅女性，这是一个男士最基本的教养。具体要求包括：

（1）进门出门时，男士要为女士开门；

（2）在女士面前有教养的男士是不可以吸烟的；

（3）当女士落座或起立时，男士要为女士拉起凳子，或者推近椅子；
（4）当女士在衣帽间更换外衣外套时，在场男士应予以协助；
（5）当女士在室外行走时，如果手提笨重物品，男士要上前主动提供帮助；
（6）当女士遭遇尴尬和难堪时，男士应主动上前排忧解难。

二、见面时的礼仪

（一）介绍

介绍时要有礼貌地以手示意，而不要用手指点人。要介绍清楚姓名、身份、来自国家和企业的名称。国际商务谈判中，一般由双方主谈人或主要负责人相互介绍各自的组成人员。

介绍的顺序应注意遵循以下原则：

（1）先把年轻的介绍给年长的。

（2）先把职位和身份较低的介绍给职位和身份较高的。

（3）先把男性介绍给女性，即使女性非常年轻或刚参加工作也是如此（这项规则与我国文化中的传统习惯有明显差异）。

（4）先把客人引荐给主人。要注意，在人数较多的场合，主人应对所有的客人一一认识，谈判中这一点非常重要。另外，对于远道而来又是初次见面的客人，介绍人应准确无误地把客人介绍给主人。如果作为客人未被介绍人发现，最好能礼貌而又巧妙地找他人来向主人引荐，必要时毛遂自荐也不失礼。

（5）先把个人介绍给团体，然后介绍团体的成员。介绍时，除妇女和年长者外，一般都应起立；但在宴席和会谈桌上不必起立。被介绍人要微笑点头表示礼貌。

（二）握手

握手的时间长短要适宜，一般为三秒钟左右。

握手的力量要适度，男性与女性握手时，往往只握其手指即可。

握手时，必须面带笑容注视对方，切忌目光左顾右盼。

女性与他人握手时应先脱去手套（如果佩戴手套的话），但地位身份较高者例外；男性则必须脱去手套才能与他人握手。

握手要注意先后顺序。上下级之间，上级伸手后，下级才能伸手相握；男女之间，女士伸手后，男士才能伸手；主人与客人之间，主人应先伸手，客人再伸手相握；许多人握手时注意不能交叉，待别人握手完毕后自己再伸手；与某人握手时，不要看着第三者，这是很不礼貌的表现。

要注意的是，握手并非全球通用的礼节。例如，在东南亚一些佛教国家是双手合十致敬；在日本、韩国是鞠躬行礼；美国人只有被第三者介绍时才行握手礼；东欧一些国家的见面礼是相互拥抱。

（三）致意

如果遇到谈判双方或多方之间相距较远，一般可举右手打招呼并点头致意；与相识者侧身而过时，应说声“你好”；与相识者在同一场合多次会面时，只点头致意即可；与一面之交或不大相识的人在谈判场合会面时，均可点头或微笑致意；如果遇到身份高的熟人，一般不要径直去问候，而是在对方应酬活动告一段落后，再前去问候致意。

三、交谈时的礼仪

（一）称呼

正式介绍时，应使用对方的尊称和对方的姓名。称呼对方姓名时，应注意自己的发音。如不知对方姓名如何发音时，可直接向对方请教，否则，如果每次都把对方姓名读错，是非常不礼貌的。

（二）名片交换

在不同国家，名片交换的重要程度不同。国际商务谈判中，应根据有关国家的礼仪来决定名片如何交换。当然，无论采用何种方法，名片的交换都是有利于加深双方的了解的。

在设计和交换名片时，应注意以下几点：

1. 设计有两种语言的名片

设计一面是中文另一方面是英文或东道主国家语言的名片。在名片上，应标有职务和头衔，这种头衔有利于对方给你以恰当的礼遇。头衔在许多国家是非常重要的。

2. 把名片放在自己口袋里或公文包内，以便随时取用

名片应保持完整无损，并放在一个精致的名片盒或袋内。同时，要带够足够的名片，因为有时可能见面人数较多，交换名片时必须保证每人一张，少了是比较尴尬和狼狈的。

3. 了解递交名片的场所与时机

在美国和澳大利亚，交换名片比较随意，有时甚至不需要交换。但在有些国家，交换名片则显得比较正式隆重。

在日本，交换名片是在鞠躬和自我介绍后进行的，客人先递交名片。如果你是被介绍者，则递交名片必须在被介绍之后进行。

在阿拉伯国家，名片交换一般是在会面后进行，有时也在握手时交换名片。

在葡萄牙，名片交换是在见面后立即进行。

在丹麦，名片交换是在见面开始时进行。

在荷兰和意大利，通常是在第一次见面时递交名片。

在社交活动场合，不宜递交名片或要求赠送名片。

4. 熟悉递交名片的方式

递交名片时，应把英文或东道国国家文字的那一面朝上，把中文的那一面朝下。

在中东、东南亚和非洲国家，应用右手递交名片。

在日本和新加坡，应用双手递交名片。

5. 懂得如何接受名片

当接到名片时，应说一声“谢谢”或点头微笑，同时对名片加以研究，切记不能玩弄名片。在认真阅读后，郑重地将名片放入自己的名片盒内或夹到文件上，不要在接到名片后一眼未看，就随便放入口袋中，这是十分失礼的。

如参加会谈时接到的名片较多，可将名片在桌上摊开，并将名片与人对号，会谈结束时再将名片收起放好。

（三）谈话与举止

1. 表情自然

不要离对方太近或太远，不要拉拉扯扯、拍拍打打。

2. 手势适当

手势要文明，幅度要合适，动作不要过大。不要用手指指人或拿着笔、尺子等物指人。

3. 参加别人谈话要先打招呼

别人在个别谈话时，不要凑近旁听。若有事需要与某人交谈时，要等别人谈完。有人主动和自己交谈时应乐于交谈，第三者参与交谈时，应以点头或微笑表示欢迎。谈话中遇有急事需处理或需离开时，应向对方表示歉意。

4. 人多时与所有人交谈

交谈现场超过三个人时，应不时地与在场所有人交谈几句，不要只和一两个人说话，而不理会其他人；所谈问题不宜让别人知道时，则应另选场合。

（四）自己在讲话的同时给别人说话的机会

自己讲话时要给别人发表意见的机会；别人讲话时也应寻找机会适时地发表自己的看法；善于聆听别人的讲话，不要轻易地打断对方的发言；一般不谈与话题无关的内容，如对方谈到一些不便谈论的问题，不要轻易地表态，可转移话题；对方发言时，不应左顾右盼，心不在焉，或注视别处，显出不耐烦的样子；不要做看手表、伸懒腰、玩东西等漫不经心的动作。

（五）谈话内容

谈话的内容不要涉及疾病、死亡等不愉快的事情，不要谈荒诞离奇、耸人听闻、黄色淫秽的事情。

（六）不询问

不问女士的年龄、婚姻状况；不问对方履历、工资、财产、衣饰价格等；不对别人评头品足，不讽刺别人，也不要随便谈论宗教问题。

（七）男士与女士交谈

男士一般不参加女士圈的讨论，也不要与女士无休止地交谈而引人反感；与女士交谈时要谦让、谨慎；不随便开玩笑；争论问题要有节制。

（八）交谈时的距离

距离的定义是既要尊重他人，又要听清话语。一般说来，美国人、亚洲人与人交谈时的距离稍远，中东地区的人的交谈距离较近，其他欧洲国家客商与人交谈距离居中。

四、宴请和赴宴的礼仪

（一）宴请礼仪

各个国家和民族都有自己的特点和习俗，采用何种宴请方式常根据活动目的、邀请对象及经费开支等因素决定。

1. 确定宴请方式

可以选择正式宴会、便宴、家宴和工作餐等形式，选择时主要依据时间、费用、交易重要程度等因素。

2. 确定邀请名义和对象

确定邀请对象的主要依据是主、客双方的身份，主、客身份应对等。身份低的人，邀请对方高级人士是不礼貌的；身份高的人邀请身份低的人，也是没有必要的，属于规格过高。日常交往小型宴请，可根据具体情况以个人名义或夫妇名义出面邀请。

3. 确定邀请范围

确定邀请的人员、级别、人数和主人一方何人作陪。要多方面考虑，比如宴请的性质、主宾的身份、国际惯例、对方招待我方的做法或政治气候等。

4. 宴请的时间和地点的选择

宴请时间应对主客双方都合适。注意不要选择对方的重大假日、有关重大活动或有禁忌日的时间。小型宴请应首先征询主宾的意见，最好向其口头询问，也可用电话联系。主宾同意后，时间即被认为是最后确定，可按此邀请其他来宾。注意不要在客人住的宾馆招待设宴。

各种宴请活动一般均发请柬，工作餐可不发。选菜不是依据主人的爱好，而是主要考虑主宾的喜好与禁忌。比如，伊斯兰教徒用清真席，印度教徒不能用牛肉，佛教和一些宗教人士吃素，也有因身体原因不能吃特定食品的，应事先询问并注意。切忌以我方认为的价格越高的菜就越好，如海参，很多国外客商极不喜欢。事实上，特色食品招待更受客人欢迎。但是，无论哪一种宴请，最好事先开列菜单，征求主宾的同意。宴请不求豪华，以温暖、愉快、民族特色鲜明为上。

宴请要排好桌次和座次。国际上的习惯是，以离主桌位置远近决定桌次高低，同一桌上，以离主人的座位远近决定座位高低，右高左低。

（二）参加宴请的礼仪

1. 应邀

接到邀请后，能否出席要尽早答复，以便对方妥善安排。接受邀请后，不要随意改动，万一非改不可，尤其是主宾，应尽早向主人解释、道歉。

2. 出席时间

迟到、早退、逗留时间过短是失礼行为。主要的、身份高的客人可略晚一些到达，一般以迟到 5 分钟左右为宜。一般客人应略早到达，一般提前二三分钟。主宾退席后，其他客人再陆续告辞。

3. 入座

要清楚自己的桌次和座位，不可随意乱坐。

4. 进餐

入座后，主人招呼，即可开始进餐。用餐时，身体与餐桌之间要保持适当的距离，以方便取食物和不影响邻座；进餐时，应尽量避免打喷嚏、长咳、打哈欠等，实在无法抑制时，应用餐巾纸掩住口鼻。

5. 交谈

无论是做主人、陪客或宾客，都应注意与同桌的人交谈，特别是左右邻座，应相互介绍认识并作简略交谈，不要冷落其中的任何人。

6. 饮酒

在主人和主宾敬酒、致词时，应暂停进餐，停止交谈，注意倾听，并向主人或主宾行注目礼。参加宴请时，可适当饮酒，饮酒量要控制在自己酒量的 1/3 以内，饮酒过量或勉强他人饮酒都是失礼的行为，一定要避免。

7. 喝茶、咖啡

喝茶或咖啡时，要用左手端起茶碟或咖啡碟，右手端杯，不要使用搅拌用的茶匙把茶或咖啡放入口中。

8. 吃水果

水果一般会去皮切块，要用叉子或牙签取食。

案例应用

上海电气集团的谈判策略

从 1999 年开始，上海电气集团旗下的光华印刷机械公司每年都从销售收入中拿出 5%～10% 的资金用于技术研发，两三年后，光华成为国内的技术领先者，然而，同国外竞争对手比，光华的技术仍然落后 20 年。“凡事预则立”，上海电器一直在努力探索掌握世界先进技术的其他途径。

“以收购买技术”成了新的技术引进思路。为了搜寻合适的收购目标，1999 年，上海电气下属的上海斯迈克有限公司总经理陈大雄奉命赴日本开设了一家贸易公司，一边做贸易，一边融入日本主流企业，收集情报。被上海电气集团公派到日本研修一年半，又在中国驻日本大使馆工作四年的陈大雄，可以说是个“日本通”。原来他以英语见长，在日本待长了，又“日语居上”，由于一直在搞技术、经济工作，他对国内外市场行情非常了解。适逢日本经济泡沫破裂，当地的贸易商朋友提供了一长串濒临倒闭的企业名单供陈大雄选择，秋山就在其中。

2001 年 3 月，日本老牌印刷机制造企业秋山公司向日本有关方面提出破产清偿申请。在世界印刷机生产领域有 6 家企业具有国际领先水平，其中只有秋山印刷机制造株式会社不是跨国企业，但秋山拥有国际一流水平的核心技术和国际一流品牌的产品。获知这个消息后，上海电气集团有关领导立即组织有关专家展开收购论证。

当时，集团内部反对之声异常强烈。收购时，日方要求由日本公司或者欧美公司来收购，而且要求是机械的制造商。

通过积极的调查与论证，电器集团认为，秋山的两代经营者都是技术专家、研发内行，但不善管理和营销，成本大幅上升，导致产品价高，销售困难，再加上市场萎缩，资金出现困难才被迫申请破产。而中国是世界上最大的市场，凭借光华公司国内的销售网络，再加上秋山的技术实力，强强联合，优势互补，应该能诞生一个强者。电气集团认为，这是实现技术突破的一个千载难逢的好机会，确立了收购意向，但能否顺利操作，仍是个未知数。

与此同时，包括海德堡和国内另外一家胶印机生产企业在内的一些公司也对收购秋山表示了兴趣。

上海电气集团和香港晨兴投资集团很快达成了共同收购的意向。二者的合作并没有明确的分工，却可以优势互补，符合日方要求的收购标准。国有企业进行跨国并购手续比较复杂，与晨兴进行合作，收购方可以引入港资背景，吸取其在收购方面的经验。而作为中国机电制造业中坚的上海电气集团在报批程序、项目论证和收购后企业运作的操作中具有优势。

按照日本法律的规定，秋山在 9 月 25 日集资，电气集团必须要有一个最终明确的态度：收还是不收。当确立收购方案后，距离 9 月 25 日只剩下 14 天的时间，作为一家国有企业，作出收购还是不收购的决定之前，必须要报经上海市经委、外经委等多个政府部门层层批准。

由于相关部门的积极配合与支持，上海市所有政府部门完成审核并最终同意光华公司海外并购方案，所花的时间只有短短的一个星期。

2002 年 5 月，上海电气集团与晨兴集团联手，拔得头筹，以 50%：50% 的出资比例共出资 900 万美元成功收购了秋山印刷机制造株式会社。

据业内人士介绍，日本人研制开发的具有国际一流水平的高速全色胶印双面印刷机制造核心技术，是中国人收购过来的企业的专利技术，原来在印刷机制造领域，中国落后于国际先进技术水平达 15 至 18 年，现在中国一蹴而就跨入国际先进行列，并且，中国在印刷机制造领域还将继续动态地拥有着与国际领先水平同步的先进技术。

中方在收购后成立新公司“秋山国际株式会社”，接受了包括技术、专利、设备、土地、厂房、市场网络在内的几乎全部有效资产，并保留了原企业大部分员工，其中包括50多名熟练技术人员。电气集团向其派驻两位经营者，还有三个中国派出留学的博士生和硕士生，日本员工有150多人，日本人占企业员工总数的99%。

虽然日本有规定，破产企业的经营者不能再担当企业管理者，但中方仍然聘请秋山公司原经营者小岛先生担任技术顾问。中方经营者在降低产品成本、加强企业管理、开拓市场等方面有专长，而小岛先生和50多位日方熟练技术人员在技术方面有专长，这样中日双方形成了“专长互补”，通过大幅度降低产品成本，全方位开拓欧美和亚洲市场，企业很快走出了低谷。

按照日本财务年度计算，秋山国际株式会社被购并后已连续两年扭亏为盈，税后利润分别为70多万美元和84万美元，投资回报率分别达到8%和10%。

这是中国国有资本收购兼并日本企业的第一个案例，可谓“开门红”，引起了日本国内媒体的强烈关注。日本官方的《2003年产业白皮书》将这个规模不大的收购引为典型外资收购案例。

2004年，上海电气又相继收购了日本老牌机床厂池贝、德国著名车床企业沃伦贝格——和秋山面对相似问题的技术胜利者兼市场失败者。只有合脚的鞋，才会买第二次、第三次……上海电气现在的战略，无疑是对成功并购秋山一事最好的赞语。

请分析上述案例，并回答以下问题：

1. 在上述谈判中，导致上海电气获得谈判成功的关键因素有哪些？
2. 在谈判前，上海电气做了哪些准备工作？
3. 上海电气采用了何种谈判策略？

复习思考题

1. 国际商务礼仪包括的主要内容有哪些？
2. 在不同的国家人与人之间的交谈距离有哪些特点？
3. 男士穿着精致西装时应注意哪些细节？
4. 女士出席商务谈判时的化妆应注意哪些问题？
5. 握手顺序有哪些忌讳？

阅读专栏

诺华葛兰素史克业务大洗牌

2014年4月22日，瑞士制药商诺华（Novartis）与英国制药企业葛兰素史克（GSK）各自在官网挂出业务交易方案：葛兰素史克将其肿瘤事业部以160亿美元整体出售给诺华；与此同时，葛兰素史克收购诺华除流感疫苗外的全球疫苗业务，交易作价71亿美元。此外，诺华与葛兰素史克成立合资公司，将各自的消费者保健类产品，包括 OTC 药品、日化消费品等放入这个新公司，新公司将成为仅次于强生的全球第二大保健消费品企业。

诺华集团，瑞士著名药企之一，总部设在瑞士巴塞尔，拥有多元化的业务组合，涵盖创新专利药、眼科保健、非专利药、消费者保健和疫苗及诊断等多个领域。2014 年，集团净销售额达 580 亿美元。

葛兰素史克，英国著名药企之一，葛兰素史克公司在抗感染、中枢神经系统、呼吸和胃肠道、代谢四大医疗领域代表当今世界的最高水平，在疫苗领域也雄居行业榜首，在 2013 年世界五百强《财富》排行榜位列第 253 位。

葛兰素史克发布的 2013 年第四季度和全年财报显示，该公司 2013 年全球营收同比仅增长了 1% 至 424 亿美元，尤其是葛兰素史克在华业务仍在下滑。除业绩下滑外，葛兰素史克最近一年也负面事件缠身。继 2013 年在中国被曝光医药行贿事件后，最近在波兰、约旦和黎巴嫩分公司也被曝光医药行贿事件。诺华制药业绩也并不理想，2013 年的销售额为 579.2 亿美元，仅比 2012 年增加了 2%。诺华在肿瘤领域的市场销量排名将从 2013 年第二位下降至 2018 年的第四位；而葛兰素史克，期望通过获取诺华新批准的脑膜炎疫苗 Bexsero 来保持地位，避免被赛诺菲超越。

2013 年以来，诺华实施了促进公司业务重组的其他战略交易。2014 年 1 月，诺华以 17 亿美元的价格完成了将其输血诊断部门出售给 Grifols S. A. 的交易。

2014 年 10 月，诺华宣布同意以 2.75 亿美元的价格将其流感疫苗业务出售给 CSL 公司。该交易预计将于 2015 年年底完成。

2015 年 1 月，诺华完成了以约 54 亿美元的价格将其动物保健业务出售给礼来制药的交易。该交易将使诺华集团在 2015 年第一季度获得一笔约 47 亿美元的额外税前收益。

1. 收购葛兰素史克肿瘤产品

诺华集团以总计 160 亿美元的现金对价收购了葛兰素史克的肿瘤产品，包括两个研发产品线。该金额中的 15 亿美元将取决于特定的研发进度。

2. 诺华非处方药部门和葛兰素史克消费者医疗保健部共同组建合资公司

诺华集团现持有诺华非处方药部门和葛兰素史克消费者医疗保健部共同组建的合资公司 36.5% 的股权。对于合资公司的投资将按权益会计法进行核算，并在报表中体现为源自成员公司的收入。诺华集团还持有合资公司董事会 11 个席位中的 4 个。此外，诺华集团还享有特定的少数派股东权利与退出权，其中后者将按照事先议定的、基于市场的定价机制予以执行。

3. 向葛兰素史克出售非流感类疫苗业务

诺华集团已向葛兰素史克出售其疫苗业务（不包括流感疫苗业务），成交价为 71 亿美元另加使用费。71 亿美元的成交价中，52.5 亿美元在交易缔结之时支付完成，其余的 18 亿美元将于日后分批次支付。

此次资产置换计划，诺华与葛兰素史克实际上均是舍去弱势部门，补充强势领域产品线。在诺华的体系内，肿瘤领域是最受重视的，这个部门的经营是可以直接向最高层直接汇报的，在这个领域，即便葛兰素史克没有重磅肿瘤产品，诺华通过收购也可以获得一些小的品种与具有潜力的在研产品，在营销上能降低每个品种的成本。而在国际上五大疫苗厂商中，诺华的实力相对较弱，该块业务也常出现亏损情况。葛兰素史克公司认为，这项交易预计将增加公司年营业收入 20.8 亿到 416 亿美元，这些收入包括制药拆分 62%、消费者保健 24%、疫苗 14%。而该项交易也将为葛兰素史克公司每年节省 160 亿美元。而礼来在全球宠物保健领域将从第五跃居第三，在各项家畜产品方面都将是前二或前三，并预计交易完成后的前三年可每年节省成本 2 亿美元。

第九章　国际商务谈判的风格

✓ 本章摘要

在国际商务谈判中，由于谈判的场合、地点以及人员的不同，每位谈判人员和每个谈判团队都应该选择一个有利于达到目标的谈判风格。同一种风格不一定在每一个场合都有效，也不是每种场合都适合各种风格。谈判人员和团队应该随着场合及对方实力的不同而灵活地改变自己的风格。

✓ 本章关键词

个人谈判风格　　团队谈判风格

✓ 学习完本章，你需要掌握

- 个人和团队谈判风格的类型
- 应对不同风格谈判对手的策略

✓ 引导案例

2012 年 7 月，以德国 SolarWorld 为代表的欧盟光伏电池产业向欧盟委员会正式提交了对中国光伏产品进行反倾销立案调查的申请。

2012 年 9 月 6 日，欧盟委员会宣布对中国光伏产品发起反倾销调查。该案成为中欧双方迄今为止最大的一桩贸易纠纷，全球能源界为此一片哗然。

2012 年 11 月 8 日，欧盟委员会发布公告，对中国光伏产品发起反补贴调查。

2013 年 5 月 8 日，欧盟委员会同意对中国光伏产品征收临时性惩罚关税，并于 6 月 6 日生效。这一结果仍待欧盟各成员国表决。

2013 年 5 月 24 日，国务院总理李克强表示，中国一贯主张通过对话磋商解决贸易摩擦问题，希望欧盟维护贸易自由化原则；5 月 26 日，在与德国总理默克尔会谈时，李克强总理表示，欧盟对中国光伏等产品进行的“双反”调查损人不利己，中方坚决反对；6 月 3 日，李克强总理应约同欧盟委员会主席巴罗佐通话，他表示，如果欧方执意采取制裁，中方必然要进行反制。

2013 年 6 月 4 日，欧盟委员会公布对中国光伏产品反倾销调查初裁结果，决定对产自中国的光伏产品征收反倾销税。从 6 月 6 日起对产自中国的光伏产品征收 11.8% 的临时反倾销税，如果双方未能在 8 月 6 日前达成妥协方案，届时反倾销税率将升至47.6%。

中欧光伏贸易争端升级。2013年6月5日，商务部表示，中方坚决反对欧方不公正的征税措施。此外，中国政府已启动对欧盟葡萄酒的“双反”调查程序，被外界称之为“报复性”的反制措施。业界担忧中欧贸易战就此开打。

此后，中欧展开了新一轮光伏双反争端谈判。

2013年7月15日，中国政府出台《关于促进光伏产业健康发展的若干意见》，以此扩大国内光伏市场需求，降低中欧光伏贸易争端对中国光伏产业的负面影响。

2013年7月27日，中国机电产品进出口商会发表声明，称经过艰苦的磋商谈判，中国业界与欧方就光伏产品贸易争端达成价格承诺安排。同日，欧盟委员会贸易委员德古赫特宣布，经过谈判，中国与欧盟就光伏贸易争端已达成“友好”解决方案，该方案近期将提交欧委会批准。这一谈判结果对于中欧双方意义重大。

按照程序，上述谈判完成后，欧方将不再从8月6日起启动平均税率为47.6%的反倾销税。

自此，这场全球涉案金额最大的贸易争端得以“友好”解决。中国光伏产品将继续对欧盟出口，并保持合理市场份额。

第一节　个人风格

每个谈判人员都有自己的谈判风格。这取决于其文化背景或职业责任，或者由讨论的背景决定，抑或由谈判人员对一次性合作或长期的多次可重复性合作的偏好决定。本节将介绍不同的个人谈判风格及其应用。需要注意的一点是，不会有人在谈判中只采用其中的一种风格，往往谈判人员将根据具体情况把各种风格结合起来。当然，很少有人会选择与他们个性相对立的风格。

本节就是为了使谈判人员能够通过对不同风格的了解来选择最适宜他们性格的一种谈判风格或使他们进行有效的风格组合。

一、常见的谈判风格类型

应该承认，很难将谈判场上谈判人员的风格一一廓清。但对国际商务谈判实务中典型的、最常见的谈判风格却不难有个明晰的了解。纵观中外有关谈判研究的书籍或文章，专家们谈得较多的谈判风格有以下六种。

1. 领导型的风格

领导型的谈判风格，系指谈判人员在谈判中习惯处在主动操纵谈判的位置。这种风格也叫主宰型或权力型风格。

在表现上，一般自负自信，自以为是，有的还趾高气扬，甚至仗势欺人。

这种谈判风格的谈判人员比较注重外表的修饰，以显示身价和地位并营造一种领导的风度，其表现不分场合，为主时，为客时，均以主自居；逆境时，顺境时，还是以主而居。

2. 跟随型的风格

跟随型的谈判风格，系指谈判人员在谈判中惯于随动的谈判位置。这种风格也叫被动型谈判风格。

在表现上，一般显得谦虚、圆滑，不会自以为是，更不会趾高气扬。喜欢调动对手的积极性，自己择优跟随。这种谈判人员注重自己外表的稳重，不论为主时，为客时，也不论谈判顺利时，还是僵持、困难时，均会以随和的态度处之。

3. 进攻型的风格

进攻型的谈判风格，系指谈判人员在谈判中惯于主动向对方发起攻击，以求谈判成果的做法，或者说，惯于处在主动向对手攻击的位置。这种风格也叫挑剔型风格，这是由于谈判中的进攻就是挑出对手的毛病之故而得名。

在表现上，坚决、急切、毫不留情且永不满足，大有“顺之者昌，逆之者亡”之势。这种谈判人员不过于注重外表的修饰，而重实力与实利。不论在为主、还是为客时，也不论谈判逆顺，主要考虑对对手的挑剔，而对自己的反省，仅在对手让利之后。

4. 防守型的风格

防守型的谈判风格，系指谈判人员在谈判中惯于处于以守为攻的位置。因为防守的成功需要顽强的谈判，故这种风格亦称顽强型风格。持这种风格的谈判人员在谈判时谨慎严谨，意志坚强，善于诡辩。设防需缜密，否则就要“溃堤”；要守则需坚决、有耐性；防守之盾为理由、为说辞，常有理，常有词，有时需调用诡辩术。

防守型谈判人员不太注重外表的修饰，对自己的弱点或对手的理由较为关注。

5. 闪电型的风格

闪电型的谈判风格，系指谈判人员在谈判中惯于采用快速进攻或结束谈判的手法。因其表现为快速，故亦称快速型谈判风格。这类谈判人员在谈判中多取简捷、开门见山、出手果断的谈判态度。

这类谈判人员不过于考虑外在的繁文缛节，把注意力全然放在对方与己方阶段的及最终的出手交易条件上，不论在主座还是客座谈判，也不论谈判是否顺利，始终把谈判目标放在第一位。

6. 太极型的风格

太极型的谈判风格，系指谈判人员在谈判中惯于软硬兼施、刚柔结合。由于阳刚与阴柔兼蓄，如太极之合，故称该型为太极型，也可称之刚柔兼济型。这种风格的谈判人员在谈判中能进能退，不急不躁。动则坚决，静则温和，实话实说，好则说好，坏则说坏，取平和之心，创亲和之势，克对手愠怒于初，促对手逐利向前。

一般来说，太极型的谈判人员为主时，多后发制人，以礼在先，渐入实质；为客时，善于随机应变，顺势进退；谈判顺利时，会刚多于柔；谈判艰巨时，则柔多于刚。

二、各种谈判风格的利弊

从上述分析中，不难看到各种典型风格的特征，以及这些特征对谈判的影响。由于风格是谈判人员的组织手法，又是谈判人员个性的标记，因此它具有两面性——积极性与消极性。只有正确将这两面性分析透，才能有效运用不同的谈判风格。

1. 领导型的风格

其利在于：对谈判拥有支配性，从而获得主动的谈判地位，同时会创造一种心理压力，使对手无形中自觉“为臣”，削弱了谈判斗志。再者，还可以使谈判以我为中心，使谈判组织更有效，费用更低。

其弊在于：必须真正拥有物质上的实力——谈判条件变化余地大，主谈人组织能力强。此外，处于主宰地位时，还应把握好“度”——不伤对手的自尊，从而避免可能激起的对抗。

2. 跟随型的风格

其利在于：易于侦察对手的情况，给自己留有的谈判余地较大。在跟随的过程中也便于给自己储备谈判的能量——进攻的理由和退让的时间。

其弊在于：跟随之中容易丢失一方尊严——谈判的威力、讲话的效力。此外，在跟随对手的谈判中，需要找准己方出手的机会，因为对手的出手机会不等于己方的出手机会。

3. 进攻型的风格

其利在于：可以营创一种气势——无畏的谈判气势，对于怕事的对手或拘谨的对手，这种大胆的谈判作风着实有震慑作用。此外，对推动谈判来讲有其积极性，因为暴露问题就是解决问题的前奏。

其弊在于：易于暴露自己的弱点，因为进攻中的“炮弹”——理由和条件无不反映进攻者的想法、追求和内部秘密，其中不利于己的信息就有可能暴露。此外，也有可能受到对手的顽强抵抗，以至于挫败进攻锐气。这又需要谈判人员有良好的心理素质，去迎接对手的挑战。

4. 防守型的风格

其利在于：不易丢失利益。由于明确守利，自然，放利之时一定为收利时，故不会失利。此外，可以给对手制造挫折，因为顽强防守，对于骄躁脆弱的谈判人员可能起到挫伤锐气的作用，使其失去耐心，失去斗志。

其弊在于：容易产生僵局。处处防守，处处僵。有时会出现该僵的局面僵，不该僵的局面也僵的情况。此外，谈判代价较大。由于谈判僵局多，达成协议所需的时间往往较长，增加了谈判成本，同时也增加了谈判破裂的风险。

5. 闪电型的风格

其利在于：谈判明快，谈判场面清新、简捷。同时，这种简捷的作风促使双方尽快接触本质，从而使谈判效率提高，谈判成本下降。

其弊在于：谈判人员在条件上与时间上可供调度、回旋的余地较少，因为快速，条件的分割层次有限，可供使用的时间长度也有限。此外，容易造成“摊牌”的僵局，使本可以再商量或需要再创造条件的交易在速度允许的时间段中丧失。

6. 太极型的风格

其利在于：谈判攻防灵活，既不过分压对手，又可自由躲闪对手的攻击。此外，可以有效解决谈判难题，使其在宽松的环境中，从双方寻求解决的空间。同时，所有的条件均可在一种交换状态下进行，使谈判更稳健。

其弊在于：这种风格需要充足的时间做保证。太极的游刃需要时间与空间，当无时空条件时，这种风格便难以生存。此外，这种风格会给谈判人员罩上误会的外衣——过于油滑而显不实。太极有虚，从虚中求实。当对方或旁人仅关注虚的一面时，即会产生误会。

三、谈判风格的应对

对于各种谈判风格的优点，善于运用就可以帮助谈判人员实现谈判目标；对于其不足之处，若不妥善处理，就会造成负面影响，阻碍谈判目标的实现。因此，在面对谈判风格突出的对手时，就需有应对之策。

（一）借用优势推动谈判

1. 领导型的风格

这种风格可以借用的点有：

（1）控制能力和组织能力。可使谈判更有效进行，加速双方信息的交流。

（2）实力。使谈判的可塑性较大，讨价还价有余地，易于向谈判目标靠拢。

2. 跟随型的风格

这种风格可以借用的点有：

（1）跟随形成了一定自由度。可使谈判减少无谓的抗争，易于创造良好的谈判气氛。

（2）应该讲，谈判中的后手也是手（出条件的行为），可以先手逼后手，手手要求相应，那么，双方亦易于向目标靠拢，使谈判进程加快。

3. 进攻型的风格

这种风格可以借用的点有：

（1）无畏的态度。可以使谈判更坦率，信息更丰富，使谈判议题的真面貌能较早显现在谈判桌上，便于谈判双方寻求解决的方案。

（2）轰然的气氛。可以用来丰富谈判组织的手段，让谈判的进程波澜起伏，在这过程中使谈判双方均有忧患意识，促使双方寻找“安全的陆地”，调整谈判的态度。

4. 防守型的风格

这种风格较为保守、消极，但也仍有可借用之处：使谈判战场开阔，攻击点灵活。具体说，是在谈判的组织上，可以有较大余地选择谈判议题，安排谈判的程序和方式。组织上的这种运动战是双方在这种风格情况下最易进行的谈判方案。

5. 闪电型的风格

这种风格可以借用的点有：

（1）速度。加快谈判进程，减少谈判时间，降低谈判成本，对双方均有利。

（2）余地。因其不留太多的余地或其表象就是不留余地的态度，可迫使双方及早进入决战。

6. 太极型的风格

这种风格可以借用的点有：

（1）灵活。可使谈判桌上有最大的回旋余地，使谈判人员易于从困境中寻找出路，使谈判能流畅地进行，从而提高谈判参与者的信心，促使交易成功。

（2）从容。可使谈判双方均有时间去考虑双方的问题，也使谈判压力减少，使谈判人员手段更丰富，谈判更轻松。

（二）利用弱点获取利益

1. 领导型的风格

这种风格最大的弱点是“自大、自尊”。对此，可以做的文章是：

（1）攻其“自大”。要其出手放利，否则，就“不听从指挥”。

例如，在许多谈判中，这种风格的谈判人员常被“将军”：“贵公司有实力，请在×× 方面予以关照。”“既然贵方有言在先，那么，我方需要看贵方的具体表现。”“您是地位高的谈判代表，不能言而不信。请就××问题拿出贵方具有诚意、也能维护您的身份的方案。”

（2）攻其“自尊”。对其虚荣心，可以“滥戴高帽子”，让其忘乎所以。

例如：“贵方对生意一向注重大局，不计较小利，这种态度让我方佩服。”“您的大手笔、大气魄将会推动贵我双方的合作。”“您具有大将风格。”“在我见到为数众多的谈判人员中，您是最杰出的一位。”“您对全局的观察全面、敏锐。”“您的反应不愧为优秀的谈判人员、主持人。”等等。

（3）“激将”。

例如：“既然贵公司财大、气也粗，我们愿尽力配合，但自然要由贵公司做榜样了。”“您谈判气度比之君子，希望您的出手亦像君子。”“这个条件在贵方能力之内，这个理由贵方不难理解。倘若因此而使双方陷于困境，贵方将做何解释？”

（4）“故意冒犯”，挫伤对方的自尊，或使其愤怒、激动，或使其情绪沮丧、信心动摇。

例如：“贵公司表面很强，但未必处处强。”“贵公司规模是不小，可贵公司的谈判气量却不大。”“您的做法不像大公司的风范，连我或别的小公司代表都不及。”“在谈判桌上，没有企业大小之分，谈判地位是平等的。您这么失礼，不会得到积极结果，只有我们对您的失望和遗憾。”“这是个普通的问题，是个常识性的问题。您犯这种低级错误，令人惊讶。”“您的表现与贵公司在国际交易中的地位不相称。”

2. 跟随型的风格

这种风格最大的弱点是被动，可针对此多下工夫。

（1）攻其“跟随”的形式，在组织形式、谈判议题、谈判态度上以多变的手法使其被迫跟着走，把控制谈判的权利掌握在手。

（2）在实质性的交易条件上，必须要求其跟上，不使谈判形成主动者吃亏、被动者一定占便宜的局面。这样就利用了其弱点而取得了主动权，更不至于吃亏。

例如：在谈判中常见的处理有："既然贵方谦让，那么我方先提建议。""贵方口头说愿意尊重我方意见，那么，我方已先做出了榜样，贵方不应食言，请作出相应的行动。""贵方跟我方谈判，但请别误会成看我方谈判，仅靠我方的努力是达不成协议的。""我方不要口头上的谦让，也不喜好虚荣。希望贵方拿出谈判诚意以及真正实在的条件来，否则，我方会认为贵方在要我方。""我方可以主动做出努力，但请贵方拿出相应的态度与行动来。"

3. 进攻型的风格

这类风格的弱点在于暴露性大。可以针对该弱点获取对手情报，并可组织有效的防守反击，以争取利益。

（1）获取情报时，常有如下说法：

"贵方别过分挑剔，请讲明白为什么?""没有理由的批评，我方是不会接受的。""贵方的信息来源可靠吗？说给我听听，否则我方不信，不会采纳。""倘若您想让我听取您的意见，请您平心静气地说明道理。"

（2）防守反击时，又会有如下的说法：

"如果事实如贵方说的那样，交易条件应为X，而事实却证明不是贵方所说的那样，那么，交易中X条件不能成立。""按照贵方的思维方式，我方认为贵方的Y条件应予以修改。""您能肯定您的说法吗？若肯定，那么，我可以告诉贵方，这是错的。因为根据××资料，贵方说法有误。请贵方收回要求，并接受我方的条件。""贵方的道理讲得很好，正好说出了我方的想法，只不过贵方以正确的推理导出了错误结论。我方认为，按贵方的推理，其结果只能是A条件，而非贵方要求的B条件。""既然贵方已看到了事实因素，那么，请贵方也勇敢公正地正视客观结果吧!"

4. 防守型的风格

这种风格的弱点在于僵硬。具体使用应注意如下几点：

（1）击其弱点以求谈判气氛中的利。即以确凿有力的理由挑起争论，制造僵局，让谈判桌上的所有人员均可看到防守者"不讲理"，应承担"僵局责任"，使谈判气氛、人心对主动者有力。

（2）坚持"得理不饶人"。必须让防守者拿出态度来，否则就让谈判"僵死"。这样做，主动组织合理、服人的进攻，可先得到防守者的条件，还可视其条件后出手。常见的说法有：

"贵方认为，我方的要求是合理？还是无理？若合理，贵方应该放弃顽固立场；若无理，请贵方讲出理在哪里?""贵方是否诚心想谈？若不想谈，我们可以终止谈判，但造成贵我双方谈判破裂的责任在贵方。""不管贵方态度如何，今天若不回答我方的意见，我们不会往下谈。""我方坦诚地向贵方陈述了我们对该问题的看法，若贵方仍躲躲闪闪，不置可否，我们认为，是对我方的不敬，是一种毫无谈判诚意的表现。贵方应对此可能产生的后果负责。"

5. 闪电型的风格

这种风格弱在回旋余地小。可通过其运作速度的快捷，最先摸到对手交易的底线，使其在速度上付出代价。换句话说，是以速度换利益。对方要快，可以，但先留下

“买路钱”，否则，“欲速则不达”。常见的说法有：

“贵方的确爽快，我表示钦佩。但贵方的条件如何，我尚未听明白。”“贵方直率，我也开门见山。贵方的条件似乎出乎我方意料之外，看来贵我双方还需耐心交流一下相互的看法，才能最终解决问题。”“贵方的条件反映了贵方的态度，但我方需要研究贵方条件后方可以表态。”“贵方条件是什么性质，最终价还是可谈判价，这是贵方的事。对于我方来讲，符合要求的条件我方接受；否则，我方将拒绝。”“贵方不愿意就提出的条件进行谈判，是贵方的权利，但贵方无权将自己的条件强加给我方。”“我方也赞同谈判要快，但快不等于不谈清楚交易条件。”

6. 太极型风格

这种风格的弱点是时空的保证，要想求利就需打乱对手部署，压缩时空，减少其施展功力的可能性，使谈判于己有利。

常见的说法有：“我方可用于谈判的时间有限，请贵我双方尽早对××问题做好准备。”“请贵方别绕圈子，直接回答我方的问题。”“贵方说的理由很客观、全面，那么，具体建议是什么？请直截了当地说出来。”“请贵方明天务必对我方的要求作出答复，否则无法继续谈判。”“我方后天将有别的业务要谈，贵我双方的谈判将中断一段时间。若贵方想与我就正在谈的交易达成协议，我方建议，尽量利用这有限的时间。”“贵方能否简单点？请直接讲，贵方要求我方怎么做？”

四、谈判风格的定位

大多数人会根据他们所处的情境来采用一种或几种风格，尽管他们很可能比较偏好某种具体的谈判风格。当谈判者和对方互动谈判时，通常会根据对方的行为不断地调整谈判风格。为了准确定位谈判风格，谈判人员应有自我基本定位和定位调整两个层面上的思考。

（一）基本定位

一名谈判人员的风格定位，不是指因其个性而去选择相应的谈判风格，而是在比较各种风格的利弊之后择优而从的一种选择和学习。

1. 择优而从

在上述 6 种典型的谈判风格中，只有太极型谈判风格最主动、最优越。它集中体现了谈判中所需要的灵活性、主动性和回旋性。这些特性对制造谈判气氛、实施保护和进攻、挽救谈判危机、塑造谈判人员形象均有一定的积极意义。这些建设性的谈判优点均强于其他类型的谈判风格。

2. 选择中的学习

按个性选择谈判风格系自然选择，属低级选择范畴，不用太多的学习即可掌握（尽管仍要学习克服其弊病的手段）。而择优的选择属理性的选择，系高级的选择，因为对某些谈判人员来讲，是反性格的选择。所以，需要学习，方可掌握。而正是由于塑造谈判风格，又使谈判人员得到一次升华。

（二）定位调整

由于各种谈判风格自身存在的缺陷，谈判人员在择优选择之后，还存在一个完善的过程。对谈判风格的完善过程也叫谈判风格定位的调整。调整手法有两种：内涵式的调整与外延式的调整。

1. 内涵式的调整

内涵式的调整，系指为选择的谈判风格从其谈判表现的实质（本质）予以标记，使外在的风格产生更加强烈的魅力——说服对方的魅力。那么，这个标记是什么呢？他就是："唯理是谈"。

"唯理是谈"的意思是：无论以什么特征表达谈判立场，均应有相应理由予以支持。简单地说，就是：有立场，即有理；无理，则无要求。该标记无疑会使谈判风格更加亮丽。有人说："讲理人有无理时，不讲理的人无时没有理。"意思就是说，真要讲理，就是老实人，而老实人就会承认没有理的事，只有不老实的人才永远能找理说。

对此，作为谈判风格内涵的调整因素，"唯理是谈"，重在强调风格中道理的存在，不强调其理的性质——理的全面性或片面性，本质还是表面性。

2. 外延式的调整

外延式的调整，系指从外部给选择的谈判风格予以组合，以加强其谈判威力。该组合的意思是：在熟谙各种谈判风格的利弊的基础上，针对谈判实际情况，将一种或数种谈判风格组合进来，以弥补基本谈判风格在特定谈判中的不足或加强其效果。例如：某种情况下，需要领导型风格或进攻型风格，那么，在太极型风格的基础上，适时导入领导型或进攻型的风格。

外延式的调整不仅要求灵活运用各种谈判风格的优点，还要求适时回到自己的基本风格上来。这样要求基于两点。其一，外延调整的组合手段系战术需要，不能因此而破坏整体需要。其二，该组合不能冲淡乃至改变谈判人员的基本风格，否则，效果未必会好。这里，既指谈判人员风格外在的形象效果会因为反差太大而遭损害，又指对方的心理反应效果因为你的基本风格突变而受到强烈挫伤。

第二节 团队风格

在大多数情况下，谈判双方总是以团队的形式出现的。因此，团队谈判风格的运用是谈判能否成功的关键。而团队谈判风格的选择与个人谈判风格的选择又存在差异性。

谈判团队是由不同的谈判个人构成的，团队中各成员都具有独特的智慧结构、文化背景及性格类型。因此，在确定团队谈判所采用的风格时，应首先确定谈判人员，让他们来决定团队最终的谈判风格。

一、意见一致型

所谓“意见一致型”谈判风格，指的就是只有当团队各成员意见基本上一致以后才能最后作出决定的风格。

1. 特征

（1）该团队每个成员都享有权力和承担责任。

（2）任何决定无论大小都由团队决定。

（3）发言人并不是唯一的，可以根据不同的讨论事项而随时更换。

（4）首席谈判者只是扮演协调员的角色，而且不暴露身份。

2. 优点

（1）由于团队成员都有参与权和发言权，因此，能够调动每个成员的积极性。

（2）对于那些并不是非常成熟的谈判成员，可以提供给他们足够的锻炼机会。

（3）每个团队成员的参与能够拾遗补漏，集思广益，能够多方面、多角度地考虑问题。

（4）由于每个决定都必须由全部团队成员讨论决定，因此，对方不容易找到突破口，有“无机可乘”的感觉。

3. 缺点

（1）由于每个决定无论大小都要由全体成员讨论决定，因此进程缓慢，容易让对方感到不耐烦甚至终止谈判。

（2）在谈判过程中，可能会有许多预期之外的问题发生，需要讨论。这也就意味着，该团队有可能无法在预定的期限内结束谈判。快到事先约定的期限了却还有很多问题没有解决，这个时候手忙脚乱，反而会造成不必要的损失。

4. 需要注意的问题

（1）确定团队成员时，应挑选那些具备就事论事态度的人，切不可挑选那些容易情绪化的人员。因为一旦内部产生分歧，这些成员就有可能分不清重点，使得团队内的讨论无法继续下去。

（2）团队成员都应该具备良好的沟通能力，并愿意作出合理的让步。

（3）团队成员应该来自同一种文化，并愿意接受团队的领导。

（4）团队成员除了应具备必要的专业知识外，还应该对公司的大局有所了解。

（5）事先要作好充分的准备，确定团队讨论和作决定的方式以及基本限定的时间，不能让讨论漫无目的地一直继续下去。另外，要做好应对突发情况的预案。

（6）团队成员在谈判过程中，只需要认真倾听对方阐述的观点并将其搞清楚，没有必要发表意见。

二、平行组型

与“意见一致型”相似，该种风格的谈判团队也对权力和责任进行分配。不同之处在于，首席谈判会将整个团队分成若干相对独立的平行团队，由每个团队分别就合同的一项或几项进行谈判。

1. 特征

（1）每个团队相对独立平行，而且有权单独作决定，并对作出的决定负责。

（2）首席谈判者宏观协调各个团队的作业和进程。

2. 优点

（1）每个团队能够根据自身的目的做成交易，而无须过多考虑公司其他部门的谈判结果。

（2）给对方造成压力，本来只需要对付一家，可现在却相当于是在与几家独立的公司谈判。

3. 缺点

若内部互相间出现任何问题或总部产生分歧，则会对谈判的全局效力产生不良影响。

4. 需要注意的问题

（1）各谈判者必须对团队立场充分理解和灵活运用。在作决定时，应考虑整个团队的立场。

（2）事先必须有精心的组织安排。往往在这种谈判过程中会发生谈判职责划分不当的问题，因此必须有充分的准备才行。

（3）配置得力的领导。能够对各个团队的相互关系统筹管理的领导是成功运用该谈判风格的关键。

（4）要让对手感到在与各个独立的团队谈判是这种方式的关键，而事实上各个团队的谈判却是一个统一的整体。

三、牛仔型

所谓“牛仔型”的团队谈判风格，指的是该团队的成员在必要的情况下可以单独出马与对方谈判。我们平常所谓的“牛仔”就是指那些能够独立行事，同时也在为着集体的目标努力的人。

1. 特点

（1）往往在涉及大量投资的谈判中使用。这种谈判不能仅由一次双方全体成员参加的大型谈判解决，往往需要安排一些专门的会议，如工程、营销、技术等方面的会议。而这种情况下，就需要团队的个别成员或部分成员参加。

（2）“牛仔型”团队成员不仅仅是行业专家，还应精通综合管理，并且明白整个团队要达到的一致目标。

2. 优点

分散作业，发挥各自的技能。相当灵活，适应性强（但对人员的要求也很高）。

3. 缺点

由于经常是一个人或者少部分人单独行动，因此，容易受到对方的离间计侵蚀。

4. 需要注意的问题

（1）团队成员必须有足够的进取心和独立决策的能力。对于前面讲到的意见一致型的成员，可能会不太适应。记住，在正式谈判之外的谈判场合作出的决定往往会影响到整个谈判的成败。

（2）团队成员之间必须经常联系，保持信息的畅通，以确保实现团队的计划目标，并及时传达最新消息。虽然每位成员负责一部分工作，但团队的整体工作是一盘棋。

（3）必须要保证团队成员的忠诚，要认识到自身利益与独立行事的区别。

（4）需要有强有力的领导。首席谈判不仅要能够制定出明确的团队目标，还必须具有激发成员并有效控制局势的能力。通信联络必须畅通无阻，以充分发挥调兵遣将的能力。

四、团队型

团队型与牛仔型基本上是一样的，只是由一个人变成一个团队。其特点是：

一个团队有一个团队负责人，团队负责人必须具有“牛仔”的特质，同时能够领导一个团队的工作。

如果在谈判中涉及大量的技术，则这种风格就非常有效。团队负责人领导专家并负责谈判的主要进程。

五、等级型

所谓等级型谈判指的是大部分决定无论大小都是由首席谈判决定的一种谈判风格。

1. 特点

（1）基本上所有的权力都由首席谈判者控制。谈判团队内的成员没有权力作任何决定。（与意见一致型不同，在意见一致型团队中，每位团队成员的意见或多或少都会影响到整个团队的决定。而在采取等级型风格的团队中，团队成员的意见只可能对首席谈判的观点或想法产生影响，最后作决定的还是首席谈判。他可以采纳团队成员的意见，也可以完全不听团队成员的意见而一意孤行。）

（2）团队成员的构成在一定程度上体现了其在公司中的等级。

2. 优点

（1）如果首席谈判比较强的话，这种方式能够避免无法统一过多意见而造成时间上的延误的问题，谈判效率相对较高。

（2）团队能够保持和谐、统一。

3. 缺点

（1）由于首席谈判处于谈判的主导地位，因此，团队的其他成员可能得不到太多的锻炼机会。

（2）观察敏锐的对手一旦察觉到团队的决策权集中于首席谈判，就可以将大部分精力转来对付首席谈判一人。因为他们知道，团队的其他成员对决策的影响力是微乎其微的。因此，首席谈判可能面临对付对方整个团队的局面。

六、部门型

这种方式是“等级型”的翻版，但其中又产生了“水平组型”的职责分配效应。

不论是来访者还是东道主都面对着这样一个对手。这个对手按照部门设置及中央权力的基本公司结构来组织。然而，每天谈判不是团队全体到场，而只是派去工作与议程所列的谈判项目直接相关的人员。这些以专业划分的部门只能就自身有限的领域进行谈判，但要诱使对方把观点全盘托出，以供其他部门日后分析、评判。团队领导（或是成员和部门）每天更替，首席谈判可以对谈判进行远程操作指导。对方必须与同一家公司的各个部门周旋，但无法与真正的决策者交手。还有，他们被迫不断适应新人，这样有碍于他们对对方战略的全面把握。这样，对方不仅在谈判中被拖得精疲力尽，还不断迷失方向。

部门型谈判要求严格控制谈判议程中的各项条款，保持各部门之间、部门与首席谈判间通信联络畅通无阻。一些部门型谈判人员，通常是来访的经销商，让其成员对对方进行个别的、直言不讳的陈述，认为“事实胜于雄辩”。这种向对方“摊牌”的做法，对于尽早对关键事宜作决定是非常有效的方法。这种团队的大多数成员都应是“实用主义”。

以上介绍了团队谈判中比较常使用的谈判风格。但需要牢记的是，对手的类型总是不一样的。若想在日趋扩大的国际市场上立于不败，每个团队和团队的每个成员都应该掌握尽可能多的谈判方法。而且，只有尽可能熟练掌握更多的谈判方式或谈判方式的组合形式，才能让谈判人员认清对方更细微的特征。

洞悉对手的谈判方式，并明确谈判者意图，才可能做好前期准备工作，并且在谈判开始之后，进行有效的调整，以便运筹帷幄。

案例应用

利用最后通牒增强谈判力

美国一家航空公司要在纽约兴建大型航空站，该公司希望艾迪生电力公司能给予自己优惠的电价。本来这场谈判的主动权掌握在艾迪生电力公司一方，因为从双方的谈判形势看航空公司有求于艾迪生电力公司。所以谈判开始后，电力公司的谈判代表始终认为只要自己决不退让，航空公司就会让步。电力公司借口如果给航空公司提供优惠电价，国家公共服务委员会不会批准，故没有降价的空间和可能性，谈判至此相持不下。

但几天后，航空公司谈判代表突然改变态度，声称若不提供优惠电价，就退出谈判，自己建厂发电。此言一出，电力公司立刻慌了阵脚，立即请求公共服务委员会给予这种类型的用户优惠电价，而公共服务委员会最终也批准了电力公司的请求。但是令电力公司惊讶的是，航空公司仍然坚持自己建厂发电，拒绝了电力公司送上门来的优惠电价。眼看要大势已去，不得已，电力公司只好再度请求公共服务委员会降低价格，最终两家达成了协议。至此，航空公司取得了这场谈判的完胜。

请分析上述案例，并回答以下问题：

1. 在谈判过程中，一些谈判人员是否常常寄希望于未来能有更大利益而纠缠于讨价还价不肯放弃？

2. 为了谈判的成功，关键时刻是否应在摸清市场各种复杂因素的基础上打破对方的奢望，用最后通牒增强谈判力？

复习思考题

1. 个人谈判风格主要有几种类型？
2. 领导型和进攻型谈判风格有何不同？
3. 团队谈判风格有哪些主要类型？
4. 什么是牛仔型和等级型谈判风格？

阅读专栏

通用电气打赢阿尔斯通收购战

2015 年 11 月 2 日，通用电气公司（General Electric Company，简称 GE）宣布，其对阿尔斯通（Alstom）电力与电网业务的收购已经完成。通过欧洲、美洲、亚洲等地 20 多个国家和地区的监管部门的反垄断审查之后，通用电气才最终达成了交易。这是通用电气迄今在工业领域最大一笔收购，成交价最终锁定在 97 亿欧元（约合 678 亿元人民币）。

背景

通用电气公司是世界上最大的提供技术和服务业务的跨国公司。通用电气公司是一家多元化的公司，从飞机发动机、发电设备制造到金融服务，从医疗造影、电视节目到塑料，致力于通过多项技术和服务创造更美好的生活。2014 年，通用电气公司在美国 500 强排行榜中排名第 9 位。

阿尔斯通成立于 1928 年，总部位于法国巴黎附近，是全球轨道交通、电力设备和电力传输基础设施领域的领先企业，以创新环保的技术而闻名。2014 年，阿尔斯通在世界 500 强排行榜中排名第 441 名。

谈判过程

2004 年，阿尔斯通陷入财务危机面临破产，法国政府出手买下 21% 的股份，帮助阿尔斯通渡过难关。2006 年，法国政府把持股卖给法国房地产巨头布依格集团（Bouygues），稍后布依格集团又继续增加持股，至 2014 年为 29%。但获得新注资的阿尔斯通并没有再度雄起，反倒是将布依格集团深度套牢，2008 年的经济危机更是给阿尔斯通带来了灾难性打击，股票当年就跌了 30%。此后，虽然通过大规模裁员和出售旗下资产增加现金流的方式试图补救，但仍然止不住下滑趋势，到了 2014 年，该公司再陷破产危机。

2014 年，阿尔斯通首席执行官柏珂龙私下密会美国通用电气公司洽谈收购方案，恰逢通用电气公司正试图调整全球战略，加强能源等核心业务，因此双方一拍即合，很快议定了收购价格和相关事宜，并在 4 月份，向法国政府申请并同时向媒体“透露消息”。

同时，燃气轮机巨头德国西门子也宣布参与竞购。西门子方面提出“资产置换”方案，以其运输设备生产业务（主要是生产火车）及现金换取阿尔斯通的发电设备生产业务，且同样提出与通用电气公司相同的财务条件，并保证不裁撤阿尔斯通员工、管理层人士，工厂地址也保持不变。但这套方案会使得两家企业的轨道市场份额占据欧洲 2/3 的市场，欧盟的反垄断部门可能会表示反对，反垄断风险过高。

通用电气公司对此迅速调整战略，首先在价格上作出让步，将收购价从 94 亿欧元提升到了 123.5 亿欧元，并在条款上也作出了一定让步，包括向法国政府承诺不裁员，和保证法国能源独立，同时配合舆论手段打击对手。2 个月后，即 2014 年 6 月 22 日，阿尔斯通内部邮件宣布董事会接受通用电气公司收购，并认为“通用电气公司的方案不仅满足了阿尔斯通和股东利益，同时也针对法国政府的疑虑提供了保证”。

欧盟监管机构担心，收购交易将导致欧洲的燃气轮机和大型汽机等能源设备价格上涨，通用电气公司展开了积极谈判主动让步，告知欧盟监管机构愿意转让阿尔斯通的部分燃机给其竞争对手意大利公司安萨尔多能源公司（Ansaldo Energia），也愿意出售部分知识产权，其中包括：（1）阿尔斯通的 GT26 型（F 级燃气轮机）产品线，以销售新机组；（2）阿尔斯通的 GT36 技术开发项目，该项目的完成将会带来一款 H 级的燃气轮机产品；（3）34 台 GT26 型燃气轮机的服务合同，阿尔斯通燃气轮机机队的其他机组（大约 720 台）的服务将留在通用电气公司。通过谈判和让步，2015 年 9 月 8 日，欧盟批准了该项并购项目。

评价

通用电气公司无疑是这次收购交易的赢家，通过采用积极主动、灵活多变的谈判策略，凭借对双方实力的正确判断，一举收购了阿尔斯通，拿下了燃机行业的半壁江山。此外，它将拥有约 1 500GW 的发电装机量，比通用电气公司当前装机量增长 50%；同时，通用电气公司将全面渗透火电厂总体设计，拥有更广泛的电网产品线。

但对于阿尔斯通来说，由于本次交易价格高出原始估值 20 多亿欧元，使得阿尔斯通甩掉了多年并不景气的电力电网业务包袱，保证了其战略调整的顺利进行。

此外，法国政府通过数轮博弈，在政府持股、核能独立自主和保证就业等关键问题上获得了不少话语权和承诺，也是赢家之一。

第十章　国际商务谈判经典案例分析

国际商务谈判案例的研究，是从实践总结、理论深化和指导实践的角度来研究商务谈判，它有着自身特定的含义、特征和构成。因此，我们首先从国际商务谈判案例的基本问题入手展开讨论。

“案例”这一名词的英语表达为“case”，尽管我国学者对其含义的界定在表述上存在出入，但基本内容差异不大，公认的含义是指对某一具体现象的描述、总结和分析。

要准确把握和界定“案例”的含义，应遵循下述原则。

（1）真实性。商务谈判案例应该是已经发生的、关于商务谈判活动的记载，即案例是写实的，是事实本身客观发生过的，不能随意杜撰，随机取舍，随意扩大或缩小。

（2）典型性。案例是对客观存在事件的提炼和精选，既应使案例能真正体现现象与本质、共性与个性的统一，也应使人们在对其进行分析时可以得出一些带有规律性的结论。

（3）有效性。即案例本身要有现实意义。案例分析不是为了分析而分析，而是为了上升提炼为理论后进一步指导实践。

（4）完整性。一个成功的案例应具备四大要素：主体要素（谈判关系主体与行为主体）、客体要素、背景条件要素和行为要素。只有具备了这些内容，案例才是完整的。

（5）可读性。案例叙述要有情节，文字应朴素可读，思维闪光点较多，否则就失去了案例的指导作用。

商务谈判案例的研究可以探讨商务谈判实务的规律，探寻商务谈判现象与本质、形式与内容等诸多联系，具有相当重要的意义。

我们承认商务谈判案例优势的同时，不能忽视其局限性。具体表现在以下几个方面。

（1）由于受具体实践的限制，每一个案例只能从某个角度、某个方面或某一层次反映商务谈判的部分知识，不可能系统完整地揭示全部知识。而且，案例与案例之间缺乏一种整体性的系统关联，难以形成严密的内在体系。

（2）每个案例都有很强的特殊性。每一次谈判都会受特定的主体、客体、行为、背景等因素的制约，因而，把通过特定案例的分析得到的一些战略和战术作为“封闭型”的定论而简单推广是不可取的。

（3）商务谈判案例的编写，不可避免地会根据研究者的理解进行取舍。有时为了说明问题，会夸大某一个方面，使原来事实中的相关关系发生变化。这种情况在中外案例使用中比比皆是。

案例一

谈判是这样完成的

——首席谈判代表龙永图谈中国入世进程

记者：中国“复关”和“入世”的谈判历程很漫长，是否应当理解为期间政治因素起了很大作用？

龙永图：可以这么说。中国“复关”和“入世”谈判是在改革开放的历史进程中发生的。本来，中国恢复在关贸总协定的合法席位应该是很容易的事情。1971 年，台湾的代表被关贸总协定驱逐出去以后，当时关贸总协定的总干事就向我们发出了邀请。如果我们当时对关贸总协定有足够了解的话，“复关”是一个非常简单的事情——由我们驻日内瓦的大使写一封信给关贸总协定的总干事说，中国表示愿意“复关”。然后，他们开一次会议，可能中国就已经“复关”了。

当时中国没有“复关”。由于历史条件的限制，中国认为关贸总协定是一个“富人俱乐部”，关贸总协定的主要成员都是发达国家成员，所以，中国决定不“复关”。1971 年、1972 年，“文化大革命”还没有结束，作出这样一个决定，也是很自然的。

中国为什么过了十几年后决定在 1986 年申请恢复在关贸总协定的席位呢？主要就是改革开放进程使中国领导人觉得，再不“复关”可能会在经济上遭受很大损失。中国正式提出恢复在关贸总协定席位之前，也参加了关贸总协定的一些谈判，主要是关于纺织品的谈判。当时，全球纺织品协定要分配“配额”，中国的纺织品当时在整个中国的出口中占了 1/3。如果不参加关贸总协定组织的全球纺织品谈判，中国就不可能在全球纺织品配额中拿到自己的一份。所以，中国在 1983 年参加了纺织品谈判，并拿到了一部分全球纺织品配额。中国纺织品出口随后在五年里几乎翻了一番，尝到了甜头。

所以说，当时中央作出的“复关”决定是出于中国对外开放的需要。

记者：记得谈判从 1987 年开始很顺利，但后来却充满了曲折。

龙永图：应当说，谈判一开始是很顺利的。主导整个关贸总协定的成员主要是美国和一些西方发达国家。虽然关贸总协定是一个经济贸易组织，但是他们在作出到底吸纳谁成为关贸总协定组织成员决定的时候，有很多时候是出于政治上的考虑。中国谈判之所以一开始比较顺利，主要是两个原因。一是美国的主要对手苏联还没有解体，而且没有进行任何经济体制方面的改革，而中国的改革从 1978 年以来已经进行了很多年，西方看好中国的改革进程。虽然在很多方面没有达到关贸总协定成员的要求，但还是想把中国吸收进来。二就是中国这个市场的规模太大了，对于美国具有足够的吸引力。

但是，1989 年政治风波后，以美国为首的西方发达国家中断了和中国的谈判。现在说中国入世经历了 15 年的谈判，其实真正的谈判大概是 13 年，中间中止了两年多，一直到 1991 年下半年才重新开始。

那时，中国不仅把恢复关贸总协定地位看成是一场恢复国际外交和经济地位的谈判，更看成是打破当时西方对中国围堵和制裁的重要政治举措。当时，中央领导同志亲自做工作，李鹏总理出面给关贸总协定所有成员经济体政府首脑都写了信。中国复关谈判就是在此背景下恢复的。

在整个谈判过程中，政治因素不断起作用。正因如此，这样一场非常技术性的贸易谈判，常常是由高层从政治上进行推动。这也是国际贸易谈判的一个规律吧。

比如，在这个谈判的第一阶段，我们碰上的最大困难是当时中国不承认在搞市场经济。后来，小平同志提出来，在社会主义条件下也可以搞市场经济。这对我们当时谈判代表团是一次思想上的大解放。从此以后，我们和外国谈判代表算是找到了共同语言，开始了真正的对话。

记者：在过往的谈判中，最主要的对手就是美国了。为什么中美谈判格外艰苦呢？

龙永图：中美谈判之所以非常艰苦，我想，首先是因为美国财大气粗，谈判地位非常强。美国在关贸总协定历年谈判中的方式和态度都是：我要求一、二、三、四，你必须做到一、二、三、四，而且，“在这些问题上没有谈判的余地”。美国人与我们谈判的时候，一开始口气也是这样。美国这一套屡屡在关贸总协定谈判上得手，所以，他们认为，谈判就是这么一场游戏。

恰恰是中国人不吃这一套。所以，谈判一开始并不是所谓实质性的谈判，而是对谈判态度的谈判。美国人花了五六年时间，才适应了中国需要平等谈判的地位这样一种要求。我这几年的一个很大收获就是，让外国人知道，你与中国人相处需要平等的态度。这是经过了很大的努力才争取到的，很不容易。

比如说，美国有一个谈判代表，名字我不想提了，我们可以说彼此欣赏，他卸任后讲了我很多好话。但是我们谈判的时候，是最针锋相对的。我一直到现在还感到遗憾的是，一次他在我的办公室谈判的时候，我把他赶出了办公室。因为他那天讲的话太让我生气了。他提出一个要求，凡是美国肉类检查机构检查合格的肉类，应该无条件地进入中国市场。我说，那么我们为什么还要商品检验机构呢？我们中国是主权国家，美国肉类是一定要检查的。他说，你没有必要检查。你们自己市场上的那些肉在美国统统不合格。我生气了。我说，建议你最好离开我的办公室。

从我个人来说，我与美国的历任谈判代表也就是我的谈判对手都变成了好朋友。毕竟，他们不过代表自己的国家的利益，我们也是一样。

记者：“打态度”只是第一步，接下来的实质性谈判都遇到过什么样的冲突呢？

龙永图：最重要的当然是实质性谈判。美国人的实质性要求可能是最多的，这其实也不难理解，只有小国要求才会少。比如说，我们与冰岛代表团的谈判，大概进行了一个小时就结束了。为什么呢？因为冰岛的产业结构单一，是鱼类出口大国。冰岛大使告诉我，只要解决几种鱼的关税，就可以结束谈判。我记得在日内瓦，一个天气很好的早晨，我和冰岛大使谈判。他说，“这就是我的要求。”整个要求还不到一页纸，我一看，上面所列的鱼的品种与中国的出产差别很大，对中国渔业不会有任何重大影响。我表示可以同意单子上的要求。一个小时结束谈判，然后就签字了。

美国就不一样了。美国贸易代表说，美国的经济结构和出口结构非常全，对于中国进出口的6 000多种税号全部都有兴趣，所以，“我们都必须一个一个谈”。

这完全没有道理。就算美国经济实力再强，也不可能6 000多种商品都是强项。比如说，难道冰岛产的那几种鱼类品种，也是美国的强项吗？与美国谈判的第一个阶段，就是打破他所谓“全面谈判”的要求。一个一个地排除，最后剩下了4 000多种。这4 000多种产品，再加上它最感兴趣的银行、保险、电信、分销，还有律师等，构成了漫长谈判的内容。

美国当然是摆着一副世贸组织“领头羊”的姿态来谈判。事实上，它的领头羊地位是得到许多成员认可的。这也是为什么世贸组织130多个成员经济体，只有30多个成员经济体与我们进行了谈判。其他100多个没有谈判的其实就是相信美国的谈判立场能够充分代表他们。

在世界贸易组织的谈判当中，得有一定的经济实力，才能进行谈判。世界贸易组织进行的谈判，不可能发生美国和孟加拉进行非常艰难的谈判这种事情。过去的关贸总协定有很大的咖啡间，周围都是会议室。那些会议室里面，美国和欧盟、日本和欧盟、美国和加拿大这些对手去谈判，而世界贸易组织的其他成员特别是那些小的成员经济体代表，基本是坐在咖啡馆里喝咖啡，等待消息。这就是关贸总协定的谈判的景象——少数人在谈判，多数人在喝咖啡。

在这个意义上，关贸总协定或世界贸易组织是一个很不公平的地方，没有经济实力，很难参与真正的谈判。但从另一个意义上讲，它也是平等的。根据关贸总协定无条件最惠国待遇的原则，美国和加拿大、美国和欧盟关在小屋子里面所谈的结果都会无条件地适用于所有成员。如果美国经过了艰苦谈判，把日本汽车的关税拿下来了，美国代表就会很骄傲地从会议室里出来表示，美国已经和日本达成协议，从多少降到多少。那么外面喝咖啡的所有成员都会喝彩，因为这些条件将适用于他们。世界贸易组织的游戏规则就是这样。

所以说，美国在和我们进行谈判的时候，从某种意义上说，确实代表了世界贸易组织大多数成员在和我们谈。因此，对美国的谈判的复杂和艰难也有其合理性。

记者：听说在1999年11月15日中美达成协议之前六天的谈判，曾经出现非常激烈的场面。当时美国人摆出随时准备走的姿态。能否介绍一下，转折是怎么出现的？

龙永图：那几天的谈判真是高潮起伏，一会儿觉得有望，一会儿觉得无望。美国谈判代表的表演水平很高，我后来说，美国人做戏太厉害。我与他们谈判时间太长了，很知道美国人作秀的技巧，特别是女谈判代表。我知道他们对那次谈判是志在必得的。因为他们在1999年4月已经失去了一个机会，结果后悔得不得了。

记者：1999年4月朱镕基总理访美，未能与美达成加入WTO协议，后来你们离开美国后去了加拿大。有传说克林顿总统特别后悔，还希望你们回来再谈？

龙永图：是。美方公布中美谈判清单后，美国企业界反响很大，认为这是一个很好的谈判结果。美方谈判代表也这样认为。但是，当朱镕基总理访美与克林顿总统会见时，克林顿总统说，很抱歉，我觉得谈得很好，但是，这次不能签订协议。美国谈判代表团听到这个消息后，有很多人哭了。由于上层的政治决断，那次不能够达成协议。他们的失望比我们还大。

记者：1999年4月，本来谈判就要达成了，为什么美国最高层又作出否定的决策？

龙永图：因为克林顿总统对于中美谈判所达成的协议作出了错误判断，他认为可能得不到国会的支持。后来知道整个美国商界和国会都很支持后，克林顿很后悔。当我们还没有离开美国的时候，克林顿总统就打电话给朱镕基总理说，能不能把谈判班子留下来，做一点最后的修饰，就可以达成协议。朱镕基总理说，美国人想达成协议时就要签字，不想达成就不达成协议，天下没有这样的事。不谈了，要谈到北京去谈去。

美国人一直追我到加拿大，我记得在离开加拿大前，美国贸易代表还两次打电话给我，想确定在北京谈判的时间。她要求，我们前脚到北京，他们第二天就赶来。我说，你们也给我们一点休息时间吧，还要倒时差呢。她说这个事太急了，我们回到北京后第二天，美国谈判代表团就赶来了。

到了11月以后，他们摆出一个很强的谈判阵容，而且用高压的手段，想榨取更多的东西。我们知道他们心很虚，4月的那些东西已经完全能够满足他们的要求了，所以我们根本不想做任何新的让步。

记者：当时，你们已经知道底牌，胸有成竹了。

龙永图：不过，当时我们确实也想达成协议。中央主要从中美关系大局来看，5月我驻南使馆被炸事件后，中美关系很困难，双方都需要转机。中美关系对双方来讲，毕竟太重要了。而中美达成协议，可能会成为中美关系的转机。

我理解，江主席和中央其他领导同志就是想用中美达成协议使中美关系从最困难的局面中走出来。从中美关系战略全局考虑，中国是愿意达成协议的。但是达成的协议必须是双赢的协议。美方到最后还提出了很多超过4月间条件的无理要求，我们一个一个把它们拿掉了。但是美国人总觉得他们还得拿到一点新东西，才能解释为什么不在4月接受这个协议，所以也表现出很强硬的态度。他们做戏一直做到最后一刻。

到了11月14日晚上7点钟以后，整个美国谈判代表团全部消失。我们打手机、打到饭店房间都找不到他们，打通的唯一一次电话，对方说他们现在都想休息，有些人到酒吧去了，有些人逛商场去了，准备次日早上启程回国。他们还给礼宾部门打了一个电话，说是人很多，要求安排一个开道车，并在机场上给予一定的礼遇。一切迹象都表明，他们明天是肯定要走了。

当天晚上11点钟，我打电话给美国的驻华使馆代办（当时他们的大使在美国国内）。我说，作为常识，在经历这么一个世界瞩目的谈判以后，双方总得见一次面吧，至少需要商量一下如何对新闻界发布此次谈判的结果。大概一个小时以后，美国的贸易代表给我打电话了。她说，出发之前见一见是必要的。我说，好啊，你看几点见。她说能不能4点半钟见。

凌晨4点半，我心里就笑了。我想，如果你们打算走，为什么要4点半钟见我们，你们不是10点钟见一下，半小时不就解决了吗？我说，是不是太早了。她说，不早，我们还习惯美国的时间。

我知道她绝对是想要谈成的。4点半到7点半有3个小时的时间，足以把最后的文本全部“clear”，全部解决。我很快就报告了上边，我觉得谈判成功的可能性很大。果然我们4点半钟去了以后，他们把谈判的协议文本全部准备好了。然后，我们就开始一页一页地核对文本，最后剩下7个问题。她说，这7个问题，中方必须接受，如果不能接受，前面谈的几十页、上百页协议都不能作数，谈判还将以失败告终。我说，很抱歉，如果要签订协议，就是这个东西，那7个问题免谈。这7个问题是他们在这几天谈判过程中施加强大压力一直想要解决的。

我把情况作了汇报，上面很快作出了决策。在最后关头，朱镕基总理出现在谈判第一线。最近网上说，我透露了中美谈判的最后细节，实际上当时香港的报纸上，斗大的标题写出来是朱总理出现在谈判现场。我并没有泄露什么，全世界都知道是朱总理亲临谈判第一线，最后结束了谈判。

可以告诉你，朱镕基总理的谈判技巧非常高明。他到了以后，马上跟我说，龙永图，你看看还有什么问题，把它写下来，不要多说，这些问题你都已经跟我谈过许多次，我都知道细节了，但是我要知道都是哪些问题。他说，只用一张纸。我把7个问题写下来。朱镕基总理说，如果他们决定改行程，我可以跟他们谈。话一说完，美国人就来了，根本不谈什么改行程的问题了——他们根本就没订那天的飞机。朱镕基总理也不跟他们多说，就说，这7个问题，有两个问题我可以让，其他你们必须让步。如果接受，马上可以签订协定。我不是来跟你们谈判的，我是来作决策的。五比二应该说是不错了，而且让的那两个问题也不是什么特别要害的问题。但是作为谈判代表，我们把这7个问题作为底线把了这么多年，所以一旦要让的时候，也不太情愿。当然，大家都知道对谈判的定义就是妥协的艺术。美方拿到这两个让步，喜出望外，他们生怕我们一点面子也不给，7个问题都不让步。这实际上是给了一点面子，给了一个台阶，使大家有了签订协议的可能性。所以，美方很快就答应了。

记者：这就是说，朱总理以两个问题的让步，换来了五个问题的不让步，同时换来了整个中美协议。

龙永图：关键是换来了整个中美的协议，换来了中美整个关系的转机。朱镕基总理讲，不是他自己来的，那不是他的意思，是江主席的意思，是政治局常委的决定。对那七个问题当中两个问题作出让步，也不是他个人的决定，而是整个最高领导层的政治决定。在这样一种谈判的关键时刻，的确需要政治领导人从战略和全局的高度作出决定。

多年谈判的经验告诉我，在谈判最关键的时候，不管是中美谈判也好，中欧谈判也好，还是世界的谈判也好，没有政治领导人的推动，谈判很难进行。这可以说是贸易谈判的规律，也是我们这几年从贸易谈判中学到的很重要的一条。

记者：七个问题中让步的两个问题，是在保险与金融方面的让步吗？

龙永图：两个问题不包括在保险与金融方面的让步，我们没有在保险和金融方面作出任何让步。

记者：刚才谈到的中美谈判，是整个15年谈判中最艰难的一个环节。在经历了惊心动魄、峰回路转之后，当时，大家就觉得中国可能在1999年内入世。但是，马上中国又面临和欧盟的谈判了。为什么又出现一次挫折呢？

龙永图：国际关系是很微妙的。美国固然财大气粗，欧盟也觉得其15国的经济总量比美国还大，也是不可等闲视之的力量。长期以来，中国一直希望与欧盟先达成协议，以此来推动与美国达成协议。但是欧盟15国各自有很强的声音，所以欧盟在协调15国立场时，也是非常困难的。一些欧盟代表悄悄跟我说，"我们在政治上是不可能和你们先达成协议的。"我知道他们的苦衷，所以，我们先和美国达成了协议，达成协议以后马上和欧盟达成协议，因为欧盟提出的要求和美国提出的要求基本上差不多。世界贸易组织就是这些规则，世界贸易组织开放市场的要求就这么多，不可能一个最强大的谈判对手谈判出来结果以后，还有什么不满意的地方。

但是，到最后，欧盟和美国产生了攀比的心理。欧盟代表跟我们讲，打个比方，在一个晚餐会上，你不可能把请美国人吃的菜单，同样请我们吃一遍，我们有自己的要求。中国与欧盟的谈判，在很大程度上是满足欧盟作为强大经济体的自尊心要求。当然，欧盟有一些具体的问题需要我们解决。与欧盟的谈判花了好几个月，基本上就是花在解决欧盟的特殊关切的问题上。

记者：为什么与欧盟谈完之后，又持续了一年多呢？

龙永图：结束与欧盟谈判后，就进入到多边谈判的进程了，因为中国与30多个国家都进行了双边市场准入谈判。按照世界贸易组织规定，要把30多个谈判达成的协议综合成一个协议。中国加入世界贸易组织时不会有37个协议，而只会是一个综合协议。在综合出这个协议的过程中，有很多技术工作要做。比如说，我们和哥伦比亚咖啡达成的关税水平是15%，与巴西达成的咖啡水平是12%，那么根据世界贸易组织的规定，归纳整体协议都要取得最好的谈判结果。这是很复杂的工作。

还有，要把中国十几年谈判的结果归纳成一个报告书。15年谈判了什么东西，中国做了哪些承诺，外方提出了哪些问题，这就是中国加入世界贸易组织的法律文件。这个法律文件的起草过程也出现了很大的困难。

开始我们都认为，既然和美国欧盟谈判都已经结束，应该是很顺利了。但实际上并非特别顺利。其中有他们的原因，也有我们的原因。他们的原因，是西方国家对中国的信任度始终不是那么强，始终怀疑中国是不是能够很好履行承诺，所以要用大量的律师班子来堵住一切可能出现的法律漏洞，使得中国在今后履行协议的时候能够真正像承诺那样做。

从我们这边的角度来讲，确实也存在法律意识不强的因素。比如说，中国人喜欢讲"原则同意"，同意什么呢？常常还是不知所云。举个例子，开放外贸经营权这个问题，我们说"原则同意这三年内，全面开放中国的外贸经营权"。最后法律文件起草的时候呢，人家就说，三年开放，你不可能现在不开放，三年以后就突然开放。你跟我讲一讲，你第一年放什么，第二年放什么，第三年又放什么，你放开的标准是什么？你对外资企业怎么放开，国有企业怎么放开，民营企业怎么放开。他要白纸黑字写进来。所以，在后来整个起草法律文件的过程中，又花费了很多时间。

我认为最根本的一点，是他们对我们的信任还是有些问题。他们怀疑中国在加入世界贸易组织的谈判中作出这么多承诺，到底能不能够履行。这种怀疑到现在可能还存在。

记者：15 年谈判是一个非常困难、艰苦的过程。“黑发人谈成了白发人”。你从 1992 年开始就担任“复关”谈判的秘书长，后来又成为“入世”谈判的首席代表。这些年来对“入世”谈判的得失有人有不同看法，依你扮演的角色，有的人称你为“民族英雄”，有的人称你为“卖国贼”，这两种评论都非常极端。你怎么看？

龙永图：你刚才讲到的评价，可能都比较极端。从我本人来讲，我们无非就是做了一件该做的事情。对于我们的褒贬很多都是因为对情况不了解。在这样大的历史进程当中，我们所做的贡献是非常有限的。而对我们的误解，随着时间的推移，将逐渐消失。我自己一直是以非常平和的心态来对待。什么事情，事后总有一个结论，就像历史上很多事情一样，哪怕当初并不能有很明确的判断，历史会作出公正的评价。

记者：有报道说，在这 15 年谈判过程中，你曾经流过好几次泪，真的吗？

龙永图：我从来不太爱哭的。谈判中我唯一一次流泪是在 2000 年初与欧盟大使的谈判中。这位欧盟大使是有名的中国通，也是我的朋友，但也是非常典型的有着强烈民族优越感的那种人。当时中美已经达成了协议，中欧谈判已经接近尾声，只剩下很小的几个问题。他跟我谈判的时候，突然采取一种非常强硬的手段。他说，如果中国不能答应几个问题，欧盟就不可能支持中国加入世界贸易组织。我知道他在唬我，作为朋友，为什么要这样做呢？

我压力最大的时候，不是中美达成协议的时候，而是在中美达成协议以后。因为中国、全世界的期望都是中国很快要加入世界贸易组织，所以压力最大的期间是 1999 年底到今年 9 月在日内瓦全面达成协议。没有期望的时候，我没有压力，因为当时中央对于我们整个谈判的指导思想就是不急不躁、水到渠成，水到渠成就行。我对于自己掌握谈判的节奏是非常有信心的。我真正着急是在 1999 年 11 月中美达成协议以后，当时全国老百姓有那么大的期待，中央也有很大的期待，如果不能很快解决，如何交代？

但是事情一拖再拖，开始觉得是 1999 年，后来觉得是 2000 年，而有很多事情我无法向公众披露，也不能到处去讲发生了什么样的事情，所以那段时间我的情绪很波动。可以理解，当你一件事情快成功，但有可能出现重大转折、曲折的时候，心情是很着急的。

欧盟大使跟我谈话以后，我一夜没睡觉，第二天我本来答应给对外经济贸易大学的学生作报告，但是我的血压一下子很高，于是向同学们表示道歉。我说今天不能够作报告了，我就讲起前一天的事情，我那次流泪了。这是出于心理压力的一种发泄。

但是，我从来没有在最关键的时刻，比如说你们大家都知道的几个最关键的时刻流过泪。1994 年底的那一次冲刺，我和很多同事作出了最大努力，希望中国在世界贸易组织诞生之前成为创始成员。当时我的心情是，既然中国当年是关贸总协定的创始成员，也应该成为世界贸易组织的创始成员。而且，我坐在世界贸易组织观察员的位置上太久了。当时关贸总协定和世界贸易组织开会，我还不愿意去开会，我就不愿意坐到观察员的角落里，我就不愿意享受这样一种“待遇”。世界贸易组织和关贸总协定所有的成员都讲完话后，你才有资格讲话。这是一个大国代表很难忍受的耻辱。

1994 年其实是非常有希望突破的。但是，因为国内一些部门之间的协调不够和对中国加入世界贸易组织的意义认识不够，扯皮拖了后腿。比如说，那次谈判开始时，形势很好。澳大利亚和新西兰代表跟我说，坚决支持中国，但是希望中国解决一下羊毛的进口配额问题。当时，上面给我的授权是每年进口 16.9 万吨羊毛，而澳大利亚和新西兰要的是 18 万吨。他们说，如果中国同意这个 18 万吨，澳大利亚和新西兰全力支持中国。澳大利亚和新西兰是西方国家，如果西方国家谈判的营垒出现了分裂，那么中国复关的机会就很大了。我很想同意他这个 18 万吨，但是与代表团其他成员商量的时候，他们堵死了任何可能性。我只好按 16.9 万吨这个数字谈，最后拒绝了澳大利亚和新西兰的要求，于是，那次谈判澳大利亚和新西兰坚决站在美国方面与我们进行了非常强硬的谈判。使我感到沮丧的是，1994 年我们实际进口了 31 万吨羊毛，远远超过了 18 万吨的要求。当时管理很松散，“一般贸易进口”“加工贸易进口”，以及其他贸易形式的进口不一而足，而管理则是分兵把口，各管其事，连全国每年进口多少羊毛都没有一个清楚的概念，所以拿出了一个奇怪的 16.9 万吨配额，而澳大利亚和新西兰这些国家知道自己每年出口了多少，明明知道当时中国平均每年进口 22 万吨，要 18 万吨并不过分。在这种情况下，我就感到我们当时整个经济管理体制，特别是我们的进口管理体制有很大的问题，需要改革的地方实在太多了。

1994 年冲刺没有冲出去，应该说很大的问题在于内部协调和管理体制。所以，我感到的是失望，而失望的人特别是我这种人是不会哭的。

然后就是 1999 年，我看到报纸上说，1999 年 11 月，中美达成协议以后，我哭了。错了，我激动的时候是不会哭的，有什么好哭！最后达成协议时，我当时脑子里面想到的，不是达成协议这个事情，而是一直在想，哪个问题要再谈那么一点就好了。我有很多的遗憾，我那天并没有出席签字仪式，我一直在想着那些谈判的条款。我从来没有感到什么胜利的喜悦，更没有哭。你们看电视可以看见，我那天甚至没有笑过，因为当时我还在想谈判细节，哪一点我更好地把握一下就更好了。我是个责任心很强、追求完美的人。

有些人说，这次到了 9 月最后全面结束谈判的时候，我也哭了。错了，我当时也是一点笑容也没有。只是外国人在给我敬酒的时候，出于礼貌我笑。我感到如释重负，总算了结了。我没有什么激动心情，更谈不上什么哭。有时候我看到网上的新闻标题“龙永图别流泪”，我流什么泪？

但是，也不能说我是没有感情的人，我是很有感情的。有时候看一个普通电视剧的时候，我会流泪。但是到了重大时刻，我不流泪。可能是因为在重大的时刻，想得更多的是理性上的东西。

（胡舒立，等，《财经》，2006 年）

案例二

世界气候谈判

——继 WTO 之后一场最重要的国际谈判

鲜为人知的国家气候谈判代表

2000 年 9 月，在法国里昂举办的联合国气候变化框架公约附属机构会议上，时任法国总理诺斯潘提议全场 1 700 多名各国代表起立，为一位中国老人默哀。

这位老人的名字叫钟述孔，三个月前因病去世。“像这样为一位国家的气候变化谈判代表默哀，据我所知还是第一次”，气候谈判中国代表团成员、科技部全球环境办公室副主任吕学孔说，“钟老师既是发展中国家利益的维护者，也是气候谈判的推动者。”

对中国公众来说，钟述孔是一个相当陌生的名字。但在气候谈判圈内，这个名字几乎无人不知。他给周恩来总理当过翻译，是气候谈判中国代表团的首批重要成员。

吕学孔留有钟述孔很多手稿。他的办公室已经搬过四次，扔掉的文件不计其数，但这些手稿不敢扔，“因为都是珍贵的历史文献。”

国际气候谈判始于 20 世纪 90 年代初。1990 年，联合国政府部门气候变化专门委员会（IPCC）首次发布评估报告，认为持续的人为温室气体排放将导致气候变化。如何应对气候变化，成为国际社会无法回避的问题。次年，联合国就制定《气候变化框架公约》，开始了气候变化问题的多边国际谈判。中国则在 1990 年成立了以国务委员宋健为首任组长的国家气候变化协调小组，协调外交谈判在内的中国气候变化对策。

中国人民大学环境学院副院长邹骥曾撰文指出，气候谈判的实质是分配日渐稀缺的温室气体大气容量资源，如果说几个世纪以来对国家疆土的分割已经大体结束，对环境容量资源的分割才刚刚开始。既然是一场争夺稀缺资源的谈判，其难度和复杂性可想而知。在邹骥看来，“气候谈判是继 WTO 之后最重要的一场国际谈判，因为他几乎涉及国民经济命脉及基础的所有方面，而钟述孔先生和其他老一辈谈判者为我们留下了宝贵的政治遗产。”

持续了 56 个小时的一次谈判

参加过多次气候谈判的中国农科院环境与可持续发展所原所长林而达说，加入 WTO，是加入一个人家已经制定好的规则，而加入气候公约，是从一开始就参与制定规则。

1992 年 6 月，在巴西里约热内卢召开的联合国环境与发展大会上，包括中国政府总理李鹏在内的多个国家和地区代表签署了《联合国气候变化框架公约》（UNFCCC，以下简称公约）。公约明确规定发达国家与发展中国家应对全球气候保护承担“共同但有区别的责任”。公约于 1994 年生效。

自 1993 年起，缔约方大会每年召开一次，就公约的具体实施等问题进行谈判。1997 年 12 月，在日本京都举行的第三次缔约方大会，经过艰难的讨价还价，各缔约方代表签署了具有里程碑意义的《联合国气候变化公约京都议定书》（以下简称《京都议定书》），要求发达国家2012年的温室气体排放量与1990年相比平均要减少5.2%。在人类历史上，这是第一次以国际法形式就温室气体排放量作出定量限制。

有关那次京都谈判的情景，当时中国谈判代表团成员吕学孔至今都历历在目。

在两个星期的大会期间，最长的一次谈判竟然持续了56个小时。会场不提供饮料和食品，代表们只好利用会间短暂的休息时间胡乱吃点东西。中国代表团当时只有八九个人，而美国等发达国家代表团都在数十人以上。吕学孔说："我们就那么几杆枪，别人却可以轮番上阵"。因此，包括67岁的钟述孔在内，中国代表团成员连续两个晚上没有离开会场。

中国代表团面临空前压力。时任美国总统克林顿给时任中国国家主席江泽民打电话，时任美国副总统戈尔亲赴会场发表演说，美国谈判代表则频频约见中国代表，希望中国等发展中国家也承担减排任务。

在谈判桌上，新西兰代表团还"临时"抛出一个提案，建议讨论发展中国家的减排问题。钟述孔当即要求发言，坚决予以回击。接下来，40多个发展中国家的代表相继发言，以排山倒海之势否决了新西兰的提案。

美国《华盛顿邮报》对会议的紧张气氛进行了报道，并引用了钟述孔的一句精彩言辞："发达国家每两个人就拥有一辆小汽车，可你们连公共汽车也不让我们坐！"

邹骥也出现在京都第三次缔约方大会上，当时他还不是中国政府代表团成员，只是参加了一个边会（Side Event）。除政府代表团以外，每次缔约方大会都会引来数以千计的研究人员、非政府组织人士、各大公司游说者和新闻记者等。

两年后，在德国波恩举行的第五次缔约方大会上，邹骥才初次结识中国政府代表团，并在一次允许旁听的公开发言中目睹了气候谈判奇才钟述孔的风采：那是一位年近七旬的长者，英语略带中国口音，但非常流利。

邹骥在欧盟委员会环境总司做实习研究员时，顶头上司Jose Delbeke就曾多次提及钟述孔，称这个中国老头立场强硬，是让他们既头疼又尊敬的对手。而气候谈判圈内也流传着钟述孔不少轶事。例如，有小岛国在谈判中提出，他们是海平面上升的最大受害者，希望发达国家提供技术和资金援助。英国代表跟着诉苦，说自己也是一个岛国。钟述孔当即发言："你们不是岛国，你们是大不列颠！（You are not a small island country, you are Great Britain!）"全场掌声雷动。

邹骥没有想到，自己后来也会和钟述孔那样在谈判桌上与对手唇枪舌剑。2000年夏天，钟述孔去世后不久，这位39岁的环境经济学教授收到了来自国家气候变化对策协调小组办公室发来的公函，邀请他出任谈判代表团成员。他非常激动，"我一介书生，报国有门了！"

布什当选美国总统后，于2001年3月宣布撤回控制温室气体排放的承诺，退出《京都议定书》。澳大利亚紧跟着也宣布退出。《京都议定书》处在一个生死关头。2001年下半年，第六次缔约方大会的后续会议和第七次缔约方大会先后在波恩和摩洛哥马拉喀什举行。由于各方采取相对灵活的策略，最终，达成"马拉喀什协定"，挽救了《京都议定书》，为议定书的生效扫清了障碍。

中国代表面临巨大压力

邹骥说，在气候谈判桌上，不光是英语好、懂外交就行，科学、经济、政治、法律也都要懂，否则就会吃亏，“我生怕一个词或一句话不妥，将来就会影响中国的一个群体或一个行业。”

中国农科院研究员林而达对此也深有同感。2001 年在日内瓦举行的一次气候变化评估报告会议上，当时欧美国家有研究结论认为，全球还能容忍的变暖幅度在 2 到 3 度之间，林而达等中国科学家表示反对，理由是这个结论还充满不确定性。双方争执不下，最终，欧盟提出“a few degree”的折中说法，即容忍的变暖幅度为几度。这次科学论争后面蕴藏着丰富的政治含义。假如将全球能够容忍的变暖幅度定为 3 摄氏度，则可以计算出大气中还能容纳多少温室气体，发展中国家所能分配到的温室气体排放资源就非常有限了。

2005 年 2 月 16 日，随着 50 多个缔约方的核准加入，《京都议定书》终于开始生效。根据《京都议定书》，中国等发展中国家不必承担强制性减排指标，还可通过清洁发展机制（CDM）与发达国家进行温室气体减排的双赢合作。

CDM 是指发展中国家借助技术改造等方式，减少温室气体排放，然后通过项目合作将减排量售给发达国家。据国家气候变化对策协调小组办公室 CDM 官方网站的信息，中国已经批准 300 多个 CDM 项目，其中，2006 年年底以前批准的 255 个项目预计减排 7.5 亿吨。目前，市场上温室气体减排量的价格突破了每吨 10 美元。显然，中国企业可以从 CDM 中获益。

“这不是他们的施舍，也不是慈善。温室气体主要是工业化国家两百多年来的排放造成的，治理是他们的历史责任。但如果你不去谈判，他们自己绝不会掏钱出来。”邹骥说。

外国一些机构称，中国现在是仅次于美国的世界第二大温室气体排放国。

2006 年 11 月，第十一次缔约方大会在肯尼亚内罗毕举行。澳大利亚一个研究机构称，如果中国不减排，澳大利亚就不减排。国家气候变化对策协调委员会办公室主任高广生回击说，中国人口是澳大利亚的 65 倍，如果澳大利亚的温室气体排放量乘上 65，马上就会变成世界第一。

面对上述指责，邹骥又一次在谈判桌上显得非常激动：“我来这儿一趟要花上几万元人民币，够一户中国农民花上好几年。我来干什么？受中国老百姓之托来的。你们人均能源消耗是我们的几倍，减排效果也并不令人满意，却整天要求我们中国减排。你们应该去看看，看看夏天有多少人用不起空调，冬天有多少人无法取暖……我们要改善他们的生活条件，当然要排放。我们这是必要的排放，不是奢侈的排放！”

邹骥和同事们每次出国参加谈判，气氛都非常紧张。一旦回到国内，却发现很多人并不太关心气候的变化问题，也不清楚其中的利害关系。“尤其是企业，不论是国有的还是民营的，与国外企业相比差距相当大，战略意识根本不是一个重量级的。谈判期间，许多国外企业都会派出专业的游说者，积极影响游戏规则的制定，却很少见到中国企业的影子。”

谈判并没有结束。《京都议定书》只规定了发达国家在 2012 年之前的减排义务。

2012年之后，即后《京都议定书》时代何去何从，还需要各国代表继续磋商。

除了商谈2012年以后的减排指标以外，在公约框架下还有很多议题需要谈判。例如，“技术开发和转让”议题在内罗毕会上毫无进展。邹骥表示，发展中国家正在进行大规模的基础设施建设，如果发达国家不肯转让有益于保护气候系统的先进技术，落后技术造成的温室气体高排放状况几十年内将难以改变，我们将错失保护气候系统的最佳机遇。他补充说：“这是一场没有尽头的谈判。”

（邓谨，《南方周末》，2007年6月24日）

案例三

温商收购中东卫视揭秘

2006年8月1日当地时间12时35分（北京时间16时35分），温州商人王伟胜在中东收购的亚洲商务卫星电视台顺利开播。作为第一个在境外收购电视台的中国人，王伟胜成了炎炎夏日里媒体争相追逐的新闻人物。

一、抢抓商机

王伟胜原来在家乡温州市鹿城区做服装生意，事业小有成功。1998年一个偶然的机会，他来到迪拜观光旅游，嗅到了迪拜浓郁的商业气氛所蕴含着的商机，便决定举家搬迁到迪拜。2003年，他把业务扩充到餐饮、家具、家居用品贸易，成为不少国内厂家在阿联酋、中东地区的总代理，还担任了阿联酋温州商会副会长。

2005年，迪拜媒体城总经理找到他，希望他为电视台提供一些中国资讯的电视片，阿联酋有近10万华人长期从事贸易活动，而有关商业信息相当贫乏。这让王伟胜心中一动。

阿拉伯国家进出口贸易总额约占其GDP的53%，其中近一半的商品需要从中国进口，而且这一数字还在快速增长。王伟胜考虑，巨大的商业市场和频繁的商业交往需要一个传媒窗口进行沟通。自己虽然不是生产厂商，但如果能够通过电视台帮助中国厂商在中东地区建立品牌影响力，那不仅仅是件大好事，而且很可能会是单不错的生意。

通过进一步沟通，王伟胜了解到，要他提供帮助的这家阿拉迪尔卫视成立于1976年，与著名的半岛电视台租用同一卫星转播节目，在中东地区是一个覆盖面广、收视群体大、较有影响的电视台。但由于节目陈旧、缺乏创意，收视率一直不理想，经营状况日益恶化。王伟胜想，与其为人做嫁衣，不如自己当“新郎”，他决定全资收购这家电视台！

此后，王伟胜与好友刘海涛在阿联酋注册成立了中资公司——华星集团。经过差不多一年时间的运作，2005年末，华星集团终于一举成功收购阿拉迪尔卫视，并于2006年初在迪拜重新登记，拿到了电视台营业执照，将其更名为阿里巴巴商务卫视电视台。

这是中国人第一次在海外收购卫星电视台，收购的消息引起了各方关注。中国驻阿大使张志军、驻迪拜总领事高友桢表示，王伟胜此举获得了中国商务部和中国驻阿使馆的鼓励和支持。“这是一件好事，王伟胜当了一位文化使者。”

二、法律助力

打定主意收购电视台后，王伟胜做的第一件事就是到当地一家颇有名气的律师行聘请了一个律师团担任自己的法律顾问。

律师顾问团引经据典，为王伟胜搜集、提供了大量阿拉伯国家关于传媒业方面的法律规定：一般来说，阿拉伯国家大多对电视媒体实行严格限制，报道口径和内容是否符合国家利益和本地价值观是关键，私人资本和外资介入的机会并不多，但阿联酋是个例外。

海湾富国阿联酋多年来一直努力将迪拜打造成自由贸易港和地区金融中心，鼓励国际投资，帮助本地经济实现多样化，这种鼓励包括欢迎国际资本进入阿联酋的传媒业。律师顾问团提供的法律资料表明，在迪拜媒体城，本地和国际媒体可以平等享有阿联酋政府提供的优惠政策。这些优惠政策包括：外资可以独自拥有媒体；可以自由运作媒体，政府不加干涉；免征50年营业税和所得税。在不到6年的时间里，媒体城吸引了包括CNN（美国有线电视网）、BBC（英国广播公司）和路透社等45个国家和地区的大约900家公司进驻，其中2/3是本地区和国际上的知名媒体。

通过对当地市场进行长达半年左右的调查，王伟胜与他的律师顾问团一起形成了一份策划书。这份长达上百万字的策划书包含电视台架构、定位、市场情况分析、节目制作编排等翔实内容，得到了迪拜媒体高层主管官员的赞扬和认可。

在收购阿拉迪尔卫视的过程中，有多家美国电视公司也在参与竞争。王伟胜了解到这一情况后，立即通过律师顾问团的牵线搭桥，与阿联酋政府主管传媒业的高层官员进行沟通，了解到政府在这一问题上的态度：美国已有媒体在迪拜投资，相对而言，政府更欢迎中国人在阿拉伯国家收购电视台——因为这可以看作这一地区越来越开放的结果。

根据这一情况，王伟胜与律师团在策划中就有意识地进行阐述说明。就这样，经过差不多一年时间的反复谈判、层层审批，终于击败美国竞争者，以“一个连我父亲也不能透露的数字”100%收购了卫星电视。

王伟胜说：“除了法律上的原因之外，亚洲是一个充满希望的地区，而我们正扎根于此。我们将这个电视台改名为‘亚洲商务卫星电视台’，就是将其定位超越‘阿里巴巴’的阿拉伯半岛概念，而与亚洲的发展力相匹配。”

（蒯乐昊，《南方周末》，2006年8月10日）

案例四

中、日、俄角力石油管道

一、黑金涌动——中、日、俄石油管道谈判背景

国际纷争不外乎利益纷争，而国际商务谈判则是协调国际集团之间利益的具体交锋。进入工业化时代以来，能源资源一直就是关系各国战略的重要因素，其中石油资源更是重中之重。

20世纪末21世纪初以来，直接或间接围绕石油做文章的国际纷争不断，小至公司之间的竞标，大至国家之间的战争。国际油价也因之变动剧烈，各大国石油外交暗潮涌动，国际石油格局变数重重。

近10年来，亚太地区对石油的需求年均增长5.4%，1992年已超过欧洲，成为世界第二大石油消费区。我国也开始逐步从原来的石油净出口国变为净进口国。21世纪初期，我国石油消费增长之快、数量之大，对进口石油依存度的逐年提高，已为世界尤其是西方国家瞩目。

在这种情况下，我国要在21世纪中叶实现成为中等发达国家的战略目标，首先要保证能源需求和供给的平衡。如果没有持续、稳定的能源供应，中国的现代化建设将蒙上浓重的阴影。我国的石油对外依赖程度仍趋加重，如何面向国际石油市场，寻找可以倚重的石油资源，建立有利、高效的石油管道，是摆在我们面前的当务之急。

我国目前石油的进口绝大部分来自中东地区，但由于中东地区局势动荡频繁，不确定因素多，从俄罗斯进口石油成为中国未来能源的主要渠道之一。

俄罗斯能源部的数据显示，俄罗斯2001年原油日产量为700万桶，2002年增至762万桶，总量达3.796亿吨。2003年，俄罗斯的石油出口量也仅次于沙特，位居世界第二。俄经邻国阿塞拜疆和哈萨克斯坦为国际市场提供的石油总量高达1.566亿吨，相当于每天314万桶，比2001年日增加13万桶。此外，我国已经是俄罗斯石油的重要市场，2000年俄罗斯对我国出口矿物燃料（主要是石油）价值7.8亿美元，而且随后几年力度不断加大。

2001年7月16日，中俄在莫斯科签署了《中俄睦邻友好合作条约》，以法律形式强化了两国人民友好合作的基调，也从政治角度促进了经济合作的发展。

中俄石油合作前景一直为大家所看好，但国际市场动荡不安，风云迭起，因此，始终存在着影响中俄合作谈判进程的不确定因素。

二、一帆风顺——中俄石油管道9年谈判与合作

1994年11月，俄方率先提出修建中俄原油管道计划，修建一条从西伯利亚到中国东北地区的输油管线。1996年4月，双方政府签署了《中华人民共和国政府和俄罗斯政府关于共同开展能源领域合作的协议》，表明双方将就从俄罗斯向中国铺设输油管线的能源合作问题进行探讨，正式确认了中俄输油管道项目。

此后，在中俄两国睦邻关系顺利发展的基础上，双方通过9年的讨论、协商与谈判，签订了一系列推动项目进展的政府间与公司间协议。

1999年2月，中国石油集团与俄罗斯尤科斯石油公司、俄罗斯管道运输公司共同签署了《关于开展中俄原油管道工程预可行性研究工作的协议》，双方根据此协议于1999年12月完成了预可行性研究。

2001年7月17日，江泽民主席访俄期间，中俄双方经过谈判，就原油管道走向、俄方向中国供油数量、原油购销承诺方式和原油价格等实质性问题达成共识，在莫斯科签署了《中国石油天然气集团公司和俄罗斯管道运输公司、俄罗斯尤斯科石油公司关于开展铺设俄罗斯至中国原油管道项目可行性研究主要原则协议》，两国政府作为项目协调人也在协议上签了字。协议规定该管道自俄罗斯伊尔库茨克州加尔斯克油田，绕过贝加尔湖，经中国满洲里入境，终点为大庆。这条管道路线被称为“安大线”。该管道从2005年开始供油，管道从西伯利亚到我国东北，全长2 400公里，预计投资达17亿美元，每年输油量为2 000万吨，到2010年达到每年3 000万吨，连续稳定供油25年。2001年8月，中国政府批准了中方的项目建议书（预可行性研究报告）。

2001年9月8日，在中俄两国总理定期会晤期间，在圣彼得堡签署了《中俄关于共同开展铺设中俄原油管道项目可行性研究的总协议》。俄罗斯方面参加这项工程的有石油运输公司和尤科斯石油公司，中国方面参加的是中国石油天然气集团。

2002年12月初，来华访问的俄罗斯总统普京在与江泽民主席签署的联合声明中宣布：“考虑到能源合作对双方的重大意义，两国元首认为，保证已达成协议的中俄原油管道和天然气管道合作项目按期实施，并协调落实有前景的能源项目，对确保油气的长期稳定供应至关重要。”随后，朱镕基总理宣布，中国政府已经完成中俄原油管道项目的可研批复工作。

按照可研总协议的规定，双方公司就原油长期购销合同进行了三轮谈判，并着手准备政府间承诺与担保协议的草案，然后等待俄方政府对中俄原油管道项目的审批，一俟批准，将直接转入设计阶段。

三、风云突变——日、韩介入中俄石油管道，惊现改线玄机

离中俄石油管道最后方案敲定还有1个月的时间，有关中俄合作出现变局、日本要和中国抢单的传言已在坊间流传，充当第三者角色的日本方面频频表达对俄罗斯石油管道的“仰慕”之情。

日本介入的时间，正值万事俱备、俄方对石油管道的审批进行定夺之时。安大线因此而横生枝节。

素有“经济动物”之称的日本人半路杀出，应该不是一时冲动。

“我们准备在东西伯利亚至远东纳霍德卡间修建一条符合日俄两国人民利益的石油管道，我们对东西伯利亚油田开发很有兴趣，希望能参加这一项目。”日本经济产业大臣平沼赳夫给俄罗斯能源部长尤素福夫和经济通商部长格列夫的亲笔信暗藏玄机。

日本财务省的最新数据表明，由中东地区流入日本的原油占日本原油进口总量的90%，其余则从亚太和非洲地区进口。在亚太地区，向日本输油的大户是印尼、中国和澳大利亚。中东的局势动荡给完全依赖进口中东原油的日本增加了能源安全隐患。在日本人的远东能源计划中，这条太平洋管道从东西伯利亚的安加尔斯克至纳霍德卡港（安纳线），全长约3 800公里，总投资达50亿美元（约6 000亿日元），将用5年时间建成。

此外，近年来“尽力避免中国抢先将势力扩张到留有广阔开发和投资空间的远东地区”一直是日本关注的重心。日本方面一直担心，如果安大线建成，日本在东北亚的经济利益将受到直接威胁，争夺远东石油主动权已经成为维系日本在整个亚洲地区地位的重要举措。

在日本政府推进的俄罗斯东西伯利亚到太平洋沿岸的石油管道建设计划中，日本对修建“安纳线”表现出的兴趣超乎寻常。日本高官组成谈判组于2002年底密访莫斯科，表示日本拟与俄开展石油领域的合作，并愿与俄方签署每天购买100万桶原油的长期合同。此外，日本的国有银行还将向俄提供数十亿美元资金支持。每天100万桶原油约是日本现有每天进口量的1/4，外界普遍认为，日本政府想以“高额订金和彩礼”，促使俄罗斯弃大庆而选择太平洋。

在日本“频送秋波”的过程中，俄罗斯对中俄原油管道的态度变得有些暧昧。

2002年12月27日，俄罗斯《真理报》以“日本要买走纳霍德卡?”为题报道说，日本首相小泉纯一郎将于2003年1月初访问莫斯科，与俄罗斯总统普京讨论投资铺设从东西伯利亚安加尔斯克市至远东太平洋沿岸纳霍德卡港的输油管道工程问题。文章同时指出，韩国工商界巨头也已对这条绕开中国的输油工程表现出极大的兴趣，并建议向俄罗斯提供资金援助，帮助实施通往远东的输油管道（即安纳线）方案。日韩两国这些动向刚好出现在俄有关方面仍在是否放弃安加尔斯克至中国大庆的输油管道项目而举棋不定的时候，其目的可能只有一个，那就是不希望“从中国人手里”买油。日本和韩国都是石油进口国，如何减少对中东地区石油资源的依赖，实现石油来源的多样化，一直都是摆在两国政府面前的严肃课题。对日本和韩国来讲，俄罗斯管道运输公司提出的输油管道方案无疑将是两国进口他国石油的一条捷径。至于铺设到中国大庆的输油管道方案，日韩两国都认为，这将使中国掌握整个东亚地区燃料垄断权，因此，一直持反对态度。

一时之间，围绕石油管道狼烟四起。日方在谈判中抛出了如下筹码：日本准备将俄罗斯作为其固定的石油进口国。目前，波斯湾地区是日本石油的第一大进口地，占其进口总量的82%，但是以后日本承诺每年从俄进口5 000万吨石油，这相当于其年进口量的1/4，日方愿意为修建该石油管道提供50亿美元的金融援助。

日韩的出现及其抛出的新方案和利益诱惑，使中俄石油管道惊现改线玄机。

四、明争暗斗——中、日、俄三方角力谈判场，利弊权衡催生“折中方案”

虽然一时之间甚嚣尘上，中方处于不利形势，但中方谈判专家看到，首先，安加尔斯克到大庆的输油管道工程是俄中两国能源合作的重点项目之一，为了对该项目进行可行性论证，双方已花费了近4年的时间，并为此投入了大量的人力、物力和财力，双方合作单位已分别在去年夏天和秋天签署了两份相关协议。中国是俄罗斯长期的、稳定的能源合作伙伴，更改线路不仅将损害同中国的能源合作，而且将给整个中俄战略协作伙伴关系带来极大的负面影响。

其次，安加尔斯克到太平洋的方案仍有不少“软肋”。如果改而修建这一管道，那么它最早到2008年才能投入使用，到时候国际能源市场会如何变化难以预料，投资回报率有多大也将是个未知数。另外，如果按目前管道的年输油设计能力5 000万吨计算，西伯利亚地区的石油供应量在未来20年内应该保证在10亿吨左右，但目前该地区已探明的储量并没有这么大，如果供应满足不了管理设计能力将会造成巨额亏损。俄方对这些情况自然也了如指掌，虽然俄罗斯通过国内媒体放出风声，俄罗斯可能改变从安加尔斯克通往大庆的石油管道线路，日韩两国也趁机插手，“干涉”俄中两国合作项目，但是中方谈判人员分析，当时形势下，在输油管道工程上，中俄两国都不会轻言放弃。从当时的局势看，俄罗斯单方面毁约的可能性很小。但俄罗斯很可能以日本人的出现为条件，利用媒体放出要改变线路的风声，作为俄罗斯谈判方的某种策略，拖延时间，胁迫中方修改中俄原油管道的有关协议，使中方作出更大的让步，从而为自己争取更多的利益；另一方面，俄罗斯也想利用日本求胜心切的契机，争取更多的资金援助。在这种情况下，作为中方谈判人员，自然要沉着应战，不能急于求成，否则就将陷于被动，丧失利益；同时也要把握大局，审时度势，不能掉以轻心，否则，就有可能坐失良机，功亏一篑。

因此，谈判中的这些变局很多是中俄双方“玩牌”的过程。事情的发展颇具戏剧性。面对俄罗斯改变管道路线的声音，中方也出了一张牌：2002 年 12 月 19 日，哈萨克斯坦总统纳扎尔巴耶夫突然启程出访俄罗斯。同一天，中国中央电视台晚 7 点的《新闻联播》节目也播出了纳扎尔巴耶夫应中国国家主席江泽民的邀请，将对中国进行为期 4 天访问的消息。当时，一些分析人士认为，纳扎尔巴耶夫此时出访俄罗斯和中国，肯定与俄中管道项目可能生变传闻有关。

尤其引人注目的是，就在纳扎尔巴耶夫仍在俄罗斯访问的 12 月 20 日，普京总统在克里姆林宫单独召见了尤科斯石油公司总裁米哈依尔·哈多尔科夫斯基。而与以往的类似会晤不同的是，俄罗斯媒体能够报道的除了“两人讨论了落实尤科斯公司正在实施的一些国际项目问题”这样简单的一句话新闻外，并没有更多的内容见诸报端，这进一步加大了纳扎尔巴耶夫此时访俄的神秘感。

好在纳扎尔巴耶夫后来在结束访华之前，终于向媒体透露了他此行的一个重要目的：与中国领导人商谈铺设从哈萨克斯坦到中国新疆的输油管道项目。他在记者会上兴高采烈地强调：“这将把中哈两国的经济合作提高到新的水平。”

其实，哈萨克斯坦自 20 世纪 90 年代中期以来，就一直是中国在中亚地区的一个最重要的油气资源合作伙伴国。1997 年，中国曾击败了俄罗斯与美国等国的大型石油公司，获得了哈萨克斯坦两大油田的开采权，当时，中国还允诺铺设从哈萨克斯坦至中国新疆的长达 3 000 公里的输油管道。据俄罗斯有关专家介绍，中国当时的目标有两个：一是开采哈萨克斯坦的石油；二是铺设输油管道，与中亚地区现有的和正在计划修建中的石油输送管道网络接轨，建立一个通向中东和里海地区的石油陆上输送线路。这样，通过两条通向中东的哈萨克斯坦输油管道以及一条通向中国的输油管道，中国就将处于“泛亚全球能源桥梁”的战略位置上。然而，由于从哈萨克斯坦到中国新疆的管道工程成本太高，石油供应不充分及开采成本太高等原因，中国国家领导人于 2001 年暂时冻结了这一计划。

时隔 1 年，在日本横生枝节、中俄石油管道面临变数的时候，纳扎尔巴耶夫总统的声明给俄罗斯方面敲响了警钟，如果继续摇摆不定，要价太高，中国也要以“威胁”恢复中亚能源战略作为报复。这无疑增加了中方谈判筹码。

几个月来，围绕“安大线”和“安纳线”究竟孰优孰劣的问题，俄罗斯内部各方展开了激烈的争论。

提出改线动议的俄石油管道运输公司认为，首先，“安纳线”建成投产后可扩大俄石油出口能力，使俄能源贸易多元化，俄原油的供应对象将不仅局限于中国，而且还可以拓展到日本、韩国甚至美国在内的许多国家，有助于俄在亚太地区开拓新的原油市场。其次，考虑到俄国家战略利益，“安纳线”管线建设都在俄境内，可以避免受制于人。还有，修建“安纳线”可以吸引巨额外资，带动远东沿线地区的经济发展。

而俄尤科斯石油公司支持“安大线”的理由更充分：第一，中俄已经签署了长期供应石油的协定，俄将向中连续供油25年；第二，“安大线”管线长度仅为“安纳线”的2/3，总投资也不到后者的1/2；第三，中俄双方确定的原油购买价格是以世界主要油种的公开牌价为基础，且考虑原油品质和海上运费后确定的购买价格，这一价格规避了俄方销售石油的风险；第四，俄中两国是邻国，运输成本低，俄石油在中国市场具有很强的市场竞争力。

在双方僵持不下的情况下，俄能源部长尤素福夫在征求多方意见的基础上，均衡考虑各方利益，提出了一项折中方案。所谓的“折中方案”，就是将安加尔斯克—大庆输油管道（即“中俄方案”）和安加尔斯克—纳霍德卡石油管道（即“远东方案”）的两条线变成一条线，建成一条有支线经外贝加尔斯克通往中国大庆的安加尔斯克—纳霍德卡输油和输气干线，其中到中国大庆的干线将优先开工。

此外，俄罗斯加入世贸组织的迫切愿望也是“折中方案”出台的原因之一，加入世贸组织谈判必将与中国碰面，这个原因使俄罗斯在考虑输油管道时不可不考虑中方的感受而绕过中国。综合多种因素，“折中方案”最终水落石出。

这一方案一度被认为是“最大限度地符合俄罗斯国家利益，有利于东西伯利亚和远东的发展以及自然资源的综合开发”。

确定的原油出口管道方案分两期实施，第一期是从安加尔斯克经赤塔到大庆的管道，第二期是从赤塔到纳霍德卡港的管道。俄罗斯总理卡西亚诺夫于2003年3月14日表示，俄罗斯政府原则上决定铺设带大庆支线的安加尔斯克—纳霍德卡输油管道，这使得备受关注的俄罗斯东向输油管道之争（安加尔斯克—大庆与安加尔斯克—纳霍德卡）似乎有了一个答案。

折中方案的出台，使得备受关注的俄罗斯东向输油管道之争看起来尘埃落定。俄罗斯决定铺设大庆支线的安纳线，但安大线作为一线工程先行施工。在东西伯利亚的石油储量全部探明之后，且石油产量可保证管道需求的情况下，俄政府再考虑修建“安纳线”。

在折中方案面前，中日双方到底谁在这一回合的较量中占据了上风？从表面上看，这种“合二为一”的折中方案是俄政府在两种方案之间作出的一种妥协，而且将安纳线作为了干线。但是，从实际上讲，先修则意味“安大线”占得先机。

在2003年5月中国国家主席胡锦涛出访俄罗斯之前，俄总理卡西亚诺夫向外界表示，从俄东西伯利亚地区出发的石油出口管道，首先将铺设到中国大庆，至于什么时候在中途分岔，并将其延伸至俄罗斯的远东港口纳霍德卡，主要取决于西伯利亚和远东地区今后石油勘探开采的前景。5月28日，在胡锦涛主席访俄之际，中国石油天然气集团公司和俄罗斯尤科斯石油公司签署了兴建中俄原油管道的协议和600万吨原油的铁路购销合同。

五、波澜再起——俄罗斯态度暧昧，日本75亿美元偷袭“安大线”

“合二为一”的折中方案既是中日角力的结果，也是俄国内“安大线”和“安纳线”两派相争的产物。但是“合二为一”本身就是一个尴尬的方案，存在着不符合现实的地方：

俄罗斯目前根本不具备同时向两条管道供应原油的能力。如果同时运行，俄罗斯每年将向两条管道提供至少 8 000 万吨的原油，这一目标短期内没有实现的可能。卡西亚诺夫也坦言，“目前尚不清楚俄罗斯东西伯利亚的石油储备和未来产量是否能供应这条石油输送干线的两条管道。”

资金方面，俄罗斯将负责一期工程中的 1 600 公里管线的建设，需要花费 25 亿美元，而二期工程长近 3 800 公里的管线，则需花费 40 亿美元。尽管中、日都表示向俄方提供一定资金，但资金最后能否落实始终是俄方面临的问题。

对待“合二为一”的折中方案，中日双方的态度截然不同。2003 年 5 月，中国石油天然气集团公司和俄罗斯尤科斯石油公司在莫斯科签署了意向性协议——《关于“中俄原油管道油长期购销合同”基本原则和共识的总协议》，一些中方人员乐观地认为中俄输油管线“大局已定”。但是，国务院发展研究中心欧亚社会研究所佟刚发现了协议中的“破绽”：“5 月份签署的相关协议本质不具任何法律效力。”按照一般规律，输油管线合作协议应包括三个部分：即管线建设、管线运营、原油购销合同。而中俄 5 月签署的只是其中之一的原油购销合同，这种达成共识的意向性协议根本不足以成为俄罗斯在此问题上“从一而终”的理由。

日本并没有就此罢手，“合二为一，安大线优先”的折中方案显然是日本所不愿意接受的。中俄签署原油管道及购销协议的消息传出，日本朝野大为震动。虽然俄罗斯暗示将暂时搁置日本提出的安加尔斯克至纳霍德卡港的管道建设方案，但锲而不舍的日本仍不放弃努力，日本首相小泉纯一郎利用参加圣彼得堡建城 300 周年庆典的机会再次向普京游说。此外，日本一方面积极拉拢俄罗斯地方官员，一方面组成精干的专家队伍，对两条管线及俄罗斯的有关法律进行深入研究，极力渲染“安大线”的缺点。

而且更重要的是，日本再一次施展了其“杀手锏”——金元筹码。一项高达 75 亿美元的投资承诺，终于成功地撬开了深藏于“安大线”的“缺口”。2003 年 6 月，日本前首相森喜朗和日本外务大臣川口顺子分别赴俄游说时承诺，如果俄罗斯同意优先修建“安纳线”（安加尔斯克—纳霍德卡输油管线）管道，日本将提供 75 亿美元资金，协助俄罗斯开发东西伯利亚新油田。资金“元素”的注入在这里犹如一剂“强心针”，正中俄罗斯石油开发问题上的疲弱“心脏”。7 月底，俄自然资源部以线路穿越西伯利亚特别自然保护区和布利亚特共和国境内传统墓地保护区等环保问题为由，对尤科斯石油公司提交的“安大线”方案提出异议，也客观说明俄罗斯的态度已经发生了摇摆。

另一方面，俄能源公司内部权力斗争也为这本已画上“句号”的输油管线方案增加了新变数。以俄罗斯天然气工业股份公司、俄罗斯石油公司、俄罗斯管道公司为代表的国有石油公司和以尤科斯公司为代表的私有公司之间的明争暗斗，正进行得如火如荼，而这场权力斗争的“落点”将不可避免地体现在“安大线”与“安纳线”的命运上。

2003 年 4 月成功收购西伯利亚石油公司的俄罗斯尤科斯石油公司，已成为俄第一大、世界第四大的私营石油公司，它是目前在“安大线”项目上的最大倡议者。与此同时，俄罗斯三大国有公司不约而同成为了“安纳线”坚强的“捍卫者”。由国家控股的“国字号”集团与私营石油公司在争取石油控制权上的“拼死一搏”，决定了输油管道方案最终决定并非一加一等于二那样简单。

政治上的游说、金钱上的收买、利益上的诱惑，不可否认，日本“明枪暗箭”、花样翻新的手段已经部分奏效了。日本曾承诺以10亿美元的高价，帮助作为“安纳线”最终出海口的滨海边疆城市进行经济开发和环境保护，而这座城市顺理成章地成为“安纳线”的忠实拥护者之一。在种种不利因素面前，中方在管道问题上再度陷入被动。

六、大幕落下——一波三折徒增变数，各方角力利益为上

在国际关系中，国际商务谈判是各国利益争夺的主战场。在石油管道问题谈判中就上演了这样一幕三国演义，俄罗斯的左右摇摆、日本的锲而不舍，所反映的就是这一现象。

2003年9月初，还有消息称俄罗斯方面暂时不准备与中国或者日本讨论东西伯利亚石油输出管道的具体路线。9月2日，参与安大线方案认证的俄罗斯自然资源部副部长扬科夫在贝加尔地区环保会议上宣布，自然资源部将最终否决尤斯科石油公司提出铺设安加尔斯克至中国大庆的输油管道项目（安大线）。出面反对“安大线”的俄罗斯自然资源部的职责是自然资源保护、环境评估和经济运行与自然环境是否冲突的监测，其功能类似中国的环保部门。而在俄罗斯的政府序列中，负责协调俄罗斯所有形式燃料能源的供应和出口的是能源部（燃料动力部）。由于职责不同，俄自然资源部有无能力最终否决“安大线”尚是未知数。也正是因为如此，在9月初传出“安大线”可能夭折的消息后，俄罗斯从政府部门到舆论纷纷发表各自的看法。俄总理卡西亚诺夫则于9月6日出面辟谣，表示“安大线”并未被否决，只是有关部门出于自然资源保护考虑，专家委员会在论证时，要求重新审定该方案。

9月24日，中国国务院总理温家宝与到访的俄罗斯总理卡西亚诺夫在北京举行联合会谈，卡西亚诺夫表示，俄方将尽力满足中方对石油天然气的需要，俄罗斯政府将对铺设中俄石油管道项目履行协议、信守承诺。

10月22日，又有消息称日本首相小泉纯一郎近日与俄罗斯总统普京达成协议，加快俄罗斯东部输油管线的可行性谈判，以便在12月中旬前完成可行性研究。此前不久，俄罗斯《晨报》发表的题为《哈萨克斯坦欲取代俄罗斯向中国运送石油》的文章所提及的“中哈线”也是一个值得关注的问题。

而更值得我们关注的是谈判中的教训：一是如果当时中方选择了合适和有影响力的俄方石油勘探开发企业，那么“安大线”的进展就会相对顺利得多；二是如果从1994年开始，中方就着手进行较为果断和积极的推进努力，包括前期投资努力，那么情况也可能非常不一样，而今中方对“安大线”的出价，已经是有日本方面的投资承诺作为强烈的参照系了。不过换一个角度看，俄罗斯在其原油资源方面的战略，以及相应的战略取舍，也是决定性的，在取得俄罗斯油气资源方面，也有可能整个亚洲都是输家，急于融入欧洲的俄罗斯显然更愿意将石油资源作为“入欧”的敲门砖。而如果俄方放弃与中国在“安大线”的合作，更将是俄方的损失。

在国际谈判的战场上，利益之争从无间断。围绕石油管道谈判前几个回合的较量之中，牵涉了中、俄、日、韩、哈萨克斯坦等多个国家，不仅涉及中、日、俄各国公司之间的商务谈判，也是国家之间利益的整合，同时也使俄罗斯卷入了一个国家内部不同利益集团之间的争斗。站在中国的立场上，在这场旷日持久、牵涉巨大的石油管道谈判中，如何巧妙地利用国际形势，利用俄罗斯内部集团利益之争等众多因素，更好地实现我方的谈判利益，正是考验谈判家和决策者的绝好舞台。

时至今日，这场空前复杂的艰苦谈判，终于达成了符合中俄两国共同利益的方案，实现了双方的共赢。

（赵爱玲，《中国对外贸易》，2005 年第 5 期）

案例五

美日半导体谈判

一、导言

20 世纪 80 年代初期，美国政府开始着手处理美国市场上不断增长的来自日本产业竞争的问题，以及美国产业界要求美国政府采取行动实施对产业保护的呼吁。美国政府希望日本方面能主动限制日本对美国的出口，这种自愿限制出口措施曾用于销往美国的钢铁和汽车等产品上。同时，美国人还不断地寻求使美国产品进入日本市场的办法，因为美国人认为日本市场是一个封闭的市场。由于美国对日本的贸易长期处于逆差状态，使得美国国会为缩减贸易赤字的努力不断受挫，这种挫折感在美国与日本的半导体谈判期间达到了高潮。日本人在贸易领域对美国形成的威胁成为共和党人可以大做文章的事件，因为里根政府能利用这一事件宣扬它的“自由”和“公平”的贸易思想，并借此采用更为强硬的措施给日本人施加压力。

随着美国方面的压力和指责不断升级，日本方面感到愤愤不平，但同时也越来越对美国方面的保护主义情绪表示关注，因为这种情绪有可能影响日本产品进入有利可图的美国市场。日本人还希望避免在国际上被贴上“不公平贸易伙伴”的标签，这将是令人十分尴尬的政治上的污名。

二、事件背景

到 20 世纪 80 年代中期，日本在美国所占有的半导体市场份额已经超过了美国在日本所占有的半导体市场份额，而且日本供应商在全世界的市场份额正逐渐超过美国公司所占有的市场份额。美日两国在半导体上的冲突涉及两个既彼此分离又相互联系的事件：美国人指控日本芯片制造商以低于公平的市场价格在美国市场倾销半导体，并且指控日本不准许外国制造商进入其国内市场。这两个事件有着重要的联系。首先，美国产业界把市场准入视为在美国市场进行竞争的关键，受到保护的日本国内市场使日本芯片生产商能够保持低廉的生产成本，从而削弱了美国制造商的市场竞争力。其次，除了可以使用 301 条款进行贸易报复以外，几起针对日本半导体销售商的反倾销案为美国在与日本进行市场准入的谈判中提供了可以借用的手段。

对日本人来说，谈判中的主要问题是如何阻止美国把日本说成是不公平的贸易伙伴，并对其实施贸易制裁和征收反倾销关税，同时保护半导体产业的竞争力，因为该产业对于日本未来经济的发展有着举足轻重的作用。

三、美国方面

美国商务部及美国贸易代表是谈判的主角，但两者之间有不同的分工：美国贸易代表主要负责解决日本市场准入的争端问题；而美国商务部则主要负责在美国市场的倾销问题。美国国务院也被卷入到有关的谈判中。尽管国务院内部存在着一些抵制意见，而且有些部门对谈判中达成协定的方式并不完全满意，但国务院总的说来是支持商务部和贸易谈判代表的。

国务院最终给予谈判部门支持的一个关键因素是，美国半导体工业早些时候曾经使美国原国务卿舒尔茨相信，日本只是美国芯片产品的一个很小的市场，这与世界其他市场相比是不正常的现象。另一个因素是国务院的特别谈判代表的作用，他很熟悉政府其他部门的谈判代表以及工业院外集团人员并且与他们相处得很好。此外，对舒尔茨及参与谈判的国务院人员来说还有政治压力：他们认为国务院需要在国会及行政部门中建立起信任感，一个办法就是扩展对美国利益范围的定义，即美国利益不仅包括政治与安全问题，而且包括更广泛的经济利益。

白宫更倾向于关注美日经济冲突所导致的两国间的政治关系问题，但是这一担心由于半导体工业对美国国家利益的重要性而被抵消了。

美国各方面的态度能够相对统一的一个主要原因是来自美国半导体产业的影响。美国半导体产业协会（SIA，由50多个主要芯片制造商组成）成立于20世纪70年代后期，它从成立之日起就公开地应对日本的挑战。美国半导体产业协会和其他独立的芯片制造商是谈判的主要发起者和催化剂，他们游说本国政府对日本人发起反倾销调查，指控日本人的不公平贸易，并为反倾销和谈判提供了主要的支持。

然而，美国的半导体工业和一般的微电子工业在这些问题上意见并不一致。为此，美国半导体产业协会及早采取行动并较好地弥合了产业内部各种不同的意见。美国半导体产业协会动员各个产业部门为了使大家都获益的共同目标而努力，即占领更多的日本市场。有些公司，如IBM等以前对于采取贸易行动并不热心，现在也同意不干涉美国半导体产业协会，而让其去采取行动。美国电子协会（AEA）是用户的代表，它们早在1985年就得知了主要的情况，而且，此后凡是在需要的时候美国的半导体协会还经常给它们提供更为详细的咨询。在任何情况下，用户之间很难形成统一的看法，而且与半导体协会相比，它们在华盛顿的影响力要小得多。

在半导体一案的谈判过程中，倾销诉讼在美国的政治方面起着主要作用，同时发挥着国内及国际功能。在国内，一旦倾销诉讼被立案，日本以不公平方式渗入美国市场的问题便会正式与美国进入日本市场问题相联系。再者，倾销诉讼给予那些希望对日本采取强硬立场的人以法律权力。

从另一个结果考虑，如果谈判未能达成协议，而倾销诉讼获胜，美国市场的芯片价格将会上涨，结果会使美国市场无法与世界其他市场竞争。因此，美国方面有更大的动力通过谈判达成一项协议，而不是仅仅在倾销案中获胜，对日本进行倾销处罚。美方可以借用倾销诉讼使美国在谈判中拥有更强的讨价还价能力，规划安排与日方的谈判，同时有助于使美国国内各方在谈判战略和协定的价值上达成一致意见。

由于美国半导体工业协会提前为内外部达成有效的一致意见所作的努力，以及倾销诉讼的作用，美国方面参与谈判的主要各方所提出的条件与日方的都非常地接近。各方在日本的市场准入必须与美国的市场保护目标相联系这一点上的一致，以及意见的一致所形成的利益的广泛结合，最终成为构建美国的一揽子谈判条件和谈判战略以及国际谈判动力的基石。

美方认为，为了获得美方主要谈判人员的批准和认可，以下几点要求应当包括在谈判的条件内：

（1）日本政府必须尽一切努力排除阻碍美国实质性增加在日本的半导体市场份额的障碍。美国期望在近期内使美国公司的份额至少增加一倍。多年来，美国公司一直只占有日本市场8%～10%的份额。以往的研究表明：如果日本的市场不存在贸易壁垒，美国的市场份额应当在30%以上，因此30%就成为美方谈判的一个起始要价；当然，低于30%的份额也可能获得谈判各方的批准，但是可能获得批准的底线至少不应低于20%。

（2）所有在美国市场进行销售活动的日本公司如果有倾销芯片行为的，都必须终止倾销，而且，为达到这一目的，美国应建立起一种监督机制。在美国市场上，所有在美国以低于生产成本或“公平市场价格”出售芯片的日本公司都应该停止销售。此处的关键词是“全部”公司。参与谈判的各主要方面都同意，任何一项允许日本公司继续倾销的决定都不会充分地保护美国公司。这样，在监督倾销是否发生时如果使用平均定价方法是不可接受的，因为只要其他公司以高于平均价格出售，这项决定就会使一些日本公司继续进行倾销。

（3）必须制止日本公司在日本和第三国倾销芯片的行为，而且为达到此目的应建立起相应的监督机制。美国政府和工业界的主要谈判代表同意：任何条约都必须涉及在其他国家销售芯片的问题，以免任何禁止日本公司在美国倾销的协定由于日本公司在日本和第三国的低价出售而被破坏，因为终端用户可以到这些国家去购买他们所需要的芯片。

（4）目前，正在进行的反倾销诉讼可能不得不暂时搁置起来，但不是终止调查。终止调查会削弱美国为阻止日方违反谈判可能达成的协定的力量，单纯的搁置（以换取一项符合上述目的的协定）可以使美方在必要的时候尽快重新提起对日方倾销的诉讼。

半导体工业把市场准入和解决对美国的市场渗透的问题联系在一起的做法，使美国的一揽子谈判条件既具体又使其控制在一个狭小的范围：如果谈判的协定不包括这些要求在内的话，谈判主角们就不会认可这个协定。

四、日本方面

有权有势的通产省（MITI）是日本官方的谈判主角。通产省由于它的“有管理的工业和贸易政策”和为产业提供“行政指导”而闻名。例如，它曾经在20世纪80年代初不顾一些日本汽车公司的反对，成功地实施了对汽车出口的“自动出口限制”

（VER）措施。后来，由于日本工业日益壮大并且越来越国际化，通产省对某些工业（半导体就是一个主要的例子）的强制性作用已经减弱了。在此次谈判中，如果通产省能同美国达成一项协议，将会赋予它新的权力和机制来控制芯片制造商们，从而使其在工业部门重新建立自己的影响。

正像日本的许多工业一样，日本的半导体工业基本上属于寡头垄断，即只有少数几家大公司（大约有10家芯片生产厂家），其中有几家是较大的、多种经营的电器公司（如日立、东芝、NEC等）。与更加分散的美国公司形成对照的是，这些日本大公司以相对纵向的方式组合，它们既是终端用户的计算机生产商同时又是芯片生产商。日本半导体工业非常关注的是，如果日方不能执行谈判协议，可能会遭到美国的反倾销及其他报复措施。但许多公司宁愿不达成协议，而是去适应美国的关税调整，因为如果达成协议的话不仅通商产业省会在国内和国外对价格实行控制，而且还会要求日本厂商向美国政府透露专有的生产成本信息，日本厂商担心美国政府会把这些信息泄漏给他们的美国竞争者。

半导体工业内部存在一定程度的意见分歧，因为并非所有的公司都被列到反倾销调查案中，因而不得不服从因为没有达成协定而遭受的处罚。再者，有些公司在是否达成协议上有更大的利害关系，因为它们生产的许多其他电器消费品也可能成为美国报复的对象。

正像与美国的其他贸易争端一样，日本首相的威信与其解决争端的能力紧密地联系在一起。在半导体案件中，这就意味着首相和自由民主党的领袖们要与官僚机构——通产省联合在一起共同解决这一贸易争端，同时避免美国的报复。可见，在政府与工业界之间也存在着冲突。

由于政府与工业界之间存在的根本分歧，以及工业界内部利害关系的分歧，日本的一揽子谈判条件受到严格制约，既不具体，又包括广泛的内容，而且在关键的问题上与美国的一揽子谈判条件要求相去甚远。日方可能接受的协议必须包括：

（1）终止或至少是搁置倾销案件和悬而未决的301条款案件。

（2）避免美国的报复。

（3）将美国市场份额的扩张限制到可以避免报复的程度。美方提出的20%或更多的份额不可能得到日本工业界的同意。而将美国在日本的市场份额扩大几个百分点，达到百分之十几的份额可能会得到日方同意。

（4）避免建立涉及第三国或者强迫日本公司向美国政府提供专有信息的监督体系。

在这里，通产省与工业界的接受条件有所不同：通产省能够忍受涉及第三国或者向美国政府提供专有信息的监督体系。然而，尽管增加了适当的保护措施以防止将信息泄漏给美国公司，半导体产业界的许多公司仍然不可能同意带有这些条款的协议。

与此同时，英特尔公司和其他两家美国公司也提起了一项诉讼，指控日本公司在倾销EPROM（Erasable Programmable Read Only Memory：可擦可编程只读存储器）。1985年11月，国际贸易委员会公布了一份初步调查结果，说明日本公司的确损害了美国的工业利益，这一结果揭开了美国商务部决定调查是否实际上发生了倾销行为的序幕。

日本人企图阻止此项倾销指控的成立。然而，当美国于12月首次正式把倾销问题与市场准入联系起来时，日本提议“鼓励”其主要生产厂家更多地购买美国芯片，使美国公司的市场份额小幅度、缓慢地增加，日方还提议以一个生产不同类型芯片的“典型”公司为模式，为各种型号的芯片制定出口的底价。作为交换条件，日方要求美国停止调查，搁置或终止反倾销案件，并且不再开始新的反倾销案件调查。这项建议对于美国来说是不能接受的，因为底价体系不是根据公司的专有数据资料建立的，而且它也不适用于日本国内市场或在第三国的销售。

美国以各种方式增加了对日本的压力。各种各样针对日本人的裁决都预示着对倾销案的最终审判将以处罚为结果。准内阁级别的贸易政策评论集团和内阁级别的经济政策协会开会讨论了市场准入问题。经济政策协会达成一项非正式决议，除非日方与美方很快签订一项谈判协定，否则，美国将引用301条款进行报复。据一位前美国贸易官员透露，当把这一决定非正式地通知日方后，的确“使他们大发雷霆”。

五、签订协议

美国的高压措施取得了一定的进展，1986年7月初，美国商务部与日本公司签订了暂停调查倾销案的协议。美国方面警告说：如果在遗留的问题上达不成协议，美国将再次提出对这些案件进行调查。美国还把解决问题的最后期限推迟到7月末。确定一个最后期限，然后再推迟最后期限是美国谈判人员惯用的胡萝卜加大棒的策略。当最后期限临近时，仍未解决的主要问题是日本人不愿意接受美方提出的对第三国市场的控制和提供制造成本的专有信息的要求。

日本通产省和日本政府在对其是否让步的问题上有分歧。日本工业界也不高兴，因为许多生产厂商认为日本已经作出了太多的让步。生产厂商宁愿接受较高的反倾销税也不愿意同意美方的要求。

然而无论日方如何不情愿，美日双方在美国设定的解决问题的最后期限的前几分钟，即7月31日午夜，还是达成了一项协议。协议满足了美国提出的所有要求，包括由日本政府监督其出口价格和监督第三国市场，以及向美国商务部提供日本公司专有的生产数据，以便使美国人按照他们的解释来确定倾销是否发生。

在正式协议中，日本政府只是保证尽最大努力使日本公司协助增加美国在日本的销售份额。然而，在此条约的秘密附件中，日本政府更加具体地承认了在协议的5年期限内，美国公司有望增加其在日本的销售量，达到20%的市场份额。

该协议签署后不到两个月，美国半导体工业协会便开始向美国官员抱怨可能有倾销的行为发生。当年10月，这些抱怨大大地增加了。根据有关的报道，在美国的市场之外所销售的芯片价格大大低于美国商务部所规定的公平市场价格，计算机制造商们开始威胁说要到国外去装配他们的产品，而不愿意购买价格高得多的美国市场上的芯片。此问题的部分原因是美国商务部在签订协议之后把美国的公平市场价格定得很高，这是因为美国商务部起初仅收到日本公司生产成本的部分资料。随着收到更多愿意合作的日本公司提供的信息，价格偏差得到修正，官方的定价开始大幅下降，而且美国国内抵制该协议的情况也大为减少。

在此期间，美国官员及公司注意到，日本公司在第三国市场（主要是东亚市场）上的倾销一直在进行，而且，自从签订协议以来，美国在日本的销售状况没有得到根本改善。1987 年 1 月，美国谈判人员向日本通产省发出最后通牒：到 4 月 1 日，停止日本公司在第三国的倾销，并且改善美国公司的市场准入状况，否则，美国将不得不进行报复。至少有一些日本官员认为激发美国采取报复措施的并不是倾销问题，而是由于在签订协议之后的数月内，美国的市场份额未能得到改善。尽管日本通产省采取了一些措施，如抑制日本过剩的生产能力及加紧控制出口等来拼命制止在第三国倾销的发生，但是在第三国仍然发生了更多的倾销案件。

3 月底，内阁级别的经济政策协会得出结论，认定日本违反了协议。之后，当时的美国总统里根便决定对价值 3 亿美元的日本电器设备加征 100% 的报复性关税，惩罚性关税差不多有一半是针对日方违反倾销条款的，另一半是针对未能改进市场准入部分。

1987 年 6 月在威尼斯召开的主要工业国家领导人峰会上，美国总统里根宣布部分降低对日本征收的惩罚性关税，在 1987 年底以前，美国商务部声明进一步降低对日的惩罚性关税。日本公司在第三国的倾销后来基本上停止了，可是美国在日本芯片市场上的份额并没有像所期望的那样大大地得到改善。

评价美日双方哪一方"赢"得了更多利益，或哪一方"输"掉了更多利益是较为困难的。如果严格按照美国所设定的标准来评价停止在国内及国外市场"倾销"的行为，美日半导体协议至少获得了部分成功，虽然停止在第三国市场上的倾销是通过对日实行制裁才取得的。然而，取得 20% 的市场份额的目标是不够明确的，美国供应商在全世界市场的份额在协议签订之后的几年内没有得到改善，而以日本为基地的供应商们所占有的世界市场份额继续超过他们的美国竞争者。在美国市场上，以日本为基地的芯片制造商们事实上大大增加了他们的市场份额，与此同时，美国供应商在日本市场上仅有某些改进——到该协议 5 年期满时远远未能达到所希望的增长目标。

美日双方于 1991 年就协议的内容再次进行了谈判。这项为期 3 年的（可以选择在期满后再延续 2 年）半导体协议把 20% 的市场准入目标明确加进了协议中，但是协议明确指出这只是一种希望而不是固定的目标，从而结束了对 1986 年条约的"秘密"附件的争论。美国政府针对日方在美国市场的倾销而进行的生产成本资料收集及监督也依照新协议被大大地削减或精简了，此外，从 1987 年开始的对日本进行的报复性制裁也被取消了。

（三亿文库）

案例六

克莱斯勒公司起死回生记

克莱斯勒汽车公司实力雄厚，但进入 20 世纪 70 年代后该公司屡遭厄运，从 1970 年至 1978 年 9 年内竟有 4 年亏损，其中 1978 年亏损额达 2.04 亿美元。在此危难之际，艾柯卡——美国企业界响当当的人物——出任该公司总经理。为维持公司最低限度的生产，艾柯卡请求政府给予紧急经济援助，提供贷款担保。

但这一请求引起了轩然大波，美国社会舆论几乎众口一词：克莱斯勒赶快倒闭吧！按企业自由竞争规则，政府决不应给予经济援助。最使艾柯卡头痛的是国会为此举行的听证会，那简直是在接受审判。听证会上，一切都是即席式，许多问题经常是一波未平，一波又起。助手们常给议员递条子，而艾柯卡只能孤军奋战。

艾柯卡一开始就简单提出证词："我相信诸位都明白，我今天在这里绝不是代表我一个人说话，我代表着成千上万靠克莱斯勒公司为生的人们，事情就那么简单。我们有14万职工及其家属，4 700家汽车商及其所属的15万职工，1.9万家供应商和其他雇佣的25万人和他们的家属。"艾柯卡在听证会上清楚地表明：我们绝不是要求施舍，也不是索取礼物，我们正在申请的是一项贷款保证，公司将偿还每一元钱，而且都是有利息的。然而，议员们是不会轻易被说服的，他们无休止地提问，内容有时十分尖锐。

参议员兼银行业务委员会主席威廉·普洛斯迈质问道："如果保证贷款案获得通过的话，那么政府对克莱斯勒将介入更深，这与你长久以来鼓吹得十分动听的主张（指自由企业竞争）不是自相矛盾吗?"

"你说得一点也不错"，艾柯卡回答说："我这一辈子一直都是自由企业的拥护者，我是极不情愿来这里的。但我们目前的处境进退维谷，除非我们能取得联邦政府的某种保证贷款，否则我根本没办法拯救克莱斯勒。"艾柯卡继续道："我这不是在说谎，其实在座的参议员们都比我还清楚，克莱斯勒的请求并非首开先例。事实上，你们的账册上目前已有4 090亿元的保证贷款，因此，请你们通融一下，不要到此为止，请你们也为克莱斯勒公司争取4 100万美元的贷款，因为克莱斯勒乃是美国的第十大公司，它关系到60万人的工作机会。"

艾柯卡随后指出，日本汽车正在乘虚而入，如果克莱斯勒倒闭，其几十万职员就得成为日本雇员，根据财政部调查材料，如果克莱斯勒倒闭的话，国家在第一年里就得为所有失业人员花费27亿美元的保险金和福利金。所以，他向议员们说："各位眼前有个选择，你们愿意现在就付出27亿美元呢?还是将它的一部分作为保证贷款，日后可以全数收回?"

持反对意见的议员们无言以对，贷款案最终获得通过。这是一次成功的谈判，艾柯卡所引述的材料，议员们不一定不知道，只是未作认真分析。艾柯卡所做的就是将他们已知的内容再清楚扼要地指点一遍，让他们真正明白个中利害。

争取国会通过贷款案固然困难，但要求400家银行同意延期收回6.55亿美元贷款更是难上加难。听证期间，银行一直持否定态度。由于大多数银行贷款是借给克莱斯勒金融公司，而不是克莱斯勒本身，所以银行家们以为即使克莱斯勒公司宣布破产，他们的债权仍可获得保障。但是，1979年末，艾柯卡请洛杉矶研究破产问题的专家龙·特罗斯准备的一份《破产清理备忘录》打破了银行家们的幻想，使他们很快意识到作出让步使公司得以生存是最有利的做法。虽然如此，银行家们的态度仍是不尽相同。为鼓励银行作出必要让步，艾柯卡花了几个月时间终于制订出银行可以接受的计划。

同银行的谈判十分复杂，艾柯卡对银行家的态度相当强硬，但有头有绪，他懂得何时该松弛一下。有一次当各银行的代表相持不下时，他把一支玩具枪顶在自己头上说："要是你们不能达成妥协，我要自杀了!"

开始时，艾柯卡分别找一家家银行谈，后来发现这样行不通，遂改为召集大家一起谈。最后，他宣布说："我给你们一个星期时间考虑，4 月 1 日，也就是下星期二，我们再开会。"如果银行家在这次会议上还达不成协议，那后果将不堪设想。因为，当时全国经济衰退形势已很严重，克莱斯勒宣布破产很可能意味着一个更为可怕的经济灾难即将来临。

4 月 1 日，全体人员到会。艾柯卡的开场白实在令人震惊："先生们，昨天晚上，克莱斯勒董事会举行了紧急会议。鉴于目前的经济衰退，公司的严重亏损，利率的节节上升——更不要说银行家的不支持态度——公司决定今晨 9 点 30 分宣布破产。"整个会议室里鸦雀无声，空气异常沉闷。毫无思想准备的银行家们对这一突如其来的宣告目瞪口呆。只见艾柯卡不慌不忙地补充道："也许我应提醒诸位，今天是 4 月 1 日。"人们大大松了一口气——4 月 1 日是愚人节。

这是艾柯卡在开会前五分钟想出来的一条奇谋。它有很大的冒险性，但结果证明很灵验，它使会场中每一个人的焦点集中在一幅更大的图景中，充分想象到不达成协议可能产生的严重后果。

艾柯卡的让步计划为全体与会者所接受。一场旷日持久的谈判终以艾柯卡及其同人的胜利而结束，克莱斯勒得救了，而银行家们也得到他们应得的利益。

在艾柯卡着手拯救克莱斯勒的过程中，他感到必须压低员工的工资，才能保证企业的运转。他首先降低了高级职员工资的 10%，自己的年薪也从 36 万美元减少到 10 万美元。随后，他对工会领导人说："17 美元一个钟头的活有的是，20 美元的一件也没有。现在我拿着手枪顶着你们的脑袋，你们还是聪明点。"

工会没有答应，双方僵持了一年。最后，形势迫使艾柯卡发出了最后通牒。某晚 10 点钟，艾柯卡找到工会委员会，对他们说："明天早晨以前，你们非作出决定不可。如果你们不帮我的忙，我也要让你们不好受。明天上午我就宣布公司破产。你们还可以考虑 8 小时，怎么办好，你们看着办吧！"

迫于最后通牒的压力，工会答应了艾柯卡的要求。

克莱斯勒终于起死回生，艾柯卡及其同僚们审时度势，顽强作战，几次谈判进程中艾柯卡屡出奇兵，收到了良好的效果，为我们树立了一场成功的商务谈判的典范。

（刘戈，《商业价值》，2014 年 4 月 23 日）

案例七

强强合作　利益至上

——曼联队与沃达丰公司的球衣广告谈判

近些年来，商业体育的发展越来越迅猛。传统的更高、更快、更强的体育口号已经完全被金钱和利益所代替。金钱的影子已经渗透到体育领域的每一个角落，这从职业体坛动辄数千万美元的转会费中就可看出。而重大赛事的转播费用已经从原先的数百万美元一路飞涨至现在的数亿甚至数十亿美元。观众要想收看精彩的赛事转播，就必须通过收费电视观看，越来越多的传统电视台已经不再进行赛事直播，这在欧美国家尤其如此。许多人都哀叹，在新的世纪，大批无钱买票的球迷可能再也不能像以前那样坐在家里看电视转播了。许多著名的大俱乐部甚至已经将未来10年的赛事转播权卖给了收费电视台，这使许许多多贫困的球迷再也看不到心爱球队的影子。

与此同时，很多名声显赫的大俱乐部的要价也越来越高昂。除了昂贵的电视转播权以外，还包括体育场的广告牌使用权、球衣上的广告宣传等，这在职业足坛尤其如此。许多财力雄厚的跨国公司为了扩大自己的影响，打动球迷的购买欲望，纷纷对体育赞助趋之若鹜，一掷千金，使得体育赞助水涨船高，年年都创出令人瞠目的新高。尽管如此，跨国公司仍然源源不断地涌入职业体坛，尤其是刚刚兴起的电信集团和网络公司。他们大都是资本市场上广大投资者的宠儿，股价高昂，市盈率成百上千，股票市值都以亿计，成了体育赞助的新贵。但是世界职业体坛上的名门俱乐部为数有限，现在一下子涌来了这么多赞助商，其结果必然是体育赞助谈判越来越艰难，竞争越来越激烈，最后达成的协议金额必然是年复一年地飙升。欧洲足球五大联赛的实际情况都是这样，但格局却在发生微妙的变化。最初意大利足球甲级联赛在五大联赛中一枝独秀，意甲俱乐部素以花钱如流水闻名，网罗了大批世界一流的足球选手，当然，意甲联赛的水平也是最高的，有“小世界杯”之称。同时，意甲球队获得欧洲三大杯冠军的次数也最多。不过，随着20世纪90年代初英超联赛的揭幕以及英国球队重返欧洲赛场，近年来英国足球呈现出迅猛的卷土重来之势。自大的英国人素以足坛鼻祖自居，除了对足球王国巴西礼让三分外，向来不把其他国家放在眼里。可是英格兰国家队的战绩近年来非常不理想，1994年世界杯连小组出线权都没拿到，球员们都集中成了这次世界杯看客。于是，英国人转而把眼光盯在了本国俱乐部身上，希望他们能重振英国足坛的雄风。

英国俱乐部也确实没有让广大国内拥护者失望。1991年，刚刚返回欧洲足坛就拿下欧洲优胜者杯，1999年，又赢得了欧洲俱乐部的至高荣誉——欧洲冠军杯，成为名副其实的欧洲职业足坛冠军。紧接着又在东京举行的丰田杯上赢得了胜利，成为世界俱乐部冠军，而获得这一系列荣誉的队伍就是本次商业谈判的主角——英国的曼彻斯特联队。2000年年初，当世界上最大的无线通信公司沃达丰击败了竞争对手互联网公司雅虎、亚马逊、英航和阿联酋航空公司，与曼联队达成3 000万英镑的球衣广告合同时，全世界都为之瞩目。同时，曼联队与沃达丰公司的签约结束了其与日本夏普电器公司长达18年之久的赞助协议，因为沃达丰公司的赞助费是夏普公司的4倍。夏普公司的发言人无奈地感叹道：“在这个世界上，再长的姻缘也经不起金钱的诱惑。”那么，在这场竞争激烈的球衣广告谈判中究竟发生了多少幕后故事呢？在这次典型的由一方对多方的谈判中曼联俱乐部是如何运用各种谈判手段，从而实现自身利润最大化的呢？让我们清晰地看一看谈判的进程吧。

一、显赫的历史，荣耀的战绩

曼联队在英国足球的历史上有着异常显赫的地位。曼联俱乐部与利物浦、阿森纳、托特纳姆、埃弗顿四个俱乐部构成了英国职业足坛的五大名门，它们几乎包揽了英国足坛的所有荣誉。但近年来随着一些新兴足球队的崛起，对老牌俱乐部构成了强大的挑战。不过曼联俱乐部仍然保持着名门风范，在英格兰足坛激烈的竞争环境中依然处在王者地位，这与它们悠久的历史传统是分不开的。曼联队也曾经遭受过惨重的打击，1958年的“慕尼黑空难”是曼联历史上永远难忘的悲剧。当时刚参加完冠军杯比赛的曼联队搭乘飞机返回英国，结果在慕尼黑机场上发生了不幸的悲剧，几乎整个曼联队的队员全部丧生。不过曼联人很快化悲痛为力量，投入了新的战斗。经过10年的不懈努力，曼联队在慕尼黑空难的幸存者查尔顿勋爵的带领下，终于夺得了1968年的欧洲冠军杯。

进入20世纪70年代以后，英格兰足坛乃至整个欧洲足坛都被另外两家俱乐部（诺丁汉森林队和利物浦队）统领了，曼联队变得沉寂了。20世纪70年代末80年代初，利物浦队四夺欧洲冠军杯，显示了无与伦比的强大实力。在这一时期，利物浦队横扫欧洲足坛，在英格兰联赛中称王称霸，不可一世。20世纪80年代中期，臭名昭著的英格兰足球流氓制造了许多起震惊世界的惨案后，英格兰俱乐部在5年内被禁止参加欧洲三大杯赛事，这给英格兰足坛带来了致命的打击。但沉寂多时的曼联俱乐部却恰恰从这个时期开始迎来了全面的复苏，尤其是在1988年俱乐部聘请了天才教练弗格森作为曼联队的主教练。弗格森一上台就出手不凡，大力培养和提拔二线队伍乃至青少年球队的队员，锤炼他们的大赛能力，同时严明队纪，对不服管教的队员严加惩处。很快，曼联队就成为一支战斗力强盛、具有很强冲击力的生力军，并在1990年夺得了英国历史上最悠久的杯赛赛事——足总杯冠军。从1991年开始，英国俱乐部队重返欧洲三大杯赛场，曼联队也随即在整个欧洲足坛大放异彩。在英国俱乐部队重返欧洲足坛的第一个赛季，曼联队就一举夺得了欧洲优胜者杯，让世人刮目相看。但是，这只是曼联队统治欧洲足坛进攻序幕的开始。

从1991年开始，英格兰足球超级联赛拉开战幕。曼联队一路高歌猛进，所向披靡。然而在夺冠的最后关头由于队员年轻，经验不足而败给了竞争对手——利兹联队。联赛冠军的旁落并没有使曼联队的年青队员们意志消沉，反而更加激起了他们的求胜欲望和夺冠的激情。在随后的1992～1993、1993～1994两个赛季，曼联队不负众望，连夺两届超级联赛冠军。不过，当时的欧洲三大杯赛事主要被意大利俱乐部统治，曼联队并未在欧洲冠军杯赛事上取得太大进展。1994～1995赛季，异军突起的布莱克本队从曼联队手中夺走了超级联赛冠军，但在随后的两个赛季曼联队又蝉联了联赛冠军。与此同时，曼联队在欧洲冠军杯赛场上也显示了强劲的实力，屡次杀入四强、八强，只是由于不适应大赛的紧张气氛，加上临场发挥不好，才被挡在了最后决赛的大门之外。

1997～1998赛季，沉寂已久的阿森纳队卷土重来，夺得了英格兰足坛的双冠王。但这对曼联队来说并不算是太大的打击，它们已经获得了太多的国内冠军称号，能够吸引它们的只有欧洲冠军杯了。在接下来的新赛季里，曼联队一路过关斩将杀入冠军杯决赛，并在决赛的最后关头神奇般地连入两球，转败为胜。同时，在国内赛场上又获联赛冠军和足总杯第一，创下了三冠王的伟业。当时曼联球星云集，有很多人成了青少年球迷的偶像，如贝克汉姆、吉格斯、科尔、约克、斯塔姆、斯科尔斯、基恩等。随着曼联俱乐部成为近10年来战绩最显赫的英国足球俱乐部，曼联队的球衣也卖得最为红火，球衣上的“SHARP”文字也深入人心。十多年来，曼联队的球衣赞助商一直是日本夏普公司。自从20世纪80年代初两家结盟以来，合作关系一直很紧密。这些年来，曼联队不断建功立业，球衣上夏普公司的广告也收到了良好的效果，给夏普公司带来了无限的商机和利润。可是当曼联队的名声越来越响彻全球，夏普公司的赞助费已经逐渐显得与曼联俱乐部作为欧洲足坛豪门的身份不相称了。尤其是1999年的一次收购事件，更让曼联队认识了自身的价值。1999年，澳大利亚传媒大亨默多克所控制的英国天空电视台向曼联俱乐部董事会开价10亿英镑意欲收购曼联队。这一巨资令董事会成员欣喜若狂，并获得了董事会主席的首肯。但最后在广大曼联球迷的强烈反对以及英国政府的出面干预下，这次收购没有能够变成现实。但曼联俱乐部董事会意识到了自己球队所拥有的无限商机，于是要求夏普公司重新进行赞助谈判，同时必须大幅提高赞助费用。就在这时，英国电信业的巨人沃达丰公司介入进来。

二、多家争抢，曼联获利

2000年1月，沃达丰公司作为英国最大的无线电话提供商，成功地以500亿英镑的巨资吞并了德国的曼内斯曼电话公司。在这次敌意兼并中，沃达丰公司历经艰险，终于成功，更加增长了公司发展的雄心壮志。曼联队作为英格兰足坛最著名的球队，沃达丰公司早就对其垂涎三尺。因为沃达丰公司可以利用曼联队的球衣来宣传无线电话，让人们认可它的服务。沃达丰公司的英国执行主席班福德曾经直言不讳地说："我们在英国有800万客户，在其他25个国家有4 200万客户。同时曼联队有1 200万球迷，是世界上最著名的足球俱乐部之一。如果我们两家之间能达成赞助协议，那么这种划时代的商业结盟将使我们有机会为更多的人服务。"

这种告白明白地透露了沃达丰公司志在必得的心态。沃达丰公司很清楚，它拥有夏普公司不具备的两大优势。第一，近年来夏普电气公司受日本经济不景气、国内需求低迷的影响，利润额大幅下滑，很难付得起高价与沃达丰公司竞争。第二，沃达丰公司作为一家公司本部在英国的跨国电信企业，更容易赢得英国本土球迷的心，从而迎合英国人自高自大的心理。因而，沃达丰公司认为谈判稳操胜券，可以速战速决。沃达丰公司与曼联俱乐部一开始接触，就开出了高价，希望能尽快签约。

沉稳老练的曼联俱乐部董事会，经过多年的欧洲征战旅程，积累了丰富的商业经验。他们不急于谈判成功，而是拉长战线，稳扎稳打，希望能引来更多、更大的鱼儿上钩。果然，曼联的球衣广告赞助商可能会易主的消息一经传出，许多公司纷纷怀揣重金，慕名而来。其中实力强劲的有网络公司雅虎和亚马逊、英国皇家航空公司和阿联酋航空公司。曼联俱乐部的引鱼上钩的谈判策略，获得了极大的成功。雅虎等公司的竞争实力不是夏普公司所能比拟的，它们纷纷报出的高价使得沃达丰公司被迫不断加价，因为沃达丰实在不愿意失去曼联这块金字招牌。

谈判进行得十分艰难。这是一场典型的一方对多方，且一方占据绝对主动的商业谈判，因为一方手中握有最稀缺的资源。但曼联俱乐部也很清楚，要价应该有个限度。如果高得离了谱，所有的鱼儿都不上钩，掉头离去，最后只能是竹篮打水一场空。伴随着谈判场上激烈的讨价还价和争吵，谈判场外的外交活动也在紧张地进行。在这一点上，沃达丰公司显然占据了上风。沃达丰公司的总部就在英伦三岛，是个不折不扣的英国本土发展起来的新兴企业。尽管是由于科技的迅速发展和市场对电信业的需求才使沃达丰公司快速崛起，但在傲气十足的英国人心目中，像曼联队这样的英国球迷的宠儿最好是由英国的企业提供赞助。正所谓肥水不流外人田。因此，很多政府官员以及体育界名流都为沃达丰公司与曼联队的赞助谈判说情助阵。这对两家进行的谈判起了很大的推动和促进作用。

但是不管怎样，商业利益永远是摆在第一位的，尤其对于像曼联这样的名门球队。只有最高的身价才能配得上它们显赫的地位，对这一点沃达丰公司是心知肚明的，更何况雅虎、亚马逊等咄咄逼人的竞争者已经开出了极具诱惑力的价格。沃达丰公司的高级管理层权衡再三，认为只有开出能够压倒所有竞争对手的天价才能获得成功。随即在谈判桌上，沃达丰公司的谈判代理人直截了当地向曼联俱乐部的官员摊出自己的王牌，表示愿意以 3 000 万英镑的价格买下曼联的球衣广告权。如此高昂的价格连曼联的谈判代表都感到震惊。因为他们没有预料到沃达丰公司的出价会如此慷慨，曼联的谈判代表欣喜若狂。他们意识到引鱼上钩的策略完全成功了。他们引来的是一条没预料到的大鱼，而且大鱼已经咬钩了。接下来的就是如何运用各种技巧将鱼成功地钓上岸了。

沃达丰公司开出的 3 000 万英镑高价的消息很快就不胫而走，成了各类体育媒体的头条新闻。沃达丰的竞争对手都受到了沉重的打击，因为沃达丰的出价远远超过了它们的报价最高限度，是它们完全不能承受的。在这些谈判竞争对手当中受打击最大的就是夏普公司。近 20 年来夏普和曼联的合作一直很成功，被誉为职业足坛的一段佳话，夏普公司也伴随着曼联经历了无数的风风雨雨。然而在金钱利益至上的今天，传统的友谊已经不能阻止曼联转投他人的怀抱。夏普公司仍然抱着最后一线希望，努力说服曼联续签合约。但随着沃达丰公司的报价得到了媒体的证实后，夏普公司最后的希望也化为了泡影。其他一些谈判竞争对手诸如雅虎、亚马逊、阿联酋航空公司等并不像夏普那样是这次谈判过程中的失败者。它们和曼联队以前从未合作过，所以一击不中，便全身而退。尽管与曼联队的赞助谈判失败对这些公司开拓英国市场的战略有所影响，但它们仍然可以与其他名门俱乐部进行洽谈，因此影响不是很大。

三、强强合作，互惠互利

在其他的主要竞争对手纷纷撤出谈判竞争后，沃达丰公司和曼联队之间签订合约也就水到渠成了。双方在赞助合约的许多细节性问题上并没有过多纠缠，很快就签下了正式的赞助合约，即 4 年 3 000 万英镑的赞助费。

在谈成这笔球衣赞助协议之后，本来就财势雄厚的曼联俱乐部变得更富有了。曼联俱乐部将拥有更加充足的资金去购买最好的球星，扩建老特拉福德球场和培训新一代年轻的足球选手，从而继续保持甚至扩大曼联队在英国足球超级联赛中的领先优势。同时，在与沃达丰公司达成合作伙伴关系之后，曼联的球迷还可以利用沃达丰公司先进的无线电话，接收本队的消息和最新战况，并且在 4 年后从无线电话上就可以接收图像，观看本队比赛的剪辑。而与此同时，沃达丰公司可以利用曼联队的球衣在不同的比赛场合宣传无线电话的好处，让更多的人认可它的服务。沃达丰公司有 800 万英国客户，在世界其他 25 个国家有 4 200 万客户，而曼联队在全世界有 1 200 万的疯狂球迷。两大领域巨头的结合产生了更大的人气和市场效应，从这一点上说，合约的双方都是赢家，这是一个典型的双赢谈判。

两者签订的赞助合约之所以一石激起千层浪，引起如此大的反响，是因为英国体育界还从来没有得到如此数目的巨额赞助。从曼联俱乐部在英超联赛中的主要竞争对手的赞助金额比较就可以看出：阿森纳的球衣广告赞助商是世嘉广告公司，合同金额为2年1 000万英镑；利兹的赞助商是贝尔公司，合同金额是4年800万英镑；托特纳姆俱乐部的主赞助商是Holston啤酒公司，合同金额是4年500万英镑；切尔西俱乐部的球衣广告赞助商是英国汽车挡风玻璃公司，合同金额4年500万英镑；而利物浦队尽管名声显赫，但赞助商嘉士伯啤酒公司提供的合同金额只有3年300万英镑；另一知名球队纽卡斯尔的赞助商为纽卡斯尔啤酒公司，提供的赞助金额更少，仅为2年200万英镑。其他的球衣广告赞助费用就更少了，共有11支球队不超过200万英镑。数字的比较最能反衬出曼联队在这次激烈谈判中的成功。在其他19支英超球队中得到赞助金额最高的是阿森纳队，合同金额为1 000万英镑，是曼联队的1/3。但是阿森纳队却是曼联在英超赛中最强大的竞争对手之一。在1997～1998赛季中阿森纳队力压曼联，夺得英超联赛和足总杯双冠王，即使现在，队中依然名将如云，实力和声誉比曼联队只能说稍逊一筹，但赞助金额相差如此悬殊是很令人惊诧的。利物浦队作为英国足球历史上功绩最为显耀的俱乐部球队，夺得过14次联赛冠军和5次欧洲冠军杯。在1970年代末1980年代初，利物浦队威风八面，创下了连续4次在欧洲冠军杯上称王的霸业。但利物浦队的球衣广告赞助金额仅为3年300万英镑，只是曼联队的1/10。数字上的巨大反差更加说明了在当今竞技体育和商业经济一体化的趋势下，最好的球队或球员将获得常人难以理解的巨额利润。当然，曼联队谈判代表的重大作用也功不可没。他们纯熟高超的谈判技巧和巧妙操纵谈判对手的手段令人叹为观止，充分展示了一流谈判人员的高素质和风采。同时，他们的底气十足，与他们所代表的曼联俱乐部蒸蒸日上的声誉是密切相关的。

那么我们能否得出这样一个结论：曼联队是这次赞助谈判最大的赢家？客观地说，这个结论是不正确的。尽管很多媒体在报道这次群雄角逐的谈判时，把曼联队描绘成最大的受益者，可是从市场经济的角度来看，沃达丰公司才是真正的大赢家。熟悉经济学常识的人们都知道，商品的价格是由市场供求关系决定的。如果一种商品越稀缺，越供不应求，并且实用价值越大，那么这种商品的价格就越高昂。曼联队的球衣广告权就属于这类商品。在商业经济社会，用数据最能说明问题。在美国，美式足球、棒球和篮球的商业化程度非常高，在这三大联赛中顶级球队的赞助费用都是天文数字。为了让公司的名声更加响亮，美国的Fox-Ex公司花费了135亿美元才买下华盛顿红肤美式足球队体育场的广告牌使用权。但是，这个体育场每年只有8场主场比赛。这样，平均一场比赛就要花Fox-Ex公司约1 700万美元的广告费。美国航空公司以12 500万美元的高价买下了达拉斯棒球队主球场的冠名权。在美国，即使不是名门贵族的球队，其广告赞助费也价值不菲。Lab-baits公司为了让自己的名字贴在名气并不响的蒙特利尔Expos棒球队的水泥墙上，就花费了6 500万美元。在今年的美式足球超级决赛中，广告费更是登峰造极，让人咋舌。30秒的广告开价是200万美元。正是基于这样的数据分析，有金融投资专家指出，沃达丰公司对曼联俱乐部的赞助，比起美国公司对体育赞助的花费来说只是小巫见大巫，因此，大便宜都让沃达丰公司占尽了。只要细算一笔账。在英超联赛中每个队一赛季就要打38场比赛，还有足总杯和联赛杯两大杯赛，加上欧洲冠军杯或联盟杯，这样曼联队一年要打六七十场比赛。这还不算义赛、表演赛等赛事。伴随着曼联队频繁的征程，曼联球衣上的沃达丰公司图像也将深入人心，因为曼联的很多比赛是通过卫星电视向全欧洲甚至全球转播的，这对沃达丰公司意图在世界范围内扩大自己的声名和影响的意义是无可估量的。

美国的竞技体育不存在球衣赞助，但是从三大联盟赛的主场广告费来看，如果沃达丰公司想要把自己公司的名字印在纽约扬基队或达拉斯牛仔队的球衣上，那沃达丰公司本次对曼联支付的价格是远远不够的。一位市场经济专家专门评论说："名字贴在水泥墙上远远比不了穿在球迷身上，足球是世界上最为流行的体育运动。而曼联队又是世界上最著名的球队。从商业角度看，所有人都应该向沃达丰公司的谈判人员鞠躬致敬，是他们谈成了这笔最优惠的交易。"

（锦标，网易体育，2012 年 8 月 3 日）

案例八

将计就计　有勇有谋

——卡内基勇斗摩根

美国钢铁大王安德鲁·卡内基被誉为"对美国社会影响最大的富有者"，信奉"财富是无法带上天堂的"，是一位有名的慈善家，他把大量的金钱广泛用于教育、科研和慈善事业，在临终前还为接济穷人而捐赠 3.5 亿美元巨资。

卡内基很早就想"成就一番事业"，在宾夕法尼亚铁路公司的一个小股东要出卖手中的股份时，卡内基恳求上司、铁路西段股长借给他 600 美元买下这些股票。不久股票升值，使他手中有了 7 000 美元。第一次成功使卡内基认识到股票投机是"贫困的能人"发财致富的捷径。此后他在宾州铁路公司干了 7 年，并在股票投机中赚下 30 多万美元。眼前的一切似乎随之美妙起来，但是 29 岁的卡内基却有自己的想法，辞职不干了。他要去成就自己的事业——钢铁。他认准铁路的发展离不开钢铁，内外战争离不开钢铁，工业发展离不开钢铁，美国的钢铁工业亟待突破性发展，美国的工业化必将带来钢铁的大发展。

卡内基将全部股票换成现金，投资 35 万美元在匹兹堡建起一座现代化钢铁工厂。不久就遇到了全美经济不景气、股票大跌，而卡内基手中股票早已抛出，不仅未遭波及，反能集中精力发展生产。恰逢美国各家铁路公司更新铁轨，军火工业又如饥似渴地吸纳钢铁，卡内基凭手中握有的最新专利成果，独领美国新兴钢铁业风骚。

炼钢专家霍利发明了酸性转炉炼钢法，卡内基立刻买下专利，聘请霍利主管生产，使设备和人员在高效运转中求得最大盈利；别家的设备不用到过时不肯报废，他就在过时以前换上先进设施以求超前生产；钢铁行业是按冶炼、锻轧、切割、铸造等工序各自设厂生产，他就将这一系列工序组合成生产流水线，极大地提高了效益；美国的矿石供应、炼焦、钢铁冶炼、销售、新产品开发分成不同行业，他就在匹兹堡把所有的这些行业组合在一起，实现生产一体化。凡此种种，简直让卡内基在美国的钢铁工业中战无不胜。一个个竞争对手被他打得落花流水。到 1900 年，卡内基当之无愧地成为美国的钢铁之王，当年获得纯利 4 000 万美元。

散兵游勇比较容易驱散，但泱泱金融王国的霸主就难以轻松对付了。不久，号称美国首富的 J. P. 摩根杀上门来，他是华尔街的第一号人物，占有银行信托公司、保险信托公司、第一国家银行等金融机构，拥资 34 亿美元，摩根的家庭联盟还拥有资产达 48 亿美元，加之铁路、钢铁、石油、电器、电力、保险等行业，摩根的体系在 19 世纪末已握有总资本 740 亿美元，相当于全美所有企业资本的 1/4。摩根不仅是金融霸主，还是名副其实的铁路之王，他拥有的铁路占美国铁路总里程的 1/2，其势力之大可以说无人可比。

摩根的事业由金融起家，继而又向多个行业发展。在炙手可热之时又注意到前途无量的钢铁业，即以金融服务的便利条件将手下干将安插在伊利钢铁公司、明尼苏达钢铁公司，随后就把这两家公司控制在自己手中，紧接着他拢住了国家钢管公司和美国钢网公司，然而这些企业与卡内基的匹兹堡钢铁公司相比还只是小巫见大巫。1989 年美国第 25 任总统麦金利发动征讨西班牙的"美西之战"，给卡内基的钢铁业注入丰厚利润。摩根在一个偶然机会里知道此事，十分眼热钢铁需求的高涨，当即决定在美国的钢铁界发动一场针对卡内基的"钢铁战争"，以求由自己来主宰美国的钢铁工业。他利用融资的便利，一口气吞并了美国西部的一系列中小钢铁企业，迅速创立联邦钢铁公司。到 1900 年，积蓄相当实力的摩根已不能容忍卡内基在自己的卧榻之旁酣睡，断然下令摩根系统的全部企业"取消对匹兹堡钢铁公司的所有订货"，想以此来困死卡内基。

宣战之后，卡内基不做任何公开的反应，只是关起门来对下属表示：作为一个玩股票起家的人来说，冷静是最重要的，也是最良好的个性特征。

钢铁之战在进行，卡内基却在所有公开场合什么也没有做。

他究竟在想什么？摩根一点也不清楚。然而，摩根的庞大工业体系却日益蒙受损失，因为他的联邦钢铁公司不能满足自己体系对钢铁的需要，而与摩根体系相关的众多企业也跟着蒙受损失，霎时美国经济界怨声载道，摩根在美国钢铁业施行"摧其坚、夺其魁"之计失算了。然而，素来独断专行的"华尔街大佬"焉肯认输？不过摩根体系中的董事长们坐不住了，相关企业的首脑们更是心急火燎，纷纷自告奋勇地充当说客，劝导卡内基主动让步妥协，以求大家共同生存和发展。

会谈之时，卡内基异常平静地说："你们不要我的钢铁，自有别人要我的钢铁。匹兹堡钢铁公司自创建之日起就在美国占领了自己的市场。这场战争可以照样进行下去，损失的不是我卡内基，我说过，什么时候我需要市场，市场就是我的。"

"两家势均力敌的企业这样对阵下去，如果谁都不肯先做让步，最终的结果必然是两败俱伤，现在最好的办法是权衡利弊，明智的一方如果主动退让，反而能取得更好的结局。"说客纷纷劝说道。

"不，这回要栽跟头的只有一个，那就是发动进攻的摩根先生，我没有应战，也没有必要请求休战，摩根其实在跟自己作战，他想打到什么时候停下来，完全由他自己决定，想什么时候自己跟自己妥协，也是他自己的事。不过，一天天增加的损失，会动摇摩根先生坚定的决心。而最终因缺乏钢铁导致的整体运转不灵，还将夺去摩根先生对体系的主宰地位。"卡内基不卑不亢地说着，他相信自己的实力。

"华尔街大佬"绝非等闲之辈，摩根闻讯之后知道情势不妙，立即转变策略，决计吞并匹兹堡钢铁公司，把卡内基置于自己的门下，于是派人传话给卡内基："美国的钢铁企业必须大合并。"

卡内基接到传话，知道这是最后通牒，也是交易谈判的"升盘"。熟悉摩根秉性的卡内基审慎地分析这个"华尔街大佬"合并动机的原因：此公财大气粗、权倾一时，样样要争抢第一，必欲主宰美国工业界的主要支柱产业；此公认为钢铁产业只能有一个帝王，且必须是摩根不许是别人，因而兼并的决心是不可能动摇的；匹兹堡钢铁公司与联邦钢铁公司两地相隔很远，工艺、产品、销售渠道各有不同，即使合并也只是松散的联盟，在关键问题上还是各行其是、各自为政；摩根的钢铁之王少有实质性，况且他不懂得钢铁生产的工艺技术，缺乏经营管理的实际经验，因而主宰合并后的公司只是名义上的；然而为了这一切，摩根很乐意作出妥协、让步和局部的牺牲。

卡内基摸准对手的心理之后，又为确定谈判目标、选择谈判对策而全面分析合并的利弊得失，作出最后决定：匹兹堡钢铁公司可以名义上并入联邦钢铁公司，个人绝不名列在摩根的属下，更不能丢失对匹兹堡钢铁公司的决策权。实现这个谈判目标，必须首先摧垮摩根想控制匹兹堡的潜意识，并以"要么同意，要么拉倒"的一揽子还盘方式来摧垮摩根势在必得的思维方式，使之在担忧失败中作出大幅度的让步。

卡内基选定了这样的谈判思路之后，对摩根的谈判代表说："告诉摩根，大合并相当有趣，不妨参加。我的参加条件并不苛刻，我只要大合并后的新公司债权，不要它的股票，至于新公司债仅的价额，也要有个合理的计算公式，简单地说是 1∶1.5。亦即匹兹堡钢铁公司的所有股票按时价计算，得出的总金额再乘以 1.5 就是联邦钢铁公司付给我的债权额，记住，1∶1.5!"卡内基说完撕下一张便函，写上"1 元 5 角"又说："请把这张纸交给摩根。"

摩根接过下属带回的纸条，确认是卡内基亲笔所写之后陷入深思——卡内基的要价并不低，不仅想在交易中占个大便宜还要成为合并后新公司的债权人，非但不受辖制甚至可以反用债权进行要挟！但不管怎么说，卡内基的钢铁公司已不复存在了。摩根一想到合并后新公司的高额利润，便抓起电话告诉卡内基："我接受!"

一场巨额的谈判在两个大亨之间如此简单快捷地达成了协议。两个巨头的较量结果是各得其所。

（国际足联宣传部，2016 年 1 月 14 日）

案例九

三强争"魁" 能者胜出

——百事可乐并购魁克的谈判案例

一、尘埃落定——百事兼并魁克

2000 年 12 月 4 日，饮料行业发生了一场空前地震，百事可乐斥资 134 亿美元成功收购了魁克公司，从而结束了长达一个月的谈判，成功将“佳得乐”（Gatorade）这一称雄美国运动饮料市场的品牌收归旗下。魁克曾一度徘徊于百事可乐、可口可乐和法国的达能集团之间，至此终于尘埃落定。

百事可乐失而复得成功收购了魁克，其过程总的来说还算顺利，两公司的财务、人事、业务等方面的整合和重组未发生多大纠纷。在财务整合上，根据合并协议条款，百事可乐收购魁克采用最常见的股票交易方式进行。魁克公司的股东所持有的股票将每股换得2.3股百事可乐公司的股票。在2001年8月1日魁克公司股票交易的基数上，百事可乐公司向魁克公司增发大约3.06亿股票，并承担原魁克公司的债务。百事可乐公司的股东则继续持有原百事可乐公司的股票。合并后的公司仍然用百事可乐名称，并以代号“PEP”在纽约和芝加哥证券交易所交易。人事安排上，新百事可乐公司将保持两公司高层管理人员不变。百事可乐公司的首席执行官雷恩埃蒙德担任新公司董事长兼首席执行官，魁克公司主席兼首席执行官莫里森担任新公司的副董事长，并负责碳酸饮料以外的所有饮料业务的管理工作，其他管理人员也安排到相应的工作岗位。百事可乐与魁克公司整合过程中未发生像其他并购案那样为掌权问题而引起两家公司的领导及员工们磕磕碰碰的情况。在业务整合上，百事可乐公司本着“运用加减法则，侧重专业化，注意提高核心竞争力”的经营理念，把核心业务集中在饮料和方便食品上。新公司主要经营业务有13个品牌，每种品牌的年销售额均超过10亿美元。

二、并购的背景

1. 百事可乐——夹缝中成长

1886年，世界上第一瓶可乐饮料诞生于美国。这种神奇的饮料以它不可抗拒的魅力征服了全世界成千上万的消费者，而这种产品的缔造者就是可口可乐公司，人们誉其为“饮料日不落帝国”。有趣的是，就在可口可乐公司如日中天之时，竟然另有一家高举“可乐”大旗、敢于向强者挑战的企业——百事可乐公司在1898年应时而生，它与可口可乐一样诞生于美国。因它的味道同可口可乐相近，便借可口可乐之势取名为百事可乐。

由于可口可乐公司长百事可乐公司12岁，在百事可乐诞生之日，可口可乐早已声名远扬，控制碳酸饮料的绝大部分市场，人们一提到可乐饮料，就非可口可乐莫属。而百事可乐在二战之前一直不见起色，曾两度处于破产边缘，饮料市场乃是可口可乐的天下。二战期间，百事可乐为了生存，不惜将价格降到5美分/磅，市场价格只是可口可乐价格的一半，但仍未能摆脱困境。面对如此境地，百事可乐的领导者改变了战略，向市场领导者（可口可乐）发起攻击以夺取更多的市场份额，不再做“单纯的市场追随者”了。这是一场开辟在另一领域的无硝烟的战争。二战后，美国诞生了一大批年轻人（Baby-boomer），他们没有经过战争的洗礼，充满自信，对一切事物的胃口既大且新，这为百事可乐针对“新一代”的营销活动奠定了千载难逢的市场基础。就在百事可乐公司“百事可乐新一代”的口号叫响10年之后，可口可乐公司试图对百事可乐俘获年轻一代的广告作出反应，但这时它对百事可乐的优势已经降至2：1了。

紧接着，百事可乐又向可口可乐发起新一轮的攻势，即1975年，百事可乐在达拉斯进行的品尝实验，将百事可乐和可口可乐都去掉商标，分别以字母M和Q做上暗号，结果表明，百事可乐比可口可乐更受欢迎。随后，百事可乐对此大肆宣扬，在广告中描绘可口可乐的忠实消费者选择标有字母 M 的百事可乐，而标有字母 Q 的可口可乐却无人问津。结果，百事可乐的销售量猛增，使它与可口可乐的差距缩小到 2∶3。

在与可口可乐角逐国际市场时，百事可乐很善于依靠政界（美国前总统尼克松曾是百事可乐的顾问和律师），抓住特殊机会，利用独特的手段从可口可乐手中抢夺市场。

百事可乐的另一战略就是搞多元化经营。由于饮料行业的激烈竞争，为了规避风险，可口可乐和百事可乐两公司不约而同地选择了多元化经营。但是，因两家选择的多元化组合方式不一样，多元化为两家公司带来的收益大相径庭，百事可乐在这场特殊的角逐中再次战胜了可口可乐。自 1970 年代开始，可口可乐公司就大举进军与饮料无关的其他行业，如影视业、酒业等，但是，这些投资给公司股东的回报极少，资本收益率仅为 1%。而百事可乐则不同，它从 1960 年代就试图打破单一的业务门类，迅速发展其他行业，使公司成为多元化企业，如进军快餐业等，进入相近行业的成本较低，为百事可乐创造了极高的收益率。

百事可乐真正全面地赶上它的竞争对手是在诞生 92 周年的时候。1990 年，两种可乐平分市场，在零售方面百事可乐甚至超过了 1 亿美元。1997 年，百事可乐公司的全球销售总额为 292.92 亿美元，位列《财富》1998 年世界 500 强第 92 位，荣获饮料行业世界冠军，可口可乐只能屈居亚军，销售额 188.68 亿美元，排名 201 位。

如今，百事可乐已经成为饮料行业的龙头老大，但它为什么还要并购魁克公司呢？这主要有几方面的动因：第一，魁克对于任何一家饮料公司来说，就像是一只饮料业梦之队们争夺的篮球。通过并购魁克，百事可乐就可以借魁克的品牌扩大百事可乐的知名度，同时扩大自己的规模。第二，百事可乐收购魁克，利用“加法”法则，得到了含金量颇高的佳得乐品牌，使得其产品链上的核心业务竞争力进一步加强，从而大幅度提高百事可乐在非碳酸饮料市场上的份额；利用“减法”法则，百事可乐公司在收购魁克之后可进一步剥离其增长缓慢的有关业务，进行公司产品结构优化调整，侧重专业化，注意提高核心业务竞争力。第三，并购魁克，可以实现两公司的优势互补，提高公司盈利能力。

2. 魁克——营养早餐和运动饮料之“魁”

魁克公司迄今已有百年的历史，1901 年，美国碾磨加工燕麦的开拓者们走到一起，组成了魁克公司（Quaker Oats）。经过几代人的努力，在与百事可乐公司洽谈兼并事宜当期的魁克公司已是遐迩闻名，其营养麦片系列产品是美国人早餐中必不可少的营养补品，并拥有另一拳头产品佳得乐运动饮料，佳得乐饮料在美国人心目中非同小可。经营势头如此看好的魁克公司为什么有意出售？这是因为，一方面，魁克公司虽然长势很好，但其规模在 50 亿美元左右，属中小型企业，像这样的企业不可能独立存在太久，被人收购是迟早的事情；另一方面，魁克公司在被收购之前由于经营理念有误，片面追求多元化发展，忽视了专业化经营，使得公司核心业务发展不力，经营陷入了困境。此外，像百事可乐、可口可乐等一些饮料业的巨头们凭借自身强大的经济、科技、员工实力等几乎将饮料业市场占领净尽，从而使得像魁克公司这样的中小企业生存空间十分狭小，只好纷纷向这些巨头们举手称臣。

三、并购的过程

并购魁克公司案，是饮料行业两大巨头百事可乐和可口可乐对阵的结果。

最早起意收购魁克公司的买家是百事可乐公司，当时原百事可乐的首席执行官恩里克曾赶赴芝加哥拜会魁克的莫里森，此后连串并购谈判一直在紧锣密鼓地进行，但却一直未能达成最后协议，魁克拒绝了百事与现在几乎相同的条件，原因是为了使其股东免受百事股价下跌的影响。而当百事可乐有意收购的消息传出来后，魁克一夜之间成了香饽饽，可口可乐和法国的达能公司接踵而至。因为此举对可口可乐的威胁是显然的，这一收购将使百事可乐公司跻身世界非碳酸饮料行业的头把交椅，其非碳酸饮料市场份额将占到25%，是可口可乐的1.5倍。可口可乐新任首席执行官达夫特不敢怠慢，开出157.5亿美元的收购价格横刀夺爱。为这场战事敲边鼓的还有达能公司，也表示要出价收购。一时之间，形成三方争夺魁克的局面。

收购魁克是达夫特上任以来精心准备的第一次针对百事可乐的重量级反击战，他认为“这是可口可乐公司历史上的新里程碑”。在达夫特的努力下，可口可乐公司占了上风，与魁克公司的谈判也就实质性问题进行了深入的讨论，两家公司对这桩“婚事”几乎达成了共识。达夫特和莫里森甚至还商量过一个共同出席的仪式，仪式将在可口可乐的纽约办公室举行，莫里森举着可口可乐的饮料罐，达夫特举着佳得乐。然而，就在冲杀在前的达夫特即将大功告成之时，后方突然传来协议被董事会否决的消息。2000年11月21日，达夫特在纽约召集董事会，会前他对于董事会成员批准此协议抱乐观态度。会谈的焦点是价格问题，但恰恰在这个问题上，达夫特的建议无法获得董事会其他成员的首肯。可口可乐董事会成员华尔街股王巴菲特分析认为“拿出10.5%的可口可乐股票与我们的所得相比实在太多了”。巴菲特预计佳得乐将使可口可乐公司全球销售增长不超过两个百分点，但可口可乐公司却同时要背上魁克低增长的食品业务的负担。同时，巴菲特还担心如果可口可乐公司想在两年后卖掉魁克的食品业务，还将为此支付巨额税负，他认为此举无异于让美国政府在这宗交易中分一杯羹。可口可乐与魁克的并购，以失败告终了。

在这次并购中，一方面，达夫特与魁克的谈判，由于一心只想在与百事可乐争夺非碳酸饮料市场份额一战中取胜，因此在价格和风险等方面未经过仔细的研究和分析，一心希望以高价取胜，这无异于将自己逼向了被动。另一方面，在与董事会成员“谈判”中，达夫特也始终未能在价格这个敏感话题上说服董事会，因为达夫特犯了谈判中的一个大忌——考虑过于片面，没有站在董事会的角度进行思考。达夫特决策的重点仅是市场占有率，但是董事们考虑的不仅是市场占有率方面，还充分分析了成本—收益、风险、短期—长期的收益等。因此，“无法为对方带来利益”的谈判，注定是要失败的。

而出于各种原因，达能公司在几天之后也宣布放弃此并购案。

随着竞争对手的逐渐放弃，百事可乐公司手握的谈判筹码增多了不少，完全扭转了劣势，占据了主动的位置。因此，与魁克公司新一轮的谈判中，百事可乐公司抛出了与原先几乎一样的条件，因为这时候已经没有别的公司和百事可乐“争抢”魁克了，所以魁克此时已近乎为百事可乐的囊中之物，没有太多选择的余地。更何况魁克正身处困境，承担着一笔巨额的债务，急需找到一家有实力的大公司“靠岸”，帮助自己走出困境，而百事可乐是“上上人选”。百事可乐正是看准对方这一点，死咬住自己原先的条件，决不让步。恩里克进一步加紧谈判协商的步伐，加大了对魁克的压力。最后，百事可乐公司和魁克公司终于重续前缘并很快达成联姻协议。其协议规定百事要以其 2.3 股的股票与魁克 1 股的未分红股票相交换，百事还将承担魁克 7.61 亿美元的债务。根据华尔街的报道，如果魁克取消这项协议而另觅合作伙伴的话，百事可获得 4.2 亿美元的赔偿金；同时，双方都同意采取一定的价格保护措施，即如果百事的股票在达成交易前的一个月内有任意 10 天的价格跌破 40 美元一股的话，魁克可寻找其他买家，同时百事也可提高价格保证最低以魁克每股 92 美元的股价成交。

发生在世纪之交的这宗百事可乐并购魁克公司案，同样是饮料行业两大巨头百事可乐与可口可乐对阵的结果，堪称两大公司的经典之战，最后以百事可乐成功并购魁克告终。

四、并购谈判的总结

在这场“战争”中，出现了多方力量和利益的相互博弈和较量，魁克的“香饽饽”，百事可乐的“失而复得”，可口可乐的“泰坦尼克号”，达能的“雷声大、雨点小”，以及各公司内部力量意见不统一等，都使这场“战争”充满了跌宕起伏、耐人寻味之处。

首先，百事可乐的报价在开始遭到拒绝后，并没有马上放弃谈判，而是耐心地等待战机。就在魁克即将和可口可乐签订协议的最后时刻，情况发生了变化，百事抓住战机，牢牢卡住对方“急于出手”的七寸，加紧谈判的步伐，最后成功达成协议。同时，百事可乐公司在适当的时候也为谈判的顺利进行作出了适当的让步，如换股比例和价格保护措施等。

其次，可口可乐的 CEO 达夫特虽然在谈判时出手阔绰，定出高价并购魁克，但因未能充分且全面地分析内外情况，内部成员无法达成一致意见，终因董事会的反对而导致并购的失败。

最后，魁克公司在与可口可乐公司“亲密接触”的阶段，仍和百事可乐继续谈判，不仅可以作为向可口可乐公司提高要价的筹码，而且万一和可口可乐谈崩也可为自己留一条退路。他们谈判技巧的独到之处，值得我们借鉴。

（曹卓，《商》，2015 年第 36 期）

案例十

积极应诉　通力协作

——中国“入世”后中美首起反倾销案胜诉始末

2003 年 4 月 3 日，美国国际贸易委员会举行的最终裁决听证会，以四比零的绝对票数，认定中国球轴承对美国轴承工业没有造成任何损害，判定中国输美球轴承倾销案不成立。随后，中国机电产品进出口商会与53家生产出口球轴承企业相继收到了来自美国方面的正式确认信息。至此，历时14个月之久的入世后中美反倾销案以中国应诉企业全面获胜而结案。

一、美方申诉

2002年2月13日，即中国正式加入世贸组织后的第64天，从大洋彼岸传来消息：美国轴承制造商协会向美国国际贸易委员会（USITC）和美国商务部（DOC）提出申请，认为中国球轴承在美国市场以低于正常的出口价格销售，对相同产品的产业造成实质性的损害，要求对中国销往美国的球轴承产品及其零件进行反倾销调查。

这是中国“入世”后遭遇的首起反倾销大案，涉案金额高达3亿多美元，影响到28个省、自治区的274家生产企业和进出口公司，其中江苏、浙江、上海一带的涉案企业众多。一旦败诉，球轴承企业在美国的市场份额就可能荡然无存。更为严峻的是，欧盟等国家通常会在美国判决之后，参照其反倾销税率对中国启动同样的调查程序。

二、积极应诉

2002年2月28日，中国机电产品进出口商会紧急召集轴承行业80多家骨干企业商议对策。会上，各企业代表一致认为应赴美正面应诉。会后，中国机电产品进出口商会派出精干力量迅速飞赴美国，选聘应诉律师，拜会美国政府和行业协会，约见美国生产商、进口商，为应诉做了大量前期准备工作。

面对美国轴承制造商协会的倾销指控，我方应诉代表据理抗辩，陈述了中国出口球轴承没有造成美国产业损害的三条主要理由：

（1）美国轴承行业不景气的根本原因，是美国经济萧条、市场疲软造成用户对球轴承需求量锐减，与中国球轴承进口没有太大的关系。

（2）无论是从生产技术还是产品档次，中国目前生产的球轴承与美国本土生产的产品的距离还相当大，对美国相关产业无法构成实质性的冲击。

（3）美国轴承主要采用英制式，中国则基本上是美国企业不生产的公制式轴承。

在这一系列证据面前，美国国际贸易委员会最终不得不在初裁判决书中承认“本次调查的初裁阶段有很多证据显示，受调查产品有可能未对美国国内行业造成损害”。

在历次反倾销应诉中，能否争取到“市场经济国家地位”是我方胜诉的关键一环。为证明中国企业的出口活动是按市场经济规则运行的，并无政府干预色彩，中国机电产品进出口商会和应诉企业做了细致的工作：一方面将《中华人民共和国公司法》《中华人民共和国企业法人登记管理条例》《中华人民共和国公司登记管理条例》等法律条文作为附件提交上去，以此证明中国法律保证公司企业的自主经营、独立核算；另一方面，通过提交各种贸易往来的文书和公司章程，来证明企业进行合同谈判和确定售价方面的独立性与人事任免上的独立性。最终，美国商务部接受了我方提交的答辩材料，肯定了我方的“市场经济国家”地位。

三、美国商务部初裁结果对我方不利

2002年10月15日，美国商务部公布了初裁结果：三抽样企业皮尔、万向和慈兴的单独税率分别为2.39%、2.50%和2.32%；45家中国企业的加权平均税率为2.41%；其他所有未应诉的中国企业税率为59.3%。